JN440532

유라시아 분쟁과 경계를 넘는 난민들

신범식, 황의현 엮음

신범식, 바딤 슬랩첸코, 박지원, 구기연, 주송하, 황의현, 김은영, 윤민우, 최아영, 고가영, 이수정, 조규훈 지음

진인진

유라시아 분쟁과 경계를 넘는 난민들

초판 1쇄 발행 | 2025년 12월 15일

엮은이 | 신범식, 황의현
지은이 | 신범식, 바딤 슬랩첸코, 박지원, 구기연, 주송하, 황의현, 김은영, 윤민우, 최아영, 고가영, 이수정, 조규훈
발행인 | 김영진
발행처 | 진인진
등　록 | 제25100-2005-000003호
주　소 | 경기도 과천시 관문로 92, 101동 1818호
전　화 | 02-507-3077-8
팩　스 | 02-507-3079
홈페이지 | http://www.zininzin.co.kr
이메일 | pub@zininzin.co.kr

ISBN 978-89-6347-662-9 93300

* 책값은 표지 뒤에 있습니다.
** 본 연구는 2023년 대한민국 교육부와 한국연구재단의 지원을 받아 수행된 연구임 (NRF-2023S1A5C2A02096180)

• • • •

머리글

한국연구재단의 지원(2023S1A5C2A02096180)을 받아 서울대학교 중앙아시아센터는 2023년 9월 '이주·난민 연구단'을 출범하고 '경계를 넘는 이주자로서 유라시아 난민 연구: 이주 동학의 다면적 변화와 영향'을 주제로 하는 연구에 착수하였다. 연구는 크게 '분쟁과 난민,' '환경과 난민,' 그리고 '한국 사회와 난민'이라는 세 주제를 축으로 진행되고 있는데, 연구단은 연구의 첫 번째 주제로 아프가니스탄·시리아 내전 및 우크라이나 전쟁 등 유라시아 주요 분쟁의 영향으로 그 전역에서 발생한 자발적/비자발적 이주자로서의 난민에 주목하여 그들의 주체성과 이주 동학이 가지는 다면성을 복합적으로 고찰하는 연구를 깊이 있게 진행하였다.

연구단은 지난 2년 동안 난민 이슈에 대한 현지 조사를 위해 폴란드, 요르단, 러시아, 우즈베키스탄, 키르기스스탄, 타지키스탄, 조지아, 아르메니아 등 분쟁 난민들이 이주한 유라시아의 주요국들과 그리고 우리 지방 도시들을 방문하여 분쟁 난민들 그리고 유엔난민기구(UNHCR)나 이민정책 관할 부서 등 관련 기관에 근무하는 관계자들과의 인터뷰를 진행하였으며, 이를 바탕으로 이주자로서의 난민 이슈가 제기하는 새로운 도전들에 대하여 이론적 차원에서뿐만 아니라 현실적 차원에서 제기되는 문제들에 대한 답을 찾기 위해 노력하였다. 인생이 송두리째 뒤틀린 삶의 무게를 안고 있는 난민들을 만나서 그 굴곡진 삶의 여정을 청취하는 작업은 상상한 것보다 훨씬 더 큰 무게로 연구진에게 다가왔으며, 이러한 이유로 난민 관련 인터뷰에 대한 연구진들의 역량 강화를 위해 전문가 세미나와 교육 프로그램도 꾸준히 운영하였다. 감사하게도 이같은 현지 조사 수행을 통해 얻게 된 인사이트는 문헌 연구를 통해 현장의 이야기와 학문적 논의를 연결하는 중요한 자산이 되었고, 덕분에 이 연구는 현장의 목소리를 담아내면서 동시에 그 학술적 의의를 식별하고 난민 이슈의 새로운 접근법의 효용성을 확인할 수 있었다.

여러 어려움이 있었지만 이제 연구 결과물을 유라시아 분쟁과 난민을 주제로 하는 책자로 발간할 수 있게 되어 정말 감사하다. 원래 연구 결과물을 한 권의 책으로 출판하려 했지만, 여러 고려 끝에 하나는 우크라이나 전쟁으로 인한 난민에 집중하는 책자로, 다른 하나는 그 외 유라시아 분쟁으로 인한 난민에 집중하는 책자로 각각 나누어 출간하기로 했다. 그래서 이 두 책자는 서장을 공유하는 형식으로 출간되었다. 첫 책인 『우크라이나 전쟁과 경계를 넘는 난민들』에서는 우크라이나 전쟁으로 인한 난민과 그 이주의 동학이 빚어내는 다양한 현상을 포착하고 분석하였으며, 두 번째 책인 본서 『유라시아의 분쟁과 경계를 넘는 난민들』은 아프가니스탄과 시리아의 내전으로 발생한 난민들이 주변국으로 흩어지면서 형성되는 디아스포라의 확장적 동학에 대해 분석하였다. 이처럼 두 권의 책을 통해 유라시아 각지의 분쟁으로 인한 난민과 이주의 동학이 빚어내는 다양한 현상을 포착하고 분석하고자 하였지만, 이 두 권의 책으로 유라시아의 분쟁 난민에 관한 모든 것을 이해할 수는 없을 것이다. 다만 유라시아의 연속적인 분쟁으로 발생한 난민 양상의 변화가 가져온 도전을 이해하고 경계를 넘는 주체로서 난민의 선택 그리고 그들을 맞는 수용국 정책이 상호작용하는 동적 특성들을 포착하는 데 의미있는 성과를 얻을 수 있었다. 이러한 연구 결과는 최근 중요성이 증대되고 있는 난민과 이주민에 대한 이해를 한층 심화하는 데 기여할 수 있을 것으로 기대된다.

이 연구가 세상에 나오기까지 여러분들의 노력과 지원이 있었다. 무엇보다 연구에 참여하여 정신적으로나 육체적으로 고된 현지 조사와 회의들 그리고 학술 작업으로 연구에 대한 열정과 헌신을 보여주신 연구진 한 분 한 분께 깊은 존경과 감사를 표하고 싶다. 주제의 시의성과 무게감에도 불구하고 최선을 다해주신 그 노고에 깊이 감사드린다. 또한 수많은 현지 조사, 전문가 특강, 이주 난민 교육 프로그램 등에 현지 코디네이터로, 강사로 도움 주신 모든 분께 감사드린다. 그리고 연구 과정은 물론이고 연구단 운영에 애써 준 서울대학교 정치외교학부 및 통일평화 협동과정 대학원생 조교들(정민기, 김창하, 조명혜, 김유나, 김여경, 김정은)에게 고마움을 표하고 싶다.

바쁜 일정에도 출판을 위해 힘써주신 도서출판 진인진의 배원일 팀장께도 감사의 인사를 전한다. 빼놓지 않아야 할 감사로 교육부와 한국연구재단 그리고 서울대학교 아시아연구소를 비롯한 여러 기관의 후원이 있었음을 재삼 강조하는 것이 지나치지 않다고 생각한다. 연구 지원이 충분하고 안정적으로 이루어져 연구 열정이 유용한 연구로 이어지는 연구 지속성의 나라 대한민국이 되기를 기대해 본다.

2025년 12월

필진을 대표하여 신범식 씀

목차

• • • •

제1장(서장)

유라시아 및 우크라이나 분쟁으로 인한 난민 연구의 도전

신범식

I. 머리말

20세기 말을 거쳐 21세기에 이르기까지 유라시아 대륙은 지속적인 분쟁[1]과 그로 인한 대규모 난민(refugee)[2] 발생으로 중대한 인도적·정치적 도전에 직면해 왔다. 아프가니스탄과 시리아 등지에서는 내전이 이어졌고, 우크라이나에서는 전쟁으로 대량의 난민이 발생하였다. 가령, 시리아에서는 2011년 아랍의 봄의 여파로 내전이 발발한 이후, 14년에 걸친 분쟁과 위기 속에서 전체 인구의 절반에 해당하는 1,300만 명 이상이 전화(戰禍)를 피해 고향을 떠나야

1 이 책에서 분쟁은 전쟁과 내전 등 다양한 형태의 무력 충돌을 수반하는 갈등을 포괄해서 일컫는 폭 넓은 용어로 사용한다.

2 난민에 대한 정의는 크게 난민협약과 난민의정서 그리고 유엔난민기구(UNHCR)규정 등에서 나타나고 있듯이 국제법적으로 합의된 난민 지위 부여 절차와 관련된 법적 정의가 일반적이다. 그런데 이와 같은 난민 개념에 대한 정의는 유라시아 전역에서 발생하고 있는 대규모 강제 이주자들의 삶의 비극과 도전을 담아내기에 한계가 있다. 따라서 이 글에서는 특별한 언급이 없는 한 '난민'이라는 용어를 확장적 의미로 사용하고자 하며, 이에 대한 자세한 논의는 다음 절에서 상술한다.

했다. 그중 700만 명 이상이 국내 실향민이 되었으며, 600만 명 이상이 튀르키예, 레바논, 요르단 등 주변국과 여러 나라에서 난민으로 살고 있다(UNHCR, 2024a). 아울러 2022년 발발한 우크라이나 전쟁은 유라시아 지역의 난민 문제를 전례 없는 새로운 국면으로 이끌었으며, 제2차 세계대전 이후 유럽에서 보기 드문 규모의 무력 충돌로 수많은 피란민을 발생시켰다. 우크라이나 인구의 약 40%가 인도적 지원이 필요한 상황에서 약 370만 명은 우크라이나 내 다른 지방에서 실향민으로, 약 650만 명은 다른 국가에서 난민으로 살아가게 되었다(UNHCR, 2024b).

이들 대량 난민의 이동은 분쟁 발생과 이주라는 선형적이며 직선적 경로를 넘어서는 모습을 보인다. 전황에 따라 국경을 반복해 넘는 순환적 이동, 일시적 귀환 뒤 재이주, 제3국으로의 연계 이동이 동시에 전개되는 복합적 양상을 띠고 있다. 실제로 우크라이나 전쟁 이후 난민들은 인접국인 폴란드나 루마니아에 정착하기도 하고, 그곳을 경유지로 삼아 독일이나 미주로 연계 이주하는 경로를 택하는 모습을 보였다. 나아가 일부는 상황 변화에 따라 본국으로 일시적 또는 영구적 목적으로 귀환하는 다양한 결정을 하고 있어서, 전쟁 발생 이후 난민 이동 양상은 상당히 다층적으로 나타났다. 다양한 배경을 지닌 난민들의 다층적·복합적 이동은 정치·사회·교육·경제 등 사회 전반에 파급효과를 미치면서 새로운 연구 질문들을 제기하고 있다. 그런데 과거 연구의 전통에 기대어 형성된 기존 분쟁·난민 연구 패러다임만으로는 현재 난민들의 삶의 현실이 빚어내고 있는 다양한 측면을 온전히 포착하고 설명하기에 부족하다. 따라서 현재 전개되는 위기의 새로운 면모와 도전의 특성을 반영한 새로운 시각과 더 다층적인 분석을 통해 연구의 지평을 확장할 필요성이 그 어느 때보다 분명하게 제기되고 있다.

이런 문제의식 하에 본서는 다음과 같은 구체적인 연구 목표를 설정하였다.

첫째, 본서에 실린 연구들은 21세기 들어 발생한 전쟁 또는 분쟁으로 발생하는 대규모 난민들의 (재)이동과 정착의 다층적 동학을 규명하고자 하였다. 이를 위해 본 연구는 난민의 발생부터 이동, 정착, 혹은 귀환에 이르는 전 과정에 영향을 미치는 국제적 환경과 관련국들의 국가 정책과 제도를 우선 분석하고, 이로부터 파생되는 사회·경제적 영향과 그로 인한 변동 양상을 추적함으로써 기존의 난민 연구 지평을 확장해 보고자 하였다.

둘째, 난민 연구와 관련하여 본서의 필진들은 새로운 연구 의제와 도전과제를 발굴하고 규명하고자 하였다. 급변하는 국제정세와 수용국의 국내정치적 동학 속에서 난민의 이동 경로와 정착 패턴은 끊임없이 도전받고 변화하게 되며, 이들의 법적 지위와 사회적 경험 또한 복잡한 양상을 띤다. 따라서 본서는 이러한 변화의 최전선에서 발생하는 현상들을 포착하여, 기존의 이론적 틀로는 온전히 설명하기 어려운 도전적 연구과제들로는 어떤 것들이 있는지 명확히 제시하고자 하였다.

셋째, 본서는 난민의 이동과 정착 과정에 관한 비교론적 연구를 통해 이론적 기여 가능성을 탐색하고자 하였다. 본서 전체가 구조화된 비교연구를 수행하고 있다고 보기는 어렵지만, 구체적으로는 난민의 이동과 정책 과정에서 수용국 사회에서 겪는 통합과 배제의 이중적 과정이 수용국 국내정치 상황 속에서 어떻게 다른 양태로 나타나는지 비교론적 관심을 유지하면서 분석하고자 하였으며, 이런 상이한 결과에 영향을 미치는 다양한 요인들이 무엇인지 규명하고자 하였다.

넷째, 이같은 연구는 기존 난민 정책의 한계를 진단하고 실효성 있는 대안을 모색하는 데 필요한 고려점을 식별하고자 하였다. 이를 바탕으로 현재 국제사회 및 각국 정부가 시행하는 난민 보호 및 지원 정책의 실질적인 한계와 보완이 필요한 지점을 비판적으로 진단하고, 인도주의와 실용주의를 아우르는 구체적이고 지속가능한 정책적 대안을 모색하는데 기여하게 되기를 기대한다.

II. 연구 대상과 용어 정의

본격적 논의에 앞서 본 연구의 대상인 '난민'에 대한 정의(definition)를 살펴볼 필요가 있다. 특히 전통적 난민 개념으로 포착되지 않는 새로운 이동 양식이 유라시아에서 빠르게 확산되고 있는 점을 고려해 본다면, 국제법적 정의와 실제 현장의 언어, 그리고 연구상 편의적 조작 정의가 구분될 필요가 있다. 우선, 국제법적인 영역에서 정의되는 난민은 가장 협의의 수준에서 이루어지는 정의라고 할 수 있다. 국제법에서의 난민은 1951년 '난민협약'(Refugee Convention)과 1967년 '난민 지위에 관한 의정서'(Protocol relating to the Status of Refugees)의 정의를 따르는데, 구체적으로 "인종, 종교, 국적, 특정사회집단의 구성원 신분, 정치적 견해로 박해받을 수 있다고 인정할 충분한 근거 있는 공포로 인하여 국적국의 보호를 받을 수 없거나 보호받기를 원하지 않는 자"이다.[3]

본 협약은 개별 심사, 비송환(강제송환 금지) 원칙, 기본 권리 보장을 골자로 하며, 2차 세계대전 이후 형성된 국제 난민 보호 체계의 출발점이 된다. 이 협약은 세계인권선언 제14조에 명시된 '박해로부터 비호를 구할 권리'를 기반으로, 난민의 권리와 강제송환 금지 원칙을 성문화한 기념비적인 성과였다. 그러나 협약의 초기 적용 범위는 1951년 1월 1일 이전 유럽에서 발생한 사건으로 시공간적 제약을 지녔다. 1967년 의정서가 이러한 시공간적 제약을 철폐했지만, 난민 정의의 핵심, 즉 '개인화된 박해'에 대한 개념은 그대로 유지되었다.[4]

---

3 원문: Someone who "owing to well-founded fear of being persecuted for reasons of race, religion, nationality, membership of a particular social group or political opinion, is outside the country of [their] nationality and is unable or, owing to such fear, is unwilling to avail [themself] of the protection of that country; or who, not having a nationality and being outside the country of [their] former habitual residence, is unable or, owing to such fear, is unwilling to return to it." 보다 자세한 내용은 다음을 참고; UN. "Convention relating to the Status of Refugees" https://www.ohchr.org/en/instruments-mechanisms/instruments/convention-relating-status-refugees (채택일: 1951년 7월 28일).

4 국내 난민법 2조는 " '난민'이란 인종, 종교, 국적, 특정 사회집단의 구성원인 신분 또는 정치적

그러나 난민 자격 획득은 쉽지 않은 것이 현실이다. 이에 따라, 각국은 난민에 대한 법적 인정에 따른 부담을 이유로 낮은 인정 비율을 유지하는 경향을 보인다. 실제로 한국에서도 난민 제도 도입 이후 난민 심사를 마친 사람 중 약 2.7%만이 정식 난민으로 인정받았다는 점은 이를 단적으로 보여준다(조선일보, 2025/08/08). 따라서 많은 수의 난민 지위 신청자들은 망명 신청자(asylum seeker) 지위로 새로운 사회에서 살아가고 있다. 망명 신청자는 난민 지위를 신청했으나 아직 심사가 완료되지 않은 사람을 뜻하며, 신청-대기-불인정-이의제기 등 절차를 거치는 동안의 체류 자격, 노동시장 접근, 사회서비스 이용 범위는 국가별 제도에 따라 상이하게 정해진다. 즉 난민 인정 여부가 확정되기 전 단계에서조차 적용되는 권리와 보호 수준에는 상당한 국가 간 편차가 존재한다는 것이다. 망명 신청자는 난민보다는 광의의 대상을 칭할 수 있다는 점에서, 개념적 유연성을 가지고 있다고 판단해 볼 수 있겠다.

그러나 이 두 용어만으로는 오늘날 유라시아의 여러 분쟁에서 비롯된 이주민들을 적절하게 지칭하고 설명하기에 충분하지 않은 것으로 판단된다. 대규모 무력 충돌에 따른 급격한 국경 횡단, 전황 변화에 따른 순환·역행 이동, 경유국에서의 장기 체류, 임시 보호의 장기화 등은 협약이 전제한 개별적 박해 중심의 틀을 넘어선다. 더구나 국가 실패와 치안 붕괴, 무차별 폭력으로부터의 대피, 분쟁과 환경 재해의 결합이 촉발한 이동, 집단 단위의 일괄 피난처럼 박해 사유를 특정하기 어려운 상황에서는 법률상 난민 요건을 충족하지 못하는 사례가 적지 않다. 즉 국제 난민법의 문언에 직접 명시되지 않은 전쟁·내란·내전의 원인별 난민, 환경적 원인에 따른 난민, 경제적 원인에 따른 난민은 현행 규정에 따라 보호의 사각지대에 놓이기 쉽다는 것이다. 또한 이러한 조항에 대한 국가별 해석 및 적용이 다르다는 것도 하나의 문제점이라고

견해를 이유로 박해를 받을 수 있다고 인정할 충분한 근거가 있는 공포로 인하여 국적국의 보호를 받을 수 없거나 보호받기를 원하지 아니하는 외국인 또는 그러한 공포로 인하여 대한민국에 입국하기 전에 거주한 국가로 돌아갈 수 없거나 돌아가기를 원하지 아니하는 무국적자인 외국인을 말한다"고 난민을 규정하고 있다(국가법령정보센터, 2016).

할 수 있다(이진우, 2022: 71).

이러한 전통적인 난민협약의 정의만으로는 오늘날 복잡하고 다양하게 나타나는 강제 이주 상황에 놓인 모든 이들을 포용하기 어렵다는 비판이 제기되는 상황 속에서, 협약상 난민 지위를 획득하지 못하는 이들에게도 국제 사회가 최소한의 보호를 제공해야 한다는 인식하에, '대안적 보호 방식'(complementary forms of protection)의 도입 필요성이 지속적으로 강조되었다. 그러한 대안적 보호 방식으로 흔히 거론되는 것이 '보충적 보호'(subsidiary protection), '보완적 보호'(complementary protection), '임시 보호'(temporary protection)라고 할 수 있다. 이 세 가지 모두 1951년 난민협약의 정의의 밖에 놓여 있으나 국제적인 보호가 필요한 사람들을 위해 마련된 대안적 방식의 보호 제도라는 공통점을 가진다. 그러나 세부적으로 이 세 가지 방식은 차이를 가진다. 보완적·보충적 보호는 난민 심사와 유사하게 개별 심사를 통해 보호 여부를 결정하는 개인 중심의 항구적 보호라고 할 수 있다. 반면 임시 보호는 내전·재해 등으로 대규모 유입이 발생해 개별 심사가 어려울 때, 집단에 대해 신속·한시적 보호를 제공하는 것을 목표로 한다. 법적 근거와 권리 수준도 달라서, 보완적 보호는 국제인권법에 기반해 협약 난민과 유사한 권리를, 보충적 보호는 주로 유럽연합 지침에 따라 상대적으로 제한된 권리를 부여하는 경우가 많다(장주영 외, 2021).

이와 같은 용어들은 난민이나 망명 신청자에 한정된 기존 개념의 범위를 넓혀 준다는 점에서 의미가 있다. 그러나 분석 대상을 규정할 때 이 용어들에 의존하면 제도적 틀에 초점이 맞추어져 이주자 자체에 대한 관찰과 해석이 흐려질 위험이 있으며, 국가·지역별 맥락 차이가 커서 공통의 비교 기준을 마련하기도 어렵다. 이를 보여주는 사례가 유라시아에서 최근 부상한 '렐로칸트(релоканты, 전쟁기피자)'이다. 이 표현은 우크라이나 전쟁 이후 러시아를 떠난 사람들을 가리키지만, 법률상 일률적으로 규정될 수 있는 범주는 아니다. 이 집단에는 고숙련 디지털·전문직과 원격근로자 및 청년층이 상대적으로 많이 포함되며, 정치·안보적 회피 동기와 경제·직업 상의 선택이 뒤섞여 있다. 전통적 협약 난민 요건이나 대안적 보호 제도에 꼭 부합하지 않더라도, 전쟁·

동원·정치적 압박 등 분쟁 관련 요인이 결정적 동인이 된 이동이라는 점에서, 본 연구는 이들을 넓은 의미의 분석 범주 속에서 관찰할 필요가 있다고 본다.

지금까지 살펴본 바와 같이, 난민협약의 정의(definition) 상의 한계를 보완하려는 여러 용어가 존재하지만, 임시보호·보충적 보호 대상, 망명 신청자, '렐로칸트'와 같은 이동 주체는 국제법상 난민 지위를 자동으로 구성하지 않으며, 일부 요건을 충족하더라도 그 자체로 충분조건이 되지는 않는다. 따라서 난민을 법적으로 지위를 획득하였는지 여부를 기준으로만 판단해 분석 대상을 설정하면 분석상의 한계가 나타날 수밖에 없다. 따라서 다양한 범주의 강압적 상황에서의 이주자들을 아우를 수 있는 종합적인 의미를 지닌 용어가 필요하다.

난민법이 제정된 1951년의 상황이 아니라 현재 유라시아를 포함한 전 지구적 차원에서 발생하는 복합적이고 대규모의 강제 이주의 현실을 담아내기 위해 현대적 난민 연구는, 확장된 난민 개념에 기초한 새로운 도전에 대응하는 연구의 필요를 강조하고 있다(Betts, 2010; Betts, 2013; Betts·Collier, 2017; Castles, 2003; Castles et al., 2020).

전통적 난민 정의가 개인에 대한 특정 사유의 박해에 집중했다면, 확장적 정의는 생존을 위협하는 구조적 환경과 그에 대한 난민의 주체적 대응의 구조-행위자 동학에 초점을 맞추어야 한다. 이런 관점에서 난민에 대한 개념을 확장적으로 이해하는 데에는 다음과 같은 범주의 이주민들에 대한 고려가 유용하다. 우선, 베츠(Alexander Betts)가 주장하듯이 "생존 이주"(survival migration) 개념은 박해뿐만 아니라 '국가 실패', 즉 국가가 국민의 기본권을 보장하지 못하는 상황이나 생존을 위한 최소한의 조건을 확보하지 못해서 국경을 넘는 사람들을 포함할 수 있다는 점에서 유용하다. 또한 아프리카단합기구(OAU) 협약이나 카르타헤나 선언(Cartagena Declaration)이 강조하듯이, 특정한 개인을 향한 표적화된 박해가 아니더라도 내전·점령·대규모 소요 사태 등으로 '일반화된 폭력'과 '공공질서 붕괴'로 인해 누구도 안전할 수 없는 상황으로부터 탈출한 이들에 대한 고려도 필요하다. 그 연장선상에서 단순한 경제적 동기로부터 촉발된 이주와는 달리 극도의 빈곤이나 식량 부족이 생명권을 위협하는 '구조적 박탈'(structural deprivation) 때문에 선택의 여지 없이 떠밀려 나온 경우에 대한 고려도 중요하다. 그리고 기후변화나 자연재해, 인위적 환경 파괴로 인한 삶의 터전의 상실 등으로 자신이 살던 곳에서 거주가 더 이상 불가능한 경우에 발생하게 되는 환경 및 기후 난민에 대한 고려도 점점 중요해지고 있다.

따라서 본서는 다음과 같은 확장적 의미에서 정의된 난민에 대한 이해를 바탕으로 하고 있다. **확장적 의미의 난민이란, 인종·종교·정치적 이유에 의한 개별적 박해뿐만 아니라, 전쟁·내전·일반화된 폭력, 국가 기능의 붕괴, 심각한 자연재해 및 생존을 위협하는 구조적 기근 등으로 인해 출신국에서 인간의 존엄과 생명권을 보장받을 수 없어 비자발적으로 국경을 넘거나 생활의 터전을 잃은 모든 강제 이주자**를 의미한다.

이같은 확장적 정의는 기존 법적 정의의 한계를 넘어 다음과 같은 유라시아의 현실을 포착할 수 있게 해준다. 우선, 난민에 대한 국제법적 정의에서 주목하는 '비자발성'의 의미를 확장할 수 있다. 이런 난민에 대한 이해는 '박해에 대한 공포'를 넘어 '생존 불가능성'을 비자발적 이주의 원인으로 인정할 수 있게 만든다. 또한, 이런 확장적 개념은 법적 난민과 경제적 이주민 사이의 모호한 회색지대에 있는 이들을 '불법 체류자'가 아닌 '보호가 필요한 존재'로 인정하게 된다. 가령, 내전 중인 국가에서 경제적 기반이 파괴되어 탈출한 사람들을 보호의 대상으로 포용할 수 있게 한다. 그리고 국적국의 보호 의지 여부보다, 현재 그 인간이 처한 '취약성'과 '보호 필요성'에 우선적 가치를 부여함으로써 인권 중심적 접근을 강화할 수 있게 해준다.

이러한 난민에 대한 확장적 정의는 유라시아 지역의 유동적이고 복합적인 비자발적 이주 흐름을 설명하는 데 있어 훨씬 더 적실성 있는 도구가 될 수 있다. 이런 견지에서 본서는 다양한 분쟁으로 인한 비자발적 이주민을 '분쟁 난민'(conflict refugee)로 주목하고자 한다. **분쟁 난민은 "무력 분쟁, 만연한 폭력, 또는 공공질서를 심각하게 교란하는 기타 사건들로 인해 출신국을 탈출하여 국제적 국경을 넘었으며, 그 결과 국제적 보호가 필요한 사람"**으로 정의될 수 있다. 이같은 분쟁 난민이라는 용어는 법이 미처 포섭하지 못한 이동의 현실을 설명하고, 정책 설계의 사각지대를 드러내기 위한 도구라고 할 수 있다. 이러한 맥락에서 본 연구는 앞서 언급한 바와 같이 보완적 보호 대상, 망명신청자, '렐로칸트'를 포함한 새로운 이동 주체를 넓은 의미의 분쟁 난민이라는 확장적 난민 개념 아래에서 관찰 및 기술하며, 이를 통해 변화하고 있는 현실의 이야기를 충실히 담아내는 동시에 학문적 비교와 정책 처방을 위한 공통 언어를 제공하고자 한다. 따라서 이하 특별한 언급이 없는 한 본서에서 사용되는 '난민'은 확장적 의미로 정의된 '분쟁 난민'을 의미한다.

III. 유라시아의 분쟁과 우크라이나 전쟁 개황

21세기에 들어선 이후 유라시아 대륙은 전례 없는 규모의 지정학적 충돌과 다중적 무력 분쟁을 겪으며 세계 난민 문제의 진원지가 되었다. **그림 1**에서 보듯, 서부 유라시아는 세계 이주 동학에서 가장 강력한 흐름을 형성하고 있다. 이

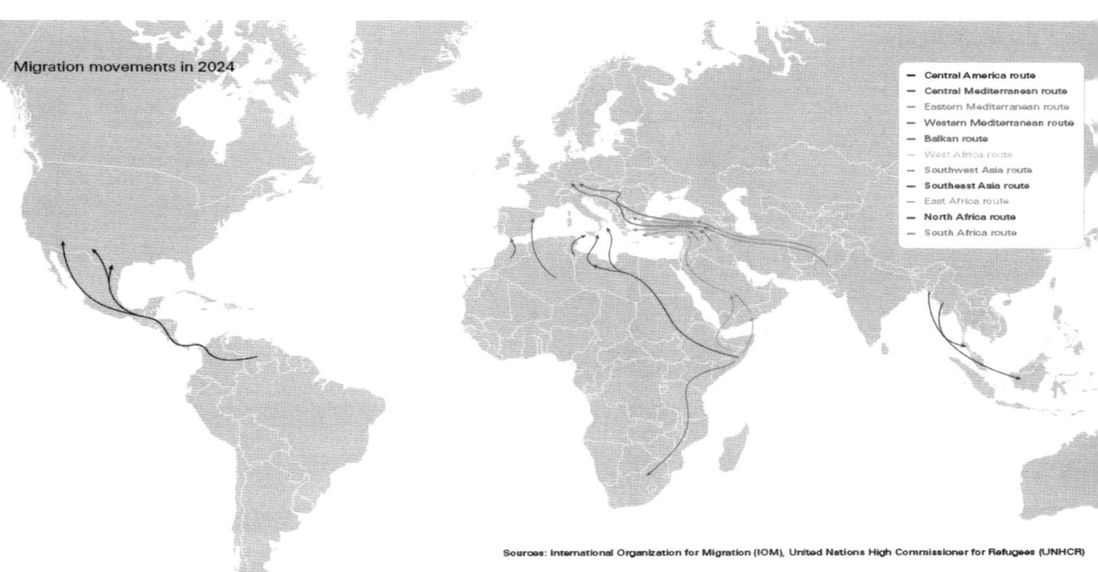

그림 1 2024년 세계 이주 동학 지도
출처: Dilger (2025)

지역에서 벌어진 분쟁들은 단일 국가의 내전이나 국지적 충돌을 넘어서, 강대국의 개입, 비국가 행위자 역할의 부상, 국제질서의 재편이라는 복합적인 지정학적 구조를 배경으로 한다. 시리아 내전, 아프가니스탄 사태, 우크라이나 전쟁, 그리고 최근의 가자 사태 등은 각기 다른 배경과 맥락을 지녔지만, 결과적으로 대규모 인구이동과 인도주의적 위기를 초래하며 유라시아 난민 문제를 세계적 의제로 부상시켰다.

먼저, 시리아 내전은 2011년 3월 반정부 시위로 촉발되어 장기화한 대표적 무력 충돌 사례이다. 초기에는 반정부 세력이 미국 등 국제사회의 지원으로 일정한 우위를 점하기도 했으나, 이란과 러시아의 군사·재정적 지원을 등에 업은 아사드 정부가 반격에 성공하면서 정황은 급변하였다. 특히 2014년 이후 이슬람국가(IS)의 등장으로 전쟁 양상은 더욱 복잡해졌으며, 시리아와 이라크 전역에서 극단적 폭력이 확산되었다. 이에 따라 시리아는 세계에서 가장 많은 난민을 배출한 국가 중 하나가 되었으며, 2024년 말 기준으로 약 610만 명이 해외 난민으로 등록되어 있고, 740만 명이 국내 실향민으로 집계되었

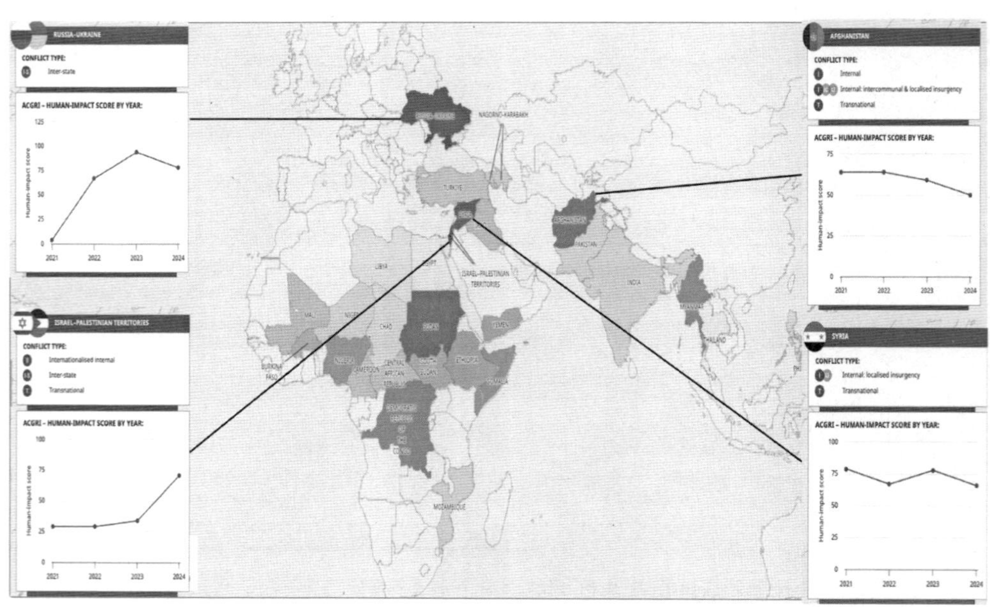

그림 2 유라시아 분쟁 지도

출처: IISS Conflict Trends Map 2024(2024)

다(UNHCR, 2025b). 시리아 인구의 절반 이상이 거주지를 상실한 셈이며, 튀르키예, 레바논, 요르단, 이라크 등 인접국에 난민이 집중되면서 지역 안보와 자원 분배에 심각한 부담을 가중시켰다.

아프가니스탄의 경우, 2001년 미국의 침공 이후 20년에 걸친 긴 전쟁을 겪었으며, 2021년 8월 미국과 나토 연합군의 철수 이후 탈레반이 전격적으로 정권을 장악하면서 난민 위기가 급격히 확대되었다. 인권 활동가, 언론인, 서방과 협력했던 시민들이 정치적 박해를 피해 탈출을 감행하였고, 이에 따라 이란과 파키스탄 등 인접국에는 수백만 명의 아프간 난민이 유입되었다. 2024년 말 기준, 약 580만 명의 아프간 난민이 국제 사회에 등록되어 있으며, 이 가운데 이란에는 약 350만 명, 파키스탄에는 약 160만 명이 거주 중이다(UNHCR, 2025a). 다만, 아프가니스탄의 이주 형태는 일방적이지 않아서 최근 몇 년간 280만 명이 본국으로 귀환한 사례도 있으나, 그중 약 135만 명은 강제송환에 가까운 형태였다.

그림 3 2022–2025년 우크라이나 영토에 대한 러시아의 군사적 통제의 변화

출처: BBC(2025)

2022년 2월 24일 시작된 우크라이나 전쟁은 이어지는 분쟁의 연장선상에 있다. 러시아는 '특별 군사작전'이라는 명목하에 다축 공세를 감행하며 단기간 내 키이우를 점령하고 우크라이나의 조기 항복을 받아내려 하였으나, 우크라이나군의 저항, 보급선 문제, 지형의 불리함 등에 의해 초기 주도권 확보에 실패하였다(**그림 3**).

우크라이나 전쟁은 정치적·군사적 차원을 넘어, 제2차 세계대전 이후 유럽 최대 규모의 난민 이동을 초래하여 사람들의 삶과 이동성을 근본적으로 변화시킨 사건으로 평가받는다. 2025년 7월까지 전 세계적으로 약 690만 명의 우크라이나 난민이 공식적으로 집계되었고, 이 중 약 510만 명은 유럽에서 수용되었으며, 약 60만 명은 유럽 외 지역으로 이동하였다. 독일, 폴란드, 체코, 영국 등 유럽 국가들에 많은 난민이 집중되면 우크라이나 난민 문제는 유럽 정치에 영향을 주는 요인으로 부상했으며, 사회적 통합, 복지 제도 등에 관한 논쟁을 형성하고 있다.

이뿐만 아니라 우크라이나 전쟁은 러시아 내부에서도 이주를 촉발했는데, 2022년 이후 약 80~100만 명의 렐로칸트들이 국외로 떠났으며, 이는 1917년 혁명 이후 최대 규모의 이민 물결이라고도 할 수 있다(Jerstad et al., 2024).

마지막으로, 유라시아에서 난민을 발생시키는 대표적인 분쟁으로는 70년 이상 지속된 팔레스타인-이스라엘 갈등과 최근 발발한 가자 분쟁으로 인한 이주가 제시될 수 있다. 가자 지구는 세계에서 가장 장기화된 인도주의적 분쟁 지역 중 하나로, 수년간 반복된 갈등과 봉쇄는 외부의 인도적 지원에 대한 만성적 의존 상태를 초래했다. '유엔 팔레스타인 난민 구호 사업 기구'(UNRWA)는 팔레스타인 난민을 "1946년 6월 1일부터 1948년 5월 15일 사이에 팔레스타인을 정상적인 거주지로 삼았으며, 1948년 분쟁으로 인해 집과 생계 수단을 모두 잃은 자"로 정의한다. 현재 약 590만 명의 팔레스타인인이 이 규정에 따라 UNRWA에 등록되어 있다(UNRWA, n.d). 2023년 10월 발발한 가자 분쟁은 하마스의 기습 공격과 이에 대한 이스라엘의 보복 공습으로 새로운 국면을 맞이했다. 이에 따라 약 190만 명의 가자 주민이 강제 이주를 당하였으며, 이는 전체 가자 인구의 90%에 가까운 규모이다. 또한 5만 명 이상이 사망한 것으로 추정된다. 가자 지구 내 난민 캠프에 대한 피해도 심각하며, UNRWA는 이번 사태가 팔레스타인 난민 역사상 가장 심각한 인도주의적 위기를 초래했다고 분석하고 있다.

이처럼 유라시아의 분쟁은 단일 사건이 아닌 상호 연결된 위기의 연쇄이며, 각 분쟁은 난민 발생의 물리적 기점일 뿐 아니라 새로운 난민 유형과 이동 동학을 창출해 왔다. 특히 시리아, 아프가니스탄, 러시아-우크라이나, 가자 전쟁은 전통적 난민 정의로 포섭되지 않는 다층적 피난민을 등장시켰다.

IV. 유라시아 분쟁과 우크라이나 전쟁으로 인한 난민 개황

유라시아 대륙에서 발생한 일련의 분쟁들은 단순한 군사적 충돌에 그치지 않고 수많은 사람들의 일상과 생존을 송두리째 흔들며 대규모 인구이동을 발생시켰다. 이에 따라 발생한 난민의 규모와 이동 방식은 국가 간의 경계를 넘어서 전 지구적 파급효과를 지닌 인도주의적·정치적 도전 과제로 자리 잡게 된 것이 분명하다. 유엔난민기구(UNHCR)와 각국 통계에 따르면, 시리아는 내전 발발 이후 세계 최대 규모의 난민을 배출한 국가로, 약 610만 명이 국외에 등록된 난민이며, 740만 명이 국내 실향민으로 누적 집계된다. 이는 전체 인구의 절반 이상이 거주지를 상실한 것을 의미하며, 주요 수용국은 튀르키예(250만), 레바논(72만), 요르단(46만), 이라크(30만), 이집트(12만) 등이다. 그러나 2024년 12월 아사드 정부가 붕괴되면서 자발적으로 시리아로 귀환하는 사람들이 늘고 있으며, 각국 정부들도 시리아 난민들의 귀환을 추진하고 있는 것으로 알려지고 있다. 2024년 11월 말 이후 약 100만 명이 넘는 시리아인들이 귀환했다(UNHCR, 2025b).

Total Registered Syrian Refugees

4,124,631

Last updated 11 Sep 2025

Source - Government of Türkiye, UNHCR

Total Persons of Concern by Country of Asylum

Location name	Source	Data date	Population
Türkiye	*Government of Türkiye*	11 Sep 2025	2,475,076
Lebanon	*UNHCR*	30 Jun 2025	716,312
Jordan	*UNHCR*	31 Aug 2025	462,282
Iraq	*UNHCR*	31 Aug 2025	302,710
Egypt	*UNHCR*	31 Aug 2025	124,968
Other (North Africa)	*UNHCR*	31 Dec 2023	43,283

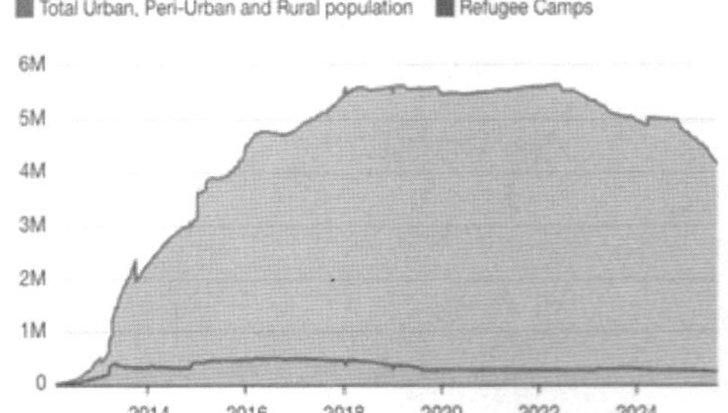

그림 4 시리아 난민 현황 및 추세

출처: Operational Data Portal (2025b)

아프가니스탄에서는 2001년 이후 20여 년간 이어진 전쟁과 2021년 탈레반 재집권으로 인한 정권 붕괴 속에서 대규모 난민이 발생하였다. 2024년 말 기준, 약 580만 명의 아프간 난민이 해외에 체류하고 있으며, 그 중 이란(347만)과 파키스탄(175만)이 대부분을 수용하고 있다. 아프간 난민은 일부가 자발적 귀환했으나, 2025년 9월 기준으로 약 280만 명의 귀환자 중 약 135만 명은 강제 송환된 사례로 분류되고 있어 인권 및 국제법적 보호 체계의 한계를 드러내고 있다.

Registered Afghan Refugees, Asylum-seekers & Afghans in refugee-like situation (in Iran, Pakistan, Tajikistan, Uzbekistan, Turkmenistan)

5,260,589

Last updated 30 Jun 2025

Source - UNHCR, Various

Registered Afghan Refugees, Asylum-Seekers & Afghans in refugee-like situation by country

Location name	Source	Data date	Population
Iran (Islamic Republic of)	*Various*	31 Dec 2024	3,477,100
Pakistan (Islamic Republic of)	*Various*	31 Dec 2024	1,758,600
Tajikistan	*UNHCR, Various*	30 Jun 2025	13,575
Uzbekistan	*Various*	30 Jun 2025	8,005
Turkmenistan	*Various*	30 Jun 2025	3,309

Total Returns to Afghanistan in 2025

2,792,102

Last updated 22 Sep 2025

Source - IOM, UNHCR, Various

Total returns is an umbrella term that includes all returns including deportations, assisted Voluntary Repatriation (VolRep) and other returns of Afghans of all statuses such as PoR cardholders, ACC holders, Amayesh card holders, Headcount Slipholders and the undocumented, excluding passport/visa holders.

Total Returns to Afghanistan in 2025 by country

Country of origin	Source	Data date	Population
Iran (Islamic Rep. of)	*UNHCR, Various*	20 Sep 2025	2,083,700
Pakistan	*IOM, UNHCR*	21 Sep 2025	677,000
Various	*UNHCR*	22 Sep 2025	31,402

그림 5 아프가니스탄 난민 현황 및 귀환 현황

출처: Operational Data Portal (2025a)

2022년 2월 개전한 러시아의 우크라이나 침공은 유럽 현대사에서 가장 빠르게 확산된 난민 위기로 평가받는다. UNHCR에 따르면 2025년 9월 기준 약 570만 명의 우크라이나인이 국외로 탈출하였고, 약 360만 명이 국내 실향민으로 남아 있다. 난민이 집중된 주요 국가는 독일(123만), 폴란드(100만), 체코(38만), 영국(25만)과 스페인(24만) 등이 있으며, 대부분의 이들은 도시 출신의 고학력자로서 서방 국가의 비교적 우호적인 수용 정책 속에서 신속히 노동시장에 진입하거나 복지 체계에 접근하고 있다(**그림 6**).

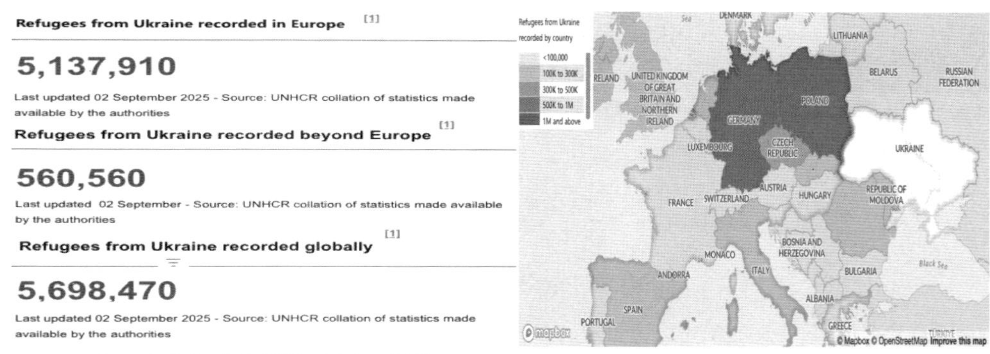

그림 6 우크라이나 난민 현황 및 분포 현황

출처: Operational Data Portal (2025c)

2023년 10월 발생한 가자 전쟁은 이스라엘과 하마스 간의 무력 충돌로 촉발되었으며, 단기간에 약 190만 명의 주민이 가자 지구 내부에서 강제 이주를 경험하였다. 이는 전체 인구의 약 90%에 해당하는 수치로, 이 지역의 역사상 가장 심각한 난민 사태로 기록된다. 특히 UNRWA에 따르면, 가자 지구에는 전쟁 이전에도 약 134만 명의 등록 난민이 거주하고 있었으며, 이번 사태 이후 이들의 난민 캠프 내 밀집도는 극단적으로 높아졌다. 현재 약 150만 명 이상이 요르단, 레바논, 시리아, 웨스트뱅크 및 가자 지구 내 58개의 공식 난민 캠프에서 생활하고 있다(Ali · Hussein, 2025). 하지만 수십 년간 지속된 봉쇄와 인프라 파괴, 인도주의 지원의 제한으로 인해 대부분의 난민은 물과 식량, 의료 서비스를 안정적으로 제공받지 못하는 상태에 처해 있다.

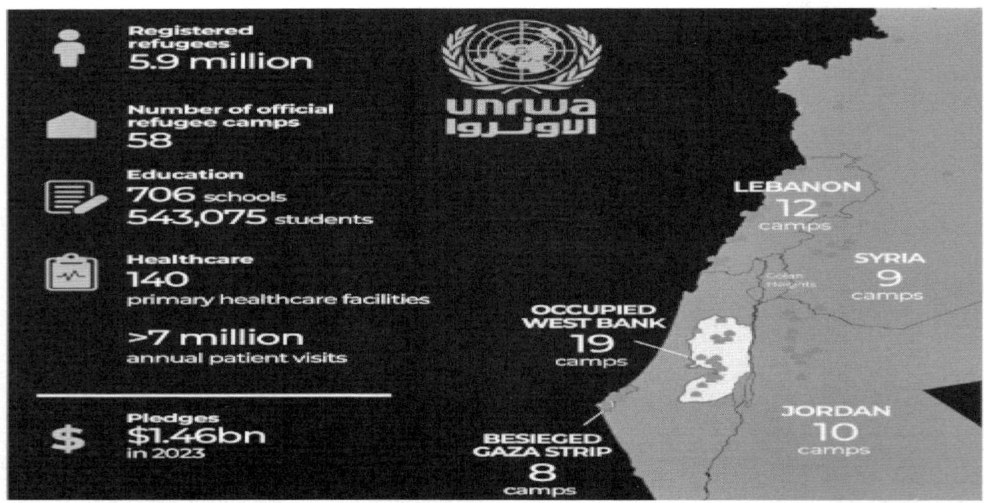

그림 7 UNRWA의 가자 분쟁 난민 현황

출처: Ali · Hussein (2025)

우크라이나 전쟁과 관련하여 주목할 또 하나의 흐름은 러시아 내부로부터의 정치적 이주, 즉 렐로칸트의 등장이다. 앞서 살펴본 바와 같이 이는 전통적인 난민 개념으로 포착되지 않는 새로운 유형의 분쟁 이주자로, 주로 20~40대의 고학력 · 전문직 종사자들이 정치적 억압과 군 동원 회피 등을 이유로 러시아를 탈출한 집단을 말한다. 이들의 이주는 2022년 침공 직후와 9월 동원령 발표 직후 두 차례 급증하였으며, 조지아, 카자흐스탄, 아르메니아, 독일, 이스라엘, 미국 등지로 분산되었다. 이들의 이동은 정치 망명이나 경제 이민이라는 기존 프레임과는 다른, '전쟁을 피한 전략적 탈출'이라는 점에서 새로운 분석 범주로 접근될 필요가 있다.

한편, 이러한 글로벌 난민 이동의 흐름 속에서 한국은 상대적으로 낮은 수용률과 협의의 난민 정의를 고수하는 정책 구조를 보인다. 1992년 유엔 난민협약 및 의정서에 가입하였고, 1994년부터 난민 신청을 받아왔으며, 2013년 동아시아 최초로 단독 난민법을 제정 · 시행하면서 제도적 기반을 확립하였다. 이후 난민 신청자 수는 꾸준히 증가하여 2023년에는 역대 최고치인 18,837건을 기록하였고, 2024년에는 약간 감소한 18,336건이 접수되었다(법

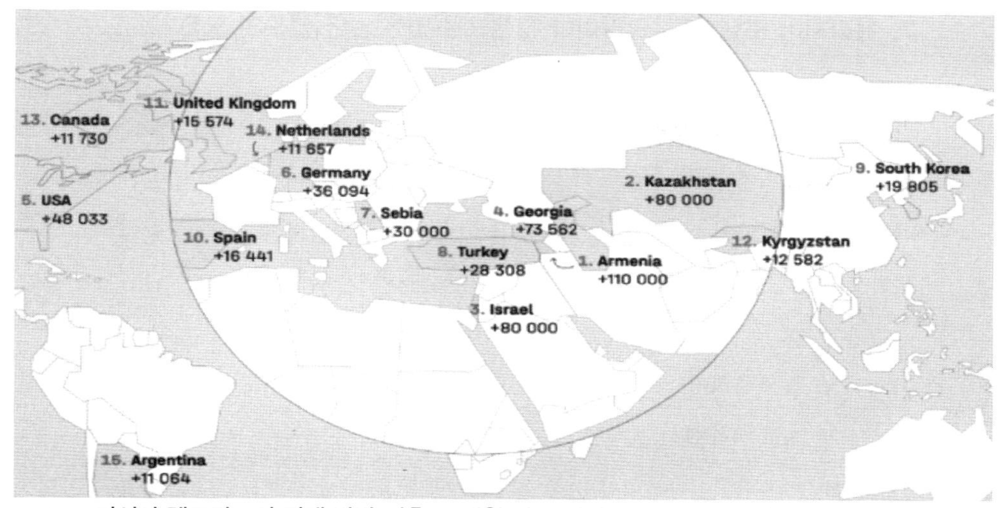

그림 8　러시아 렐로칸트의 전쟁 발발 이후 15개월 간 목적지
출처: Mironenko (2024)

무부, n.d). 난민법 제2조는 난민을 인종, 종교, 국적, 특정 사회집단의 구성원 신분 또는 정치적 견해를 이유로 박해받을 우려가 있는 외국인으로 규정하며, 이는 국제사회가 통용하는 협의의 난민 개념과 일치한다(e-나라지표, 2025). 그러나 실제 난민으로 인정된 사례는 극히 제한적이다. 1994년부터 2024년까지 누적 난민 인정자는 총 1,544명에 불과하며, 2024년 한 해 동안 인정자는 105명에 그쳤다(법무부, n.d). 이에 따라 한국은 낮은 인정률과 긴 심사 기간, 제한된 사회적 수용성 등의 문제로 국제적 비교에서 실질적 난민 보호국으로 평가받기 어려운 실정이다.

결론적으로, 유라시아 분쟁이 초래한 난민 이동은 단순한 인도주의적 위기라기보다 국가별 제도, 정체성, 국제정치 질서를 통과하며 구조화된 정치적 현상이다. 우크라이나와 러시아 사례는 전통적인 '난민' 개념이 지니는 한계를 드러내며, 현대 분쟁은 새로운 형태의 피난민과 이동 주체를 양산하고 있다. 이들은 생존 전략, 정체성 재구성, 제도 밖 삶의 방식을 통해 끊임없이 자신들의 위치를 협상하고 있으며, 국가와 국제사회는 이를 포섭할 새로운 법적 및 정책적 틀의 고안을 고민해야 할 시점이다.

V. 유라시아 분쟁 및 우크라이나 전쟁으로 인한 난민 연구의 도전

기존 국내 난민 관련 연구들은 주로 난민의 법적 지위와 수용국의 정책적 대응 그리고 담론 형성에 초점을 맞추고 있다. 많은 연구자들이 난민 인정과 관련된 이슈들과 난민 정책 그리고 국내 난민 수용과 관련된 반응과 담론 등에 대한 연구를 수행해 왔다. 예를 들어 오승진(2022)은 국제난민법이 전쟁 난민을 충분히 포괄하지 못하는 현실에 주목하면서 국내외 법제도 안에서 전쟁 난민 보호의 실천적 방안을 모색했다. 김현옥·박해선(2022)은 한국 사회 내 난민 아동에 대한 환대와 혐오의 의미연결망을 분석하고 전쟁 난민 수용에 대한 사회문화적 태도를 조명하였다. 또한 고가영(2023)은 러시아의 침공으로 우크라이나를 떠난 고려인 난민 공동체가 광주 고려인마을 내에서 어떻게 정착하고 공동체를 확장해 나가는지를 실증적으로 분석하기도 했다.

국외에서는 최근 우크라이나와 인접국들의 사례를 분석한 많은 연구가 쏟아지면서 실증연구 실적이 축적되고 있다. 폴란드의 난민 수용 경험을 다룬 Duszczyk 외(2023)의 연구는 난민들의 노동시장 통합을 핵심 과제로 지목하고 있으며, Oviedo 외(2022)는 전쟁 난민들이 심리적 트라우마 속에서도 회복탄력성을 형성해 나가는 과정을 조망하였다. 그 외에도 전쟁 난민의 대규모 유입이 폴란드의 보건의료 체계에 미친 부담을 분석한 연구(Lewtak et al., 2022), 우크라이나 전쟁이 중앙아시아 이주 흐름에 미친 구조적 영향을 다룬 연구(Oshchepkov et al., 2024), 전쟁으로 인한 인구 감소와 고령화의 장기적 여파를 예측한 인구학적 연구(Kulu et al., 2023) 등과 같은 연구들이 나왔는데, 이런 연구들은 분쟁 난민 문제가 단일한 인도주의 이슈가 아니라 다양한 분야에 걸쳐 영향을 미치는 복합적 현상임을 보여주고 있다.

그러나 이러한 기존 연구들은 몇 가지 중요한 한계를 드러내고 있다. 첫째, 국내에서는 '분쟁 난민'이라는 주제를 본격적으로 다룬 연구 자체가 아직 제한적이다. 국제법적 보호 체계나 일부 수용국의 사례를 중심으로 한 논의는 존재하지만, 전쟁 내지 분쟁으로 인한 구조적 재난과 이로 인한 인구이동, 정치적 정체성, 사회적 정착이라는 복합적 문제를 총체적으로 분석한 연구는 드물다. 특히 우크라이나 전쟁처럼 현대적 무력 충돌 속에서 발생한 대규모 강제 이주와 그 사회적 파급효과에 대한 국내 연구는 초기 단계에 머물러 있다. 둘째, 난민을 피해자나 수용 정책의 대상자로만 보는 시각이 강하여, 난민 자신의 선택과 대응 전략, 주체적 삶의 조직 방식에 대한 논의는 여전히 부족하다. 셋째, 특정 국가 또는 지역의 사례에 집중한 연구가 대부분으로, 국가 간 이동, 제도적 경계 넘기, 난민을 둘러싼 국제정치적 역학 등 보다 거시적이고 비교적인 분석은 드물다.

이와 같은 한계를 보완하고자, 본서는 우크라이나 전쟁이라는 특정한 상황을 중심에 두고, '난민'이라는 현상을 정치적·사회적·인류학적 차원에서 다각도로 조명하고자 한다. 특히 본서는 난민을 단지 수용의 대상이나 인도주의적 수혜자가 아닌, 전쟁이라는 구조적 폭력에 맞서 자발적 생존 전략을 모색하고 공동체를 재편성하는 정치적 주체로 바라본다. 이를 위해 렐로칸트와 같이 기존 난민 정의로 포섭되지 않으나 전쟁으로 인해 이주를 선택한 새로운 유형의 이주민에 주목하고, 이들의 자기 명명, 이주 경로, 정착 전략 등을 분석한다.

지금까지 살펴본 바와 같이, 유라시아 대륙의 연이은 분쟁은 난민 문제를 단순한 인도적 사안에 그치지 않고 정치적·사회적·경제적 파급효과를 동반하는 중층적 현상으로 드러내고 있다. 시리아 내전, 아프가니스탄 내전, 우크라이나 전쟁, 최근의 가자 전쟁 등은 서로 다른 배경을 가졌지만 모두 대규모 난민을 발생시키면서 유라시아 지역을 세계 난민 문제의 중심으로 만들었다. 그러나 이와 같은 분쟁으로 발생한 난민에 초점을 맞출 경우 시리아와 우크라이나 분쟁 난민은 발생 맥락, 이동 양상, 정착 과정 등에서 뚜렷한 차이를 보인다. 시리아 난민은 내전의 장기화와 국가 기능 붕괴 속에서 인접국으로 대거 유입되었으나, 법적 지위가 제한적이고 장기간 임시 체류 상태에 머물며 안정적 정착이 어려웠다. 난민 캠프와 비공식 거주 형태가 일반화되었고, 아동·청년층의 교육 단절이 광범위하게 나타났다. 반면에 우크라이나 난민은 전쟁 발발 직후 단기간에 유럽 전역으로 확산되었으며, 유럽연합의 집단적 임시 보호 제도를 통해 비교적 빠르게 합법적 지위와 노동시장에 대한 접근이 보장되었다. 또한 도시 지역을 중심으로 분산 정착하며 복지·교육 서비스에도 신속히 편입되었다는 특징을 지닌다. 귀환 양상에서도 차이가 있는데, 시리아의 경우 안전 문제와 재건 부재로 자발적 귀환이 제한적이지만, 우크라이나는 전황과 인프라 복구 상황에 따라 귀환과 재이주가 반복되는 순환적 이동이 활발히 나타나고 있다.

이러한 상황은 기존 난민 연구가 전제해 온 틀인 국경을 넘어온 개인적 박해 피해자라는 정의만으로는 현실을 충분히 설명하기 어렵다는 점을 보여준다. 난민 발생 과정은 더 복잡하고, 이동 경로는 더 다층적이며, 정착 과정 또한 각국 정책과 사회적 환경에 따라 크게 달라진다. 이같은 난민 현상의 변화가 가져온 영향은 비교적 명확하다. 첫째, 전쟁 상황에 따른 순환적 이동, 일시적 귀환, 제3국으로의 복합 이주 등이 동시에 전개되면서, 난민 이동을 일회적 이동 또는 단선적 흐름으로 파악하기 어렵게 되었다. 둘째, 난민의 법적 지위가 국가별로 크게 달라 실제 생활 여건과 권리 보장의 수준에서 상당한 격차가 발생하고 있다. 셋째, 대규모 난민의 이동은 단지 난민 자신의 생존 문제 차원을 넘어 수용국의 사회·문화·경제 전반에 영향을 미치며, 수용 사회의 정책과 여론을 요동치게 만들고 있다.

이와 같은 현실은 난민 연구와 관련하여 여러 도전 과제를 제시한다. 첫째, 기존 난민 개념이 전통적 박해 사유에 치우쳐 있어 내전, 대규모 폭력, 국가 실패, 환경적 요인 등이 결합된 현대적 분쟁 상황을 포괄하기 어렵다는 점을 넘어서는 연구가 필요하다. 둘째, 난민 통계의 집계와 이동 실태의 파악은 국가별로 상이한 방식으로 파악되며, 비정규 체류자나 단기 순환 이주자는 제대로 반영되지 않는 경우가 많다. 셋째, 연구 접근법과 관련하여 난민을 피해자이자 수용국 정책의 대상으로만 보는 시각이 여전히 강하여 난민의 주체적 대응과 선택 및 공동체 형성 과정을 충분히 조명하지 못했다는 한계가 존재한다. 넷째, 연구 관련 접근성 등의 문제로 인해 특정 국가나 지역에 대한 사례연구가 많아, 국가 간 이동이나 국제적 정책 변동이 만들어내는 구조적 영향을 입체적으로 보여주지 못한 점도 난민 현상을 구조적으로 이해하지 못하게 하는 한계가 있다.

따라서 이러한 한계를 극복하기 위해서는 몇 가지 방향에서 연구가 보완될 필요가 있다. 첫째, 난민 개념을 법적 정의에만 의존하지 않고 실제 현장에서 드러나는 다양한 이동 양상을 포착할 수 있도록 확장적으로 정의할 필요가 있다. 둘째, 난민 이동의 경로와 정착을 국가 단위에 국한하지 않고, 출신국-경유국-수용국-재이주국을 연결하는 맥락 속에서 분석해야 한다. 셋째, 난민 자신의 주체적 선택과 대응 전략 및 네트워크 형성 과정을 강조하는 연구가 필요하다. 이러한 문제의식 아래에서 본서는 기존 난민 연구의 한계를 보완하며, 유라시아 분쟁과 난민 문제를 한층 폭넓게 이해할 수 있는 토대를 마련해 보고자 하였다.

VI. 책의 구성

본서는 크게 두 개의 부분으로 구성되어 있다. 제1부에서는 난민 유입에 대응하는 수용국의 정책과 난민이 처한 구조적 문제를 중심으로, 난민이 주체로서 대응하게 되는 '환경'을 분석한다. 구체적으로는 지역적 맥락, 수용국의 정책적 환경, 그리고 국내 정치적 동학을 살펴봄으로써, 수용국의 정치·제도적 환경이 난민에게 미치는 영향과 난민 현상을 둘러싼 국가의 대응 양상을 중점적으로 다룬다.

제1부를 시작하는 **2장(슬랩첸코 바딤, 「타지키스탄과 우즈베키스탄의 아프간 난민 수용 정책 비교」)**은 타지키스탄과 우즈베키스탄의 아프가니스탄 난민 정책을 비교 분석한다. 일반적으로 1951년 난민협약 가입 여부는 국가의 난민 보호 수준을 가늠하는 중요한 기준으로 활용되어 왔다. 그러나 이 글은 난민협약 비가입국인 우즈베키스탄과 협약 당사국인 타지키스탄의 사례를 비교함으로써, 협약 가입 여부가 난민의 실질적 처지에 어떠한 영향을 미치는지

를 경험적으로 검토한다.

저자는 아프가니스탄 난민들이 난민협약 가입국인 타지키스탄뿐 아니라, 공식적인 난민 보호 체계를 갖추지 않은 우즈베키스탄에도 상당수 체류하고 있다는 점에 주목한다. 우즈베키스탄은 공식적인 난민 인정 제도를 마련하지 않은 대신, 유연한 이민 정책을 통해 아프가니스탄 난민의 체류, 거주, 이동, 교육 등 공공 서비스 접근을 보장하고 있으며, 장기 정착에 대한 책임과 국제법적 감독을 회피하면서도 통과국으로서의 일시적 인도주의적 의무를 이행하고 있다. 반면 타지키스탄은 난민협약에 가입한 국가임에도 불구하고 아프가니스탄 난민의 체류권, 거주권, 이동권, 공공 서비스 접근을 제한하고 있으며, 불법 구금과 강제 추방 사례도 보고되고 있다. 또한 우즈베키스탄에서는 국제기구와의 협력이 비교적 원활하게 이루어지는 반면, 타지키스탄에서는 국제기구의 활동 역시 상당한 제약을 받는 것으로 나타난다. 이러한 대비를 통해 저자는 공식적 난민 체계가 부재하더라도 대안적 메커니즘을 통해 기능적으로 동등한 보호가 가능할 수 있으며, 반대로 협약 비준과 국내법이 존재하더라도 정치적 의지와 행정적 실행 역량이 부족할 경우 실질적 보호가 제한될 수 있음을 보여준다.

이처럼 우즈베키스탄과 타지키스탄의 비교는 난민협약 비준 여부가 곧바로 난민 보호의 수준을 결정한다는 통념을 재검토하게 한다. 공식적인 난민법과 제도가 없더라도 난민 관리와 보호를 위한 다양한 방식이 존재할 수 있으며, 국제적 의무의 형식적 준수와 실제 난민 보호의 질 사이에는 반드시 직접적인 연관성이 존재하지는 않는다는 점을 시사한다.

3장(박지원, 「타지키스탄의 아프간 난민이 직면한 경제적 문제와 그 원인」)은 타지키스탄의 아프가니스탄 난민을 사례로, 난민의 경제적 주체성을 제약하는 핵심 요인으로서 수용국의 정책과 구조적 환경에 주목한다. 이 글은 난민 수용과 관리 과정에서 경제적 요인이 중요한 변수로 작용함을 전제로, 2000년대 초 타지키스탄이 아프가니스탄 난민에 비교적 수용적인 태도를 보였던 배경에 국제 원조 확보라는 경제적 동기가 작용했음을 지적한다. 그러나

2021년 탈레반의 카불 점령 이후 대규모 난민 유입이 발생하면서 타지키스탄의 난민 정책은 급격히 전환되었으며, 이러한 변화는 이슬람 극단주의 침투에 대한 우려와 러시아, 중국, 우즈베키스탄 등 인접 주요국의 대탈레반 태도와도 긴밀히 연관되어 있다. 이를 통해 저자는 난민 정책이 정치적 환경에 따라 유동적으로 변화함을 보여준다.

아울러, 저자는 타지키스탄에 체류하는 아프가니스탄 난민의 경제적 주체성을 제약하는 가장 중요한 요인으로 정부의 통제 정책을 지목하며, 그 배경에는 타지키스탄의 구조적으로 취약한 경제 상황이 자리하고 있음을 밝힌다. 천연자원 부족과 미약한 산업 기반, 해외 노동 이주와 송금 의존도가 높은 경제 구조, 인구 증가에 비해 충분하지 않은 일자리 창출 등은 실업과 빈곤 문제를 심화시키고 있다. 이러한 상황에서 전문 기술이 부족하고 거주 이동의 자유까지 제한받는 아프가니스탄 난민은 안정적인 생계 수단을 확보하는 데 심각한 어려움을 겪고 있다. 더불어 만연한 부패 역시 난민의 경제적 자립을 저해하는 요인으로 작용하며, 이른바 '아프간 세금'이라 불리는 뇌물 갈취 관행은 난민의 경제 활동을 지속적으로 제약하고 있다. 타지키스탄의 경제적 취약성이 난민 유입 이전부터 존재해 왔던 구조적 문제라는 점에서, 아프가니스탄 난민의 열악한 생활 조건은 단기간 내 개선되기 어려울 것으로 전망된다.

4장(구기연, 「이란의 아프가니스탄 난민 정책의 역사와 현재」)은 1979년 이후 약 40여 년에 걸친 이란의 아프가니스탄 난민 정책을 추적하며, 정책 변동이 난민의 노동 착취와 사회적 배제를 어떻게 구조화해 왔는지를 분석한다. 이 글은 이란의 난민 정책을 소련 침공 이후의 개방기, 내전기 통제 전환기, 미국 침공 이후의 실용주의기, 그리고 탈레반 재집권 이후의 시기로 구분하고, 아마예시(Amayesh) 카드 제도가 난민에게 '조건부 합법성'을 부여하는 동시에 '영구적 불안정성'을 제도화해 왔음을 규명한다. 이를 통해 저자는 이란이 표면적으로는 포용적 난민 정책을 표방하면서도, 실제로는 불안정한 법적 지위를 통해 난민을 저임금 노동시장에 편입시키는 이중적 거버넌스 구조를 형성해 왔음을 보여준다.

5장(주송하, 「러시아의 출신국에 따른 난민 정책의 연속성과 변화」)은 난민의 국적에 따라 러시아의 난민 정책이 어떻게 달라지는지, 그리고 이러한 정책이 과거와 어떠한 연속성과 변화를 보이는지를 분석한다. 저자는 2010년대 이후 러시아의 난민 정책을 국적별로 비교한 결과, 아프가니스탄과 시리아 난민에게는 배타적인 태도를 보이는 반면 우크라이나 난민에게는 체류권과 재정적 지원을 제공하는 등 상이한 접근을 취하고 있음을 보여준다. 더 나아가 러시아 정부는 우크라이나 난민을 같은 슬라브계로서 '우리'가 될 수 있는 집단으로 재구성하며, 귀화 압력을 통해 인구 감소 문제와 전쟁의 정당성을 동시에 관리하려는 전략을 구사하고 있음을 지적한다. 이러한 점에서 러시아의 난민 정책은 정치적 목적에 강하게 종속되어 있으며, 과거와의 높은 연속성을 지닌다는 평가가 제시된다. 동시에 서구권의 '전통적 가치'에 동조하는 이들을 대상으로 한 새로운 망명 제도의 등장은 러시아와 서구 간 갈등이 난민 체제에 반영된 변화로 해석된다.

6장(황의현, 「이라크 비무슬림 이주민과 국내피난민 문제의 장기화 요인」)은 2014년 이슬람국가(IS) 위기 이후 발생한 대규모 이주와 국내피난민 문제를 사례로, 국가 정책 실패가 난민 문제를 어떻게 장기화하는지를 분석한다. 저자는 이라크 북부에서 발생한 비무슬림 이주가 일시적 사건이 아니라, 2003년 이후 중앙정부의 만성적인 국가 능력 상실이라는 구조적 배경 속에서 이해되어야 함을 강조한다. 치안과 사회 안정을 유지하지 못한 결과 이슬람 극단주의 세력이 부상했고, 정부군의 무력한 대응은 비무슬림 집단의 국가 불신을 심화시켜 이주와 정착을 고착화시켰다. 이를 통해 저자는 분쟁 이후 난민 문제의 근본적 해결을 위해서는 무엇보다 국가 능력 회복을 위한 정책적 과제가 선행되어야 함을 시사한다.

2부에서는 난민의 주체성에 초점을 맞추어, 적응과 생존을 위한 전략과 대응의 다양성을 조명한다. 2부를 시작하는 **7장(김은영 · 윤민우, 「우크라이나와 시리아 난민 비교를 통해 본 자원으로서 심리적 회복탄력성 분석」)**은 수용국의 정책, 제도, 자원 등 구조적·심리적 자본이 전쟁 난민의 회복탄력성, 적응, 정신건강에 미치는 영향을 분석한다. 분석 결과에 따르면, 우크라이나 난민은 시리아 난민에 비해 상대적으로 우호적이고 효율적인 사회적·심리적 자본 환경에 놓여 있으며, 이는 더 낮은 정신장애 유병률과 높은 회복탄력성으로 나타난다. 유럽 국가들이 우크라이나 난민에게 제공한 법적·제도적 지원, 우호적인 내러티브와 연대, 효율적이고 다양한 디지털 네트워크는 이들의 인적자본과 결합되어 취업, 거주, 교육, 의료 서비스에 대한 신속한 접근을 가능하게 했고, 이를 통해 수용국 지역사회로의 비교적 빠른 통합을 촉진하였다. 반면 이러한 사회적·심리적 지원 자본을 충분히 확보하지 못한 시리아 난민은 회복탄력성, 적응 수준, 정신건강 측면에서 상대적으로 부정적인 지표를 보인다. 저자들은 비교 분석을 통해 국가와 지역사회 차원의 거시적·제도적 자본이 전쟁 난민의 회복과 적응, 나아가 지역사회 통합을 촉진하는 데 더 중요한 역할을 할 것이라고 평가한다.

또한 7장은 분쟁으로 인한 강제 이주를 경험한 난민을 '부담'이나 '결핍'의 대상으로 인식하는 관점을 넘어, 손실된 자본을 회복하며 새로운 자원을 형성해 가는 존재로 이해할 필요성을 제기한다. 아울러 난민의 회복력을 촉진하고 지원하는 순환적 과정이 지속되기 위해서는 인적·사회적·심리적 자본의 회복과 축적이 상호 환류하며 강화될 수 있도록 수용국의 거시적·제도적 자본이 중요한 역할을 수행해야 함을 강조한다.

8장(최아영, 「타지키스탄에 거주하는 아프가니스탄 난민의 이주 전략과 교육」)은 타지키스탄에 거주하는 아프가니스탄 난민 가정이 자녀의 교육 경로를 선택하는 과정과 가정의 이주 전략 사이의 관계를 분석한다. 타지키스탄은 난민협약 체약국으로서 법적으로 난민 아동의 공교육 접근을 보장하고 있으나, 낙후된 교육 인프라, 거주지 제한, 언어 및 재정적 장벽 등으로 인해 실제 난민 아동의 공교육 참여율은 낮은 편이다. 이러한 조건 속에서 많은 아프가니스탄 난민은 타지키스탄을 장기적 정착지가 아닌 제3국 이주를 위한 경유지로 인식하며, 난민이 운영하는 영어 중심의 사설 학원이나 교육센터를 선택하는 경향을 보인다. 저자는 타지키스탄에 체류 중인 아프가니스탄 난민 가정과의 인터뷰를 바탕으로, 이들에게 교육이 타지키스탄 정착을 위한 수단이기보다 미래의 이동을 준비하고 이주 가능성을 유지하기 위한 전략적 자원으로 기능함을 밝힌다. 사회적·구조적 제약 속에서도 아프가니스탄 난민 가정은 제한적이나마 자녀의 교육 경로를 선택하는 주체성을 행사하며, 불안정한 체류 조건이라는 한계를 극복하고 미래의 이동성을 확보하려는 실천적 대응을 보여준다.

9장(고가영, 「경유지 타지키스탄 거주 아프가니스탄 난민들의 젠더 역할과 종교 정체성의 변화」)은 타지키스탄에 체류하는 아프가니스탄 난민들의 정체성 변화를 살펴본다. 이들은 최종 정착지인 캐나다로 이동하기 위한 과정에서 타지키스탄을 경유지로 인식하지만, 특히 난민 여성들은 생계 유지를 위해 적극적으로 경제 활동에 참여하며 분쟁의 수동적 피해자가 아니라 능동적으로 삶을 조직하는 주체로서의 모습을 드러낸다. 직업 활동뿐 아니라 미래를 기획하고 여가와 스포츠 활동에 참여하는 모습은 난민 여성들의 주체성을 구체적으로 보여준다. 또한 아프가니스탄 난민들은 탈레반의 이슬람 근본주의에 대한 반감과 최종 정착지로의 이동 가능성을 고려해 종교 정체성을 재구성하는 선택을 하기도 한다. 이러한 사례는 난민이라는 범주에 흔히 부여되는 수동적 이미지에서 벗어나, 더 나은 삶을 모색하며 전략적으로 대응하는 난민의 주체성을 강조한다.

10장(이수정, 「한국으로 향한 아프가니스탄 특별기여자의 여정」)은 2021년 '미라클 작전'을 통해 입국한 아프가니스탄 특별기여자의 한국행과 초기 정착 과정을 난민 수용, 명칭, 정착 정책이라는 세 가지 관점에서 비판적으로 검토한다. 미국의 아프가니스탄 철수와 탈레반 재집권 국면에서 한국 정부는 공식적으로 난민 수용 계획을 밝히지 않았으나, 실제로는 사전 준비를 거쳐 '난민' 대신 '특별공로자' 혹은 '특별기여자'라는 명칭을 부여해 이들을 수용했다. '특별기여자'라는 호명은 아프가니스탄인들을 한국에 '기여한 사람들'로 프레이밍함으로써, 2018년 제주 예멘 난민 사태 이후 강화된 난민 혐오와 이슬라모포비아 정서를 우회하려는 전략으로 기능했다. 동시에 이는 "한국 사회는 어떤 조건에서 난민을 수용할 수 있는가"라는 질문을 제기한다. 저자는 아프가니스탄 특별기여자를 대상으로 한 격리 수용과 집중 교육, 사회통합프로그램, 체류 자격 부여, 취업 멘토링 등 정부 주도의 초기 지원 사업을 추적하며, 이를 둘러싸고 강제 수용이라는 비판과 갈등 완화를 위한 불가피한 관리라는 상반된 평가가 공존함을 지적한다. 특히 울산 지역에의 장기 정착과 직장 배치 과정에서 드러난 지역사회 갈등 사례를 통해, 임시 수용 국면을 넘어 '영구 정착' 단계에서 난민/특별기여자에 대한 인식이 다시 난민 혐오와 맞닿는 과정을 분석한다. 이 장은 아프가니스탄 특별기여자 사례를 통해 한국 사회의 난민 호명 방식과 수용 조건을 성찰하고, 다문화·다종교 사회로 이행하는 과정에서 요구되는 장기적 정착 정책과 공동체적 지향에 대한 질문을 제기한다.

11장(조규훈, 「캐나다의 아프간 무슬림 난민: 수용, 정착, 통합」)은 아프가니스탄 난민의 캐나다 정착 과정과 사회 통합의 양상, 그리고 그 과정에서 드러난 주요 과제를 고찰한다. 캐나다는 이주민에게 비교적 포용적인 사회로 평가되며, 인도주의적 관점에서 아프가니스탄 난민을 적극적으로 수용해 왔다. 이 글은 '이민국가'로서 캐나다의 역사와 아프가니스탄인의 캐나다 이주 과정을 검토한 뒤, 최근 아프가니스탄 난민을 대상으로 한 캐나다 정부의 이주 정책과 정착 현황을 살핀다. 나아가 난민들이 캐나다 사회에 유기적으로 통합되기 위해 직면한 사회적·정책적 쟁점들을 분석한다.

참고문헌

고가영. 2023. "우크라이나 전쟁 난민 유입과 광주 '고려인마을' 공동체의 확장." 『호모미그란스』 28:7-50.

김현옥 & 박해선. 2022. "전쟁난민 아동에 대한 국민국가의 환대와 혐오: 유입 난민 아동에 대한 허용 및 거부의 의미연결망과 토픽 분석." 『한국사회복지질적연구』 16(1): 29-54.

오승진. 2022. "전쟁난민의 보호." 『강원법학』 68: 413-444.

이진우. 2022. "한국의 난민제도의 문제점과 개선방안에 대한 연구 -난민 불복 소송 판례 분석을 중심으로-." 『민족연구』 79: 68-91.

장주영 외. 2021. "난민 유사상황에 대한 대안적 국제보호 연구." 『이민정책연구원 워킹페이퍼 시리즈』 21: 1-41.

Betts, Alexander. 2010. "The Refugee Regime Complex." *Refugee Survey Quarterly* 29(1): 12-37.

Betts, A. 2013. *Survival Migration: Failed Governance and the Crisis of Displacement*. Ithaca, NY: Cornell University Press.

Betts, A., & Collier, P. 2017. *Refuge: Transforming a Broken Refugee System*. London: Allen Lane.

Castles, S. 2003. "The International Politics of Forced Migration." *Development* 46(3): 11-20.

Castles, S., de Haas, H., & Miller, M. J. 2020. *The Age of Migration: International Population Movements in the Modern World* (6th ed.). New York: Guilford Press.

Duszczyk, Maciej, Agata Górny, and Paweł Kaczmarczyk, eds. 2023. "War refugees from Ukraine in Poland-one year after the Russian aggression. Socioeconomic consequences and challenges." *Regional Science Policy & Practice 15*(1): 181-200.

Kulu, Hill, Sarah Christison, and Chia Liu, eds. 2023. "The war, refugees, and the future of Ukraine's population." *Population, Space and Place*

29(4): e2656.

Lewtak, K, Kanecki K, and Tyszko P, eds. 2022. "Ukraine war refugees-threats and new challenges for healthcare in Poland." *Journal of Hospital Infection* 125: 37-43.

Ovideo, Lluis, Berenika Seryczyńska, and Josefa Torralba, eds. 2022. "Coping and resilience strategies among Ukraine war refugees." *International journal of environmental research and public health* 19(20): 13094.

Oshchepkov, Aleksey, Kanat Tilekeyev and Christopher Gerry. 2024. "How war in Ukraine has shaped migration flows in Central Asia." *University of Central Asia*.

국가법령정보센터. 2016. "난민법" https://law.go.kr/LSW/lsInfoP.do?lsiSeq=188376#0000 (검색일 2025. 09. 20).

법무부. n.d. "난민" https://www.moj.go.kr/moj/2417/subview.do. (검색일: 2025.09.25).

e-나라지표. 2025. "난민 통계 현황" https://www.index.go.kr/unity/potal/main/EachDtlPageDetail.do?idx_cd=2820. (검색일: 2025.09.25).

조선일보. 2025. "난민 심사 끝난 5만여명, 인정률은 2.7%뿐" https://www.chosun.com/national/court_law/2025/08/08/WGG53SDGYZHBNJRNCJO4NUEZS4/ (검색일 2025. 09. 20).

UN. n. d. "Convention relating to the Status of Refugees." https://www.ohchr.org/en/instruments-mechanisms/instruments/convention-relating-status-refugees (채택일: 1951년 7월 28일).

UNHCR. 2024a. "시리아의 최근 상황이 시리아 난민에게 미치는 영향" https://www.unhcr.org/kr/news/stories/what-do-recent-events-syria-mean-syrian-refugees (검색일: 2025.09.21).

UNHCR . 2024b. "우크라이나 전쟁 2년" https://www.unhcr.org/kr/news/stories/Two-years-of-war-in-Ukraine (검색일: 2025.09.21).

UNHCR . 2025a. "Afghanistan Refugee Crisis Explained" https://www.unrefugees.org/news/afghanistan-refugee-crisis-explained/#Afghanistan (검색일: 2025.09.25).

UNHCR . 2025b. "Syria Refugee Crisis Explained" https://www.unrefugees.org/news/syria-refugee-crisis-explained/ (검색일: 2025.09.25).

Operational Data Portal (UNHCR). 2025a. "Afghanistan situation" https://data.unhcr.org/en/situations/afghanistan (검색일: 2025.09.25).

Operational Data Portal (UNHCR). 2025b. "Syria Regional Refugee Response" https://data.unhcr.org/en/situations/syria (검색일: 2025.09.25).

Operational Data Portal (UNHCR). 2025c. "Ukraine Refugee Situation" https://data.unhcr.org/en/situations/ukraine (검색일: 2025.09.25).

UNRWA. n.d. "Palestine Refugees" https://www.unrwa.org/palestine-refugees (검색일: 2025.09.25).

Ali, Marium and Mohamed A. Hussein. 2025. "What Israel's UNRWA ban means for millions of Palestinians: By the numbers" https://aje.io/dqbsrx (검색일: 2025.09.25).

BBC News. 2025. "Ukraine in maps: Tracking the war with Russia" https://www.bbc.com/news/articles/c0l0k4389g2o (검색일: 2025.09.25).

Dilger, Debbie. 2025. "World Refugee Day: The biggest migration routes in the world" https://www.unicef.ch/en/current/news/2025-06-20/world-refugee-day-biggest-migration-routes-world (검색일: 2025.09.25).

IISS. 2024. "IISS Conflict Trends Map 2024" https://www.iiss.org/publications/armed-conflict-survey/2024/iiss-conflict-trends-map/ (검색일: 2024.09.25).

Jerstad, Elizabeth and Emma Barrosa. 2024. "Russia Emigration Paterns during the Russia-Ukraine War: Interviews with Wartime Émigrés," https://fsi.stanford.edu/publication/russian-emigration-patterns-during-russia-ukraine-war-interviews-wartime-emigres (검색일: 2025.09.25).

Mironenko, Peter. 2024. "Russia's 650,000 wartime emigres," *The Bell* (2024/7/19) https://en.thebell.io/russias-650-000-wartime-emigres/ (검색일: 2025.09.25).

제1부
난민 이주의 환경과 영향

• • • •

제2장

타지키스탄과 우즈베키스탄의 아프간 난민 정책 비교 분석*

바딤 슬랩첸코

I. 머리말

아프간 난민 문제는 현대 국제보호체계에서 가장 장기화된 사안 중 하나다. 1979년 아프가니스탄 전쟁 발발로 시작된 이 문제는 1990년대 내전, 탈레반 집권기(1996-2001), 그리고 이후의 불안정한 정세 등 여러 단계의 격화 과정을 거쳤다.

2021년 8월 탈레반의 재집권은 인도주의적 위기를 다시 한번 심화시켰고 대규모 인구 유출로 이어졌다. 유엔난민기구(UNHCR: United Nations High Commissioner for Refugees) 자료에 따르면, 현재 아프가니스탄 밖에서 살고 있는 아프간 난민은 500만 명이 넘는다. 아프가니스탄과 국경을 접한 국가 중에서는 이란(350만 명), 파키스탄(180만 명), 타지키스탄(12,900명), 우즈베키스탄(8,500명) 순으로 많은 수를 받아들였다(UNHCR, 2024a). 이러한 지리적 분포는

---

* 이 글은 『러시아연구』 35-2 (2025)에 게재된 논문을 본서의 편집 취지에 맞도록 수정·보완한 것입니다.
본 연구는 서울대학교 생명윤리심의위원회의 승인을 받아 수행되었다(IRB No. 2407/004-014).
연구 참여자의 익명성 보장을 위해 각 아프가니스탄 난민 가족에게 알파벳 코드를 부여하였다.

난민들이 우선적으로 가장 가까운 안전한 지역으로 향한다는 강제이주의 자연스러운 논리를 반영한다.

중앙아시아 국가의 아프간 난민 문제 접근법은 특히 주목할 만하다. 타지키스탄과 우즈베키스탄은 난민 보호에 관한 국제적 의무와 관련하여 서로 다른 법적 입장을 취하고 있다. 타지키스탄은 1951년 난민협약을 비준하고 이에 상응하는 국내법을 채택한 반면, 우즈베키스탄은 동 협약에 가입하지 않았으며 난민에 관한 별도의 법률도 제정하지 않았다. 그 결과 우즈베키스탄에서 아프간 출신 강제이주민들은 일반 외국인으로 분류되어 통상적인 이민법의 적용을 받는다.

그러나 이처럼 상이한 법적 토대에도 불구하고, 양국에 체류하는 아프간 난민 규모가 유사하다는 사실은 주목할 만하다. 이러한 역설은 난민협약 비준과 그에 상응하는 국내법의 부재가 반드시 해당 국가를 난민들에게 접근 불가능하게 만드는 것은 아님을 보여준다. 마찬가지로 국제협약 가입이 난민들에게 더 나은 체류 조건을 보장하는 것도 아니다. 우즈베키스탄과 타지키스탄의 사례는 법적 체계와 비호 정책의 실질적 실행 간의 상관관계에 대한 전통적인 이해와 항상 일치하지는 않는 강제이주 관리의 대안적 메커니즘이 작동하고 있음을 보여준다.

이 글의 목적은 아프간 난민에 대한 타지키스탄과 우즈베키스탄의 정책을 비교 분석하고, 1951년 난민협약에 가입하지 않은 국가의 대안적 보호 메커니즘이 협약 당사국과 비교하여 난민의 실질적 처지에 어떤 영향을 미치는지 규명하는 것이다. 이 연구는 국제적 의무의 형식적 준수와 실제 난민 보호의 수준 사이의 직접적인 연관성에 대한 통념을 비판적으로 재검토하고자 한다.

II. 연구 방법론

이 글은 타지키스탄과 우즈베키스탄의 아프간 난민 정책을 질적 방법론으로 분석했다. 연구 자료는 현장 조사, 심층 인터뷰, 정부 문서 및 국제기구 보고서 분석을 통해 수집했다.

타지키스탄 현장 조사는 2024년 7월 13~18일 진행했다. 아프간 난민 가정 16곳을 면담하여 일상 경험과 적응 과정을 파악했고, 내무부 시민권국, 유엔난민기구, 난민 지원 NGO 관계자들을 인터뷰했다.

표 1 타지키스탄 응답자 목록(아프간 난민)

No	응답자(코드)	가구 구성	지역	일자	방법
1	NS	5명 가구	바흐다트	2024.7.13	대면 면담
2	LN	5명 가구	바흐다트	2024.7.13	대면 면담
3	FD	6명 가구	바흐다트	2024.7.13	대면 면담
4	ZM	13명 가구	바흐다트	2024.7.15	대면 면담
5	NR	2명 가구	바흐다트	2024.7.15	대면 면담
6	SD	4명 가구	바흐다트	2024.7.15	대면 면담
7	SR	3명 가구	바흐다트	2024.7.15	대면 면담
8	AM	4명 가구	바흐다트	2024.7.15	대면 면담
9	OS	4명 가구	두샨베	2024.7.16	대면 면담
10	AN	6명 가구	두샨베	2024.7.16	대면 면담
11	SH	5명 가구	바흐다트	2024.7.16	대면 면담
12	SF	3명 가구	바흐다트	2024.7.16	대면 면담
13	DA	9명 가구	바흐다트	2024.7.16	대면 면담
14	SO	7명 가구	루다키	2024.7.17	대면 면담
15	HD	7명 가구	루다키	2024.7.17	대면 면담
16	RT	4명 가구	바흐다트	2024.7.18	대면 면담

출처: 저자 현장조사(2024년 7월)

표 2 타지키스탄 응답자 목록(기관 관계자)

응답자	소속 / 직위	지역	일자	방법
후르셰드 자키로프 (Khurshed Zakirov)	Central Asia Partnership(CAP) 대표	두샨베	2024.7.14	대면 면담
NZ	소모니욘 학교 교장	두샨베	2024.7.15	대면 면담
이반 살레예프 (Ivan Saleev)	유엔난민기구 타지키스탄 사무소 소장	두샨베	2024.7.18	대면 면담
파트히딘 이스마트 조다 (Fathidin Ismat Zoda)	타지키스탄 내무부 시민권국 국장	두샨베	2024.7.18	대면 면담
사이트 도블라트 조다 (Sait Dovlat Zoda)	타지키스탄 내무부 시민권과 과장	두샨베	2024.7.18	대면 면담

출처: 저자 현장조사(2024년 7월)

우즈베키스탄 조사는 2024년 8월과 2025년 2월 두 차례 실시했다. 난민 대다수가 타슈켄트에서 멀리 떨어진 국경도시 테르메즈에 거주해 직접 면담이 어려웠다. 대신 유엔난민기구, 국제이주기구(IOM), 현지 NGO 실무자 및 이주 전문 연구자들과 전문가 인터뷰를 진행했다.

표 3 우즈베키스탄 응답자 목록(기관 관계자)

응답자	소속/직위	지역	일자	방법
류드밀라 막사코바 (Lyudmila Maksakova)	이주 전문가	타슈켄트	2024.8.31	대면 면담
하지파 마모다마예바 (Hazifa Mamodamayeva)	노동시장연구소 연구원	타슈켄트	2024.8.31	대면 면담
라노 사이두마로바 (Rano Saidumarova)	유엔난민기구 알마티 사무소 법률자문	알마티	2025.2.21	화상 면담
앤드류 그레이 (Andrew Gray)	국제이주기구 우즈베키스탄 사무소 소장	타슈켄트	2025.2.27	화상 면담
제인 휴어 (Jane Hewer)	국제이주기구 우즈베키스탄 사무소 직원	타슈켄트	2025.2.27	화상 면담
올리야 일무라도바 (Oliya Ilmuradova)	NGO '바르카로르 하욧' 대표	타슈켄트	2025.2.28	대면 면담

출처: 저자 현장조사(2024년 8월~2025년 2월)

문헌 분석은 양국의 외국인 및 비호 관련 법령, 정부 공식 문서, 국제기구 통계 및 분석 자료, 현지·국제 언론 보도를 대상으로 했다. 우즈베키스탄 난민과의 직접 접촉하지 못하는 한계점은 전문가 인터뷰 확대와 2차 자료 심층 분석으로 보완했다. 주제의 민감성을 고려해 응답자 익명성을 철저히 보장했다. 이러한 다각적 접근을 통해 양국 정책의 공식적 틀과 실제 작동 방식, 난민들의 구체적 생활 실태를 종합적으로 파악할 수 있었다.

III. 난민협약 미가입국과 협약 가입 후 제한적 이행 국가의 문제

현재 유엔 회원국 중 149개국이 1951년 난민협약, 1967년 의정서, 또는 양 문서 모두에 가입한 반면, 44개국은 이 법적 틀 밖에 머물러 있다(UN Treaty Collection, 2025). 협약 비준국은 명확한 국제법적 의무를 부담한다. 그 핵심은 강제송환금지 원칙(non-refoulement, 협약 제33조)으로, 생명이나 자유에 심각한 위험에 처할 우려가 있는 국가로 난민을 송환하는 것을 금지한다. 협약은 또한 거주권, 노동권, 교육권, 사법접근권 등 난민 처우의 최소 기준을 보장하도록 규정한다(제17-19조, 21-24조).

그러나 역설적 상황이 나타난다. 세계 주요 난민 수용국 상당수가 이 국제협약에 가입하지 않았으며, 일부 협약 당사국은 실제로 난민 보호 원칙을 매우 제한적으로만 이행한다.

1. 협약 미가입국

협약 미가입국은 주로 중동, 남아시아, 동남아시아에 집중되어 있다. 중동에서는 이란, 이스라엘, 이집트, 예멘만이 협약 체계에 참여하며, 이라크, 레바논, 요르단 및 걸프 국가 대부분은 국제 체제 밖에 있다. 남아시아와 동남아시아의 주요 미가입국으로는 인도, 방글라데시, 파키스탄, 스리랑카, 말레이시아, 인도네시아가 있다(Janmyr, 2021a).

유엔난민기구는 미가입국의 난민 보호를 위해 두 가지 주요 메커니즘을 확립했다. 첫째는 유엔난민기구의 위임(mandate)에 따른 난민지위 인정(RSD: Refugee Status Determination) 절차다. 국가가 1951년 난민협약 당사국이 아니거나 공정하고 효과적인 비호 절차를 갖추지 못한 경우, 유엔난민기구가 위임 RSD를 수행할 수 있다(UNHCR, 2024b). 유엔난민기구 규정에 따르면 난민 문제에 대한 기구의 권한은 지리적 제한 없이 보편적이다. 유엔난민기구는 수용국의 동의하에 협약 당사국뿐 아니라 미가입국에서도 난민 감독 기능을 수행할 수 있다(Kälin, 2003). 많은 국가에서 유엔난민기구는 '대리 국가(surrogate state)'로 기능하며 난민 지위 결정과 같은 정부의 책임을 대행한다(Slaughter and Crisp, 2009).

유엔난민기구는 매년 약 50개국에서 위임 RSD를 실시하며, 이는 일응 방식(prima facie) 절차, 간소화 절차, 통합 절차, 신속 절차 등 다양한 형태를 취한다(UNHCR, 2024b). 위임 난민 인정을 위해서는 통상 유엔난민기구 사무소의 현지 존재가 필요하며, 이는 비호 신청자와의 면담 실시를 위해 필수적이다. 현지 대표부가 없으면 이러한 절차의 실행이 기술적으로 어렵거나 불가능하다.[2]

둘째는 유엔난민기구와 미가입국 간 양자 협정이다. 양해각서(MOU)는 협력 조건을 설정하고 기본적인 난민 보호 원칙을 확인함으로써 미가입국과 난민협약 간 중요한 연결고리를 형성할 수 있다. 협정 내용은 국가마다 상이하다. 1998년 유엔난민기구와 요르단의 양해각서는 협약과 유사한 난민 정의를 채택하고 강제송환금지 원칙을 포함한 국제 난민 보호 기준 준수를 명시했다. 파키스탄의 경우 협정이 협약 자체에서 도출되는 것 이상의 규범과 원칙 준수를 수용국에 요구하기도 한다(Janmyr, 2021b).

2. 협약 가입 후 제한적 이행 국가

현대 학계에서는 형식적 의무와 실질적 이행 간의 모순이 점점 더 명확히 지적되고 있다. 핵심 문제는 법적 규범의 부재가 아니라 이를 일관되게 이행할 정치적 의지의 부족이다. 국가들은 내부 정치, 안보, 경제적 고려에 따라 의무 이행에 선택적으로 접근하는 경우가 많다(Crisp, 2018). 협약의 제도화(법률 제정, 신청 심사 절차 구축)가 반드시 국가 정책의 실질적 이행으로 이어지는 것은 아니다. 국제 규범의 형식적 인정과 일상적 적용 실무 사이에는 제도적 요인과 정부의 정치적 우선순위로 인한 상당한 거리가 존재한다(Flowers, 2025). 협약 비준 자체가 광범위하고 효과적인 보호를 보장하지 않는다. 국가들은 국제

2 라노 사이두마로바 인터뷰, 2025. 2. 21. 화상면담.

법의 틀 안에 머물면서도 다양한 법적·행정적 메커니즘을 통해 난민에 대한 의무를 최소화하는 경우가 많다(Zenginkuzucu, 2021).

유엔난민기구는 국제 기준 준수 보장에서 중요한 역할을 한다. 유엔난민기구 규정에 따르면 난민 문제에 대한 기구의 권한은 지리적 제한 없이 보편적이다. 유엔난민기구는 수용국의 동의하에 협약 당사국과 미가입국 모두에서 난민 권리 감독을 수행하며, 많은 국가에서 '대리 국가'로 기능한다(Kälin, 2003).

그러나 실제로 유엔난민기구는 위임 수행에 어려움을 겪는다. 협력 합의에 도달하더라도 당국은 기구 활동을 방해하거나, 권고 이행을 거부하거나, 비호 신청자의 사무소 접근을 제한할 수 있다. 이는 유엔난민기구가 신중하게 행동해야 하고 수용국과의 정치적 긴장을 피해야 하는 상황을 만들며, 이는 난민 보호의 수준에 부정적 영향을 미칠 수 있다.

이러한 문제와 관련하여 중앙아시아는 특별한 관심을 끄는 사례다. 우즈베키스탄은 난민협약에 가입하지 않았으며 별도의 난민법도 없다. 반면 타지키스탄은 독립 직후인 1993년 협약을 비준하여 형식적으로 국제 난민 보호 체제에 통합된 국가의 사례가 되었다. 이 두 국가는 난민 보호에 대한 상반된 법적 접근을 보여주지만, 앞서 언급했듯이 실제 아프간 난민 수용 규모는 유사하다. 이는 협약 비준과 실질적 보호 간의 관계가 단순하지 않으며, 법적 틀 밖에서도 난민 수용을 가능하게 하는 메커니즘이 존재함을 시사한다. 따라서 형식적 법제도와 실제 정책 실행 간의 관계, 그리고 난민들의 구체적 처우를 비교 분석함으로써 국제 난민 보호 체제의 작동 방식에 대한 보다 깊은 이해를 얻을 수 있다. 다음 장에서는 이러한 문제의식을 바탕으로 양국의 법적 체계와 정책 실행을 구체적으로 검토할 것이다.

IV. 타지키스탄과 우즈베키스탄의 아프간 난민 정책 비교 분석

상이한 법적 접근이 실제 난민 보호에 어떤 영향을 미치는지 이해하기 위해서는 타지키스탄과 우즈베키스탄의 아프간 난민 정책에 대한 상세한 비교 분석이 필요하다. 국제협약 비준 여부만으로는 두 국가의 실질적 정책을 충분히 파악할 수 없다. 국가의 비호 정책 성격을 종합적으로 파악하기 위해서는 세 가지 핵심 측면에 대한 검토가 요구된다.

첫째, 난민 관련 국내 법제를 분석한다. 난민 관련법의 존재 여부뿐 아니라 기존 법체계가 비호 신청자 보호를 어떻게 보장하는지 살펴본다. 난민 지위 결정 절차, 이의신청 메커니즘, 이주법이나 인도주의 법제 내에서 제공될 수 있는 대안적 보호 형태를 검토한다. 법규범이 국제 난민 보호 기준과 어느 정도 부합하며, 강제송환금지 원칙 준수를 어떻게 보장하는지에 주목한다.

둘째, 난민 보호 분야에서 비정부기구 및 국제기구의 활동을 검토한다. 국가 보호 메커니즘이 비효율적이거나 부재할 때 이들 행위자의 역할은 결정적일 수 있다. 비정부기구 및 국제기구와 국가 기관 간 상호작용의 성격, 의사결정의 자율성 정도, 제공 서비스의 규모를 분석한다. 이들 조직의 활동이 국가 정책의 공백을 보완하는지, 아니면 공식 난민 지원 프로그램과 중복되는지 평가한다.

셋째, 양국 내 난민의 실제 상황을 분석한다. 공식 통계를 넘어 보호를 구하는 사람들의 일상 경험을 검토하는 것이 중요하다. 의료, 교육, 사회적 지원 등 기본 서비스 접근성과 취업 및 경제활동 기회를 평가한다. 자유로운 이동의 보장 여부, 거주 조건, 지역사회 통합 수준도 주요 측면이다. 분석은 물질적 생활 조건뿐 아니라 신변 안전과 차별로부터의 보호 문제를 포괄한다.

이 세 측면에 대한 종합적 검토를 통해 타지키스탄과 우즈베키스탄 접근법의 형식적 차이뿐 아니라 아프간 난민 수용에서 유사한 결과를 가능하게 하는 실제 메커니즘을 규명할 수 있다. 이러한 분석은 두 국가에서 국제협약 비준을 기반으로 한 전통적 틀에 부합하지 않는 대안적 난민 보호 모델이 작동하는지 밝히는 데 기여할 것이다.

1. 우즈베키스탄의 아프간 난민 정책

1) 이주법과 대안적 보호 메커니즘

우즈베키스탄은 중앙아시아에서 유일하게 1951년 난민협약과 1967년 의정서를 비준하지 않은 국가다. 국제적 의무의 부재에 더해 난민 문제를 다루는 국내 전문법도 존재하지 않는다. 이는 지역적으로뿐 아니라 전 지구적 차원에서도 강제이주 거버넌스의 예외적 사례에 해당한다.

앞 장에서 검토한 바와 같이, 국제 실무는 미가입국의 난민 보호를 위해 두 가지 주요 메커니즘을 발전시켰다. 하나는 유엔난민기구의 위임에 따른 난민지위 결정이고, 다른 하나는 유엔난민기구와 수용국 정부 간 양자 협정이다. 그런데 우즈베키스탄에는 이 두 메커니즘이 모두 부재하다.[3] 이러한 법적 환경으로 인해 인접국 타지키스탄과 비교할 때 아프간 이주민은 근본적으로 상이한 상황에 있으며, 대안적 보호 방식이 필요한 실정이다.

보호의 법적 토대를 마련하려는 시도는 2017년 이루어졌다. 대통령령으로 "우즈베키스탄공화국 정치적 비호 부여 절차에 관한 규정"이 승인되었다.[4] 이 문서는 정치적 박해를 받는 자들을 보호하는 근거가 될 수 있는 유일한 규범적 문서다. 규정은 국제법의 일반 원칙과 규범에 기초하며, "사회정치적 활동, 종교적 신념, 인종적 또는 민족적 정체성, 그리고 국제법상 인정되는 기타 인권 침해"로 인해 박해에 직면한 개인과 그 가족에게 비호를 부여할 가능성을 명시한다(UNHCR RIMAP, 2025). 또한 이러한 자들에게 차별 없이 우즈베키

---

3 다만 과거 유엔난민기구가 우즈베키스탄에 대표부를 유지하던 시기에 위임 난민지위를 받은 5명이 소수 잔존해 있다. 이들은 모두 유엔난민기구 지원을 통해 거주 허가를 취득했다(라노 사이두마로바 인터뷰, 2024. 2. 19. 화상면담).

4 우즈베키스탄의 2017년 규정상 '정치적 비호'는 독립적인 국내 보호 메커니즘으로 작동하며, 1951년 협약상 난민지위와 동등하지 않다. 고유한 자격 기준과 절차를 가지며, 협약 난민지위와 연관된 국제적 의무나 감독 없이 전적으로 국내법적 재량 범위 내에서 운영된다.

스탄 영토에 거주할 권리를 보장한다.

형식적으로 볼 때 아프간 난민은 이 규정에 따라 정치적 비호를 받을 수 있는 범주에 해당한다. 이론적으로는 난민협약 비준 없이도 아프간 난민을 수용할 법적 가능성이 존재하는 셈이다. 그러나 이 메커니즘의 실제 작동은 심각한 제약에 직면한다. 2017년 규정 채택 이후 단 한 건의 정치적 비호 승인도 이루어지지 않았으며, 이는 당국이 이 제도 적용에 극도로 제한적인 태도를 취하고 있음을 보여준다.[5]

국제사회는 우즈베키스탄의 난민 보호 체계 구축 필요성을 지속적으로 제기해왔다. 우즈베키스탄은 2018년과 2023년 보편적 정례검토(UPR: Universal Periodic Review)[6]를 통해 난민협약 가입 및 국가 난민 보호 체계 발전에 관한 권고를 수용했다(ReliefWeb, 2025). 이러한 권고 수용은 당국이 국내법의 공백을 인식하고 있음을 시사하지만, 실질적 이행 조치는 취해지지 않았다.

우즈베키스탄 정부의 난민 수용에 대한 신중한 입장은 2021년 아프가니스탄 사태가 위기에 달했을 때 명확히 표명되었다. 아브둘라지즈 카밀로프 외무장관은 "우즈베키스탄의 입장은 아프간 시민을 난민으로 돌보는 것이 아니라 제3국으로의 통과 및 이송을 지원하는 것"이라고 공개 발언했다(Sputnik Uzbekistan, 2021). 이 발언은 우즈베키스탄이 아프간 난민 문제에 어떤 방식으로 개입할 의사가 있는지를 분명히 했으며, 국가의 역할을 통과 통로 기능으로 한정했다.

이러한 입장은 강제 이주 문제에 대한 우즈베키스탄의 접근이 다른 중앙아시아 국가들과 근본적으로 다름을 보여준다. 난민 업무를 위한 법적 틀과 제도적 메커니즘의 부재는 장기 정착 의무를 떠안지 않으려는 정치적 의지와 결합되어, 아프간 난민을 법적 공백 상태에 놓이게 한다. 이들은 공식적 난민

5 라노 사이두마로바 인터뷰, 2025. 2. 21. 화상면담.

6 보편적 정례검토(UPR)는 유엔 인권이사회가 모든 회원국의 인권 상황을 정기적으로 평가하는 절차다.

지위 인정이나 거주권에 대한 문서상 확인을 기대할 수 없는 것이다.

우즈베키스탄 이주법은 국제적 보호가 필요한 자들의 특수성을 고려하지 않고, 외국인의 체류를 일반적 근거에서 규율한다.[7] 이는 우즈베키스탄 내 아프간 난민이 형식적으로 추방에 대한 특별 보장이나 서비스 접근에 대한 특정 권리 없이 통상적 이주 절차의 적용을 받음을 의미한다. 그 결과 지리적·문화적으로 아프가니스탄과 근접한 국가가 공식 지위와 법적 보호 획득 측면에서는 오히려 아프간 난민에게 가장 접근하기 어려운 곳이 되는 역설이 발생한다.

그러나 다른 각도에서 보면, 정부는 공식적 난민 인정 메커니즘을 회피함으로써 이주 압력에 대응하는 최대한의 유연성을 확보하면서 국제법적 의무는 최소화하고 있다. 이러한 접근은 우즈베키스탄이 자국을 난민의 최종 목적지가 아닌 통과국으로 명시적으로 규정하는 것을 반영하며, 이는 정부 정책 성명에서 분명히 표명된 바 있다.

미가입국이라는 지위는 우즈베키스탄이 공식 난민 인정 체계와 연관된 제도적·재정적 부담을 피하면서도 대안적 수단, 특히 유연한 비자 정책을 통해 사실상의 보호를 제공할 수 있게 한다. 이러한 통과 지향적 접근은 정부가 장기 정착 책임을 지지 않으면서도 난민 흐름을 관리하고, 제3국으로의 이동을 장려하며, 동시에 일시적으로 인도주의적 의무를 이행하는 것을 가능하게 한다.

2) 국제기구와 비정부기구의 활동

우즈베키스탄 내 아프간 난민에 대한 국제 지원의 제도적 구조는 이 분야의 핵심 행위자인 유엔난민기구의 상주 대표부가 부재한다는 점이 특징적이다. 우즈베키스탄과 관련된 유엔난민기구의 모든 업무는 알마티에 소재한 중앙아시아 지역대표부가 관장한다.[8] 이러한 상황은 난민 문제를 둘러싼 우즈베키스

---

7 라노 사이두마로바 인터뷰, 2025. 2. 21. 화상면담.

8 라노 사이두마로바 인터뷰, 2025. 2. 21. 화상면담.

탄 당국과 국제기구 간의 복잡한 관계 역사에서 비롯되었다.

유엔난민기구는 1993년부터 2006년까지 우즈베키스탄에 사무소를 운영하며 주로 아프간 난민을 지원했다. 그러나 2006년 정부가 유엔난민기구가 임무 완수를 선언하며 사무소 폐쇄를 요구했고, 이는 사무소 철수로 이어졌다(UN News, 2006). 이 조치는 국제 지원 구조를 크게 변화시켰으며, 주된 책임은 유엔개발계획(UNDP: United Nations Development Programme), 국제이주기구(IOM: International Organization for Migration), 유엔아동기금(UNICEF: United Nations Children's Fund)으로 이전되었다.

유엔난민기구 철수 이후 보호 공백을 메우기 위한 대안적 국제 틀이 형성되었다. 유럽연합은 유엔개발계획과 협력하여 아프간 학생을 지원하는 교육 사업을 실시하고 있다.[9] '아프간 시민의 교육 및 훈련을 위한 수르한다리야 주 역량 강화' 프로젝트의 일환으로 2023년 1월 26일 테르메즈에 EU 지식센터가 개소했다. 이 센터는 우즈베키스탄 정부가 2017년 설립한 아프간 시민 훈련 및 기술 개발 교육센터의 역량을 보완하는 공동작업 공간으로 기능한다. 센터는 협업, 자기교육, 전문적 네트워크 형성의 플랫폼을 제공하며, 많은 학생들이 교육 이수 후 아프가니스탄으로 돌아가지 않기로 결정한다(UNDP, n.d.).

이러한 교육 사업과 함께, 국제이주기구는 우즈베키스탄 내 아프간 난민과 협력하는 국제기구 중 가장 주도적 위치를 차지하게 되었다. 국제이주기구는 주로 캐나다 정부의 재원으로, 이전에는 스위스개발청(Swiss Development Agency)의 지원으로 포괄적 프로그램을 실시한다. 프로그램은 두 방향으로 운영된다. 취약 인구에 대한 직접 지원과 비상사태부와 협력한 정부 기관의 이주 위기 관리 역량 강화다.[10]

국제이주기구의 직접 지원 프로그램은 의료 서비스, 생계 지원, 인프라

9 류드밀라 막사코바 인터뷰, 2024. 8. 31. 타슈켄트

10 앤드류 그레이 인터뷰, 2025. 2. 27. 화상면담.

개발을 포함하며, 주로 아프간 난민 대다수가 거주하는 수르한다리야 주를 대상으로 한다. 의료 분야에서는 현지 비정부기구와 협력하여 이동 팀을 운영하며, 아프간 난민과 현지 주민 모두에게 건강검진, 심리상담, 법률 지원, 안전한 이주에 관한 인식 제고 활동을 제공한다. 긴급 의료 사례 발견 시 환자를 국제이주기구 협력 병원으로 의뢰하며 치료 비용은 기구가 부담한다.[11]

생계 지원 프로그램은 두 가지 메커니즘으로 작동한다. 하나는 직업훈련을 마친 아프간 난민에게 가내 소규모 사업을 위한 장비를 제공하는 직접 지원이고, 다른 하나는 취약 난민과 이주민 가정 여성을 포함한 취약 집단의 고용 기회 창출을 위해 기업에 자금을 지원하는 국제이주기구 기업개발기금(IOM Enterprise Development Fund)이다. 인프라 부문에서는 치과 진료소와 여성 체육관을 건설하고, 수르한다리야 주에 6가구를 위한 온실 3동을 조성하며 온실 농업 훈련을 제공하고, 타슈켄트에 태양광 조명 시스템을 갖춘 어린이 놀이터 8곳을 건설했다.[12] 또한 국제이주기구의 지원에는 어린이를 위한 우즈베크어, 러시아어, 영어 강좌 개설과 고등교육 접근 기회가 없었거나 독자적으로 등록금을 감당할 수 없었던 여성들을 위한 우즈베키스탄 대학 교육 재정 지원이 포함된다.[13]

이러한 포괄적 지원 구조 위에서 유엔아동기금도 2021년 아프가니스탄 사태 이후 인도주의적 위기에 대응하기 위해 활동을 확대했다. 유엔아동기금은 우즈베키스탄 정부의 주도로 설립된 테르메즈(수르한다리야 주)의 물류센터를 활용하여 아프가니스탄으로 인도주의 지원을 전달하는 동시에 우즈베키스탄에 일시 체류 중인 아프간 난민을 지원한다(Kun.uz, 2021). 이러한 물류 활동과 더불어 유엔아동기금은 수르한다리야 주에서 아프간 아동과 여성을 위한 직접 지원 프로그램을 실시하며, 교육, 지역사회 통합, 심리·사회적 지원 제

11 제인 휴어 인터뷰, 2025. 2. 27. 화상면담.

12 앤드류 그레이 인터뷰, 2025. 2. 27. 화상면담.

13 앤드류 그레이 인터뷰, 2025. 2. 27. 화상면담.

공에 중점을 둔다(UN Uzbekistan, 2022).

국제기구의 활발한 활동과 대조적으로, 우즈베키스탄에서 난민과 협력하는 비정부기구는 상당히 제한적인 조건과 엄격한 국가 규제 하에 운영된다. 이러한 비정부기구의 수는 적으며, 이는 시민사회 활동을 통제하는 정부의 일반적 정책을 반영한다. 가장 활발한 조직은 유엔난민기구 지원으로 테르메즈에서 활동하는 비정부기구 '바르카몰 하욧(Barkamol Hayot)'이다.[14] 이 조직은 여성과 아동을 위한 직업훈련 및 어학 과정을 전문으로 하며, 신청 후 한 달 내 아동의 교육체계 편입을 100% 보장한다. 바르카몰 하욧은 아동과 성인을 위한 러시아어, 영어, 우즈베크어 강좌를 조직하고, 여성 창업 프로그램을 실시한다. 이 프로그램은 직업훈련, 현금 직접 지급 대신 장비 제공, 미용실·재봉소·제과점 개설 지원, 후속 사업 지원을 포함한다. 이러한 접근은 아프간 가정에 지속가능한 소득원을 창출하고 우즈베키스탄 사회로의 경제적 통합을 촉진하는 것을 목표로 한다.[15]

전반적인 제도적 지형은 우즈베키스탄 당국이 신중하게 관리하는 접근을 보여준다. 당국은 아프간 난민에 대한 국제 지원을 허용하되 그 규모와 방향을 통제한다. 유엔난민기구의 부재는 다른 국제기구, 특히 국제이주기구, 유엔개발계획, 유엔아동기금의 활동 확대로 보완되었고, 이는 아프간 난민을 위한 대안적 지원 체계를 구성했다. 이러한 구조는 미가입국이 어떻게 유엔난민기구 활동과 통상 연관된 공식 감독 메커니즘을 회피하면서도 선택적으로 국제 지원에 관여할 수 있는지를 보여준다. 주목할 점은 비정부기구가 아프간 난민 지원에서 국제기구에 비해 상대적으로 제한적 역할만 수행하며, 대부분의 실질적 프로그램이 시민사회 조직보다는 다자간 기구를 통해 전달된다는 것이다.

14 라노 사이두마로바 인터뷰, 2025. 2. 21. 화상면담.

15 올리야 일무라도바 인터뷰, 2025. 2. 28. 타슈켄트.

3) 우즈베키스탄 내 아프간 난민의 실제 상황

미군의 아프가니스탄 철수 이후 우즈베키스탄 영토는 난민의 통과 경로로 적극 활용되었다. 상당수의 아프간인이 우즈베키스탄을 경유했으며, 일부는 체류했지만 대다수는 이후 제3국으로 떠났다.[16] 주요 이주 목적지는 유럽 국가들, 미국, 캐나다이다, 이러한 동향은 많은 아프간인이 우즈베키스탄을 최종 정착지가 아닌 경유지로 인식함을 보여준다.

현재 우즈베키스탄에는 약 8,500명의 아프간인이 거주하지만, 이들의 법적 상황은 인접 중앙아시아 국가들과 근본적으로 다르다. 우즈베키스탄 법제에는 '난민'과 '비호 신청자' 개념이 부재하기 때문에 아프간인은 공식 난민 지위를 보유하지 못한다. 유엔난민기구는 이들을 '난민 유사 상황(refugee-like situation)'으로 분류하며, 이는 국제보호의 사실상 필요에도 불구하고 법적 지위의 불확실성을 반영한다.[17]

불법 국경 통과는 우즈베키스탄 법상 형사 범죄로 분류되어 극히 드물게 발생한다.[18] 대부분의 아프간인은 관광, 교육, 비즈니스 비자를 포함한 다양한 비자 유형으로 체류한다. 가장 일반적인 것은 PV2[19]로 지정된 게스트 비자다.[20] 현재 아프간 난민 대다수는 2021년 8월 중순 탈레반 집권에 따른 대규모 유입 시기에 입국했으며, 공식 초청장 없이도 3개월 PV2 비자를 발급받았다.[21] PV2 비자는 우즈베키스탄 내 합법 거주를 허용하지만 형식적으로는 고

16 류드밀라 막사코바 인터뷰, 2024. 8. 31. 타슈켄트

17 라노 사이두마로바 인터뷰, 2025. 2. 21. 화상면담.

18 라노 사이두마로바 인터뷰, 2025. 2. 21. 화상면담.

19 PV-2는 우즈베키스탄공화국에 장기 체류하는 외국인의 초청에 기초하여 외국 국민에게 최대 1년간 발급되는 개인 초청 비자다(Government of Uzbekistan, Ministry of Foreign Affairs, n.d.).

20 앤드류 그레이 인터뷰, 2025. 2. 27. 화상면담.

21 난민들은 초청장이 전혀 없었음에도 개인 초청(PV2) 비자를 받았으며, 이는 긴급 상황 중의 예외적 행정 조치였다(IPHR Online, 2021a).

용을 금지한다. 그럼에도 당국은 재봉이나 음식 준비 등 가내 사업에 대한 아프간인의 비공식 참여를 묵인한다.[22]

우즈베키스탄 외교 공관에서 비자를 취득한 합법적 국경 통과가 공식 입국 경로이지만, 아프간 난민이 최초 입국 비자를 받는 것은 상당한 어려움을 수반한다. 그러나 합법적으로 입국한 자들은 비교적 간단한 비자 갱신 및 연장 절차를 거치게 되며, 다만 이 과정은 최초 입국 상황에 따라 복잡해질 수 있다.

국제이주기구는 기존 개인 초청 비자 갱신을 지원하는 핵심 역할을 수행하며,[23] 2021년 위기 상황에서 긴급 발급된 비자로 인해 발생한 행정적 복잡성 해결을 지원한다.[24] 그러나 일부 가정은 전체 가족 구성원의 갱신 비용 납부에 재정적 어려움을 겪으며, 이로 인해 때때로 출국을 강요받기도 한다. 비자 유형 변경 시에도 추가적 복잡성이 발생한다. 게스트 비자에서 학생 비자로 전환하려면 출국이 필요하며, 우즈베키스탄 내에서 비자 유형을 변경하기 위해 제3국 비자를 취득하는 것 역시 일정한 행정적 장애를 수반한다.[25]

개인 초청 비자상 고용 제한은 실질적으로 개인 창업에 대한 정부의 유연한 접근으로 보완된다. 아프간 난민은 공식적으로 정규 고용이 금지되어 있지만, 당국은 의도적으로 이들의 개인 사업 활동을 묵인하며, 많은 이들이 우즈베키스탄 경제에 적극 투자하여 추가적 선호를 얻는다. 이러한 실용적 접근은 공식적 법적 지위 변경 없이도 아프간 난민의 경제적 통합 기회를 창출한다.[26]

면담 응답자에 따르면, 아프간 난민에 대해서는 거주지 제한이 적용되지

---

22 올리야 일무라도바 인터뷰, 2025. 2. 28. 타슈켄트.

23 법률상 3개월 비자 연장을 위해서는 외국인이 초청인과 함께 외교부 비자과를 방문해야 한다. 난민들은 물리적 개인의 초청을 받지 않았기 때문에 표준 절차를 통한 합법 체류 연장에 어려움을 겪는다(IPHR Online, 2021a).

24 앤드류 그레이 인터뷰, 2025. 2. 27. 화상면담.

25 올리야 일무라도바 인터뷰, 2025. 2. 28. 타슈켄트.

26 올리야 일무라도바 인터뷰, 2025. 2. 28. 타슈켄트.

않는다. 난민의 거주 지역을 지리적으로 제한하는 타지키스탄과 달리, 우즈베키스탄의 아프간 난민은 주거지를 자유롭게 선택할 수 있으며 국내 이동에 공식적 제약이 없다. 많은 난민이 아파트를 임대하거나 심지어 구매하여 현지 주민과 함께 일반 주거 건물에 거주하며, 이는 사회적 통합을 촉진한다.[27]

아프간 난민의 지리적 분포는 주로 수르한다리야 주 테르메즈에 집중되어 있으며, 이는 아프간 국경과의 근접성과 난민 수용을 위한 발전된 인프라로 설명된다. 소수이지만 상당한 집단이 타슈켄트에 거주하는데, 이들은 일반적으로 수도에서 자리 잡을 수 있는 능력을 가진 비교적 부유한 아프간인이다.[28]

우즈베키스탄의 사회 서비스 접근성은 높은 개방성을 보여준다. 아프간 아동은 현지 학생과 함께 일반 우즈베키스탄 학교에 다닐 완전한 권리를 가지며, 이는 적응과 사회적 통합을 지원한다. 의료 서비스는 유료와 무료 기반 모두로 제공되며, 기본 사회 서비스 접근에 제한이 없다.[29] 이러한 접근은 다른 중앙아시아 국가들의 실무와 대조되며, 아프간 가정이 일시적 또는 장기적으로 거주하기에 비교적 쾌적한 조건을 형성한다.

추방과 관련하여, 2025년 현재 우즈베키스탄에서 아프간 난민에 대한 대규모 강제 추방의 확인된 보고는 없다. 최근 몇 년간(특히 2021년 8월 아프가니스탄 사태 이후) 당국이 불법 국경 통과자로 간주한 약 150명의 아프간인 추방 사례가 있었지만(IPHR Online, 2021b), 우즈베키스탄 당국은 난민을 대규모로 추방하려는 계획은 없다고 여러 차례 밝혔다. 또한 만료된 비자로 거주하는 자도 강제 추방되지 않을 것이며, 국제기구가 국내 체류 아프간 난민의 제3국 이주 또는 합법적 체류를 지원한다고 선언했다(Gazeta.uz, 2021).

우즈베키스탄의 상황은 미가입국이 공식적 난민 인정 없이 실질적 보호

27 올리야 일무라도바 인터뷰, 2025. 2. 28. 타슈켄트

28 하피자 사이두마로바 인터뷰, 2024. 8. 31. 타슈켄트

29 올리야 일무라도바 인터뷰, 2025. 2. 28. 타슈켄트

를 제공할 수 있는 독특한 사례를 제시한다. 법적 난민 지위가 부재함에도 불구하고, 우즈베키스탄의 아프간 난민은 협약 당사국의 난민들보다 종종 더 큰 실질적 자유를 누린다. 여기에는 이동의 자유, 경제적 기회 접근, 지역사회 통합, 체계적 추방 관행의 부재가 포함된다. 이러한 대안적 보호 모델은 미가입국이 공식 난민 보호 체계와 기능적으로 동등한 틀을 개발할 수 있음을 보여준다.

4. 타지키스탄의 아프간 난민 정책

1) 법적 기반: 난민법과 국제적 의무

타지키스탄은 중앙아시아에서 아프간 난민을 가장 적극적으로 수용하는 국가다. 이러한 정책의 법적 토대는 독립 초기에 형성된 국제적 의무와 국내법의 결합으로 구성된다.

타지키스탄은 1993년 소련으로부터 독립한 직후 1951년 난민협약과 1967년 의정서를 비준했다(UN Treaty Collection, 2025). 이 결정은 국가 이주 정책 형성에 광범위한 영향을 미쳤다. 국가는 일련의 명확한 국제법적 의무를 부담하게 되었으며, 그 핵심은 강제송환금지 원칙이다. 이 원칙은 생명이나 자유에 심각한 위협이 있는 국가로 난민을 송환하는 것을 금지한다. 또한 협약 비준은 타지키스탄에 거주권, 노동권, 교육권 등 체류 기간 동안 존엄하고 독립적인 삶에 필요한 최소 난민 처우 기준 보장을 의무화했다.

국제적 의무의 확장은 2002년 타지키스탄공화국 난민법 제정으로 이어졌다(министерство юстиции Республики Таджикистан, 2014). 이 법률은 국내 법체계 내에서 국제 난민 보호 기준을 실행하는 메커니즘을 구체화했다. 법은 국제적으로 인정된 보호 원칙에 기초한 광범위한 난민 권리 목록을 확정했다.

타지키스탄 내 난민 법적 지위의 핵심 요소는 비차별 원칙, 거주 및 이동의 자유, 노동권이다. 중요한 점은 국내법이 이러한 기본적 생활 영역에서 난민과 타지키스탄 시민의 권리 평등을 규정한다는 것이다(Икрамова, 2022). 이러한 접근은 국제 기준에 형식적으로 부합하는 것을 넘어 난민의 타지키스탄 사회 통합을 위한 실질적 조건을 창출하려는 국가의 의지를 반영한다.

발전된 법적 기반의 존재로 인해 타지키스탄은 다른 중앙아시아 국가들과 비교하여 아프간 난민에 가장 개방적인 국가가 되었다. 이는 2021년 카불 함락과 탈레반 집권이 아프가니스탄으로부터의 대규모 인구 유출 전제를 형성했을 때 특히 두드러지게 나타났다. 이러한 상황에서 타지키스탄 정부는 최대 10만 명의 난민을 수용하고 하틀론 주에 임시 수용소 건설을 시작할 준비가 되어 있다고 발표했다(Radio Free Europe/Radio Liberty, 2021).

타지키스탄 당국의 이러한 반응은 우연이 아니었다. 이는 2000년대 초에 확립된 국가 난민 보호 체계 발전의 논리를 반영했다. 명확한 법적 기반의 존재와 난민 업무 경험의 축적은 강제 이주 분야의 새로운 도전에 비교적 신속하게 대응할 수 있는 제도적 전제를 형성했다.

2) 난민 보호 체계에서 국제기구와 비정부기구의 역할

타지키스탄의 난민 보호 체계는 국제기구와 비정부 조직의 적극적 참여 속에서 작동하며, 이들은 정부 지원 프로그램을 상당 부분 보완한다. 그러나 이들 활동의 규모와 성격은 가능성과 함께 난민 문제 해결 접근의 근본적 한계도 반영한다.

두샨베 소재 유엔난민기구는 비교적 제한적인 프로그램 범위 내에서 활동하며, 이는 자원 제약과 기구의 전략적 우선순위로 설명된다. 유엔난민기구의 주요 업무는 특별 보조금으로 재원을 조달하는 교복 제공 프로그램을 통한 난민 아동 지원이다. 이 사업은 난민 가정 아동의 학교 출석을 장려하며 직접적 물질 지원의 형태를 띤다. 유엔난민기구는 또한 타지크어 학습 재활센터 운영을 통해 아프간인에 대한 간접 지원을 제공하며, 이는 난민의 언어 적응을 촉진한다.[30]

중요한 프로젝트 중 하나는 바흐다트 청년센터다. 이 센터는 아프간 난

30 이반 살레예프 인터뷰, 2024. 7. 18. 두샨베.

민 재활을 위한 복합 플랫폼으로 기능한다. 그러나 유엔난민기구의 업무 철학은 다른 기구나 정부 부처와 지원 사업이 겹치지 않기 위해 중복되는 서비스 체계 형성을 방지한다는 원칙에 기초한다. 기구는 고립된 지원 구조 형성을 피하면서 난민의 타지키스탄 사회 통합을 일관되게 지향한다. 주목할 점은 이전에 시행되던 제3국 재정착 프로그램이 중단되었다는 것이며, 이는 난민을 위한 장기적 해결책 제공에서 유엔난민기구의 역량을 상당히 축소했다.[31]

비정부기구는 난민의 일상적 지원에서 더 적극적인 역할을 수행하며, 법률 지원부터 직업훈련까지 광범위한 서비스를 제공한다. 법률 서비스 및 상담 분야에서는 NGO '인손 바 아돌라트(Inson va Adolat)'가 주도적 역할을 하며, 난민에게 자격을 갖춘 법률 지원과 지위 및 권리 관련 정보 지원에 대한 접근을 보장한다(UNHCR, n. d.).

'난민 아동과 취약 시민(RCVC: Refugees, Children and Vulnerable Citizens) 비정부기구의 활동은 특별한 주목을 받을 만하다(RCVC, n. d.). 이 조직은 난민 직업훈련을 전문으로 하며, 재봉, 네일아트, 제과 등 다양한 전문 분야 과정을 제공한다.[32] 난민 사이에서 이 비정부기구가 인기를 얻는 이유는 제공되는 기술의 실용성 때문이다. 이러한 기술은 타지키스탄 내 취업뿐 아니라 다른 국가 적응에도 활용될 수 있다.[33] 난민의 상당수가 제3국(주로 캐나다) 이주 가능성을 고려한다는 점에서, 보편적 직업 기술 습득은 이들의 미래에 전략적으로 중요해진다.

언어 학습은 비정부기구 '이스칸데르(Iskander)'가 조직하는 영어 과정으로 대표된다. 이 과정은 난민들 사이에서 높은 수요를 누리는데, 영어 능력이 영어권 국가로의 성공적 이주의 핵심 요인으로 간주되기 때문이다.[34] 언어 과정의 인기는 많은 아프간 가정의 타지키스탄 체류가 일시적 성격을 띠며, 이

---

31 이반 살레예프 인터뷰, 2024. 7. 18. 두샨베.

32 LN 인터뷰, 2024. 7. 13. 바흐다트; SR 인터뷰, 2024. 7. 15. 바흐다트.

33 SO 인터뷰, 2024. 7. 17. 루다키; HD 인터뷰, 2024. 7. 17. 루다키.

34 RT 인터뷰, 2024. 7. 18. 바흐다트.

들이 추가 이주를 지향함을 반영한다.

국제기구와 비정부기구 활동 분석 결과, 이들은 주로 보완적 기능을 수행하며 정부 난민 지원 체계의 공백을 메운다. 동시에 제공되는 서비스의 성격은 난민의 타지키스탄 사회 장기 통합보다는 추가 이주 준비에 크게 지향되어 있다. 이는 통합 정책 선언과 난민의 실제 필요 사이의 명백한 모순을 반영한다. 많은 난민이 타지키스탄을 최종 정착국으로 고려하지 않는 것이다.

3) 타지키스탄 내 아프간 난민의 실제 상황

타지키스탄에는 현재 아프간인 약 12,900명이 거주한다. 난민 보호를 위한 법제가 잘 갖추어져 있음에도 불구하고, 실제 아프간 난민의 처지는 선언된 원칙과 일상 현실 사이에 상당한 괴리를 보인다. 난민 생활의 여러 측면을 살펴보면 형식적 보장이 반드시 현실로 구현되는 것은 아님을 알 수 있다.

먼저 난민 지위 인정 절차 자체는 상당히 개방적으로 운영된다. 입국자는 누구나 내무부 시민권국에 난민 지위를 신청할 수 있다. 서류를 제출하면 전문가가 검토하고 신청자와 면담을 진행한 후, 내무부 산하 부처 간 위원회가 최종 결정을 내린다. 주목할 점은 인정률이 사실상 100%에 달한다는 것이다. 이는 타지키스탄 당국이 아프간 이주민에게 매우 자유주의적 태도를 취하고 있음을 보여준다. 난민 지위는 한 번 부여되면 별도의 연장 절차 없이 장기간 유지되는 것도 특징적이다. 다만 난민은 매년 등록을 갱신해야 하며, 이는 해당 인구 집단에 대한 국가의 관리 필요성을 반영한다. 등록 갱신 비용은 72 소모니(2024년 기준 약 6.5달러)이며, 난민 지위 문서 자체는 무료로 발급된다.[35]

그러나 지위 인정의 높은 접근성과 대조적으로, 거주지 선택에는 엄격한 제약이 가해진다. 2000년 정부 결정 제325호는 난민법 제정 이전부터 시행되어 온 규정으로, 난민과 비호 신청자가 두샨베를 비롯한 주요 도시와 아프가니스탄 접경 지역에 거주하는 것을 금지한다(UNHCR Refworld, 2000). 예외는

35 파트히딘 이스마트 조다 인터뷰, 2024. 7. 18. 두샨베.

2000년 4월 26일 이전에 입국한 아프간인에게만 적용되며, 이들은 수도 거주가 허용된다.[36] 이러한 지리적 제한은 난민의 주거 선택권을 크게 축소할 뿐 아니라, 각종 서비스 접근과 취업 기회를 제약하는 결과를 낳는다.

고용 분야를 살펴보면, 법적으로는 난민에 대한 특별한 제한이 존재하지 않는다. 그러나 타지키스탄의 전반적인 경제 상황이 어렵고 현지 주민 사이에서도 실업률이 높아, 실질적인 취업 기회는 극히 제한적이다. 노동시장의 치열한 경쟁 속에서 대부분의 아프간 난민은 식당, 자동차 수리점, 건설 현장 등 서비스업 분야에서 일자리를 찾게 된다. 이러한 직종은 특별한 기술을 요구하지 않지만, 생계 유지에 필요한 최소한의 수입만을 제공하는 수준이다.[37]

의료 서비스 접근 역시 제한적이다. 난민에게는 응급의료와 코로나19 치료만 무료로 제공되며, 일반 진료는 전액 본인이 부담해야 한다.[38] 저소득 난민 가정에게 이는 상당한 재정적 부담으로 작용한다. 특히 정기적인 의료 관리가 필요한 여성과 아동의 경우 이러한 제약이 더욱 심각한 영향을 미친다.

교육 분야의 상황은 더욱 복잡하다. 형식상으로는 난민 아동도 현지 아동과 동등하게 타지키스탄 학교에 다닐 권리가 있다.[39] 하지만 실제로는 문자 체계의 차이가 심각한 장애물로 작용한다. 타지크어와 다리어는 언어적으로 매우 가깝지만, 타지키스탄은 키릴 문자를, 아프가니스탄은 아랍 문자를 사용한다.[40] 이 때문에 상당수 아동이 아예 학교에 다니지 못하거나,[41] 아프간 대사관 부설 '소모니욘(Сомониён)' 학교에서 교육을 받는다.[42] 여기에 더해 많은

36 사이트 도블라트 조다 인터뷰, 2024. 7. 18. 두샨베.

37 AN 인터뷰, 2024. 7. 16. 바흐다트; RT 인터뷰, 2024. 7. 18. 바흐다트

38 NS 인터뷰, 2024. 7. 13. 바흐다트

39 사이트 도블라트 조다 인터뷰, 2024. 7. 18. 두샨베.

40 LN 인터뷰, 2024. 7. 13. 바흐다트; AN 인터뷰, 2024. 7. 16. 두샨베; SO 인터뷰, 2024. 7. 17. 루다키.

41 ZM 인터뷰, 2024. 7. 15. 바흐다트

42 NZ 인터뷰, 2024. 7. 15. 두샨베.

가정이 타지키스탄 체류를 임시적인 것으로 간주하고 제3국 이주를 준비하고 있다는 점도 영향을 미친다. 그 결과 정규 학교 교육보다는 '이스칸데르'와 같은 비정부기구가 운영하는 영어 학원을 선호하는 경향이 나타난다.[43]

정부가 제공하는 직접적인 난민 지원은 상당히 제한적인 수준이다. 가장 어려운 처지에 있는 가정 약 1,000명에게 식품과 현금을 지원하고 있으나,[44] 공식적으로도 그 규모가 기본적인 생활 수준 유지에 부족하다고 인정되고 있다.

가장 심각한 문제는 불법 구금과 강제 추방 사례의 발생이다. 이러한 사건은 2021년 탈레반 집권 이전에도 간헐적으로 발생했으나, 난민 수가 급증하면서 더욱 빈번해졌다(The Diplomat, 2025). 아프가니스탄의 안보와 인권 상황이 급격히 악화되고 인도주의적 위기가 심화되자, 유엔난민기구는 2021년 8월 국제보호가 필요한 아프간인에 대한 추방 중단을 권고했다. 이 권고는 2022년 2월 재차 발표되었고, 같은 해 8월에는 지속되는 위반 사례에 대한 심각한 우려가 표명되었다(UNHCR, n. d.). 그럼에도 불구하고 타지키스탄 당국은 일부 난민에 대한 강제 구금과 불법 추방을 계속했다(Open Doors Australia, 2025). 이는 법적 체계와 실제 정책 실행 간의 괴리를 극명하게 보여주는 사례라 할 수 있다.

V. 맺음말

이 글은 난민협약 비준 여부가 상이한 두 중앙아시아 국가, 타지키스탄과 우즈베키스탄의 아프간 난민 정책을 비교 분석했다. 연구 결과는 국제적 의무의 형식적 준수와 실질적 난민 보호 간의 관계가 기존 통념보다 훨씬 복잡함을 보여준다.

---

43 RT 인터뷰, 2024. 7. 18. 바흐다트

44 사이트 도블라트 조다 인터뷰, 2024. 7. 18. 두샨베.

가장 주목할 만한 발견은 법적 기반의 근본적 차이에도 불구하고 양국의 아프간 난민 수용 규모가 유사하다는 점이다. 타지키스탄은 1993년 난민협약을 비준하고 2002년 포괄적인 난민법을 제정했다. 이론적으로 이는 난민에게 거주권, 노동권, 교육권 등 광범위한 권리를 보장하며, 100%에 가까운 난민 지위 인정률은 제도의 개방성을 입증한다. 반면 우즈베키스탄은 협약 미가입국으로 난민 관련 전문법도 없다. 2017년 정치적 비호 규정이 마련되었으나 단 한 건의 승인도 이루어지지 않았다. 그럼에도 불구하고 타지키스탄에는 12,900명, 우즈베키스탄에는 8,500명의 아프간인이 거주하고 있다.

이러한 역설은 실제 정책 작동 메커니즘을 살펴볼 때 더욱 명확해진다. 타지키스탄의 경우 발전된 법적 틀이 반드시 효과적인 보호로 이어지지 않는다. 2000년 정부 결정은 난민의 두샨베 및 주요 도시 거주를 금지하며, 이는 서비스 접근과 경제 기회를 심각하게 제한한다. 의료는 응급처치로 제한되고, 문자 체계 차이로 인해 많은 아동이 정규 교육에서 배제된다. 더욱 심각한 것은 2021년 이후 유엔난민기구의 반복적 권고에도 불구하고 불법 구금과 강제 추방이 지속되고 있다는 점이다. 이는 법적 체계와 실제 이행 간의 심각한 괴리를 보여준다.

우즈베키스탄은 전혀 다른 경로를 택했다. 공식적 난민 인정 체계를 회피하면서도 유연한 비자 정책을 통해 사실상의 보호를 제공한다. PV2 개인 초청 비자는 아프간인에게 합법적 체류를 가능하게 하며, 형식상 고용이 금지되어 있음에도 당국은 가내 사업을 묵인한다. 거주지 선택의 자유가 보장되고, 아동은 일반 학교에 다닐 수 있으며, 의료 서비스 접근도 상대적으로 개방적이다. 대규모 강제 추방 사례도 보고되지 않았다. 이러한 접근을 통해 우즈베키스탄 정부는 장기 정착 책임과 국제법적 감독을 회피하면서도 통과국으로서 일시적 인도주의 의무를 이행할 수 있게 되었다.

국제기구와 비정부기구의 역할 역시 양국에서 상이하게 전개된다. 타지키스탄에서는 유엔난민기구가 상주하지만 제한적 프로그램만 운영하며, 제3국 재정착이 중단되면서 장기적 해결책 제공 역량이 축소되었다. 비정부기구들은 직업훈련과 언어 교육을 제공하지만, 그 내용은 타지키스탄 통합보다 제3국 이주 준비에 치중되어 있다. 우즈베키스탄에서는 유엔난민기구 대표부가 부재한 대신 국제이주기구가 주도적 역할을 맡으며, 유엔개발계획과 유엔아동기금이 교육과 인프라 지원을 담당한다. 비정부기구의 활동은 엄격히 제한되지만, 정부가 허용하는 범위 내에서 실용적 지원을 제공한다.

이 글은 난민 보호의 효과성이 법적 체계의 존재 여부만으로 결정되지 않음을 보여준다. 타지키스탄 사례는 협약 비준과 포괄적 국내법이 있어도 정치적 의지, 경제적 역량, 행정적 실행 능력의 부족으로 실질적 보호가 제한될 수 있음을 보여준다. 우즈베키스탄 사례는 공식적 난민 체계 없이도 대안적 메커니즘을 통해 기능적으로 동등한 보호를 제공할 수 있음을 보여준다. 다만 이는 정부 정책 변화에 따라 언제든 취소될 수 있는 취약성을 내포한다.

이 글에서 내린 결론은 국제 난민 보호 체제에 대한 중요한 함의를 제공한다. 첫째, 협약 가입 촉구만으로는 불충분하며, 실질적 이행 메커니즘과 정치적 의지 확보가 더욱 중요하다. 둘째, 미가입국의 대안적 접근을 일률적으로 비판하기보다, 실제 보호 수준을 기준으로 평가해야 한다. 셋째, 국제사회는 협약 당사국의 형식적 준수에 안주하지 말고 실제 이행을 지속적으로 감시해야 한다.

그러나 이 글은 우즈베키스탄 난민과의 직접 면담 부재와 특정 시점의 정책 스냅샷에 국한되었다는 한계를 안고 있다. 향후 연구는 난민들의 장기적 궤적 추적, 제3국 이주 이후 상황 분석, 그리고 다른 미가입국의 대안적 메커니즘 비교를 통해 이론적 이해를 심화할 필요가 있다. 그럼에도 이 글은 법적 형식주의를 넘어 실질적 보호의 수준을 중심으로 난민 정책을 재평가해야 한다는 중요한 시사점을 제공한다.

참고문헌

고가영. 2024. "타지키스탄을 경유하는 아프가니스탄 난민들의 정체성 변화: 젠더 역할과 종교 정체성을 중심으로." 『호모미그란스: 이주, 식민주의, 인종주의』 31: 9-52.

박지원. 2025. "타지키스탄의 아프간 난민: 정책과 환경에 의한 경제적 문제 고찰." 『중소연구』 49(1): 251-281.

Abdelaaty, Lamis. 2020. "RSD by UNHCR: Difficulties and Dilemmas." *Forced Migration Review* 63: 22.

Alejandro, Alejandro. 2025. "Protection of Rohingya Refugees: Collective Responsibility of ASEAN Member States under International Law." *Perfect Education Fairy* 3(3): 103-109.

Barbour, Brian. 2021. "Beyond Asian Exceptionalism: Refugee Protection in Non-Signatory States." *Forced Migration Review* 67: 42-43.

Crisp, Jeff. 2018. "Mobilizing Political Will for Refugee Protection and Solutions: A Framework for Analysis and Action." *CIGI*.

De Haas, Hein. 2010. "Migration and Development: A Theoretical Perspective." *International Migration Review* 44(1): 227-264.

Flowers, Petrice. R. 2025. *Refugee Policies in East Asia*. Cambridge: Cambridge University Press.

Goodwin-Gill, Guy S. and Jane McAdam. 2007. *The Refugee in International Law*. Oxford: Oxford University Press.

Gökalp-Aras, N. Ela, Eva Papatzani, Zeynep Şahin Mencütek, Nadina Leivaditi, and Electra Petracou. 2021. "Governance of Refugee Protection: Challenges in Europe and Beyond." *DIVA Portal*.

Heriyanto, Dodik. Setiawan. Nur, Sefriani and Fezar Tamas. 2023. "No Choice but Welcoming Refugees: The Non-Refoulement Principle as Customary International Law in Indonesia." *Lentera Hukum* 10(1): 135-162.

Hossain, Sagor. 2025. "International Refugee Law and Bangladesh: Navigating Sovereignty and Humanitarian Obligations." *Scholars International Journal of Law Crime and Justice*: 13-24.

Jacobsen, Karen. 1996. "Factors Influencing the Policy Responses of Host Governments to Mass Refugee Influxes." *The International Migration Review* 30(3): 655-678.

Janmyr, Maja. 2021a. "Non-signatory States and the international refugee regime." *Forced Migration Review* 67: 39-42.

Janmyr, Maja. 2021b. "The 1951 Refugee Convention and Non-Signatory States: Charting a Research Agenda." *International Journal of Refugee Law* 33(2): 188-213.

Kälin, Walter. 2003. "Supervising the 1951 Convention Relating to the Status of Refugees: Article 35 and Beyond." in Erika Feller, Volker Türk and Frances Nicholson, eds. *Refugee Protection in International Law: UNHCR's Global Consultations on International Protection*. Cambridge: Cambridge University Press.

Kazmi, Arjumand Kazmi. 2025. "Pakistan's Judicial Engagement with International Refugee Law." *International Journal of Refugee Law* 6(4): 397-418.

Prabandari, Atin and Yunizar Adiputera. 2019. "Alternative paths to refugee and asylum seeker protection in Malaysia and Indonesia." *Asian and Pacific Migration Journal* 28(2): 132-154.

Satayanurug, Pewat. 2025. "Thailand's National Screening Mechanism: A Case of Partial Acculturation to International Refugee Law." *International Journal of Refugee Law* 37: 80-103.

Slaughter, Amy and Jeff Crisp. 2009. "A Surrogate State? The Role of UNHCR in Protracted Refugee Situations." *UNHCR New Issues in Refugee Research, Research Paper* No. 168.

Syahrin, Muhammad Avi Syahrin et al. 2024. "Juridical argumentation in limiting the non-refoulement principle for refugees: A study of immigration policy and Indonesian state sovereignty." *Journal of Infrastructure Policy and Development* 8(8): 1-24.

Suyastri, Cifebrima, Mohammad Thoriq Bahri. 2023. "Legal Gap in Refugee Protection in Non-Signatory Countries: An Evidence from Indonesia." *Danube* 14(3): 193-214.

Zieck, Marjoleine. 2008. "The Legal Status of Afghan Refugees in Pakistan, a Story of Eight Agreements and Two Suppressed Premises." *International Journal of Refugee Law* 20(2): 253-272.

Zenginkuzucu, Dikran M. 2021. "A Comparative Analysis on International Refugee Law and Temporary Protection in the Context of Turkey." *The Age of Human Rights Journal* 17: 385-410.

Икрамова, Зилола. 2022. "Правовое положение беженцев и лиц, ищущих убежища в Республике Таджикистан." Уполномоченный по правам человека в Республике Таджикистан.

Government of Uzbekistan, Ministry of Foreign Affairs. n.d. "Republic of Uzbekistan Visa." https://gov.uz/en/mfa/activity_page/o-zbekiston-respublikasi-vizasi (검색일: 2025. 8. 11)

IPHR Online. 2021a. "Uzbekistan: Afghanistani refugees at risk of refoulement." https://www.iphronline.org/wp-content/uploads/2021/10/Afghan-refugees-statement.pdf (검색일: 2025. 10. 5)

Kun.uz. 2021. "UNICEF to supply humanitarian assistance to Afghanistan from a logistical center in Uzbekistan." https://kun.uz/en/54787196 (검색일: 2025. 10. 5)

Open Doors Australia. 2025. "Tajikistan: Afghans Face Deportation." (August 4) https://www.opendoors.org.au/frontline-faith/tajikistan-afghans-face-deportation/ (검색일: 2025. 8. 11.)

Radio Free Europe/Radio Liberty. 2021. "Tajikistan Says It's Ready To Shelter Up To 100,000 Refugees From Afghanistan." (July 23) https://www.

rferl.org/a/tajikistan-afghanistan-refugees-taliban/31373565.html (검색일: 2025. 10. 5)

Refugee Children and Vulnerable Citizens. n.d. "About Us." https://rcvc.tj/about-us/ (검색일: 2025. 8. 11)

ReliefWeb. 2025. "UNHCR Uzbekistan Factsheet February 2025." https://reliefweb.int/report/uzbekistan/unhcr-uzbekistan-factsheet-february-2025 (검색일: 2025. 8. 11)

The Diplomat. 2025. "Tajikistan Orders Afghan Refugees Out En Masse." (July 17) https://thediplomat.com/2025/07/tajikistan-orders-afghan-refugees-out-en-masse/ (검색일: 2025. 8. 11).

UN News. 2006. "UN refugee agency closes its office in Uzbekistan after Government ultimatum." (April 17) https://news.un.org/en/story/2006/04/175662 (검색일: 2025. 8. 11).

UN Treaty Collection. 2025. "Convention Relating to the Status of Refugees." https://treaties.un.org/pages/ViewDetailsII.aspx?src=TREATY&mtdsg_no=V-2&chapter=5&Temp=mtdsg2 (검색일: 2025. 8. 7).

UN Uzbekistan. 2022. "UN Foundation and UN Uzbekistan conclude learning trip for US Congressional staffers to Uzbekistan." https://uzbekistan.un.org/en/178040-un-foundation-and-un-uzbekistan-conclude-learning-trip-us-congressional-staffers-uzbekistan (검색일: 2025. 8. 11).

UNDP. n. d. "EU and UNDP support Afghan citizens in Uzbekistan with professional education." https://www.undp.org/european-union/news/eu-and-undp-support-afghan-citizens-uzbekistan-professional-education (검색일: 2025. 8. 11).

UNHCR. 2021. "UNHCR Position on Returns to Afghanistan August 2021." https://bcrm-bg.org/wp-content/uploads/2021/09/611a4c5c4.pdf (검색일: 2025. 8. 11).

UNHCR. 2024a. "Afghanistan Situation." https://data.unhcr.org/en/situations/

afghanistan (검색일: 2025. 8. 5).
UNHCR. 2024b. "Refugee Status Determination." https://www.unhcr.org/what-we-do/protect-human-rights/protection/refugee-status-determination (검색일: 2025. 8. 11).
UNHCR. n. d. "Help-Central Asia: Tajikistan." https://help.unhcr.org/central-asia/ru/tajikistan/ (검색일: 2025. 8. 11).
UNHCR Refworld. 2000. "Tajikistan: Resolution No. 325 of 2000, On the List of Tajik Settlements Prohibited for Temporary Residence of Asylum-Seekers and Refugees." (July 26) https://www.refworld.org/legal/decreees/natlegbod/2000/en/18070 (검색일: 2025. 8. 11).
UNHCR RIMAP. 2025. https://rimap.unhcr.org/node/43538 (검색일: 2025. 8. 11).
Министерство юстиции Республики Таджикистан. 2014. "Закон Республики Таджикистан ≪О беженцах≫." (July 26) http://portali-huquqi.tj/publicadliya/view_qonunhoview.php?showdetail=&asosi_id=1762 (검색일: 2025. 8. 11).
Gazeta.uz. 2021. "Принудительно возвращать граждан Афганистана не планируется - Исматулла Иргашев." (December 19) https://www.gazeta.uz/ru/2021/12/19/afghanistan/ (검색일: 2025. 10. 5).
IPHR Online. 2021b. "Узбекистан: афганским беженцам угрожает высылка." (October 19) https://iphronline.org/ru/articles/uzbekistan-afganskim-bezhentsam-ugrozhaet-vysylka/ (검색일: 2025. 10. 5).
Sputnik Uzbekistan. 2021. "Узбекистан не планирует принимать афганских беженцев-Камиловv." (October 22) https://uz.sputniknews.ru/20211022/uzbekistan-ne-planiruet-prinimat-afganskix-bejentsev-kamilov-21035070.html (검색일: 2025. 10. 5).

• • • •

제3장

타지키스탄의 아프간 난민이 직면한 경제적 문제와 원인[1]

박지원

I. 머리말

2023년 상반기 기준, 해외에 거주하고 있는 아프가니스탄인의 규모는 약 820만 명으로 이 중 210만 명은 난민으로 분류된다(UNICEF, 2023: 1). 그리고 이 난민 가운데 160만 명은 탈레반(Taliban) 정권이 집권한 2021년 8월 이후 해외로 탈출한 사람들이다. 아프가니스탄 내전에서 미군과 나토(NATO)군이 철수하면서 아프가니스탄 정부는 붕괴되고 탈레반이 다시 집권하게 되었다. 탈레반 정부는 대부분의 외국 국가나 국제기구로부터 인정받지 못했으며 이에 따라 많은 서방의 원조 기관들은 이전의 아프가니스탄 정부 재정의 약 75%를 차지하던 원조를 중단하였다(Smith, 2024).

갑작스러운 전쟁의 종식과 오랜 전쟁으로 인한 국가 경제의 황폐화, 극단적인 정권의 등장은 많은 아프가니스탄 국민에게는 경제적으로 큰 시련이

1 이 글은 『중소연구』 49(1) (2025)에 게재된 논문을 본서의 편집 취지에 맞도록 수정·보완한 것입니다.

되었다. 2021년과 2022년의 경제성장률은 각각 20.7%와 6.2%씩 역성장했으며 국가 전체의 공공서비스 중단과 함께 기본적인 식량을 구할 수 없는 가구의 비중도 이전의 16%에서 35%로 증가했다(World Bank, 2025). 여기에 더해 여성의 권리는 크게 악화되었는데, 여성은 고등 교육을 받거나 공공 및 민간 분야에 대한 참여가 제한되었다.

이러한 절망적인 상황에서 많은 아프가니스탄 국민은 난민으로서 타국으로의 이주를 결정하였다. 이주 대상은 아프가니스탄과 국경을 맞닿은 파키스탄, 이란과 북쪽의 우즈베키스탄, 타지키스탄, 투르크메니스탄 등 중앙아시아 3국이다. 파키스탄은 2021년부터 아프가니스탄 난민을 적극적으로 수용하여 현재 약 100만 명 이상의 난민이 자국 내에 거주하고 있으며 이란 정부 또한 난민 수용에 대체로 포용적인 입장을 보이면서 이곳에도 많은 난민이 이주하였다.

중앙아시아 국가 가운데 우즈베키스탄, 타지키스탄, 투르크메니스탄은 아프가니스탄의 북쪽과 맞닿은 지역에 있다. 지리적인 인접성으로 인해 역사적으로 지역을 넘나드는 많은 인력의 교류와 이주민이 있었다(Laruelle, 2013: 5-6). 따라서, 아프가니스탄에서 본격적인 난민의 이주가 시작된 이후에, 중앙아시아 지역은 역사적으로나 문화적 · 정서적으로 난민의 주요 목적지가 될 수 있는 적합한 지역으로 볼 수 있었다. 하지만, 타지키스탄을 제외한 중앙아시아 국가들은 아프가니스탄 난민을 적극적으로 수용하려는 태도를 보이지 않고 있다. 이주 초기에 타지키스탄은 난민 수용에 긍정적인 모습을 보였으나 점차 보수적인 입장으로 변하고 있으며 우즈베키스탄과 투르크메니스탄의 난민 정책도 파키스탄이나 이란과는 달리 대체로 수동적인 것으로 평가할 수 있다.

아프가니스탄 난민에 대한 국제사회와 여러 국가의 태도는 상반된다. EU나 캐나다와 같은 국가들은 난민 수용에 대체로 적극적이다. 미국은 바이든 행정부 시기인 2021년에 '동맹수용정책(Operation Allies Welcome, OAW)'으로 명명되는 아프가니스탄 난민 수용정책을 시작하여 76,000명의 아프가니스탄인에게 미국에 입국할 수 있는 길을 제공해주었다(Montalvo · Batalova, 2024).

하지만, 트럼프 정부의 출범이후 미국의 난민 정책은 정반대의 행보를 보이고 있다. 러시아와 중국은 주변국 안보 및 테러에 대한 우려로 난민 수용에 난색을 나타내고 있다.

본 논문에서는 아프가니스탄 난민 가운데 타지키스탄으로 이주한 난민이 겪는 경제적 어려움을 타지키스탄의 현재 정책과 경제 상황에 비추어 분석한다. 일반적으로 난민들이 타국에서 겪는 경제적 문제는 대체로 유사하지만, 타지키스탄이라는 국가의 특수한 여건에 의해 발생하는 아프가니스탄 난민의 경제적 문제를 규명하는 것이 본 논문의 목적이다.

II. 아프가니스탄 난민과 타지키스탄의 정책

아프가니스탄 난민에게 있어 중앙아시아 지역은 주요 최종 목적지라고 보기 어렵다. 난민들은 주로 미국, 유럽 또는 캐나다와 같은 선진국을 최종 목적지로 하고 있으며 중앙아시아 국가들은 대체로 이를 위한 경유지(transit country)로 여겨진다. 2023년 상반기를 기준으로 중앙아시아 국가들은 누적으로 21,814명의 난민을 수용했으며 수용된 난민의 99.3%는 아프가니스탄 국적이다(Migration Data Portal, 2025). 이 가운데 상당수는 중앙아시아를 떠나 다른 국가로 이주했으며 현재 난민으로 중앙아시아 지역에 남아있는 아프가니스탄인은 약 10,000명 내외인 것으로 추산된다. 그리고 이들 중 대부분은 타지키스탄에 거주하고 있다.

타지키스탄은 중앙아시아 국가들 가운데는 아프가니스탄 난민을 가장 적극적으로 수용하고 있는 국가이다. 타지키스탄은 소비에트에서 독립한 직후인 1993년에 유엔의 난민 지위에 관한 1951년의 협약과 1967년의 의정서(Convention and Protocol Relating to the Status of Refugees)를 비준했다. 이 협약과 의정서를 비준한 타지키스탄은 난민이 생명 또는 자유에 대한 심각한 위협을 받는 국가로 송환되지 않는 것을 명시한 강제송환금지 원칙에 따라야 할 의무가 있다. 또한, 존엄하고 독립적인 삶을 영위할 수 있도록 이주 기간 동안의 거주, 노동, 교육에 대한 권리를 포함한 난민의 처우에 대한 기본적인 최소한의 기준을 지켜야 할 책무를 가지게 된다. 중앙아시아에서 키르기스스탄, 투르크메니스탄, 카자흐스탄이 각각 1996년, 1998년, 1999년에 해당 협약에 가입했고, 우즈베키스탄은 여전히 미가입 상태인 것을 고려하면, 당시 내전 중이었던 타지키스탄의 상황 등의 내부적인 요인과 정부의 난민에 대한 전향적인 태도가 반영되었을 것이라고 볼 수 있다. 여기에 더해 타지키스탄은 2002년 '난민법(Law of the Republic of the Tajikistan on Refugees)'을 제정하였다. 난민법에 따른 난민의 구체적인 권리는 국제적으로 인정된 난민 보호 원칙을 준수하며, 다음과 같은 주요 권리들을 포함한다.

표 1 타지키스탄 난민법에 보장된 난민의 주요 권리(2002년)

권리	주요 내용
비차별	난민은 국적, 인종, 성별, 종교 등으로 인해 차별받지 않고 권리를 보장받을 권리가 있음.
거주 및 이주의 자유	난민은 타지키스탄 내에서 합법적으로 거주할 수 있으며, 스스로의 결정에 따라 타지키스탄 국민과 같은 이동의 자유를 보장받음.
노동권	난민은 타지키스탄 내에서 합법적으로 경제활동을 할 권리를 가지며 여기에는 고용, 자영업, 그리고 노동조건에서의 동등한 대우가 포함됨.
사회보장 및 복지	난민은 교육, 건강 서비스, 주거 지원 등 타지키스탄 국민과 동등한 수준으로 기본적인 사회보장과 복지 혜택을 받을 권리가 있음.
신분 및 여행 증명	난민은 타지키스탄 정부로부터 신분증명서와 필요시 다른 국가로 이동할 수 있는 여행문서를 발급받을 권리가 있음.
비송환	난민은 생명, 자유, 안전이 위협받을 가능성이 있는 국가로 강제송환되지 않을 권리가 보장됨.
법적 보호 및 법률적 지원	난민은 타지키스탄의 법률 체계 하에서 법적 보호를 받을 권리가 있으며, 법률적 지원을 요청할 수 있으며 여기에는 형사사건이나 기타 법적 분쟁에서 공정한 재판과 변호를 받을 권리가 포함

권리	주요 내용
문화적 · 종교적 자유	난민은 자신의 종교적 신념을 자유롭게 실천할 권리와 문화적 정체성을 유지할 권리를 가짐
교육권	난민 어린이 및 청소년은 타지키스탄 국민과 동일한 조건으로 초등 및 중등 교육을 받을 권리가 있으며 고등 교육 및 직업훈련 참여 또한 장려됨.
가족 재결합 권리	난민은 가족 구성원과 재결합할 수 있는 권리가 있으며 가족 재결합 절차는 인도적 차원에서 우선적으로 처리됨.

출처: "Law of the Republic of the Tajikistan on Refugees"를 참고로 저자 정리

위의 표에서 나타나는 바와 같이, 타지키스탄 정부는 이미 2000년대 초반부터 UN의 난민법에 근거한 자국 내 난민법을 제정하고 난민의 다양한 권리를 보장하고 있다. 여기에는 △비차별, △거주 및 이주의 자유, △노동권 등 기본적인 권리의 측면에서 타지키스탄 국민과 차별받지 않는 권리를 포함한다.

이러한 법을 기반으로 타지키스탄은 아프가니스탄 사태 초기에 난민에 대해 다른 중앙아시아 국가들에 비해 포용적인 태도를 보여 왔다. 2021년 아프가니스탄에서 탈레반의 카불 탈환 및 난민 문제가 현실화할 조짐을 보이자, 타지키스탄 정부는 국경 지역에 최대 10만 명의 난민을 수용할 계획과 이들을 위한 임시 캠프를 하틀론(Khatlon) 지역에 건설할 것이라고 밝힌 바 있다(Радио Озоди, 2021).

타지키스탄 정부가 이처럼 아프가니스탄 난민 유입 초기에 이들에 대해 우호적인 태도를 보이는 것은 크게 두 가지 이유가 있다고 판단된다. 첫째는 역사적인 관점으로, 1990년대 초반 타지키스탄 내전 시기에 이를 피해 도망친 난민의 상당수는 아프가니스탄 북부에서 피난처를 찾았다. 유엔난민기구(UNHCR)에 따르면, 당시 약 90,000명의 타지키스탄 국민이 내전 중과 직후에 아프가니스탄의 북부로 피난했으며 그중 60,000명은 아프가니스탄에 상당 기간 머물렀고 나머지는 전쟁이 끝난 직후 타지키스탄으로 귀환했다고 알려진다(refworld, 1996). 즉, 타지키스탄 난민을 수용했던 아프가니스탄에 대한 상호주의적이고 인도적인 원칙이 타지키스탄 정부 내부에서 작용했을 것이다.

두 번째 이유는 타지키스탄 정부가 난민을 수용하고 탈레반 정권과의 대립각을 유지함으로써 얻는 대외적 이익이다. 타지키스탄 정부는 오랜 기간 동안 탈레반 정부를 적대시해왔고 이슬람 근본주의의 침투를 저지하는 지역으로서 자국을 국제사회에 각인시켰다. 이를 바탕으로 많은 원조를 수용한 것이 사실인데, 미국은 2002년 이후 타지키스탄과 아프가니스탄 국경에 경비초소를 설치하고 국경경비대를 훈련하는 데만 3억 달러 이상을 원조했으며 이 밖에도 다양한 비살상 무기를 지원했다(Pannier, 2024). 또한 EU, EU 개별국가, 러시아와 중국 등도 탈레반을 통한 이슬람 근본주의 유입을 막기 위한 국경 강화에 지원을 아끼지 않았다. 여기에 더해, 국제사회는 타지키스탄에 대해 수십 년간 인도적인 도움을 지속적으로 제공해 왔다. 타지키스탄은 대외원조(ODA)에 크게 의존하는 국가로 타지키스탄 경제의 경우 대외원조 금액이 1% 증가하면, 1인당 GDP가 1.6% 증가하고 빈곤 수준이 0.48% 감소한다는 연구 결과도 존재한다(Abduvaliev · Mesanza, 2020). 만약 타지키스탄 정부가 아프가니스탄 난민 수용을 거부한다면 원조에 의존하는 국가로서 대외적인 이미지에 부정적인 영향을 줄 우려가 있었다.

다만, 2002년의 난민법에 앞선 2000년 정부 결의안 325호(resolution no. 325)에 따르면, 난민이나 망명 신청자가 거주할 수 있는 지역과 거주 불허 지역이 명시되어있다. 이 법에 따라서 난민은 수도인 두샨베(Dushanbe)와 같은 대도시나 아프가니스탄과의 국경 도시에는 거주할 수 없다(refworld, 2000). 2000년 4월 26일 이전에 타지키스탄에 도착한 아프가니스탄인만 두샨베에 거주할 수 있었다. 여기에 더해, 타지키스탄에서는 실제로 아프가니스탄 난민의 수용 과정에서 이들을 불법적으로 구금하거나 강제 송환하는 경우가 빈번하게 발생하기 시작했다.

이런 일들은 2021년 이전에도 심심치 않게 보고되는 경우가 있었으나 탈레반 집권 이후 난민 유입이 늘어나자 이러한 사례도 증가하게 되었다. 2021년 8월 유엔난민기구는 '아프가니스탄 난민에 대한 귀환금지 권고안(UNHCR Position on Returns to Afghanistan)'을 발표하였다. 이 안에 의하면, 아프가니스탄 지역 대부분에서 안보 및 인권 상황이 급속히 악화되고 인도적 비상사태가 확산됨에 따라 유엔난민기구는 국제적 보호가 필요한 아프가니스탄 국민의 강제송환을 중단할 것을 촉구하였다(UNHCR, 2021). 이러한 상황에도 불구하고 타지키스탄 정부는 자국으로 유입되는 일부 난민에 대해 강제 구금과 불법적인 송환을 지속하였으며 유엔난민기구는 같은 권고를 2022년 2월에 추가로 내렸고 2022년 8월에는 강한 우려를 제기한 바 있다(UNHCR, 2022).

그러나 대체로 최근 타지키스탄 정부의 아프가니스탄 난민에 대한 강경한 태도는 크게 바뀌지 않은 것으로 보인다. 타지키스탄 정부는 2021년 8월 아프가니스탄과의 국경을 폐쇄하고 아프가니스탄에 있는 아프가니스탄 국민에 대한 비자 발급을 중단했다. 따라서 기존의 유효한 타지크 비자가 있는 개인만이 국경을 넘어 타지키스탄으로 들어올 수 있다. 현재 난민에 대한 구금이나 추방과 같은 강경한 태도도 지속되는 상황이다. 또한 실제로 난민들이 경제적인 생활을 하기 위해 직업을 구하는 것도 여전히 어렵다. 이러한 상황 속에서 난민들은 타지키스탄을 이주의 최종 목적지로 생각하기보다는 다른 선진국으로 이주하기 위한 경유지 정도로 생각하고 있다.

III. 난민 수용에 부정적인 주변국

타지키스탄의 아프가니스탄 난민 정책에는 주변국의 입김이 어느 정도 작용하고 있는 것으로 판단된다. 여기에는 러시아, 중국과 주변 중앙아시아 국가들이 포함된다.

먼저 러시아의 경우, 소련 붕괴 이후 러시아는 난민 문제를 다룰 체계적인 법률이나 기반이 부족했다. 1993년 난민법 제정 이후에도 러시아에서 난민 지위를 인정받는 것은 매우 까다로웠으며 러시아는 난민 문제를 주로 유엔난민기구와 협력하여 해결하려 했고, 자국 내 아프가니스탄 난민 수용보다는 지원과 재정착을 국제사회에 의존했다. 과거 아프가니스탄 난민은 극히 소수만 러시아로 유입되었으며, 타지키스탄이나 우즈베키스탄 등 중앙아시아에서 주로 거주하게 되었다. 2000년대 이후 푸틴 정부는 난민 및 이민자 정책을 엄격히 규제했으며 이러한 정책은 현재까지 지속되고 있다. 아프가니스탄 출신 난민은 이러한 정책의 영향을 크게 받았다.

특히, 러시아는 아프가니스탄과 국경을 접한 타지키스탄 등의 중앙아시아를 통해 아프가니스탄 난민 유입을 통제하기를 원했다. 2021년 8월 러시아 주도의 군사 동맹인 집단안보조약기구(CSTO) 회원국들은 급진적인 이슬람주의 침투를 방지하는 것의 중요성을 강조했다(Kropf, 2024). 회의는 아프가니스탄 상황의 급격한 악화와 이로 인한 CSTO 회원국의 안보 위협에 초점을 맞췄으며, 회원국들은 아프가니스탄에서 비롯되는 도전과 위협에 대응하기 위한 추가 협력에 합의했다. 푸틴 대통령은 중앙아시아 국가들이 서방의 카불 공수 작전에 협력하지 않도록 유도하며 회원국 간 안보 협력을 강화하도록 종용했다. 이와 같은 CSTO 내부의 결정에 따라, 타지키스탄은 타지크-아프간 국경의 일부를 통제하기로 결정했으며 이 지역을 국제 테러 조직의 확장을 저지하는 방벽으로 유지할 필요에 대해 합의했다.

러시아는 타지키스탄-아프가니스탄 국경에 주둔하는 국경수비대를 통해 CSTO와는 별개로 타지키스탄에서 일관된 작전을 유지하고 있다. 1993년 양국 간에 체결된 조약에 따라 러시아 국경수비대는 1993년부터 2005년경까지 국경을 통제했으며 그 이후 타지키스탄 국경수비대는 필요할 때 CSTO 연합군의 주기적인 지원을 받아 국경을 통제하고 있다. 그러나 탈레반의 귀환과 국경 지역의 유입 난민에 대한 경계를 위해 러시아는 안보라는 명목으로 타지크-아프간 국경에서 다시 영향력을 행사하고 있다(Schutt, 2023: 16). 러시아의 이 같은 태도는 난민 유입이 테러와 극단주의의 확산을 초래할 가능성에 크게 기인하고 있으나 여기에 더해 러시아 국내 정치의 안정성 측면을 고려한 것이기도 하다. 난민에 대한 강경한 태도는 러시아 국민들 사이에서 정부의 통제력을 강화하는 데 기여할 수 있으며 이 문제에 대한 정부의 강조는 국내의 정치적 안정성을 유지하는 데 도움이 된다. 또한, 난민 유입은 우크라이나 전쟁으로 여력이 없는 러시아 정부에 경제적인 부담을 확대할 수도 있다.

러시아의 이 같은 태도는 당분간 유지될 가능성이 높다. 러시아 정부는 2024년 3월 자국에서 발생한 크로커스 시청 테러(Crocus City Hall attack) 사건을 계기로 자국으로 노동 이주하는 중앙아시아인에게 엄격한 규정을 적용하고 있다. 정부는 외국인 노동자의 불법 체류 단속을 강화하고 이들을 쉽게 자국으로 추방할 수 있도록 법률을 개정하였으며 이 법안은 2024년 7월 하원을 통과했다. 이 법안에 따르면 정부는 △합법적인 법 집행에 대한 불복종, △이민 등록시 허위 정보 제공, △사소한 폭력 등의 사유를 근거로 외국인 노동자를 러시아에서 쉽게 추방할 수 있다. 이에 따라, 2024년에 이민법 위반 사유로 러시아에서 추방된 외국인은 8만 명 이상인 것으로 알려졌는데 이는 2023년의 44,200명, 2022년의 26,600명을 크게 뛰어넘는 것이다(Медиазона, 2025). 중앙아시아 이민 유입에 대해 엄격한 정책을 도입한 러시아는 타지키스탄 등을 통한 아프간 난민 유입에도 민감하게 반응할 수밖에 없다.

여기에 더해 러시아 정부는 최근 탈레반 정부와 밀접한 행보를 보이고 있다. 2022년 4월 러시아 정부는 탈레반 대표단과 회담을 가진데 이어 8월에는 교역을 위한 협상을 통해 러시아가 매년 약 100만 톤의 가솔린, 100만 톤의 디젤, 50만 톤의 액화석유가스 및 200만 톤의 밀을 공급하기로 합의하였다(Yawar · Greenfield, 2022). 이번 조치는 탈레반이 1년 전 집권한 이후 처음으로 타결한 주요 국제 경제 협정으로, 러시아는 2024년 12월, 탈레반을 테러단체에서 해제하는 법안을 하원에서 통과시키는 등 탈레반을 공식 외교 파트너로 인정하는 분위기가 조성되고 있다. 이는 향후 아프간 난민의 유출을 막는 방식으로의 협력이 전개될 가능성을 높일 것으로 보인다.

중국 역시 아프가니스탄 난민의 유입에 대해서는 러시아와 마찬가지로 부정적인 입장이다. 지난 2021년 중국 외교부는 아프가니스탄 난민 수용을 묻는 질문에 대해 직접적인 답변은 회피하면서 "관련 국가들은 지난 20년간 자신들이 야기한 문제에 대한 책임을 아프가니스탄과 이웃 국가에 전가해서는 안 되며 중국은 이 지역에서 추가적인 내전이나 재난이 발생하지 않도록 연착륙을 도와 난민 발생을 최소화하는 것이 급선무라고 생각한다"라고 언급하였다(Global Times, 2021). 이는 사실상, 아프가니스탄에 대한 미국의 태도를 비난함과 동시에 난민 수용 문제에 대해서는 일정 수준에서 선을 긋는 의도가 담겨있다고 볼 수 있다.

아프가니스탄 난민 수용에 대해 거리를 두는 중국의 정책은 이미 러시아, 이란, 파키스탄 등 아프가니스탄 주변국과 일정 수준에서 합의를 이루고 있는 것으로 보인다. 2024년 9월 뉴욕에서 개최된 제79차 유엔총회를 계기로 4개국 외무장관은 별도의 회담을 갖고 아프가니스탄 상황에 대한 합의문을 발표하였다(Ministry of Foreign Affairs People's Republic of China, 2024). 이 합의문에서 러시아와 중국은 아프가니스탄 난민을 수용한 이란과 파키스탄에 대한 사의를 표하고 향후 추가 이주 방지와 향후 난민이 고국으로 돌아갈 수 있는 여건을 조성할 필요성을 강조했다. 중국은 또한, 2023년 9월, 탈레반 대사를 수용한 첫 번째 국가가 되면서 탈레반 행정부를 공식적으로 인정하였다(Gul, 2023). 이를 통해 이를 통해 러시아와 마찬가지로 난민 유출 방지에 대한 탈레반 정권과의 협의가 강화될 수 있을 것이다.

중앙아시아 내에서 아프가니스탄 난민과 주로 관계가 있는 국가는 우즈베키스탄이다. 우즈베키스탄은 이미 2017년 대통령령을 통해 「우즈베키스탄의 정치적 망명 허가에 관한 규정 승인(Об Утверждении Положения о Порядке Предоставления Политического Убежища в Республике Узбекистан)」을 채택한 바 있다. 이 법은 일반적으로 인정되는 국제법의 원칙과 규범에 기초하여 우즈베키스탄에 대한 사회, 정치, 종교적 이유로 인한 개인과 그 가족의 망명을 허용하며 이들이 차별없이 우즈베키스탄 영토 내에 거주할 수 있도록 한다(Lexuz, 2022). 우즈베키스탄은 난민이나 망명에 대한 유엔의 협약에는 서명하지 않았으나 아프가니스탄 난민들 역시 상기 법의 범주에 포함되며 이에 근거하여 난민을 수용할 수 있다. 하지만, 정부는 아프가니스탄 난민 수용에 대해서 소극적인 입장을 견지해 왔다. 2021년 당시 카밀로프(Abdulaziz Kamilov) 우즈베키스탄 외무장관은 "우리는 우즈베키스탄을 통해 제3국으로 이동하는 난민을 지원할 준비가 되어있다. 하지만, 우리의 영토 내에 난민을 수용할 특별한 장소를 제공하는 일은 하지 않을 것"이라고 단정하였다(Podrobn.uz, 2021).

우즈베키스탄이 아프가니스탄 난민 수용에 대해 부정적인 입장을 보이는 것은 주로 아프가니스탄으로부터의 급진적 이슬람주의와 테러의 유입을 우려하기 때문이다. 이는 단순히 우즈베키스탄뿐만 아니라 러시아와 중국, 그리고 다른 중앙아시아 국가 모두에게 해당되는 이유이다. 특히 우즈베키스탄의 경우, 1999년 페르가나 지역에서 급진적인 이슬람 단체가 카리모프 대통령 암살을 시도한 바 있으며 2004년에는 타슈켄트 시내에서 폭탄테러를 감행한 적이 있는 등 지난 2000년대 중반까지 이슬람 극단주의 세력은 정권 안정에 위협적인 요인으로 인식되었다. 따라서 정부는 아프가니스탄 난민과 함께 자국으로의 극단적인 이슬람주의자들이 유입되고 이와 같은 사상이 영향을 주는 것을 우려하고 있다. 일각에서는 탈레반 정권은 테러와 무관하며 탈레반 정권이 중앙아시아 지역의 정치적 안정에 불안정한 요인으로 작용할 것이라는 우려는 과대 해석되었다고 주장하기도 하나(Umarov, 2021), 우즈베키스탄을 포함한 중앙아시아 국가들에게 극단적인 이슬람의 위협은 실제적이다.

또한, 우즈베키스탄 정부는 난민 수용에 대한 이와 같은 인식과 별개로 최근 탈레반 정부에 대해서는 대체로 우호적인 태도를 보이고 있다. 중앙아시아 정상들은 2018년부터 개최된 '중앙아시아 정상협력회의(consultative meeting of Central Asian heads of states)'에서, 2019년의 주요 의제 가운데 하나로 아프가니스탄과의 협력강화를 주요 의제로 추진한 바 있다. 이어 탈레반이 정권을 장악한 이후인 2024년에도 아프가니스탄과 연계한 운송망 발전 방안이 논의된 바 있다.

이 가운데서도 우즈베키스탄은 특히 아프가니스탄과의 협력에 노력을 기울이고 있다. 2024년 8월 우즈베키스탄의 아리포프(Abdulla Aripov) 총리는 아프가니스탄의 카불을 방문하여 탈레반 정권과 14억 달러 규모의 12개 투자협정과 11억 달러 규모의 23개 무역협정 등 총 25억 달러 규모의 정부 간 협약을 체결하였다(Gul, 2024). 주요 협력 분야로는 농업, 에너지, 인프라, 제조업 등이 포함된다. 총리급의 아프가니스탄 방문은 탈레반 집권 이후 외국 최고위층의 방문이며 탈레반 정권과의 향후 밀접한 협력이 지속될 것임을 보여주고 있다. 앞선 '중앙아시아 정상협력회의'에서의 의제로서 아프가니스탄과의 협력 강화는 중앙아시아 내에서 탈레반 정권에 가장 비우호적이었던 타지키스탄 정부도 다자간 협력의 일정 수준에서 탈레반에 대한 우호적인 태도를 강화할 의도를 나타낸 것으로 해석되며 향후 난민 수용에 적극적으로 나서기는 어려운 환경이 조성될 가능성이 높다.

IV. 타지키스탄의 경제적환경과 난민의 어려움

1. 자국 내 일자리 부족과 난민

타지키스탄은 소비에트로부터 독립 이후 자국 내의 온전한 경제성장의 발판을 만드는 데 어려움을 겪어왔다. 인근의 중앙아시아 국가들은 대체로 에너지 자원의 매장량이 많아 이를 개발하고 수출하는 방식을 통해 성장을 지속해왔으나 이와는 달리 타지키스탄은 자원 매장량이 풍족하지 않다. 이에 더해 산업 발전이 더디게 나타나면서 국내의 노동인구를 흡수할 수 있는 기반이 부족한 상황이다. 따라서 많은 노동인력이 자국이 아닌 타국으로 이주하여 일하는 노동구조가 고착화되어 있으며 이들을 통해 벌어들이는 외화 수입은 절대적인 수준이다. 2021년의 송금 유입액은 29억 달러, 2022년과 2023년은 각각 53억 달러와 57억 달러를 기록했는데 이러한 송금의 약 80%는 러시아로부터 오고 있다(Popławski, 2024). 이에 따라, 타지키스탄의 GDP에서 노동 이주자의 송금이 차지하는 비중은 2023년 기준 48%를 기록하여 세계에서 가장 높은 수준이다. 사실상 해외로부터의 송금 없이는 국가 경제 유지가 어려운 상황으로 판단할 수 있다.

정부는 이러한 문제를 해결하기 위해 2010년대부터 국내 일자리 창출을

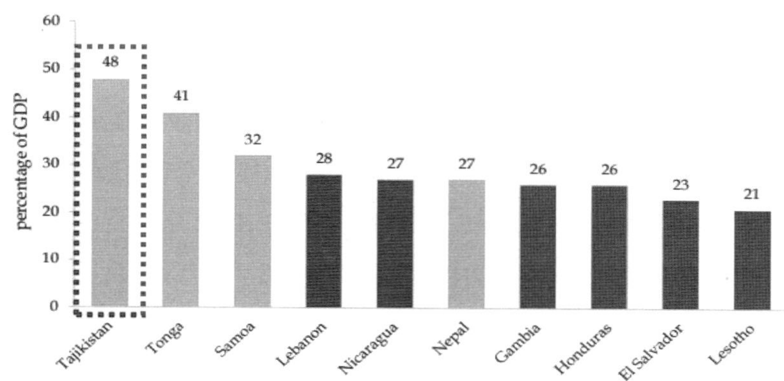

그림 1 GDP 대비 송금 비중 아시아 지역 상위 10개국(2023년 기준)
출처: Prokhorova(2024)

위한 국가 프로그램을 연속적으로 시행하고 있다. 2011년에는 2020년까지의 노동력 개발방안에 대해, 2019년에는 「2020-2022년 타지키스탄 고용에 관한 국가 프로그램(On the State Programme of Employment of Population of the Republic of Tajikistan for 2020-2022)」을 각각 추진한 바 있다(ILO, 2020: 5). 정부의 추산에 따르면 2017년부터 2021년까지 총인구는 약 893만 명에서 988만 명으로 증가하여 연평균 증가율은 10.7%에 달하고 있으며 2027년에는 1,109만 명에 달할 것으로 예상되나 국내 노동시장에서 이들을 모두 수용하는 것은 현실적으로 불가능하다(MEHNAT, 2023). 2023년부터 2027년까지 이어지는 새로운 국가 프로그램에서는 노동력 수용을 위한 다양한 내용이 제시되고 있으나 실제적으로 얼마나 효과적으로 작용할지는 미지수이다. 아직까지 이러한 프로그램을 통해 자국 내 일자리 상황이 크게 개선되는 징후는 찾아보기 어렵다.

2024년 타지키스탄 정부가 발행한 '타지키스탄 가계 주요 지표 조사(Основные показатели обследования бюджетов домашних хозяйств Республики Таджикистан)'에 따르면, 가구 구성원 1인당 월 소득은 2023년 기준 920.8 소모니(약 87달러)이며 이 가운데 근로소득은 358.5 소모니에 그쳤다(Агентство по статистике при Президенте Республики Таджикистан, 2024). 그리고 근로소득

에 근접하는 약 328.6 소모니를 해외로부터의 이전소득이 차지하고 있었으며 이 금액은 전년도의 294.8 소모니에 비해 크게 늘어난 것이다. 즉, 타지키스탄 국내의 일자리 창출보다는 여전히 해외로부터의 송금에 의해 가계가 유지되고 있는 것으로 볼 수 있다. 국민 대부분은 여전히 빈곤 상태에 놓여있으며 1인당 소비의 약 60%는 식료품을 구입하는 데 사용되는 실정이다. 국제노동기구(ILO)에서 집계한 2024년 기준 타지키스탄 15세 이상 연령층의 실업률은 11.6%로, 3~5% 수준인 다른 중앙아시아 국가들에 비해 압도적으로 높은 결과를 나타내고 있다(ILOSTAT Data Explorer, 2025). 타지키스탄에서 실업과 빈곤은 국민 대부분에게 현실적인 문제이다.

이런 상황에서 타지키스탄에 유입된 난민 역시 동일한 문제에 노출될 수밖에 없다. 타지키스탄에 정착한 아프가니스탄 난민은 사실상 타지키스탄인과 직업 경쟁력 차원에서 거의 유사한 수준으로 볼 수 있다. 2022년 유엔난민기구와 파키스탄 정부가 공동으로 시행한 난민 대상 교육 수준 조사에서 아프가니스탄 난민의 49%는 '비공식 종교 교육(Informal Education-Religious)'을 받았으며 초등교육과 중등교육(중학교과 고등학교 합계)을 이수한 비중은 각각 27%와 20%인 것으로 조사되었다. 대학 졸업자의 비중은 2%에 그쳤다(UNHCR, 2022: 1). 이는 초·중등 및 대학 교육 수준에서 파키스탄의 평균에 미치지 못하는 수준으로 '비공식 종교 교육'과정에 치우쳐 있는 아프가니스탄의 현실을 반영한 것으로 볼 수 있다. 타지키스탄의 아프가니스탄 난민에 대해서는 이와 같은 조사 사례가 없으나 파키스탄에 유입된 아프가니스탄 난민과 유사한 수준을 보일 것으로 판단되며 타지키스탄 노동시장에서 이들의 경쟁력은 결국 타지키스탄 국민과 유사하거나 낮을 것으로 보인다. 따라서 이들이 타지키스탄의 노동시장에서 부딪치는 어려움은 현실적으로 매우 크다.

더구나 아프가니스탄 난민은 외국인 이주자로서 직업을 찾는 데 있어서 몇 가지 추가적인 제한이 있다. 첫 번째는 이들에게 거주지의 자유가 없다는 점이다. 타지키스탄 정부의 규정에 따르면 난민이 거주가 가능한 지역은 27곳이며 거주 불가능한 지역은 31곳으로(The Government of the Republic of

Tajikistan, 2000: 2), 수도인 두샨베는 거주 불가능 지역에 속한다. 그리고 많은 난민이 그러하듯, 이들은 한 도시에 집중적으로 거주하고 있는데 두샨베 인근의 외곽도시인 '바흐다트(Vahdat)'에 거주하고 있는 난민 비중은 전체 난민에서 약 78%를 차지하고 있다(Davlyatov, 2024).

바흐다트는 인구 약 5만 명이 거주하는 소도시로, 주로 농업과 소규모 제조업을 기반으로 하고 있다. 타지키스탄의 다른 도시와 마찬가지로 일자리가 부족한 지역이며 교육 수준이 높지 않은 많은 난민이 일자리를 찾는 데 어려움을 겪고 있다. 난민 중 일부는 국제사회가 마련한 직업교육을 이수하고 소규모의 자영업을 운영하기도 한다. 유엔난민기구는 난민이 현지 사회에 통합되고 경제적 자립을 이룰 수 있도록 지원하는 교육 프로그램을 운영하고 있으며 유엔난민기구 역시 난민을 포용하는 교육 프로그램을 통해 이들의 직업역량을 강화하도록 돕고 있다. 하지만 난민 대다수가 거주하는 작은 도시에서 이들이 교육받은 역량을 활용할 수 있는 기회는 많지 않다.

아프가니스탄 난민이 직업을 얻는 데 겪는 또 다른 문제는 이들에게 시민권이 없다는 것이다. 실제로 일자리를 얻기 위한 여러 가지 장애물 중에서 시민권이 없는 것이 일자리를 구하는 데 가장 큰 문제이다(Central Asian Bureau for Analytical Reporting, 2018). 타지키스탄에서 합법적으로 일하려면 노동 허가(work permit)가 필요하지만, 난민은 이를 받기가 매우 어렵다. 노동 허가를 신청하려면 고용주가 보증해야 하지만, 난민을 고용하려는 고용주가 거의 없는 것이다. 타지키스탄의 고용 시장 상황이 좋지 않은 데다가 난민 신분으로 은행 계좌 개설이 어렵기 때문에, 정식 급여를 받는 것이 쉽지 않다. 이러한 상황에서도, 아프가니스탄 난민은 일자리를 구하기 위해 타지키스탄 국민과 경쟁해야 하는데, 일자리 수가 제한된 데다가 직업 시장에서 난민이 가진 두드러진 경쟁력이 없으므로 고용주는 난민을 고용할 별다른 이유가 없다. 오히려 난민을 고용하면 법적 문제를 겪을 수 있기 때문에, 많은 기업이 난민 고용을 기피하게 된다. 따라서 난민은 대부분 임시직, 저임금 노동, 비공식 노동시장에 의존하는 경우가 많으며 주로 종사하는 분야도 농업이나 건설 등의 분야에 한정되고 있다(Sputnik, 2023).

2024년 타지키스탄 정부는 자국의 경제개발 프로젝트에 참여하는 기업과 조직을 통해 6,500개의 외국인 노동 허가 쿼터를 할당했으며 이 중 400개는 아프가니스탄 국민을 위해 지정되었는데 주로 제조업과 건설 산업에 배정되었다. 그러나 2024년 6월을 기준으로 아프가니스탄 국민에게 170개의 노동 허가만 발급되었다(IOM, 2024: 6). 이것은 건설과 같은 분야에서 아프가니스탄 난민에게 기회가 있지만, 부여된 공식 허가의 수는 제한적이라는 점을 보여주고 있다. 또한 일부이지만 고용주가 난민의 법적 취약점을 악용하여 임금 체불, 노동 착취, 과도한 노동 시간을 강요하는 경우도 발생하고 있는 것으로 알려졌다.

2. 부패 만연과 '아프간 세금(Afghan tax)'

타지키스탄은 소비에트에서 분리한 이후 오랜 기간 심각한 부패 문제를 겪고 있다. 2024년 '국제투명성기구(transparency international)'가 발표한 바에 따르면 타지키스탄의 부패는 매년 악화되고 있다. 2021년까지 25점이었던 부패지수 점수는 2022년 24점, 2023년과 2024년은 각각 20점과 19점으로 부패는 더욱 심화되는 모습을 보이고 있다. 이에 따라, 2024년 기준 조사 대상 180개국 가운데 타지키스탄의 부패도는 164위를 차지하였다. 전 세계적으로 부패가 가장 심한 국가 중의 하나로 보아도 무방한 수준이다.

표 2 타지키스탄의 부패 지수: 2019~2024년

연도	2019	2020	2021	2022	2023	2024
점수	25	25	25	24	20	19

점수는 100점 만점이며 점수가 낮을수록 부패도가 높은 것을 의미

타지키스탄 정부는 오랜 기간 자국의 부패 문제 해결을 위해 다양한 정책을 추진해왔으나 큰 효과를 거두지 못하고 있다. '동유럽 및 중앙아시아에 대한 OECD 반부패 네트워크(OECD Anti-Corruption Network for Eastern Europe and Central Asia, ACN)'산하의 '제5차 이스탄불 반부패 실행계획 모니터링(Istanbul Anti-Corruption Action Plan)'결과에 따르면, 2024년 타지키스탄의 기업 등 비즈니스 분야에서의 반부패 진척도는 100점 만점에 6.1점을 기록하여 매우 높은 부패 상황이 계속되고 있다고 평가되었다(OECD, 2024: 56-67).

문제는 이런 부패가 타지키스탄 사회 전반에 매우 뿌리 깊이 자리 잡고 있다는 것이다. 전반적으로 미약한 법체계와 거버넌스 부족, 소련 시기부터 이어져 온 네트워크 관행, 빈곤한 생활 등이 부패를 지속시키는 요인으로 작용하고 있다. 또한, 누구보다 청렴한 태도를 보여야 하는 공무원조차도 앞장서서 부정부패를 저지르고 있는 상황이다.

이와 같은 사회적인 현상은 이곳으로 이주한 아프가니스탄 난민의 생활에도 영향을 미치고 있다. 먼저 아프가니스탄 난민은 타지키스탄으로 처음 입국하는 과정에서 부패 문제에 직면하게 된다. 이들은 공식적으로는 40달러에 불과한 난민 지위를 받기 위해 문서 작업을 담당하는 타지키스탄 내무부 관리들로부터 1,000달러에서 많게는 3,000달러에 달하는 뇌물을 요구받고 있다(Broekkamp, 2022).

또한 난민으로 타지키스탄으로 입국한 뒤에는 현실적으로 취업이 어렵기 때문에 자영업을 하는 경우가 많다. 타지키스탄 현지에 있는 국제기관이 개설한 직업 교육과정을 이수하고 주거지 인근을 중심으로 직업교육을 이수하고 자영업에 종사하고 있는데 여기에는 식당, 미용실, 자동차 수리점 등이 있다(Радио Озоди, 2022a). 타지키스탄에서 이와 같은 자영업에 종사하는 아프가니스탄 난민 역시 타지키스탄의 부패 문제와 직면하고 있다. 공무원들은 종종 '아프간 세금(Afghan tax)'이라고 불리는 일종의 보호금을 아프가니스탄 상인으로부터 갈취하는데 이를 대가로 그들은 아프가니스탄 상인이 안전하게 장사할 수 있도록 보호를 제공한다(Robert, 2023).

아프가니스탄 난민들은 사업을 시작하는 것은 크게 어렵지 않지만, 끊임없는 뇌물 요구로 인해 이를 지속하는 것이 훨씬 더 복잡한 문제라고 보고 있다. 이들은 '아프가니스탄 세금' 외에도 정기적으로 공무원들에게 돈을 건네야 하며, 그렇지 않으면 갖가지 이유로 사업이 폐쇄될 위험이 있다고 생각한다. 아프가니스탄 자영업자들이 공식적으로 요구되는 세금의 두 배 이상을 납부하고 있다고 주장하는 경우도 있다(Robert, 2023).

자영업에 종사하지 않고 국제기관이 제공하는 교육 프로그램에 참여하는 난민 역시 여기에서도 부패를 경험하는데, 공무원들은 종종 이러한 시설들을 방문하여 시설이 안전기준을 충족하지 못한다든지 소화기가 없다는 등의 핑곗거리를 만들어 돈을 갈취하는 등 프로그램이 제대로 운영되지 못하도록 하는 행위가 빈번히 발생하곤 한다. 또한, 국제기구나 NGO에서 제공하는 난민 지원 자원이 현지 관리들에 의해 부당하게 배분되거나 착복되는 사례도 있다. 이로 인해 난민이 필수적인 자원(식량, 의료 등)을 제대로 받지 못하는 경우가 많다. 하지만, 이러한 부패 상황에서도 난민들이 할 수 있는 실질적인 조치는 거의 없다. 이들은 타지키스탄에서 법적으로는 타지키스탄인들과 거의 차별 없는 권리를 갖고 있으나 실제로는 약자에 불과하다. 많은 아프가니스탄 난민이 고국을 떠난 자신들을 받아 준 타지키스탄 정부에 대해 감사하는 마음을 갖고 생활하고 있으나 생활 속에서 겪는 부패 문제는 그들의 삶을 더욱 힘들게 한다.

이러한 부패 문제는 난민의 경제적 자립과 사회적 통합을 저해하는 주요 요인으로 작용하고 있다. 이러한 부패 문제를 해결하기 위해서는 타지키스탄 정부의 적극적인 개입과 국제사회의 지원이 필요하다. 투명한 행정 절차와 부패 방지 정책을 강화함으로써 난민들이 공정한 환경에서 경제활동을 할 수 있도록 도와야 할 필요가 있다.

V. 결론

중앙아시아에서 타지키스탄은 아프가니스탄 난민 수용에 가장 적극적인 국가로 평가된다. 다른 중앙아시아 국가가 난민 유입에 따른 여러 가지 사회적 혼선을 우려하면서 대체로 폐쇄적인 모습을 보여왔으나 타지키스탄은 현재 약 10,000명에 가까운 난민을 받아들이고 있다. 소비에트에서 독립한 직후인 1993년, 중앙아시아에서는 최초로 난민법을 제정하고 국제적으로 인정된 난민 보호 원칙을 준수하고자 한다. 물론, 이는 수십만의 난민에게 거주지를 제공하는 이란이나 파키스탄과 같은 국가들에 비해서 그리 대단한 수준이라고 보기는 어렵다. 정부는 난민의 거주지역과 관련해 제한을 두는 정책을 펴고 있고, 최근 아프가니스탄으로의 난민 강제송환도 증가하는 추세이다.

여기에는 난민 유입과 지역 내 확산에 대한 주변국의 우려가 어느 정도 작용하고 있는 것으로 보인다. 러시아는 아프가니스탄과 국경을 접한 타지키스탄 등의 중앙아시아를 통해 아프가니스탄 난민 유입을 통제하기를 원하며 중국과 우즈베키스탄도 같은 입장을 보이고 있다. 이들은 최근 아프가니스탄 탈레반 정권과 관계를 강화하고 있는 것도 영향을 주고 있는 것으로 판단된다. 그리고 많은 다른 난민과 마찬가지로 타지키스탄의 아프가니스탄 난민도 경제적인 어려움에 처해있다.

이들은 법적으로 타지키스탄 내에서 모든 직업을 가질 수 있지만, 현실은 이와 동떨어져 있다. 타지키스탄의 많은 아프가니스탄 난민은 현지에서의 경제생활이 어렵기 때문에 외부의 도움에 의존하는 경우가 많다. 아프가니스탄 난민의 약 80%는 캐나다와 유럽에 있는 친척이 보내는 송금에 의존해 살아간다는 보고도 있다(Радио Озоди, 2022b). 타지키스탄에 거주하는 아프가니스탄 난민 역시 외부 송금에 의존하는 타지키스탄 경제 및 국민들과 마찬가지로 비슷한 상황에 처하고 있는 것이다. 이들은 가장 일자리가 많은 두샨베에 거주할 수 없고 지정된 소도시에만 살아야 하기 때문에 직업 선택의 폭이 매우 제한적이다. 또한 시민권이 없어 노동 허가를 받아야 하고 이를 신청하려면 고용주가 보증해야 하지만, 난민을 고용하려는 고용주가 거의 없는 것도 일자리를 찾는 데 문제가 된다.

물론, 이러한 문제의 가장 큰 배경은 타지키스탄이 실업률이 매우 높고 국내 일자리가 적어 러시아에 대한 노동이주와 송금에 의존하고 있다는 점이다. 또한, 타지키스탄은 부패도가 매우 높은 국가인데, 이러한 특성이 난민에게도 그대로 반영되면서 자영업에 종사하는 아프가니스탄 난민은 타지키스탄 관료들에게 '아프간 세금'이라고 불리는 일종의 보호금을 갈취당하는 등 타지키스탄에 거주하면서 겪는 고유의 경제적 어려움이 있다.

현재까지의 추세로 볼 때 타지키스탄에 거주하는 아프가니스탄 난민은 이전보다 더 어려움을 겪을 가능성이 높다. 국제적인 환경은 정부가 난민에 대해 엄격한 조치를 취하도록 압박하고 있고 타지키스탄 국내의 경제적 여건도 나아질 기미는 보이지 않는다. 타지키스탄의 일자리와 부패 문제는 더욱 심화되고 있으며 이런 문제가 난민들에게 고스란히 전가되고 있다. 국제사회의 관심이 더욱 필요할 때이다.

참고문헌

Abduvaliev, Mubinzhon. and Ricardo Bustillo Mesanza. 2020. "Patterns of Official Development Assistance in Tajikistan: effects on growth and poverty reduction." *Revista Brasileira de Política Internacional* 63(2).

ILO. 2020. *Decent Work Country Programme for the Republic of Tajikistan* 2020-2024.

IOM. 2024. *Migration Situation Report January-June* 2024: *Tajikistan*. Berlin: IOM.

Laruelle, Marlene, Sebastien Peyrouse and Vera Azyonova, 2013. "The Afghanistan-Central Asia relationship: What role for the EU?" *EUCAM working paper* 13.

OECD, 2024. "Baseline Report of the Fifth Round of Monitoring of Anti-Corruption Reforms in Tajikistan." *The Istanbul Anti-Corruption Action Plan*,

Prokhorova, Anna. 2024. Remittances in Asia and the Pacific-a focus on North and Central Asia." *ESCAP background paper*.

UNICEF. 2023. "Afghanistan Outflow." *UNICEF Humanitarian Situation Report* No. 1.

Schutt, Meredith. 2023. "Trapped in the Margins: Russia, the United Nations High Commissioner for Refugees, and the Story of Afghan Refugees in Tajikistan." *Senior Thesis* 218.

UNHCR. 2022. *Pakistan: Education Fact Sheet, DRIVE data* (*as of* 31 *of July* 2022).

Broekkamp, Thijs. 2022. "In Tajikistan, Afghan refugees fear they're trapped in a dead end." Eurasianet (August 19) https://eurasianet.org/in-tajikistan-afghan-refugees-fear-theyre-trapped-in-a-dead-end (검색

일: 2025. 1. 3).

Central Asian Bureau for Analytical Reporting. 2018. "Безопасность есть, но денег нет-жизнь афганских беженцев в Таджикистане." (August 10) https://cabar.asia/ru/bezopasnost-est-no-deneg-net-zhizn-afganskih-bezhentsev-v-tadzhikistane (검색일: 2025. 2. 8).

Davlyatov, Muhammadkhuja. 2024. "UNHCR and IOM Reinforce Partnership to Support Afghan Refugees in Tajikistan." UNHCR (September 10) https://www.unhcr.org/central-asia/en/news/unhcr-and-iom-reinforce-partnership-support-afghan-refugees-tajikistan (검색일: 2025. 2. 8).

Global Times. 2021. "China closely monitors Afghan situation, hits out at US for creating and leaving behind refugee crisis." (September 3) https://www.globaltimes.cn/page/202109/1233256.shtml (검색일: 2025. 1. 3).

Gul. Ayaz. 2023. "Afghan Taliban Say China Becomes First Nation to Accept Their Ambassador." *Voice of America* (December 1) https://www.voanews.com/a/afghan-taliban-says-china-becomes-first-nation-to-accept-its-ambassador/7380438.html (검색일: 2025. 1. 3).

Gul. Ayaz. 2024. "Afghanistan's Taliban sign $2.5B in trade, investment deals with Uzbekistan." *Voice of America* (April 17) https://www.voanews.com/a/uzbek-pm-visits-afghanistan-for-highest-level-meeting-since-taliban-takeover/7746669.html (검색일: 2025. 1. 3).

ILOSTAT Data Explorer. 2025. https://www.rshiny.ilo.org/

Kropf. Charlotte. 2024. "Russia Distances Itself from Neighboring Afghan Refugees: Part One." *The International Affairs Review* (May 4) https://www.iar-gwu.org/blog/iar-web/russia-distances-itself (검색일: 2025. 1. 3).

Lexuz. 2022. "Об Утверждении Положения о Порядке Предоставления Политического Убежища в Республике Узбекистан." (April 20) https://lex.uz/docs/3219285?ONDATE=20.04.2022 (검색일: 2025. 1. 23).

Migration Data Portal. 2025. "Migration data in Central Asia." https://www.migrationdataportal.org/regional-data-overview/central-asia (검색일: 2025. 1. 3).

Ministry of Foreign Affairs People's Republic of China. 2024. *Joint Statement Third Quadrilateral Meeting of Foreign Ministers of China, Iran, Pakistan, and Russia* (September 30) https://www.fmprc.gov.cn/eng/gjhdq_665435/3265_665445/3220_664352/3221_664354/202412/t20241218_11497600.html (검색일: 2025. 1. 3).

Montalvo, Julian and Jeanne Batalova. 2024. "Afghan Immigrants in the United States." Migration Policy Institute (February 15) https://www.migrationpolicy.org/article/afghan-immigrants-united-states (검색일: 2025. 1. 3).

Pannier, Bruce. 2024. "Tajikistan's Afghanistan Conundrum." Foreign Policy Research Institute (November 25) https://www.fpri.org/article/2024/11/tajikistans-afghan-conundrum/ (검색일: 2025. 1. 7).

Podrobn.uz. 2021. "Потока беженцев нет, вообще беженцев нет-Абдулазиз Камилов о ситуации на границе с Афганистаном." (November 2) https://podrobno.uz/cat/politic/potoka-bezhentsev-net-voobshche-bezhentsev-net-abdulaziz-kamilov-o-situatsii-na-granitse-s-afganista/ (검색일: 2025. 1. 23).

Popławski, Marcin. 2024. "Tajikistan: migrations as a 'safety valve'." Center for Eastern Studies (June 5) https://www.osw.waw.pl/en/publikacje/analyses/2024-06-05/tajikistan-migrations-a-safety-valve (검색일: 2025. 1. 3).

refworld. 1996. "Tajik Refugees in Northern Afghanistan: Obstacles to Repatriation." (May 1) https://www.refworld.org/reference/countryrep/hrw/1996/en/22205 (검색일: 2025. 1. 3).

refworld. 2000. ""On the list of Tajik settlements prohibited for temporary residence of asylum-seekers and refugees." The Government of the Republic of Tajikistan resolution #325 of July 26, 2000," https://www.refworld.org/legal/decreees/natlegbod/2000/en/18070 (검색일: 2025. 1. 3).

refworld. 2021. "UNHCR Position on Returns to Afghanistan." https://www.refworld.org/policy/countrypos/unhcr/2021/en/18554 (검색일: 2025. 1. 3).

Robert, Judith. 2023. "Dispatch from Vahdat: In Tajikistan, Afghan refugees dream of starting fresh in Canada." Meduza (May 5) https://meduza.io/en/feature/2023/05/05/dispatch-from-vahdat (검색일: 2025. 1. 3).

Smith, Graeme. 2024."Afghanistan Three Years after the Taliban Takeover" *International Crisis Group* (August 14) https://crisisgroup.org/asia/south-asia/afghanistan/afghanistan-three-years-after-taliban-takeover (검색일: 2025. 1. 3).

Sputnik. 2023. "Большинство афганских беженцев зарабатывают сельским хозяйством, строительством и ремонтом автомобилей, поделился глава организации Орияно." (June 9) https://tj.sputniknews.ru/20230609/afganistan-bezhentsy-tadjikistan-prichiny-migratsii-usloviya-1057642068.html (검색일: 2025. 2. 8).

Umarov. Temur. 2021. "Do the Taliban Pose a Threat to Stability in Central Asia?" *Carnegie Endowment for International Peace* (September 3) https://carnegieendowment.org/posts/2021/09/do-the-taliban-pose-a-threat-to-stability-in-central-asia?lang=en (검색일: 2025. 1. 3).

UNHCR. 2022. "UNHCR raises concerns over Afghan refugee forced returns from Tajikistan." (August 25) https://www.unhcr.org/asia/news/news-releases/unhcr-raises-concerns-over-afghan-refugee-forced-returns-tajikistan (검색일: 2025. 1. 9).

World Bank. 2025. "The World Bank in Afghanistan." (May 1) https://worldbank.org/en/country/afghanistan/overview (검색일: 2025. 1. 3).

Yawar, Mohammad Yunus and Charlotte Greenfield. "EXCLUSIVE Afghan

Taliban sign deal for Russian oil products, gas and wheat." Reuters (September 28) https://www.reuters.com/markets/commodities/exclusive-afghan-taliban-sign-deal-russian-oil-products-gas-wheat-2022-09-27/ (검색일: 2025. 1. 3).

Агентство по статистике при Президенте Республики Таджикистан. 2024. Основные показатели обследования бюджетов домашних хозяйств Республики Таджикистан.

MEHNAT (The Ministry of Labor, Migration and Employment of Population of the Republic of Tajikistan), 2023. ПОСТАНОВЛЕНИЕ О Государственной программе содействия занятости населения Республики Таджикистан на 2023-2027 годы." Приложение 1 к постановлению Правительства Республики Таджикистан от 28 марта 2023 года, № 135.

Медиазона. 2025. "ТАСС: в 2024 году из Россиив выслали более 80 тысяч мигрантов; это почти в два раза больше, чем в 2023 году." (January 8) https://zona.media/news/2025/01/08/migranty (검색일: 2025. 1. 16).

Радио Озоди. 2021. "Таджикистан может принять до 100 тысяч афганских беженцев-власти." (June 23) https://rus.ozodi.org/a/31373228.html (검색일: 2025. 1. 7).

Радио Озоди. 2022a. "Афганский бизнес в Таджикистане: столовые, салоны красоты и автомастерские." (June 19) https://rus.ozodi.org/a/31904949.html (검색일: 2025. 2. 14).

Радио Озоди. 2022b. ""Берут в долг масло, рис, муку". Как живут афганские беженцы в Таджикистане." (March 24) https;//rus.ozodi.org/a/31767966.html (검색일: 2025. 3. 3).

• • • •

제4장

이란의 아프가니스탄 난민 역사와 현황

구기연

I. 머리말: 환대의 수사와 배제의 현실

2021년 8월 15일 탈레반의 아프가니스탄 수도 카불 점령은 국제사회에 충격을 안겨주었으며, 이로 인해 촉발된 대규모 난민 위기는 현재까지도 계속되고 있다. 아프가니스탄 난민들과 비등록 이주민들의 상황은 시간이 지날수록 더욱 악화되고 있으며, 특히 이들이 피난처를 찾아 이주한 주변국들에서는 정치적·경제적 압박 속에서 아프간 출신 이주민들에 대한 대규모 추방 정책을 강화하고 있는 실정이다. 2025년 1월 1일부터 7월까지의 기간 동안 이란에서만 168만 4500여 명의 아프가니스탄인들이 본국으로 귀환하였으며, 이 중 99만 명에 달하는 인원이 강제 추방되었다는 사실은 이란에서의 아프간 난민 위기의 심각성을 여실히 보여준다(최우리, 2025).

특히 2025년 6월 이란-이스라엘 간 군사적 긴장이 고조되면서 발생한 '12일의 전쟁'은 이란 사회 내에서 아프가니스탄 난민들에 대한 혐오와 배제 정서를 급격히 확산시키는 계기가 되었다. 이란 정부와 여론은 외국인, 특히 아프간 난민들을 잠재적 안보 위협으로 간주하기 시작했으며, 이는 대규모 강제 추방 정책의 직접적인 배경이 되었다(Al-Jazeera, 2025). 이러한 맥락에서 이란 내 아프가니스탄 난민들이 직면한 복잡한 현실과 이란 정부의 정책적 대응을 심층적으로 분석할 필요성이 제기된다.

이란은 1979년 소련의 아프가니스탄 침공 이래 40년 이상 장기화된 도시 난민 상황을 경험해온 국가로서, 난민 수용과 관리에 있어 독특한 역사적 궤적을 보여왔다. 2021년 탈레반의 재집권 이후 정치적 박해, 경제적 붕괴, 인권 침해를 피해 아프가니스탄을 탈출한 약 100만 명 이상의 신규 난민들이 이란으로 유입되었다. 이란 정부에게 이와 같은 대규모 이주의 흐름은 기존의 난민 관리 체계에 전례 없는 부담으로 작용했다. UNHCR은 이란 내 강제 이주민을 약 370만 명으로 추산하고 있다. 이는 등록 난민 77만 3,000명, 비자 소지자 약 59만 명, 2022년 정부 인구조사에 등록한 미등록 아프간인 약 260만 명을 포함한 수치이다(UNHCR, 2024). 2025년 UNHCR의 자료에 따르면 이란과 파키스탄이 전체 아프간 난민의 약 90%를 수용하고 있으며, 그 외 국가는 수십만 명 이하 수준으로 격차가 크다. 이란은 약 3470,000명, 파키스탄은 약 1750,000명의 아프간 난민 및 난민 유사 지위 인원을 수용하고 있다.[1] 특히 2024년-2025년에 이란·파키스탄에서 대규모 역귀환·강제송환이 진행되며 이 수치가 급격히 출렁이고 있다. 이러한 수치적 불확실성 자체가 이란 내 아프간 난민 문제의 복잡성과 관리의 어려움을 단적으로 보여준다.

현재 이란은 아프가니스탄 난민 수용 규모 면에서 전 세계 1위 국가로서, 중동 지역 난민 보호 체계의 중심축을 이루고 있다. 지난 40여 년간 수백만 명의 아프간 난민을 장기적으로 수용해 온 이란은, 단순한 인도적 수용국을 넘어 지역 내 최대 규모의 난민 정착·교육·의료 지원 인프라를 운영하는 핵심 국가로 평가된다. 이란의 아프간 난민 정책은 표면적으로는 교육 기회 제공, 보건 서비스 접근성 보장, 생계 활동 허용 등을 통한 포용적이고 인도주의적인 접근법을 표방하고 있다. 그러나 실질적인 정책 집행 과정을 면밀히 살펴보면, 아프간 난민들은 불안정한 법적 지위와 제한된 시민적·경제적 권리로 인해 구조적으로 취약한 상황에 놓여 있으며, 이는 결과적으로 이들이 저임금 노동시장에서 체계적으로 착취당하는 메커니즘을 형성하고 있다. 아프간 난민들의 취약한 법적 지위는 이란 경제 구조 내에서 저렴하고 유연한 노동력 공급원으로 기능하도록 만들어졌으며, 이는 이란 정부의 인도주의적 수사와 실제 정책 집행 사이에 존재하는 근본적인 모순과 괴리를 명확하게 드러낸다. 특히 건설업, 농업, 제조업 등 이란인들이 기피하는 3D(Dirty, Dangerous, Difficult) 업종에서 아프간 노동자들의 의존도는 매우 높은 반면, 이들에 대한 법적 보호나 노동권 보장은 극히 미흡한 실정이다.

최근 들어 ISIS-K(이슬람국가 호라산주)의 테러 위협 증가, 미국 주도의 경제제재로 인한 경제적 압박 심화, 이란 사회 내 반이민 정서의 확산 등 새로운 도전 요인들이 복합적으로 작용하면서 이란의 난민 정책 방향에 중대한 영향을 미치고 있다. 이에 이러한 요인들이 어떻게 상호작용하며 정책 변화를 추동하는지도 함께 분석할 필요가 있다. 특히 이란 국내의 장기화된 경제제재 상황과 코로나19 팬데믹의 여파는 이미 취약한 상황에 놓여 있던 난민들의 생존 조건을 더욱 악화시켰으며, 이는 역설적으로 난민들이 더욱 열악한 노동 조건도 감수하도록 만들어 노동력 착취를 구조적으로 심화시키는 악순환의 고리를 형성하고 있다(Farzin · Jadali, 2022). 경제 위기 상황에서 이란 정부는 자국민 우선 고용 정책을 강화하면서도, 동시에 특정 산업 부문에서는 저임금 아프간 노동력에 대한 의존을 지속하는 모순적인 정책을 펼치고 있는 것이다.

본 연구에서는 아프가니스탄 이주민들이 이란 경제에 미치는 실질적인 노동시장 기여도와 이들의 사회통합을 가로막는 구조적 장벽들, 그리고 특히 이란에서 태어나고 자란 제2-3세대 아프가니스탄인들이 직면한 복잡한 정체성 문제 등 다양한 사회문화적 쟁점들도 포괄적으로 살펴보고자 한다. 이란에서 출생하여 페르시아어를 모국어로 사용하고 이란 교육 시스템에서 성장한 제2-3세대 아프간인들은 문화적으로 이란 사회에 깊이 동화되었음에도 불구하고, 여전히 '아프간'이라는 낙인과 함께 법적 · 제도적 차별을 경험하며 정체성과 소속감 사이에서 심각한 갈등을 겪고 있다(Monsutti, 2018). 이들은 아프가니스탄보다 이란에 훨씬 강한 문화적 · 정서적 유대감을 가지고 있으나, 시민권 획득의 극도로 제한적인 경로와 체계적인 사회적 배제로 인해 영구적인 이방인으로 머물 수밖에 없는 상황이다. 이러한 법적·제도적 차별은 이들을 사회적 소외와 경제적 착취의 구조적 고리에 영구히 묶어두는 결과를 낳고 있으며, 이는 장기 난민 상황이 세대를 거쳐 재생산되는 메커니즘을 보여준다.

이 연구는 이란의 아프가니스탄 난민 정책이 '인도주의적 개방'과 '엄격한 통제'라는 양극단 사이에서 지속적으로 진동하며 변화해 온 역사적 과정을 체계적으로 분석하고, 이러한 정책적 변동이 초래한 아프간 난민들의 노동 착취 심화와 경제적 취약성 고착화 문제를 중점적으로 검토하고자 한다.

II. 이슬람 혁명 동원에서 강제 추방까지: 아프간 난민의 역사적 궤적

이란과 아프가니스탄 간의 인구 이동은 약 1,000km에 이르는 국경선과 깊은 역사적·문화적 유대 속에서 전개되었다. 근대 이전 두 지역은 동일한 페르시아 문화권에 속하며, 상인과 순례자, 유목민들이 계절과 생업에 따라 이동하는 순환적 이동의 공간이었다. 하지만 20세기 후반 들어 양국을 휩쓴 정치적 격변은 이러한 전통적 이동 양상을 대규모 난민 이동으로 전환시켰다(Monsutti, 2006).

이란의 아프가니스탄 난민 수용 정책은 국제 난민 제도들의 일반적 틀과 구별되는 독자적 궤적을 보여왔다. 1979년 이슬람 혁명 직후 이란 정부는 '이슬람 연대(Islamic solidarity)'와 '억압받는 자들(mostazafin)' 에 대한 보호라는 혁명 이념을 내세워 개방적 수용 정책을 펼쳤으나, 시간이 흐르면서 경제적 부담과 안보 우려가 누적되자 점차 통제적이고 제한적인 정책으로 전환하였다(Abbasi-Shavazi et al., 2008).

아프간 난민의 이란 유입은 대체로 네 시기로 구분할 수 있다. 첫 번째 시기인 1979년 소련의 아프가니스탄 침공 이후 약 300만 명의 아프간인이 이란으로 유입되었다. 당시 이란 정부는 '이슬람 형제애'와 반제국주의 이념에 입각해 난민들에게 '이주민(mohajerin)' 지위를 부여하고, 교육·의료·보조금 등의 혜택을 제공했다(Rajaee, 2000). 이들은 주로 농촌 출신의 파슈툰인과 타지크인으로, 초기에는 동부 국경지대에 정착했으나 점차 도시로 이동하는 경향을 보였다. 주목할 점은 이란이 UNHCR의 개입을 최소화한 채 '청색 카드(Blue Card)'라 불리는 신분증을 발급하여 준시민권적 지위를 부여하는 등, 독자적인 난민 관리 체계를 구축했다는 사실이다(Migration Policy Institute, 2025).

하지만 이와 같은 개방 정책의 이면에는 잘 알려지지 않은 어두운 역사가 있다. 이란-이라크 전쟁(1980-1988) 시기 이란 정부는 아프간 난민들을 바시지(Basij) 민병대와 정규군에 징집했다. 1982년까지 40만 명의 자원병이 동원되었으며, 여기에는 아프간 난민들도 포함되었다(Child Soldiers Global Report, 2001). 이들은 주로 '인간 파도 공격'과 같은 최전선의 위험한 임무에 투입되었다. 정부는 그냥 이들을 '이슬람 전사'로 미화했으나, 실제로는 지뢰 제거와 인해전술 등 가장 위험한 작전에 우선 배치했다. 이 작전에 참여한 아프간 생존자 증언에 따르면, 일부 병사들은 '카르발라[2]로 가는 열쇠'라 불린 플라스틱 열쇠를 목에 걸고 전투에 임했는데, 이는 순교 시 '천국의 문을 여는 상징'이었다(Abrahamian, 2008).

전쟁에서 사망한 아프간인의 정확한 수는 알려지지 않았으나 수천 명에 이를 것으로 추정된다. 더 비극적인 것은 이들의 희생이 공식적으로 인정받지 못했다는 점이다. 약속된 시민권과 복지 혜택은 대부분 이행되지 않았고, 많은 참전 아프간인들이 전후에도 여전히 불법 체류자로 남았다. 테헤란에 위치한 베헤쉬테 자흐라(Behesht-e Zahra) 공동 묘지에는 그들을 위한 별도 구역이 있으나, 다수의 묘비에는 이름조차 기록되지 않은 채 '무명의 아프간 순교자'로 새겨져 있다. 이 사례는 혁명 초기의 이란-아프가니스탄 이슬람 연대 담론이 전쟁이라는 국가 위기 속에서 어떻게 도구적 실용주의로 변질되었는지를

---

2 이라크 중부에 있는 도시, 680년 카르발라 전투가 있었던 장소로 이맘 후세인의 정지이다. 시아 무슬림들에게는 메나, 메디나와 같은 성지로 여겨진다.

보여준다.

두 번째 시기(1989-2001)는 소련군 철수 이후 아프가니스탄 내부의 권력 공백과 내전이 격화되면서 대규모 인구 이동이 다시금 촉발된 시기였다. 무자헤딘 세력 간의 내전과 탈레반의 등장, 그리고 이슬람 국가 건설을 둘러싼 종파 갈등이 복합적으로 얽히면서, 이란은 또 한 번 난민 수용의 최전선에 서게 되었다. 이 시기 유입된 아프간 난민의 특징은 초기의 농촌 기반 남성 노동자 중심 이주와 달리, 도시 출신의 교육받은 중산층과 하자라인 등 종교적 소수자 집단, 즉 시아파의 비율이 크게 늘었다는 점이다. 1996년 탈레반 집권 이후, 순니파인 탈레반의 탄압정치를 피해 수천 명의 하자라인이 이란으로 대규모 이주를 하였다. 하자라인은 대부분 시아파로, 아프가니스탄에서 세 번째로 다수인 민족이며, 아프간 인구의 약 15퍼센트를 차지한다(이주한, 2023: 325)

탈레반의 시아파 탄압과 여성 교육 금지, 그리고 도시 기반 전문직에 대한 박해는 많은 이들을 국경 너머로 내몰았다. 이란 사회는 종교적 유대와 문화적 연속성 덕분에 이들을 비교적 쉽게 포용했지만, 환대의 언어 뒤에는 점차 강화되는 통제의 기제가 자리 잡고 있었다.

소련 철수 직후인 1989~1992년 사이, 이란은 여전히 '이슬람 형제애'와 '억압받는 자의 보호'라는 혁명 이념을 공식적으로 유지했다. 그러나 실질적으로는 이란 내부 경제난과 이란-이라크 전후 재건 부담, 그리고 실업률 상승이 사회 불안을 자극하면서, 난민을 향한 대중의 인식이 서서히 부정적으로 바뀌기 시작했다. 이 시기 국가의 정책은 "이슬람적 인도주의의 언어로 포장된 선택적 현실주의"였다(Siavoshi, 2024). 1990년대 초반부터 정부는 난민의 도시 정착을 규제하고 농촌 지역으로 재배치하려는 정책을 시행했으며, 이에 따라 '허용 거주구역' 제도가 도입되었다. 이 제도 아래에서 아프간 난민들은 지정된 몇몇 주(케르만, 시스탄-발루치스탄, 호라산 등) 외 지역으로의 이동이 금지되었다. 하지만 산업화가 빠르게 진행되던 이란 경제 구조상, 난민들의 실제 이동은 통제 불가능할 정도로 확산되었다.

1992년 이란 정부는 UNHCR 및 당시 아프가니스탄의 랍바니(Rabbani)

정부(1992년-1996년)와의 협의를 통해 '자발적 송환 프로그램'을 개시했다. 이는 표면상으로는 귀환의 자발성을 내세웠지만, 실제로는 행정적 압박과 경제적 제약을 통해 귀환을 유도한 반강제적 프로그램이었다. 송환센터에서는 귀환자들에게 소액의 현금지원(약 10달러 상당)과 교통편을 제공했으나, 대부분은 귀국 직후 재입국하거나 파키스탄을 거쳐 다시 이란으로 돌아왔다. 이러한 순환적 이동은 난민과 불법체류자, 단기노동자의 경계를 모호하게 만들었다. Abbasi-Shavazi 등(Abbasi-Shavazi et al., 2015)은 "이란의 아프간 인구는 더 이상 '난민'이 아니라, 이란 경제의 비공식 노동력으로 재편된 준영구적 이주 집단"이라고 분석했다.

1995년은 대 아프간 이주민 정책 전환의 결정적 분기점이었다. 이란 정부는 신규 난민 등록을 공식적으로 중단하고, 비공식 체류자에 대한 단속을 강화했다. 동시에 기존 난민에 대한 사회 서비스도 점진적으로 축소되었다. 의료·교육 보조금은 대폭 삭감되었고, 공립학교 입학 제한 조치가 시행되었다. 당시 의회는 "이란의 국민 우선 고용법"을 통과시켜 외국인 고용을 특정 산업(건설, 벽돌 생산, 폐기물 수거 등)으로 제한했다. 이는 아프간 노동력을 '필요하지만 불가시적인 존재'로 만드는 제도적 장치였다.

1990년대 후반 들어, 난민 통제를 위한 새로운 행정 시스템이 등장했다. 2000년에 공식 시행된 아마예시 등록 제도의 기원이 바로 이 시기의 정책 실험에 있다. '아마예시'는 페르시아어로 '조직화·배치'를 뜻하는데, 실질적으로는 난민의 신분과 거주지를 주기적으로 갱신·관리하기 위한 생체정보 기반의 등록 시스템이었다. 그러나 이 등록증은 6개월 또는 1년 단위로 갱신해야 했으며, 등록비와 세금이 부과되었기 때문에 상당수 난민은 갱신을 포기하거나 불법체류자로 전락했다.

이 시기 난민의 삶은 '제한된 포용과 점진적 배제'라는 이중 구조 속에서 전개되었다. 도시 지역에서는 아프간 난민들이 건설업과 서비스업의 주요 노동력으로 자리 잡으며 이란 경제를 떠받쳤지만, 동시에 사회적 차별과 제도적 제약으로 인해 비가시화되었다. 미등록 노동자는 의료보험이나 법적 보호를 받지 못했으며, 경찰의 단속에 상시 노출되었다. 특히 여성과 청소년의 경우 교육권과 이동권이 심각하게 제약되었다. 테헤란 일부 지역에서는 교사와 학부모가 아프간 학생들의 입학을 거부한 사건이 발생해 국제적 비판을 받기도 했다. 이에 대응해 일부 종교기관과 NGO가 비공식 학교를 운영했지만, 대부분은 열악한 시설과 재정난에 시달렸다.

1990년대 후반 이후 이란의 일부 지방정부와 중앙정부는 아프간 난민의 거주·이동을 점차적으로 제한했다. 특히 최고국가안보위원회는 2001년 채택한 정책을 바탕으로 2007년부터 거주 제한 구역을 지정하여 외국인(아프간 난민 포함)의 거주·이동을 제한하였다. 이러한 조치는 불법체류 단속을 명분으로 했지만, 결과적으로 사회적 낙인을 제도화하고 공간적 배제를 심화시켰다.[3]

그럼에도 불구하고 종교적 연대의 언어는 완전히 사라지지 않았다. 1990년대 중반 이후 일부 시아파 성직자들은 탈레반의 반(反)시아파 폭력에 대응하여 하자라 난민을 '동포'로 호명하며 보호를 주장했다. 케르만, 곰(Qom), 마슈하드(Mashhad) 등 시아파 중심 도시에서는 하자라 난민을 위한 신학교(hawza)가 설립되었고, 수천 명의 아프간 시아파 청년들이 곰과 마슈하드에서 종교 교육을 받았다. 일부는 이란 내 신학 교육을 마친 뒤 아프가니스탄으로 돌아가 종교 지도자나 공동체 조직가로 활동하였다. 이러한 종교·교육 네트워크는 훗날 이란이 시리아 내전에 개입하며 조직한 파테미윤 여단(Fatemiyoun Brigade)의 인적·조직적 기반으로 이어졌다는 평가가 제기된다. 특히 파테미윤의 간부와 전투원 상당수가 이란 출생 혹은 장기 거주자이며, 곰 신학원 출신으로 확인된다(Schneider, 2018). 다시 말해, 1990년대 하자라 난민 공동체의 종교적 결속은 2010년대 이란의 대외정책 속에서 군사적 네트워크로 전환될 씨앗을 이미 내포하고 있었던 것이다.

경제적 측면에서 보면, 이 시기의 난민은 이란의 도시화 과정에 필수적인 저임금 노동력을 제공했다. 테헤란, 마슈하드, 이스파한 등 주요 도시의 건

3

설 붐은 아프간 인력 없이는 불가능했다. 하지만 이들의 존재는 통계에 반영되지 않았다. 테헤란·마슈하드·이스파한 등의 대도시 건설 붐은 아프간 인력의 저임금·비공식 노동에 구조적으로 의존했다. ILO/UNHCR의 가구·노동 조사와 후속 연구들은 아프간 노동의 건설·벽돌·청소·농업 부문 집중과 비공식 고용의 광범위성을 반복적으로 확인하지만, 공식 통계는 이러한 실제 규모를 공식 통계는 이러한 실제 규모를 정확히 반영하지 못하는 경우가 많았다. 즉, 국가 경제는 아프간 노동력에 의존하면서도, 동시에 그들의 존재를 법적으로 부정함으로써 사회적 긴장을 관리했다. 사회문화적 측면에서도 이 시기는 중요한 전환기였다. 제2세대 난민 아동들이 이란에서 성장하며 새로운 정체성을 형성하기 시작했지만, 법적 제약으로 인해 이들은 어느 곳에도 완전히 속하지 못했다. 수잔나 올셰프스카(Suzanna Olszewska)는 이 시기의 아프간 청년 문학을 "경계 위의 시적 정체성"이라 표현하며, 그들이 자신을 '이란 사회의 그림자'로 인식하고 있음을 지적했다(Olszewska, 2015). 이러한 문화적 표현은 2000년대 이후 이란 내 난민 담론의 기초를 형성하며, 나아가 이란 사회가 타자와 공존할 수 있는가라는 근본적 질문을 던지게 했다.

결국 1989년부터 2001년까지의 두 번째 대규모 이주 시기는 아프간 난민 정책의 방향이 인도주의에서 통제로, 포용에서 선별적 배제로 전환되는 결정적 전환기였다. 이 시기의 경험은 오늘날까지도 이란의 난민 거버넌스 전반을 규정하고 있으며, 보호와 배제의 이중 언어가 국가정책의 기본 원리로 자리 잡게 된 시발점이었다. 이란은 이 시기에 난민을 더 이상 이슬람 혁명의 동반자로 보지 않았고, 대신 경제적 부담이자 안보 위협으로 규정하기 시작했다. 그러나 역설적으로 이 시기 난민들의 사회적 존재감은 더욱 강화되었다. 그들은 도시 하층민의 필수적 구성원이 되었고, 이란 경제와 문화의 비공식 영역 속에서 새로운 형태의 사회적 통합을 이루어갔다. 이러한 모순적 공존의 구조야말로, 이란 난민 정책의 본질적 역설을 가장 명확히 보여주는 역사적 단면이라 할 수 있다.

세 번째 시기(2001-2021)는 미국의 아프가니스탄 침공 이후로, 이란 정부는 대규모 송환 프로그램을 추진했다(Koepke, 2011). 2002-2005년 약 150만 명이 본국으로 송환되었으나, 아프가니스탄의 불안정으로 많은 이들이 재입국하며 순환적 이동(circular migration)양상을 보였다(Monsutti, 2006). 이 시기 이란 정부는 난민을 '일시적 노동 이주민'으로 재정의하고, 노동허가제를 통해 체류를 관리하는 방향으로 전환했다. 이후 아프간 난민의 군사적 동원은 또 다른 국면으로 이어졌다. 2010년대 시리아 내전에서 이란은 '파테미윤 여단(Fatemiyoun Brigade)'을 조직해 아프간 시아파 난민들을 모집·파병했다. 이란 정부는 월급·거주허가 등 유인을 제시했고, 일부는 추방 위협 등 강제 정황 속에 모집되었다(Human Rights Watch, 2016). 파테미윤 여단의 활동 병력 규모는 정점에 1만~2만 명으로 추정된다(AAN, 2019). 이이러한 군사 동원은 난민의 법적 불안정성과 직접적으로 연관되어 있었으며, 불안정한 체류 자격과 추방의 위협은 정부의 효과적인 징집 수단으로 기능했다.

네 번째 시기(2021-)는 탈레반 재점령 이후부터의 상황이다. 2021년 8월 탈레반의 재집권은 이란 내 아프간 난민 상황을 다시 한번 크게 변화시켰다. 이번 유입의 특징은 높은 교육 수준과 전문직 배경을 지닌 도시 중산층의 비중이 크다는 점이다. 이들 중 상당수는 서구 기관과 협력했던 경력 때문에 탈레반의 보복을 우려하며 탈출했다(Mixed Migration Centre, 2022). 2021년 이후 160만 명 이상의 아프간 난민이 이란과 파키스탄으로 새롭게 유입되어 두 수용국의 부담이 크게 증가했으며, 그 여파로 2024년에는 이란과 파키스탄은 총 800만 명 이상의 아프간 난민을 수용하였다(UNHCR, 2024). 이란으로는 약 100만 명의 새로운 아프간 난민이 유입된 것으로 추정되며, 이들 중 상당수가 비공식적으로 입국했다. 이 시기 난민 구성의 중요한 변화는 인구학적 다양성의 증가였다. 이 시기 난민 구성의 중요한 변화는 인구학적 다양성의 증가였다. 이전 시기와 달리 여성과 소수민족의 비율이 크게 늘어났는데, 특히 탈레반 집권 이후 박해를 우려한 하자라인 등 소수민족과 권리 후퇴를 우려한 수천 명의 아프간 여성들이 이란으로 피난했다. 100만 명 이상의 아프간인이 탈레반 재집권 이후 이란으로 피난했으며, 이들 중 상당수는 국제기구에서 일했던 사람들, 하자라인 등 소수민족, 그리고 탈레반 통치 하의 권리 후퇴를 우려한 여성들이었다(Migration Policy Institute, 2025).

하지만 동시에 이란 정부의 대응은 점차 강경해졌다. 이란 당국은 난민들의 거주 지역을 제한하고 특정 직업군 취업을 금지하며 교육 접근성을 제한하는 등 점진적으로 통제를 강화했다. 2023년부터는 아프간 난민 자녀의 공립학교 입학에 등록비를 부과하는 조치가 시행되었다. 이전 정부의 약속과 달리 초등학교 60만 토만, 중학교 80만 토만, 고등학교 100만 토만의 등록비가 부과되었으며, 이는 실업 상태이거나 불충분한 소득을 가진 다수의 아프간 가정에게 과도한 부담이 되었다(Femena, 2023). 아프가니스탄의 경제 붕괴와 인도주의 위기로 인해 송환된 난민들이 다시 이란으로 재입국하는 순환적 이동 패턴이 더욱 심화되었다. 2024년 한 해 동안 이란에서 약 25만 명의 아프간 난민이 본국으로 송환되었으나, 아프가니스탄의 극심한 빈곤과 실업, 식량 불안정으로 인해 상당수가 생존을 위해 다시 이란으로 돌아왔다(UNHCR, 2024). 국제사회의 대응은 여전히 부족한 상황으로, 2024년 아프가니스탄 상황에 필요한 4억 7,800만 달러 중 단 24%만이 확보되어 심각한 자금 부족 상태가 지속되고 있다(UNHCR, 2024). 이 시기는 이란의 경제 위기, 국내 정치적 불안정, 국제 제재가 맞물려 아프간 난민들의 상황을 더욱 불안정하게 만들고 있으며, 난민 보호와 국가 안보 사이의 긴장이 극대화되는 시기로 특징지어진다.

특히 2025년 6월 이스라엘과의 전쟁 이후 이란 정부는 아프간 이주민과 난민을 전쟁 스파이로 의심하며 대규모 강제송환을 가속화했다. 이로 인해 수십만 명이 단기간에 추방되거나 본국으로 돌아가야 했다(CNN, 2025). 아래의 2025년 아프가니스탄 이주민과 난민 귀환자와 강제송환 통계 자료에서 볼 수 있듯이, 이란은 현재 가장 많은 아프가니스탄인이 거주하는 국가인 동시에, 가장 많은 아프가니스탄인이 자발적으로 귀환하거나 강제 송환되는 이주 목적국이다. 특히 이스라엘과의 전쟁이 종료된 7월에 강제 송환이 정점에 달했다. 이러한 점에서 2025년은 향후 이란의 난민 및 이주민 정책 변화에 있어 중요한 전환점이 될 것으로 전망된다.

표 1　2025년 국가별 아프가니스탄 귀환자 규모 (2025년 10월 기준)

출신국	자료 출처	자료 기준일	인구(명)	비율
이란(이슬람 공화국)	IOM, UNHCR	2025년 10월 25일	**1,704,300**	73.20%
파키스탄	IOM, UNHCR	2025년 10월 25일	**589,000**	25.30%
기타	UNHCR	2025년 10월 26일	**35,200**	1.50%

출처: https://data.unhcr.org/en/situations/afghanistan

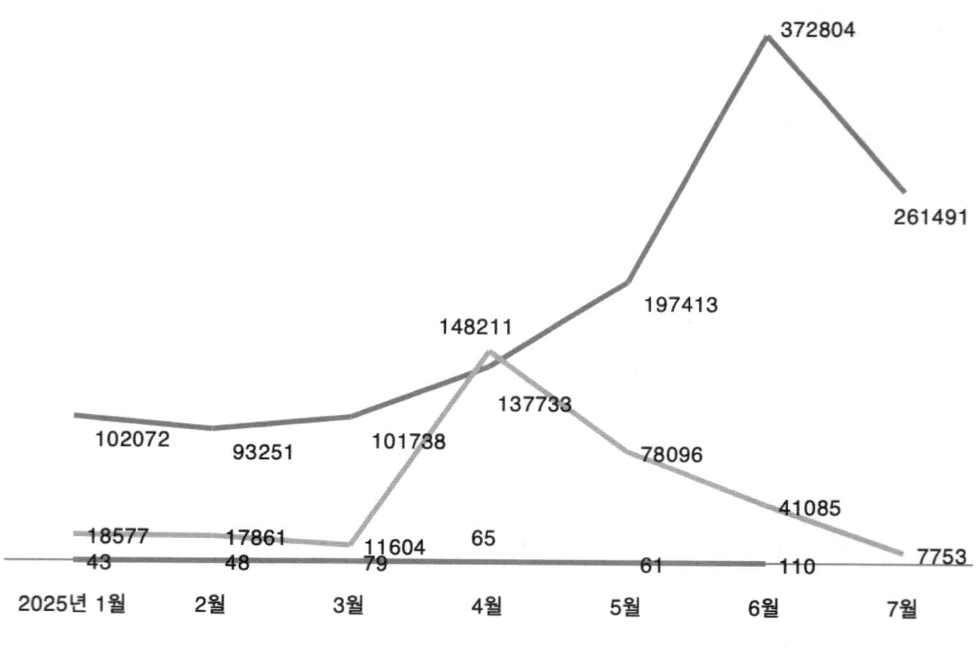

그림 1　2025년 국가별 아프가니스탄 귀환 동향(단위: 명)

출처: UNHCR, IOM, 각국 정부 공식자료

표 2　2025년 국가별 아프가니스탄 강제송환 규모 (2025년 10월 기준)

출신국	자료 출처	자료 기준일	인구(명)	비율
이란(이슬람 공화국)	IOM, UNHCR	2025년 10월 25일	1,108,400	93.12%
파키스탄	IOM, UNHCR	2025년 10월 25일	47,200	3.96%
튀르키예		2025년 10월 16일	33,100	2.78%
타지키스탄		2025년 10월 14일	1,650	0.14%

출처: https://data.unhcr.org/en/situations/afghanistan

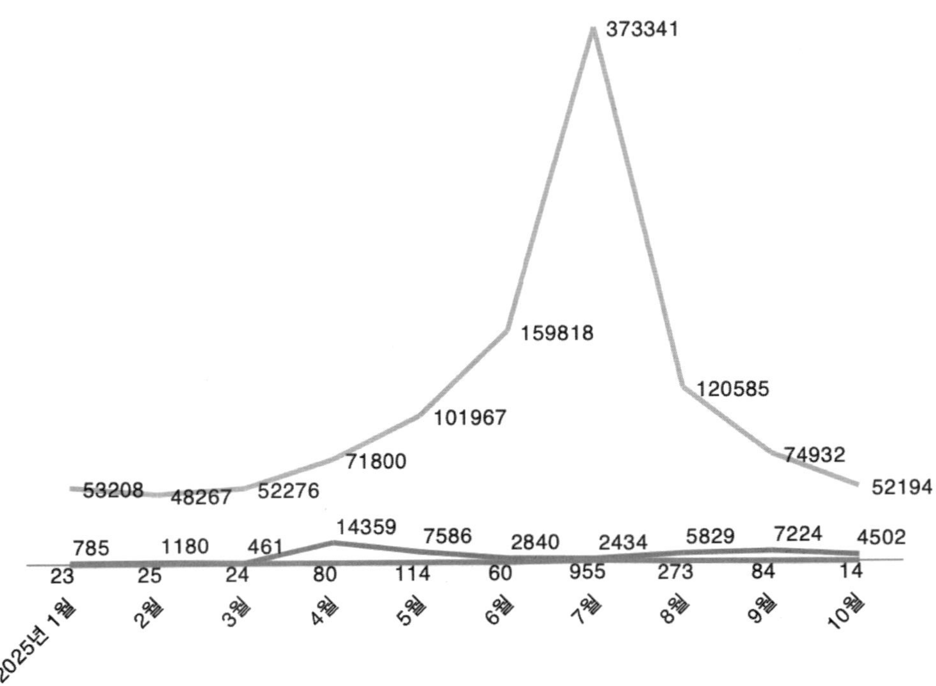

그림 2　2025년도 월별 국가별 아프가니스탄 강제송환 동향 (단위: 명)

출처: UNHCR, IOM, 각국 정부 공식자료

https://data.unhcr.org/en/situations/afghanistan

최근 연구는 이란 내 아프간 인구가 사회경제적으로 다양한 스펙트럼을 보인다고 지적한다. 이란 내 아프간의 고용은 건설·제조·상업 등 도시 기반 부문에 지속적으로 편중되고, 비공식 고용 비중이 높다(EUAA COI, 2022). 2·3 세대의 대학 교육 확대에도 불구하고 직업·자격 제한으로 전문직 진입이 어려워 과잉학력과 하향 취업이 반복되고 있다. 이러한 구조적 배제는 많은 아프간인들이 이란을 영구 정착지라기보다 유럽행 이주의 경유지로 인식하도록 만든다.

헤이븐 크롤리(Heaven Crawley)와 에스라 카이타즈(Esra S. Kaytaz)에 따르면, 유럽에 도착한 아프간 난민의 43%가 아프가니스탄을 떠난 지 5년 이상이었고, 약 4분의 1은 이란에서 태어나 아프가니스탄을 한 번도 방문한 적이 없는 2세대였다. 이들에게 이란에서의 삶은 "바위와 험한 곳 사이"에 갇힌 현실이었으며, 유럽으로의 이주는 권리와 존엄을 찾기 위한 전략적 선택이었다(Crawley·Kaytaz, 2022).

이란의 아프간 난민·이주민은 도시 거주가 압도적(등록 난민의 96%)이며, 테헤란 권역으로의 편중이 두드러진다(UNHCR, 2022). 2005년 아마예시 등록 자료 기준으로만 보아도 테헤란 주에 31%가 집중된 바 있고(Abbasi-Shavazi et al., 2007), 이후 테헤란 대도시권 집중 경향이 지속되었다. 젠더 측면에서도 변화가 뚜렷하다. 전통적으로 남성 중심이던 아프간 이주 패턴과 달리, 여성과 소녀가 전체 난민의 약 절반(48-51%)을 차지하며, 아동만 따로 보아도 약 41%에 이른다(UNHCR, 2025). 이는 가족 단위 이주 증가와 장기 체류 경향을 반영한다. 민족·종교 구성의 면에서도 이란 내 아프간 공동체의 민족 구성은 타직족이 가장 큰 비중(20% 안팎)을 차지하고, 하자라와 파슈툰이 그 뒤를 잇는다. 종파 구성은 수니와 시아가 거의 반반으로 나타난다(Clingendael Institute, 2025).[4]

4 이란 내 아프간의 민족 비중을 타직 20.22% , 하자라 18.66%, 파슈툰 6.63%로 제시. 종파는 수니 52.49% / 시아 47.38%로 거의 반반.

이란 내 아프간 난민의 역사는 단순한 인도주의적 보호의 서사가 아니다. 그것은 정치적 실용주의, 경제적 착취, 군사적 동원의 교차 지점에 자리한 복합적 현실을 드러낸다. 이란의 난민정책은 이념과 이익, 종교적 연대와 국가 안보, 그리고 인도주의와 통제의 경계에서 끊임없이 진동해왔다.

III. 조건부 합법성의 정치: 이란의 난민 정책

이란의 난민 거버넌스는 국제법적 의무와 국내 정치적 필요 사이에서 독특한 궤적을 그려왔다. 1976년 난민협약과 1967년 의정서에 가입했음에도 불구하고, 이란은 핵심 조항들에 대해 전략적 유보를 유지해왔다. 제17조(유급 고용), 제23조(공공구제), 제24조(노동법제 및 사회보장), 제26조(이동의 자유)에 대한 유보(UNHCR 2022, 이주한 2023:321에서 재인용)는 단순한 법적 제약이 아니라, 난민을 '완전한 권리 주체'가 아닌 '조건부 체류자'로 위치시키는 구조적 장치였다. 이러한 법적 프레임워크는 이란이 난민 보호의 국제적 명분을 유지하면서도, 실질적으로는 국가 주권과 통제력을 최대화하는 이중 전략을 가능하게 했다.

이란의 난민 관리 체계에서 가장 주목할 만한 특징은 UNHCR의 역할을 최소화하면서 독자적인 관리 시스템을 구축했다는 점이다. 1979년 혁명 직후부터 1990년대 초반까지 이란은 UNHCR의 개입 없이 약 300만 명의 아프간 난민을 수용했으며, 이는 국제 난민 레짐 역사상 유례없는 사례였다. 이러한 접근은 "주권적 난민 관리(sovereign refugee management)"로 개념화될 수 있으며, 이란이 국제기구의 개입을 배제함으로써 난민에 대한 배타적 통제권을 확보했다는 평가를 받는다(Kagan, 2011). 외국인 및 이민자 업무국(BAFIA)의 설립은 이러한 주권적 관리의 제도적 구현이었다. 내무부 산하에 위치한 BAFIA는 난민 등록, 체류 허가, 노동 허가, 추방 결정에 이르는 모든 권한을 집중시켰으며, 이는 난민 문제를 인도주의적 사안이 아닌 국가 안보와 행정 관리의 영역으로 재편하는 결과를 낳았다.

법적 지위의 계층화는 이란 난민 정책의 또 다른 핵심 특징이다. 아마예시 카드 소지자, 임시 체류증 소지자, 여권 소지 체류자, 미등록 체류자 등 복잡한 분류 체계는 각기 다른 권리와 제약을 수반했다. 2018년 기준 전체 아프간 인구의 약 30%만이 아마예시 카드를 보유했으며, 나머지는 다양한 형태의 불안정한 지위에 놓여 있었다(Naseh et al., 2018). 더욱 주목할 점은 이러한 지위가 고정된 것이 아니라 유동적이라는 사실이다. 갱신 수수료 미납, 거주지 이탈, 또는 단순한 행정 착오로도 합법적 지위는 순식간에 불법으로 전환될 수 있었다. 아프간 난민들에게 불안정한 체류 자격과 조건부 권리만을 부여하는 것 자체가 이란 정부의 정교한 통치 기술로 작동하고 있음을 보여준다. 정책 집행의 구체적 메커니즘을 살펴보면, 수수료와 벌금 체계가 핵심적 통제 수단으로 작동했음을 알 수 있다. 아마예시 카드 갱신 비용은 2000년대 초 약 8달러에서 2020년대 들어 100달러 이상으로 상승했으며, 이는 평균 아프간 가구 월수입의 상당 부분을 차지했다. 이러한 경제적 통치는 직접적 강제 없이도 난민의 자발적 이탈을 유도하는 효과적 수단이었다. 더 나아가 지연 벌금, 재등록 수수료, 출입국 보증금 등 복잡한 요금 체계는 난민들을 지속적인 경제적 압박 하에 놓이게 했다. 2019년 실시된 조사에 따르면, 응답자의 62%가 법적 지위 유지를 위한 비용 부담으로 인해 식료품이나 의료비를 줄여야 했다고 답했다(Norwegian Refugee Council, 2019).

노동시장 통제 메커니즘은 특히 정교하게 설계되었다. 2004년 제정된 외국인 고용 규정은 16개 직업군을 아프간 노동자에게 금지했으며, 허용된 직종도 주로 3D(Dirty, Dangerous, Difficult) 업종에 국한되었다. 그러나 실제로는 이란 경제가 아프간 노동력에 구조적으로 의존하고 있었기에, 비공식 고용이 광범위하게 이루어졌다. 최근 조사와 언론 보도에 따르면, 2025년 기준 이란 건설업 종사자의 최소 30% 이상이 아프간 출신으로, 일부 지역에서는 그 비율이 절반을 넘는 것으로 추정된다. 대규모 추방 이후 건설·농업 분야에서 심각한 노동력 부족과 임금 급등 현상이 나타났다는 분석도 제기된다 (Iran International, 2025).

이러한 "필요하지만 인정되지 않는" 노동의 역설은 이란 난민 정책의 근본적 모순을 드러낸다. 국가는 아프간 노동력의 경제적 기여를 암묵적으로 인정하면서도, 법적으로는 이들을 주변화시키는 이중 전략을 구사했다. 지방정부와 중앙정부 간의 정책 조율 과정도 주목할 만하다. 테헤란, 이스파한 등 대도시는 독자적인 거주 제한 조치를 시행했으며, 이는 종종 중앙정부 지침과 충돌했다. 이러한 "다층적 거버넌스"가 난민들에게 추가적 불확실성을 가중시켰다는 지적이 제기된다(Chatty, 2010). 예를 들어, 2018년 테헤란시는 아프간 난민의 공원 출입을 금지하는 조례를 제정했다가 국제적 비판을 받고 철회한 바 있다. 이러한 지역별 차별적 정책은 난민들의 공간적 이동성을 극도로 제약하면서도, 동시에 정책의 일관성 부재로 인한 혼란을 야기했다.

2021년 탈레반 재집권 이후 이란의 정책 대응은 과거와는 다른 양상을 보였다. 초기에는 인도주의적 수용 의지를 표명했으나, 실제로는 국경 통제를 강화하고 신규 입국자에 대한 등록을 거부했다. 이는 국제사회의 시선을 의식한 '선택적 개방' 전략으로 해석된다(Clingendael Institute, 2025). 이란은 필요에 따라 등록·문서화를 확대하는 한편, 통제·퇴거 압박을 병행했다. 특히 교육받은 도시 중산층 아프간인에게는 상대적으로 유연한 정책을 적용하면서도, 농촌 출신 비숙련 노동자에게는 더욱 엄격한 통제를 가하는 계층화된 접근이 강화되었다(Mixed Migration Centre, 2023). 특히 주목할 점은 교육받은 도시 중산층 아프간인에 대해서는 상대적으로 유연한 정책을 적용하면서도, 농촌 출신 비숙련 노동자에 대해서는 더욱 엄격한 통제를 가하는 계급화된 접근법이 강화되었다는 사실이다.

경제 제재와 난민 정책의 상호작용도 간과할 수 없는 요소다. 미국의 대이란 제재 강화는 경제 위기를 심화시켰고, 이는 곧 난민에 대한 사회적 반감으로 이어졌다. 국제 제재로 인한 경제적 압박이 심화되면서 반아프간 여론이 증가했으며, 정부는 이러한 대중 정서를 활용해 추방 정책을 정당화했다(Migration Policy Institute, 2025). "제재의 피해자"라는 이란의 국민적 정서와 "일자리를 빼앗는 외국인"이라는 난민 혐오가 결합되면서, 난민은 경제 위기의 희생양으로 전락했다. 이는 국가가 직면한 구조적 문제를 타자화된 집단에게 전가하는 고전적 통치 전략의 현대적 변주였다.

결론적으로, 이란의 난민 정책은 '조건부 합법성'이라는 독특한 통치 양식을 통해 작동해왔다. 이는 완전한 포용도 완전한 배제도 아닌, 지속적인 불안정성 속에서 난민을 관리하는 체계였다. 법적 지위는 부여되지만 영구적이지 않았고, 권리는 인정되지만 제한적이었으며, 노동은 필요하지만 공식적으로 인정되지 않았다. 이러한 모순적 구조는 단순한 정책적 비일관성이 아니라, 난민을 유용한 노동력으로 활용하면서도 정치적 부담을 최소화하려는 계산된 전략의 산물이었다. 이란의 난민 정책은 의도적으로 불안정성을 생산하고 관리함으로써 통치 가능성을 확보하는 생정치적 장치였다. 이는 난민이 단순히 인도주의적 보호의 대상이 아니라, 복잡한 정치경제적 계산과 통치 전략이 교차하는 지점에 위치한 존재임을 명확히 보여준다.

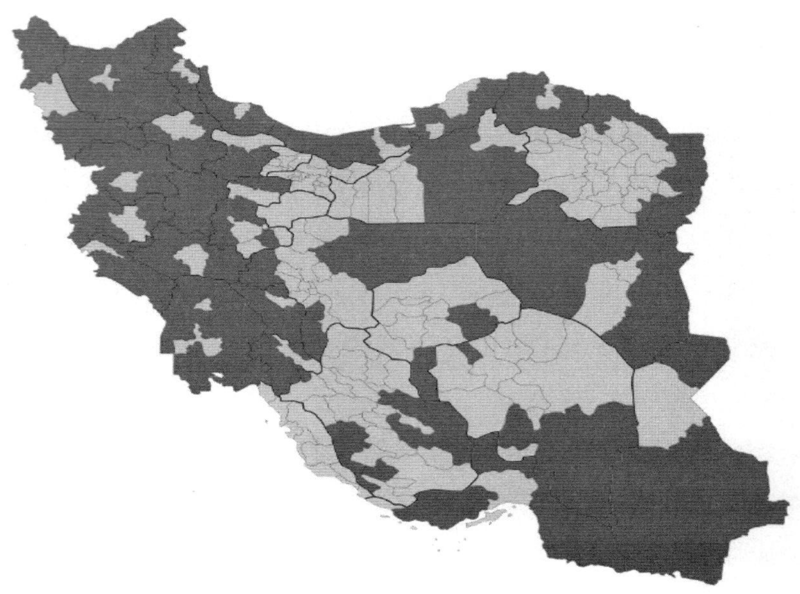

그림 3 이란 내 아프간 거주 금지 지역
출처: Wikipedia

IV. 경계 위의 삶: 아프가니스탄 난민의 정체성

이란 사회에서 아프간 난민을 둘러싼 차별과 폭력의 현실은 날로 심화 되고 있다. 2023년 야즈드(Yazd)의 한 제과점이 "아프간인에게는 빵을 팔지 않는다"는 문구를 내걸었을 때, 그것은 단순한 개인의 혐오가 아니라 국가적 불안이 사회적 편견으로 번역된 상징적 사건이었다. 2023년 10월에는 불법 월경을 시도하던 난민 수십 명이 국경수비대의 총격으로 사망하였다. 2024년 테헤란에서는 학교 내 괴롭힘과 히잡 규정 위반으로 퇴학 위협을 받던 16세 아프간 여학생 Arezoo Khavari의 자살이 사회적 충격을 남겼다(Hengaw, 2024). 이러한 폭력은 단속의 실패가 아니라, 법적 보호를 약속했던 국가가 난민을 '적법한 타자'에서 '위헌한 타자'로 전환하는 과정 자체를 드러낸다.

이와 같은 험란한 이주 환경 속에서도, 아프간 난민들을 단순한 피해자로 여길 수 없다. 그들은 제도와 권력의 틈새를 활용하며 자신들의 생존과 존엄을 재구성해왔다. 국가의 보호가 부재한 상황에서도 이들은 공동체적 연대, 종교적 신념, 그리고 이념적 전유라는 세 축을 통해 저항을 지속했다. 이는 비공식적 복지체계이자, 난민들의 회복탄력성을 지탱하는 도덕적 기반이었다.

1997년, 이란 정부가 미등록 아동의 학교 출석을 전면 금지했을 때, 아프간 여성들은 수백 개의 비공식 학교를 설립하는 것으로 응답했다. 이 조치는 특히 여성과 아동 난민의 사회적 고립을 심화시켰지만, 아프간 여성들은 교육을 "삶을 되찾는 도구"로 전환 시켰다. 이들이 세운 비공식 학교는 단순히 글을 가르치는 공간이 아니라 '여성의 공적 영역 재진입'을 실현한 장이었다. 하위계층 주거지의 모스크, 주택, 혹은 다세대 건물 지하실에서 운영된 이 학교들은 여성 교사와 어머니들이 공동으로 조직했다. 교재는 손으로 복사하거나 구전으로 전수되었다. 이러한 공간은 국가가 부여하지 않는 시민권을 '교육을 통한 자율적 권리 실천'으로 대체하는 장이었다. 이 학교들은 여성 연대와 지식의 재생산이라는 측면에서도 중요했다. 글을 읽고 쓰는 행위는 단순한 문해 교육을 넘어, 여성들이 자신의 경험을 언어화하고 침묵을 강요받은 이주 현실에 맞서는 상징적 저항이 되었다. 이 과정에서 여성들은 '교사이자 활동가'로서의 역할을 자각하게 되었고, 난민 공동체 내부에서 새로운 리더십 구조가 형성되었다. 제도 밖에서 이루어진 이들의 교육운동은 남성 중심의 난민 담론을 근본적으로 재구성하는 "난민 여성의 비가시적 정치(invisible politics)였다(Hoodfar, 2007).

이러한 여성 중심의 자조적 네트워크는 이후 NGO와 국제기구의 여성 난민 지원 프로그램으로 발전하는 기반이 되었으며, 결과적으로 이란 내 아프간 난민 사회의 젠더 질서를 변화시켰다. 결국 1997년의 비공식 학교 설립 운동은 제도적 억압에 대한 소극적 적응이 아니라, 난민 여성들이 교육을 통한 존엄 회복을 실천한 능동적 저항이었다. 그들의 교실은 국가의 경계를 넘어선 비공식적 공공영역이자, 난민 여성의 주체성이 가장 분명히 드러난 공간이었다. 아프간 난민들의 이동성과 정체성은 다층적이고 비선형적인 존재 방식으로 이해될 수 있으며, 이들은 끊임없이 귀속과 배제의 경계 사이를 이동한다(Monsutti, 2018).

이란에서의 아프간인들의 문학 활동은 이러한 '경계적 주체성(liminal subjectivity)'을 언어적·예술적 행위로 구체화하는 과정이다. 문학은 단순히 경험을 기록하는 수단이 아니라, 경계 위에서 새로운 정체성을 재구성하는 정치적 행위가 된다. 마슈하드의 문학협회 "다리어의 진주 재단"은 이러한 경계적 실천의 전형적 사례다. "다리어의 진주 재단"은 이란 내 아프간 난민 사회의 '언어적 망명지(linguistic exile)'이자 '정체성 재서사의 실험장'이다. 이 단체의 문학 활동은 난민 공동체 내부의 문화적 위안을 넘어, 경계 위에서 이루어지는 탈식민적 발화이자 새로운 문화정치의 실천이다. 이들의 시와 글은 "국경 밖에서 주체를 발명하는 언어적 혁명"이며, 아프간 난민이 이란 사회 안에서 '타자'가 아니라 '말할 수 있는 존재'로 다시 등장하는 과정 그 자체이다(Olszewska. 2015). 이란 내 아프간인들은 법적으로 비시민으로 분류되지만, 사회적·문화적 실천을 통해 비공식적인 공공영역을 창출해왔다. 새로운 이주 정체성이 바로 아프간 2,3세를 중심으로 만들어지고 있는 것이다.

2025년 기준, 탈레반 재집권 4년째를 맞아 이란은 난민 송환 정책을 급속히 강화하고 있다. UNHCR에 따르면 올해에만 약 100만 명이 이란에서 추방되었고, 전체 귀환자는 160만 명을 넘어섰다. 2025년 알자지라는 이란 정부가 6월 이후 "이스라엘 공습에 협조한 아프간인"이라는 음모론을 퍼뜨리며 대대적 단속을 정당화했다고 보도했다(Al-Jazeera, 2025). 2025년 6월 한 달 동안에만 25만 6,000명이 이란에서 귀환했으며, 그중 70%가 강제 송환되었고 상당수가 가족 단위였다. 국제이주기구(IOM)는 2025년 1월부터 6월 말까지 총 71만 4,572명의 아프간인이 이란에서 귀환했으며, 이 중 99%가 미등록 상태였다고 보고했다. 특히 6월 25일 하루에만 2만 8,000명 이상이 국경을 넘는 등 전례 없는 규모의 강제 이주가 발생했다(IOM, 2025).이는 10년간 가장 큰 규모의 강제 이주 중 하나로 평가되며, 단순한 국경 단속이 아니라 국가가 사회적 위기와 불안을 외부의 타자로 전가하는 감정정치의 산물임을 알 수 있다. 사회의 불안은 제도에 흡수되고, 제도의 불안은 인간에게 전가된다. 아프간 난민의 삶은 이러한 '불안의 순환 구조' 속에서 영속된다.

이러한 배제 환경은 "체류의 종료가 아니라 새로운 이동의 출발점"으로 이해되어야 한다(Crawley · Kaytaz, 2022). 이란 사회에서 수십 년을 살아온 2세 아프간인들이 유럽으로 떠나는 것은 경제적 이유만이 아니라, 보호와 존엄을 찾기 위한 "지연된 탈출"의 과정이다. 그들에게 이동성은 단순한 물리적 이동이 아니라 생존의 전략이며, 억압된 공간으로부터 벗어나려는 실존적 행위이다. 난민 이동은 '강제'와 '자발'의 이분법, '출신국'과 '도착국'의 경계를 해체하는 행위로서, 장기 난민 상황(protracted displacement)의 복합적 성격을 드러낸다. 국경은 단순한 선이 아니라, 배제와 포용을 조율하는 감정의 체계로 작동하며, 그 안에서 난민은 사회적 불안의 희생양이자 새로운 경계를 넘어서는 존재로 자리한다.

이란의 난민정책은 인간의 존엄보다 통제의 효율을 우위에 두는 체제적 폭력을 드러낸다. 그러나 동시에 아프간 난민들의 공동체적 연대, 여성들의 교육 실천, 문학적 발언은 이란 사회의 도덕적 경계를 흔드는 거울이 된다. 이란 내 아프간 난민의 사회통합 문제는 단순히 행정적·법적 범주에 갇히지 않는다. 그것은 국가가 타자와 공존할 수 있는가라는 근본적 질문으로 귀결된다. 진정한 통합은 법적 지위의 부여를 넘어, 문화적 다양성의 승인과 사회적 연대의 회복, 그리고 난민 스스로의 주체적 목소리가 공적 영역에서 인정받을 때 비로소 가능하다.

V. 맺음말

2025년 상반기, 파키스탄 발루치스탄 주와 이란 동부 국경 지역, 타지키스탄 등지에서 대규모 강제 추방이 동시다발적으로 진행되었다. 국제기구와 인권 단체들은 수십 년간 거주한 아프간 가족들이 급작스러운 단속으로 추방당하는 사례를 지속적으로 보고해왔다. 펀자브와 신드 지역에서 3대째 살아온 이들, 이란 도시에서 20년 넘게 노동자로 일해온 이들, 타지키스탄의 건설 현장에서 생계를 꾸려온 가족들이 '불법체류자' 딱지를 달고 강제 송환되었다. 2021년 탈레반 재집권 이후 4년, 주변국들은 마치 약속이나 한 듯 아프간 난민들을 일제히 내몰고 있다. 이 추방의 물결은 단순한 국경 통제가 아니라 조직적이고 계획된 대규모 퇴출 정책의 일환이었다.

이란에서만 2025년 상반기에 100만 명이 넘는 아프간인이 추방되었고(Center for Human Rights in Iran, 2025), 파키스탄은 작년부터 지금까지 60만 명 이상을 강제 송환시켰다(Amnesty International, 2023). 타지키스탄과 우즈베키스탄도 각각 수만 명을 추방했으며, 중앙아시아 전역에서 유사한 배제의 움직임이 가속화되고 있다. 이들 중 상당수는 수십 년간 현지에서 태어나고 자란 2세, 3세들이다. 페르시아어나 우르두어가 모국어인 이들에게 탈레반 치하의 아프가니스탄은 낯선 타국이나 다름 없다. 그들은 법적으로는 아프간 국적이지만, 언어적·문화적·정서적으로는 자신이 추방당한 바로 그 나라의 시민이다. 이 정체성의 분열은 강제 송환을 단순한 국경 이동이 아니라 존재론적 폭력으로 만든다.

본 연구를 통해 드러난 이란 사례의 핵심은 난민 정책이 단순한 수용과 배제의 이분법을 넘어 복잡한 권력 메커니즘으로 작동한다는 점이다. 난민은 국가의 필요에 따라 선택적으로 포섭되고, 위기 시에는 언제든 배제될 수 있는 조건부 존재로 관리된다. 이란의 경우 경제 위기와 정치적 불안이 심화될 때마다 아프간 난민은 사회적 긴장의 배출구로 활용되었다. 이러한 패턴은 파키스탄과 타지키스탄에서도 반복된다. 난민의 존재는 국가 권력이 자신의 주권과 경계를 재확인하는 수단이자, 내부의 불만을 외부로 전가하는 정치적 도구가 된다.

아프가니스탄으로 돌아간 이들을 기다리는 것은 더 암울한 현실이다. 탈레반 재집권 이후 여성과 소녀들은 중학교 이상의 교육을 받을 수 없고, 대학 문은 완전히 닫혔다. 여성들은 남성 보호자 없이는 외출조차 할 수 없으며, 공공장소 출입이 금지되었다. 한때 의사, 교사, 공무원이었던 여성들은 집 안에 갇혀 생계 수단을 잃었다. 국제 원조가 끊기고 해외 자산이 동결되면서 아프간 경제는 붕괴 직전이며, 식량 불안은 전 국민의 절반 이상을 위협하고 있다. 이런 상황에서 강제 송환된 난민들은 갈 곳도, 일자리도, 미래도 없이 벼랑 끝에 내몰린다. 특히 이란이나 파키스탄에서 태어나고 자란 젊은 세대에게 아프가니스탄은 부모 세대의 기억 속에만 존재하는 낯선 땅이다. 그들은 귀환이 아니라 추방을 경험한다.

장기화된 난민 상황은 기존 해법의 근본적 한계를 드러낸다. 임시 보호와 송환이라는 20세기적 틀은 수십 년간 지속되는 난민 상황 앞에서 무력하다. 이란에서 태어나 페르시아어로 꿈을 꾸는 3세대 아프간인에게 '임시 체류'는 의미가 없다. 그들의 임시성은 이미 40년을 넘어섰고, 이 영속적 임시성이야말로 문제의 핵심이다. 난민 제도는 단기적 위기 대응을 전제로 설계되었으나, 아프간 난민의 현실은 난민 상황이 영구화될 수 있음을 보여준다. 이들은 더 이상 '일시적 보호 대상'이 아니라 영속적 배제 상태에 놓인 존재들이다. 법적 지위 없이 살아가는 삶은 단순한 불편이 아니라 세대를 넘어 이어지는 구조적 폭력이다.

국제사회의 대응은 여전히 미온적이다. 우크라이나 난민에 대한 즉각적이고 관대한 대응과 비교할 때, 아프간 난민에 대한 차별적 대우는 명백하다. 인종, 종교, 지정학적 이해관계가 난민 보호의 기준을 결정하는 현실은 인도주의의 보편성에 대한 깊은 회의를 낳는다. 유럽은 우크라이나 난민을 즉시 수용하고 노동 허가와 사회 서비스를 제공했지만, 아프간 난민에게는 국경을 닫고 송환 압박을 강화했다. 이 이중 잣대는 난민 보호가 인권의 문제가 아니라 정치적 선택의 문제임을 드러낸다.

장기화된 난민 상황은 새로운 패러다임을 요구한다. 난민을 개발의 주체로 인정하고, 그들의 경제적 기여를 공식화하며, 초국가적 정체성을 수용하는 유연한 시민권 개념이 필요하다. 난민의 노동력과 문화적 자원은 수용국 사회에 실질적 기여를 해왔음에도 불구하고, 그들은 여전히 법적 권리로부터 배제되어 있다. 이란의 건설업, 파키스탄의 농업, 타지키스탄의 서비스업은 아프간 난민 노동력 없이는 작동하기 어렵다. 그러나 이들의 기여는 인정받지 못하고, 오히려 위기 시에는 사회 문제의 원인으로 지목된다. 진정한 해법은 난민을 문제가 아닌 사회 구성원으로 재정의하고, 장기 체류자에게 합법적 지위와 권리를 부여하는 정책 전환에 있다.

40년이 넘도록 계속되는 아프간 난민의 유랑은 21세기 국제 질서의 가장 큰 도덕적 시험대다. 4,000만 인구 중 1,100만 명이 난민과 국내 실향민으로 살아가는 현실은 우리 시대가 직면한 가장 근본적인 질문을 던진다. 인간의 존엄과 권리는 국경과 국적을 넘어 보편적으로 보장될 수 있는가? 경계에서 추락하는 이들의 삶은 단지 그들만의 비극이 아니다. 그것은 배제와 차별을 정당화하는 체제의 폭력성을 드러내고, 동시에 연대와 환대의 가능성을 묻는다. 아프간 난민의 운명은 21세기 인류가 국경을 넘어 인간의 존엄을 지킬 수 있는가를 시험하는 거울이다. 그들의 고통은 단순한 인도적 위기를 넘어, 국가 주권과 인권, 시민권과 인간성 사이의 근본적 긴장을 드러내는 윤리적 질문이다.

참고문헌

이주한. 2023. "이란의 난민 정책 - 아프간 난민을 중심으로." 유달승 엮음. 『중동의 이산과 이주의 역사』. 서울: 카오스북.

최우리. 2025. "탈레반 재집권 4년… 수백만 난민들이 아프간으로 귀향당하고 있다." 『한겨레』 (8월 5일) https://www.hani.co.kr/arti/international/arabafrica/1211590.html (검색일: 2025. 11. 10)

Abbasi-Shavazi, Mohammad Jalal, Diana Glazebrook, Gholamreza Jamshidiha, Hossein Mahmoudian and Rasoul Sadeghi. 2008. *Second-Generation Afghans in Iran: Integration, Identity and Return*. Kabul: Afghanistan Research and Evaluation Unit (AREU).

Abbasi-Shavazi, Mohammad Jalal and Rasoul Sadeghi. 2015. "Socio-Cultural Adaptation of Second-Generation Afghans in Iran." *International Migration* 53(6): 89-106.

Abrahamian, Ervand. 2008. *A History of Modern Iran*. Cambridge: Cambridge University Press.

Chatty, Dawn. 2010. *Displacement and Dispossession in the Modern Middle East*. Cambridge: Cambridge University Press.

Crawley, Heaven and Esra S. Kaytaz. 2022. "Between a Rock and a Hard Place: Afghan Migration to Europe From Iran." *Social Inclusion* 10(3): 4-14.

EUAA (European Union Agency for Asylum). 2022. *Iran-Situation of Afghan Refugees*. Luxembourg: EUAA.

Farzin, Farshid and Safinaz Jadali. 2013. "Freedom of Movement of Afghan Refugees in Iran." *Forced Migration Review* 44: 85-86.

Hoodfar, Homa. 2007. "Women, Religion and the 'Afghan Education Movement' in Iran." *Journal of Development Studies* 43(2): 255-293.

Human Rights Watch. 2016. *Iran Sending Thousands of Afghans to Fight in Syria*. New York: Human Rights Watch.

Kagan, Michael. 2011. *We Live in a Country of UNHCR: The UN Surrogate State and Refugee Policy in the Middle East.* Geneva: UNHCR, Policy Development and Evaluation Service.

Mixed Migration Centre. 2023. *The changing dynamics of Afghan migration after August* 2021. Geneva: Danish Refugee Council.

Monsutti, Alessandro. 2006. *Afghan Transnational Networks: Looking Beyond Repatriation*. Kabul: Afghanistan Research and Evaluation Unit (AREU).

Monsutti, Alessandro. 2018. "Afghan Migrants and Refugees in Iran: Reshaping Identity and Belonging through Displacement." in Dawn Chatty ed. *Displacement and Dispossession in the Modern Middle East Revisited*, 159-182. Oxford: Berghahn Books.

Naseh, Mitra, Miriam Potocky, Paul H. Stuart and Sara Pezeshk. 2018. "Repatriation of Afghan refugees from Iran: A shelter profile study." *Journal of International Humanitarian Action*.

Olszewska, Suzanna. 2015. *The Pearl of Dari: Poetry and Personhood among Young Afghans in Iran*. Bloomington: Indiana University Press.

Rajaee, Bahram. 2000. "The Politics of Refugee Policy in Post-Revolutionary Iran." *The Middle East Journal* 54(1): 44-63.

Schneider, Tobias. (2018). *The Fatemiyoun Division: Afghan Fighters in the Syrian Civil War*. Washington, D.C.: Middle East Institute.

Seddighi, Hamed, Mitra Naseh, Maryam Rafieifar, and Passion Ilea. 2022. "Education of Afghan Refugee Children in Iran: A Structured Review of Policies." *Children & Society* 38(4): 712-726.

Siavoshi, Sussan. 2024. "Afghans in Iran: The State and the Working of Immigration Policies." *British Journal of Middle Eastern Studies* 51(1): 209-223.

Amnesty International. 2023. "Pakistan: Halt Mass Detentions and Deportations of Afghan Refugees." (November 13) https://www.amnesty.org/en/

latest/news/2023/11/pakistan-halt-mass-detentions-and-deportations-of-afghan-refugees/ (검색일: 2025. 11. 10).

Afghanistan Analysts Network (AAN). 2019. "The Two Faces of the Fatemiyun (I): Revisiting the Male Fighters." (July 8) https://www.afghanistan-analysts.org/en/reports/war-and-peace/the-two-faces-of-the-fatemiyun-i-revisiting-the-male-fighters (검색일: 2025. 11. 10).

Al-Jazeera. 2025. (2025, July 6). "Iran tells millions of Afghans to leave or face arrest on day of deadline." (July 6)

https://www.aljazeera.com/news/2025/7/6/iran-tells-millions-of-afghans-to-leave-or-face-arrest-on-day-of-deadline (검색일: 2025. 11. 10).

Amnesty International. 2025. "Pakistan: 1.4 Million Afghan Refugees at Risk of Deportation." (June 24) https://amnesty.ca/urgent-actions/pakistan-1-4-million-afghan-refugees-at-risk-of-deportation/ (검색일: 2025. 11. 10).

Center for Human Rights in Iran. 2025. "Iran Forcibly Deports Nearly 600,000 Afghan Migrants Amid Post-War Crackdown." (July 9) https://iranhumanrights.org/2025/07/iran-forcibly-deports-nearly-600000-afghan-migrants-amid-post-war-crackdown/ (검색일: 2025. 11. 10).

CNN, 2025, "Iran expels half a million Afghans in 16-day stretch since recent conflict with Israel, UN says." (July 11) https://edition.cnn.com/2025/07/11/world/iran-expels-afghans-un-intl(검색일: 2025. 11. 10).

Coalition to Stop the Use of Child Soldiers. 2001. "Child Soldiers Global Report 2001-Iran." https://www.refworld.org/reference/annualreport/cscoal/2001/en/64522 (검색일: 2025. 11. 10)

Femena. 2023. "Iran Must Ensure Full Access to Education for Iranian and Afghan Immigrant and Refugee Children Left Behind." (September

29) https://femena.net/2023/09/29/iran-must-ensure-full-access-to-education-for-iranian-and-afghan-immigrant-and-refugee-children-left-behind/ (검색일: 2025. 11. 10)

Human Rights Watch. 2013. "Iran: Afghan Refugees and Migrants Face Abuse." (November 20) https://www.hrw.org/news/2013/11/20/iran-afghan-refugees-and-migrants-face-abuse (검색일: 2025. 11. 10)

Hengaw Organization for Human Rights. 2024. "Femicide/suicide: Afghan girl ends her life following threats of expulsion for not adhering to mandatory hijab." (November 6) https://hengaw.net/en/news/2024/11/article-23 (검색일: 2025. 11. 10)

International Organization for Migration (IOM). "2025. Record 256,000 Afghan Migrants Return from Iran as IOM Warns of Dire Funding Shortfall." (June 30) https://www.iom.int/news/record-256000-afghan-migrants-return-iran-iom-warns-dire-funding-shortfall (검색일: 2025. 11. 10)

Iran International. 2025. "'Economic suicide': Afghan expulsions spark labour crisis in Iran." (August 19) https://www.iranintl.com/en/202508172861 (검색일: 2025. 11. 10)

Migration Policy Institute. 2025. "One of the World's Largest Refugee Populations, Afghans Have Faced Increasing Restrictions in Iran." (January 7) https://www.migrationpolicy.org/article/afghan-refugees-iran (검색일: 2025. 11. 10)

Norwegian Refugee Council (NRC). 2023. "Renewing key documents brings hope to Afghans in Iran." (June 1)

https://www.nrc.no/perspectives/2023/renewing-key-documents-brings-hope-to-afghans-in-iran (검색일: 2025. 11. 10)

Salim, Anoussa. 2025. "Pakistan's Extension of Afghan Refugees' Right to Stay: Finding a Balance Among Humanitarianism, Domestic Pressures and Geopolitics." *Refugee Law Initiative Blog* (May 4) https://rli.blogs.sas.ac.uk/2025/05/04/pakistans-extension-of-afghan-ref-

ugees-right-to-stay-finding-a-balance-among-humanitarian-ism-domestic-pressures-and-geopolitics/ (검색일: 2025. 11. 10)
UNHCR. 2020. "Afghan Girl Who Waited Years for School Refuses to Let Her Enthusiasm Wane." (September 2) https://www.unhcr.org/news/stories/2020/9/5f4f5c914/afghan-girl-waited-years-school-refuses-enthusiasm-wane.html (검색일: 2025. 11. 10)
UNHCR. 2022. "Refugees in Iran: Iran's Refugee Response." https://data.unhcr.org/en/country/irn (검색일: 2025. 11. 10)
UNHCR. 2024. "UNHCR Iran Factsheet, January-March 2024."https://reliefweb.int/report/iran-islamic-republic/unhcr-iran-factsheet-january-march-2024 (검색일: 2025. 11. 10)
UNHCR. 2024. "Afghanistan Situation-Operational Updates and Funding Overview." https://data.unhcr.org/en/situations/afghanistan (검색일: 2025. 11. 10)
USA for UNHCR. 2025. "Five Takeaways from the 2024 UNHCR Global Trends Report." (June 24) https://www.unrefugees.org/news/five-takeaways-from-the-2024-unhcr-global-trends-report (검색일: 2025. 11. 10)

• • • •

제5장

러시아의 출신국에 따른 난민 정책의 연속성과 변화[1]

주송하

I. 머리말

전쟁, 빈곤, 기후 변화 등 여러 원인으로 인해 발생한 난민의 이주는 전 지구적 현상이다. 러시아 역시 1990년대 소련 해체 이후 구소련 국가의 내전, 민족 갈등, 경제 위기 등으로 인해 유입된 다양한 난민을 수용하였다. 현재 러시아는 난민 수용률이 매우 낮고, 엄격한 난민 정책을 시행하는 국가로 알려져 있다. 2024년 12월 31일 통계를 기준으로, 러시아에는 216명의 난민(refugees)과 9,867명의 인도적 체류자(temporary asylum)가 거주하고 있다(UNHCR Russia, 2025). 하지만 최근 러시아에는 난민의 이주와 관련한 여러 중요한 현상이 일어나고 있다. 소수이기는 하지만 아프가니스탄, 시리아 등 중동 국가 출신의 난민이 러시아에 체류하고 있고, 러시아는 2014년 크림반도 합병과 2022년 우크라이나 전쟁 이후 우크라이나 난민을 대거 수용하였다. 또한 2024년 푸

---

1 이 글은 『아시아리뷰』 15(2) (2025)에 게재된 논문을 본서의 편집 취지에 맞도록 수정·보완한 것입니다.

틴 대통령은 러시아의 영적, 도덕적 가치를 공유하는 서구 시민에 대한 인도주의적 지원 차원의 이민 정책을 발표하였다.

이러한 최근의 현상은 러시아를 난민에 닫힌 국가로 단순히 규정하기에 앞서, 다음의 두 질문을 제기한다. 첫째, 러시아의 난민 정책은 난민의 국적 간 어떠한 차이를 보이는가? 둘째, 러시아의 난민 정책은 과거 러시아의 난민 정책과 어떠한 연속성과 변화를 보이는가? 이 두 질문을 천착하며 본 연구는 다음의 선행 연구에 기여하고자 한다. 첫째는 러시아의 난민 정치에 관한 연구이다. 최근 러시아의 난민 정치에서 난민 국적 간 비교를 한 연구는 드물었다. 러시아의 난민 정치 연구는 1990년대 소련 해체 이후 강제 이주민(forced migrants)에 관한 연구가 대다수를 차지하고 있다(Shevel, 2011; Light, 2016; Mukomel, 2005; Buckley et al., 2008). 2014년 크림반도 합병과 2022년 우크라이나 전쟁 이후 러시아의 우크라이나 난민 정책에 관한 중요한 연구들이 있었지만(Lee, 2021; Kubal, 2019; Kuznetsova, 2020), 난민의 다양한 국적에 따른 난민 수용 정책 차이에 대한 주목은 적었다. 또한, 놀랍게도 러시아의 난민 정책에 대한 국문 연구는 전무한 것으로 보인다. 이에 본 연구는 러시아 난민 정책을 단순히 엄격한 것으로 규정하기보다는 난민의 국적에 따른 정책을 비교 분석하고, 과거 정책과의 연속성과 변화를 논함으로써 러시아 난민 정책에 대한 이해를 심화하고자 한다.

둘째, 권위주의 국가의 난민 정치 연구이다. 최근 중동을 비롯한 권위주의 국가의 난민 정치 연구가 활발해지고 있으며, 정치 체제와 이민 정치의 관계에 대한 이론적, 경험적 논쟁이 활발하게 진행 중이다(Jackson · Atkinson, 2019; Moorthy · Brathwaite, 2019; Song, 2020; Blair et al., 2022; Norman, 2021; Natter, 2023; 김정현, 2022). 일련의 연구들은 인권을 중시하고 압력 집단에 취약한 체제 자체의 특성으로 인해 자유 민주주의 국가가 독재 국가보다 이민자를 비롯한 난민에 더 관대한 정책을 펼친다고 주장한다(Freeman, 1995; Hollifield, 1992; Sassen, 1996; Joppke, 1998). 이와 반대로 반이민 여론으로부터 자유로운 독재자가 민주주의 국가보다 더 관대한 이민, 난민 정책을 펼친다고 주장하는 연구들이 있다(Zolberg, 2006; FitzGerald, 2022; Fitzgerald · Cook-Martín, 2014; Norman, 2019; Higashijima · Woo, 2024). 본 연구는 러시아라는 권위주의 국가의 난민 정책 운용 분석을 통해 이러한 논의에 기여하고자 한다.

외교 정책을 비롯한 여러 분야에서 나타나는 과거와의 연속성과 변화는 러시아를 이해하는 데 도움을 주고 있다(Tsygankov, 2022). 따라서 본 장은 먼저 현 러시아 난민 정책의 근간을 형성하고 있는 1990-2000년대 러시아의 난민 정책과 상황을 개괄한다. 다음으로는 2010년대 이후 러시아의 난민 정책을 난민의 국적별로 비교하고, 과거 난민 정책과의 연속성과 변화에 대해 분석하고자 한다. 2010년대를 기점으로 주목하는 이유는 2000년대까지 러시아 난민의 대다수는 소련 해체 이후 국내 강제 이주민이었지만 2010년대부터는 이들의 수가 감소하고 다른 난민 그룹이 더 중요해지기 때문이다.

이 글은 2010년대 이후 난민을 국적별로 세 집단으로 나누고 이들에 대한 러시아의 난민 정책을 비교 분석한다. 세 집단은 다음과 같다. (1) 전통적 난민인 아프간인과 시리아인, (2) 비전통적 난민인 우크라이나인, (3) 서유럽과 미국의 난민이다. 결론에서는 러시아 난민 정책의 연속성과 변화에 대해 논한다. 연구는 러시아 정부가 난민 정책에서 우크라이나인을 우대하고 난민을 선별적으로 수용하며, 난민 정책을 정치적 도구로 활용하고 있다는 점에서 이전 시기의 난민 정책과 큰 연속성을 있음을 밝혀낸다. 동시에 자국의 가치에 동조하는 서구권 시민들에게 망명처(asylum)를 제공하는 공식 프로그램의 운영은 서구와의 관계 악화라는 국제 정세를 난민 체제에 반영한 것으로, 이전 시기와는 다른 큰 변화라고 할 수 있다. 연구자료로는 기존 선행 연구, 정부 통계, 비정부기구 보고서의 문헌들을 사용하여 사례연구를 진행하였다. 특히 문헌자료로 러시아의 난민 인권 단체인 시민 지원 위원회(Гражданское содействие, Civic Assistance Committee)의 자료를 주로 사용하였다.

II. 1990년대–2000년대 러시아의 난민 정책

러시아의 전신인 소련에는 난민에 대한 체계적 국내법이 부재했다. 소련은 서구의 친공산주의 활동가들에게 망명 신청 기회를 제공하였고(1977년 소련 헌법 38조), 간헐적으로 서구인의 망명이 있었지만, 이는 소수에 불과했다. 1991년 소련 해체를 전후로 러시아를 비롯한 구소련 국가들은 본격적으로 난민 문제에 직면했다. 1980년대 말에는 민족 분쟁으로 인해 소련 국내 실향민이 발생했다. 예를 들어, 1988년 2월 아제르바이잔에서 아르메니아인 50만 명이 박해를 피해 이주했다. 1991년 12월 소련이 해체할 때, 20만 명 이상의 소련 난민들이 분쟁 지역을 피해서 러시아, 우크라이나 등지에 있었다(Shevel, 2011: 30). 그리고 소련 해체는 새로운 대규모 이주를 일으켰다. 소련 해체 직전 소련의 민족 혼합(ethnic unmixing) 정책으로 인해서 7,000만 명의 소련 시민이 그들의 인종적 고향(ethnic homelands)에서 떠나서 살고 있었다. 예를 들어, 1989년 카자흐스탄에서 러시아인은 전체 인구의 37%를 차지했다(Зимовина, 2003). 하지만 소련 해체 직후 민족 국가의 독립과 민족주의 강화 혹은 내전으로 인해서 이들은 자기의 인종적 고향으로 돌아가거나 소수는 다른 곳으로 이주하였다(Lee, 2021: 1860). 구소련 국가에서 1990년대 말까지 900만 명 이상이 이주했는데, 이들 중 가장 큰 규모의 이주는 러시아와 우크라이나를 비롯한 슬라브인의 본국으로의 이주였다(Shevel, 2011: 26-31). 2009년 말까지 800만 명 이상의 구소련 시민이 러시아로 이동하고, 200만 명이 우크라이나로 이동했는데, 이들 중 다수가 인종적 러시아인, 우크라이나인이었다(Shevel, 2011: 27).

1990년대 구소련 국가들은 난민과 관련하여 다른 국가와는 조금 다른 상황에 처해 있었다(Lee, 2021: 1860-62). 무엇보다도, 많은 구소련 국가의 난민이 국제법상 난민으로 보기가 어려운 비전통적 난민(nontraditional refugees)이었다는 점이다(Shevel, 2011). 전통적 난민(traditional refugees)은 국제 난민협약에서 정의하는 인종, 종교, 정치적 의견 등으로 인해 박해를 받아 자국을 떠나 다른 나라에서 보호를 신청하는 난민을 말한다. 하지만, 구소련 국가의 난민은 국경을 넘지 않았거나, 그들이 난민을 신청하는 국가에 시민권을 신청할 수 있는 사람들이라는 점에서 전통적 난민과는 차이가 있었다. 소련 해체 이후 각 공화국들, 특히 러시아는 구소련 시민이 시민권을 비교적 쉽게 얻을 수 있도록 하였다. 이에 소련 해체 직전, 혹은 그 이후에 이주하여 난민과 유사한 상황에 있었던 구소련 시민은 체류국에서 시민권을 획득할 수 있기에 국제법상으로 난민으로 정의되거나 난민 지원을 받기 어려웠다(Shevel, 2011: 33). 하지만, 일부 사람들은 여러 행정 절차상의 이유로 시민권을 얻는 것이 매우 어려웠으며, 난민과 같은 상황에 있었다(Shevel, 2011: 31-33; Light, 2016). 이와 같은 비전통적 난민은 강제 이주민(forced migrants)으로 불렸다.

러시아는 난민 문제 해결을 위해 국제 난민 체제에 편입하고 난민 관련 법을 제정하기 시작한다. 1992년 10월, UNHCR 모스크바 사무소가 개소하고, 같은 해 11월 러시아는 1951년 난민 협약(Refugee Convention)과 1967년 의정서(Protocol)에 가입하였다. 1992년 7월에는 연방 이주 서비스(Federal Migration Service: FMS)가 고용노동부 산하에 만들어졌고, 모스크바에 기반한 비정부기구인 시민 지원 위원회가 러시아로 유입되는 난민을 지원하기 시작했다. 1993년 2월 러시아 정부는 난민(refugees)과 강제 이주민(forced migrants)에 대한 국내법을 채택하였다. 「난민법」은 러시아인이 아닌 사람들에게 적용이 되고(The Law on Refugees, Federal Law no. 4528-I from 19 February, 1993 with amendments), 강제 이주민법은 구소련 시민인 동포(compatriots) 난민에 대한 것이다(The Law on Forcibly Displaced Persons, No. 4530-I from 19 February 1993).

1990년대 소련 해체와 국경 개방 이후 러시아는 구소련 시민이 아닌 전통 난민 역시 받아들이게 되는데, 아프간인이 이들의 다수를 차지한다. 전통 난민은 두 가지 사례로 나뉠 수 있다(Shevel, 2011: 33-34). 첫째는, 고국을 떠났을 때 난민이 아니었지만, 나중에 난민이 된 사람들이다. 대표적 예로는 소련이 지원한 아프가니스탄의 모함마드 나지불라(Mohammad Najibullah) 레짐 당시에 소련에 온 아프간 학생, 군인, 시민이 1992년 나지불라 정권 붕괴 후 러시아에서 난민 신청을 한 경우이다(Poletaev, 2021). 1989년 소련의 아프간 철군 직후부터 시작된 아프간인의 망명은 1992-1994년에 절정을 이루었다. 둘째, 개도국 분쟁으로 인해서 난민으로 들어온 사람들로서, 러시아는 경유지 국가로 여겨졌다. 러시아에서 전통 난민의 수는 비전통 난민인 러시아의 동포 난민에 비하면 소수에 불과했다.

1990년대 러시아 난민 정책의 중요한 특징은 동포(compatriots)에 대한 우대 정책(preferential treatment)이었다. 1992년 만들어진 연방 이민 서비스(FMS)는 국내의 강제 이주민 문제에 초점을 두고 있었다(Kubal, 2019: 19-20). 러시아 정부의 UNHCR 초청과 국제 난민 체제 가입은 개도국 출신의 전통 난민을 지원받기 위해서나 아니라, 러시아계 국내 실향민처럼 비전통 난민에 대한 지원을 받는 것을 주된 목적으로 한 것이었다(Shevel, 2011: 107-10). 동포 난민은 외국인 전통 난민보다 그 자격의 취득이 더 쉽고, 더 많은 사회경제적인 혜택을 제공받았다(Shevel, 2011, 98-99). 동포 난민은 법적, 제도적으로 개도국으로부터 오는 전통 난민과 다른 위치에 있었다(Kubal, 2019: 19-20). 이러한 동포 난민에 대한 우대를 Kubal(2019)은 난민 정책의 "이분화된 논리(bifurcated logic)"라고 지칭한다.

하지만 이러한 선택적 수용과 우대 정책은 모든 구소련 국가에서 발견되는 것이 아닌, 러시아의 독특한 특징이었다. 일례로, 우크라이나의 경우 전통적 난민과 동포 난민 간 난민 정책과 인정률에는 큰 차이가 없었다. 2002년 우크라이나에서는 70%의 난민 인정자가 개도국으로부터 온 전통 난민이었고, 러시아에서 전통 난민은 전체 난민의 3%에 불과했다(Shevel, 2011). Shevel(2011)은 러시아 정부의 동포에 대한 우대 배경에는 국가 정체성과 국민(nation)의 개념에 대한 합의(consensus)가 중요했다고 지적한다. 러시아 내부에서 국가 정체성 정의에 대한 여러 논의와 다양한 의견이 존재했지만 합의에 이르렀고, 따라서 1991년 러시아 시민법에 따랐을 때 러시아 시민권을 취득할 수 있는 난민들에 대해서 우대가 있었다는 것이다. 하지만, 우크라이나의 경우 국민의 범위를 둘러싼 합의가 이루어지지 못했고, 난민 정책에서 우크라이나 동포가 될 수 있는 구소련 시민에 대한 우대가 부재했다(Shevel, 2011).

1990년대 소련 해체 이후 러시아를 비롯한 구소련 국가에서 가장 큰 규모를 차지한 비전통 난민, 동포 난민의 수는 시간이 지남에 따라 그 수가 감소한다. 1995년에는 19만 명에 이르는 강제 이주민이 러시아에 체류했지만, 이들의 수는 1990년대 후반부터 점차 감소하여 2009년에는 174명에 불과하였다(Shevel, 2011: 102). 이는 많은 비전통 난민이 러시아로 이주하여 러시아 시민권을 취득하여 정착했고, 동시에 구소련 각지의 내전이 종식되고 안정되면서 원래 거주하던 구소련 국가에 잔류한 러시아인도 있었기 때문이다(Ivakhnyuk, 2009: 35). 따라서 러시아를 비롯한 구소련 지역에서 강제 이주민 난민 문제는 종결되고 다음 장에서 후술할 다른 난민 집단이 중요해지기 시작한다.

III. 2010년대 이후 러시아의 난민 정책

현재 러시아의 난민법은 1993년에 채택한 난민법에 기초하고 있다. 이 법은 러시아가 1992년에 승인한 1951년 난민 협약과 1967년 의정서에 따른 의무를 이행하기 위한 내용을 담고 있다.(Kubal, 2019: 22). 또한, 강제 이주민인 국내 실향민에 관한 법 역시 난민 관련법으로 발효 중이지만, 상술했듯이 비전통 난민인 강제 이주자의 수는 크게 감소하였다. 그리고 외국인에 관한 법과 교육법 역시 난민 관련법으로 기능 중이다. 마지막으로, 대통령령으로 만들어진 정치적 비호(political asylum)법이 있지만(the Order of the President of the Russian Federation No. 746 of 21 July 1997), 아직 어떠한 외국인도 이 지위를 받지 못했고 이는 실질적으로 기능하고 있지는 않은 법이라 할 수 있다(Kubal, 2019: 22-23).

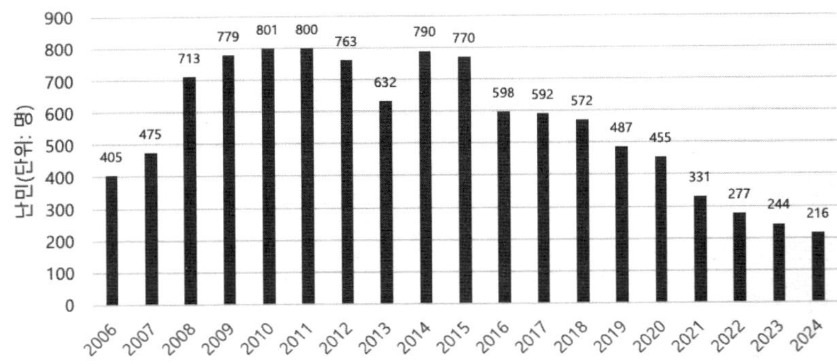

그림 1 러시아의 난민(refugees)(각 년도 12월 31일 통계)

출처: Гражданское содействие(2025b), UNHCR Russia, https://www.unhcr.org/ru/stats-3

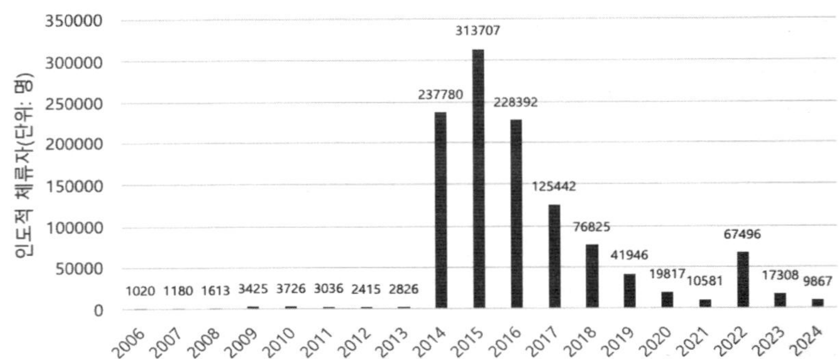

그림 2 러시아의 인도적 체류 허가자(temporary asylum)(각 년도 12월 31일 통계)

출처: Гражданское содействие(2025b), UNHCR Russia, https://www.unhcr.org/ru/stats-3

러시아의 법에 따르면 난민 신청자는 두 종류의 보호를 요청할 수 있다. 하나는 난민(refugee)이고, 다른 하나는 인도적 체류 허가(temporary asylum)이다. 〈그림 1〉과 〈그림 2〉는 2006-2024년 매년 12월 31일을 기준으로 러시아에 체류 중인 난민과 인도적 체류 허가자의 수를 보여주고 있다. 난민 지위는 해당자에게 사회 복지 혜택, 실업 수당, 아동 교육 등 러시아 시민과 거의 동일한 권리를 보장한다. 러시아에 체류 중인 난민은 2024년 216명에 불과했다. 이는 러시아의 낮은 난민 인정률에 기인하고, 최근 몇 년간 난민 인정률은 줄어들고 있다. 2015년 난민 신청자 중 8%가 난민으로 인정받았지만, 2016년에는 4%로 감소하였다(Lyapina, 2021: 146). 2023년에는 1년간 16명에게만 난민 지위를 주었고(Civic Assistance Committee, 2024), 2024년에는 단 12명이 난민으로 인정받았다(Гражданское содействие, 2025b). 인도적 체류 허가자는 난민으로 인정받지 못하는 사람이 받는 지위로서, 1년마다 갱신이 가능하고, 체류, 노동, 의료 혜택을 받을 권리가 주어진다(Lyapina, 2021: 146-47). 인도적 체류 허가는 2001년 4월 9일 난민법에 추가된 제12조에 근거하고 있다(Kubal, 2019: 23-24). 난민 아이들이 교육받을 권리는 헌법에 보장되어 있지만, 현실에서는 체계적으로 침해되고 있다. 많은 경우, 난민 아동은 러시아어 수준이 너무 낮다는 이유로 교육을 받지 못하고 있다(Lyapina, 2021: 148-50).

1. 전통적 난민: 아프간인과 시리아인

러시아에서 구소련 국가를 제외하고 가장 많은 난민은 아프간인이다. 2024년 12월 말 통계를 기준으로, 러시아에는 135명의 아프간 난민, 861명의 인도적 체류 허가를 받은 아프간인이 있었다(Гражданское содействие 2025b). 같은 시기 러시아에는 3명의 시리아 난민과, 139명의 시리아인이 인도적 체류자로 있었다(Гражданское содействие 2025b). 2011년부터 2019년까지 2,585명의 시리아인이 난민 지위를 신청했지만, 1명만이 난민 지위를 인정받았다. 아프간인과 시리아인 난민 인정은 러시아가 인도주의적 고려보다도 정치적 관계를 난민 정치에 반영하는 것을 보여준다.

전술하였듯이 소련의 지원을 받았던 아프가니스탄 나지불라 정권의 1992년 붕괴 이후 나지불라 레짐의 관련자는 러시아로 망명하였다(Poletaev, 2021). 1989년 2월 소련의 아프간 철군 직후부터 시작된 아프간인의 망명은 1992-1994년에 절정을 이루었다. 현재 러시아에 있는 아프간 디아스포라는 15만 명으로 추산되며, 그중 3분의 1은 모스크바에 있는 것으로 알려져 있다(Radio Free Europe/Radio Liberty, 2017). 그러나 이들 중 아주 극소수만이 러시아에서 난민으로 인정받았다. 러시아로 이주한 많은 아프간인은 엘리트와 지식인으로서, 소련에서 교육을 받은 경우가 많았다. 하지만 난민 인정은 매우 어려운 일이고, 이러한 정보는 아프간 난민 사이에서도 공유되고 있다. 〈그림

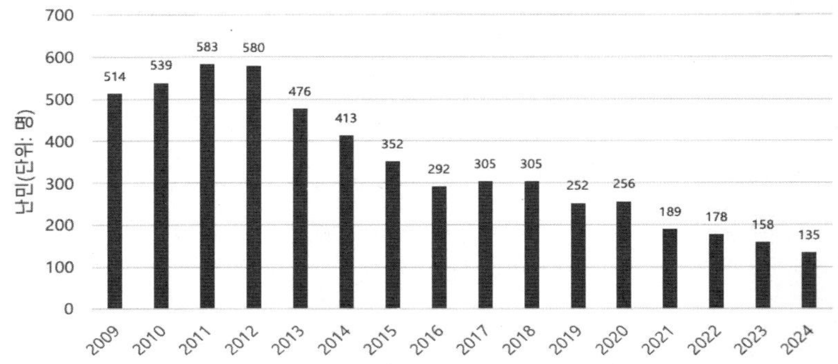

그림 3　러시아 내 난민(refugee) 지위의 아프간인(각 년도 12월 31일 통계)

출처: Civic Assistance Committee(2021: 22-23), Гражданское содействие(2024b: 5-6)

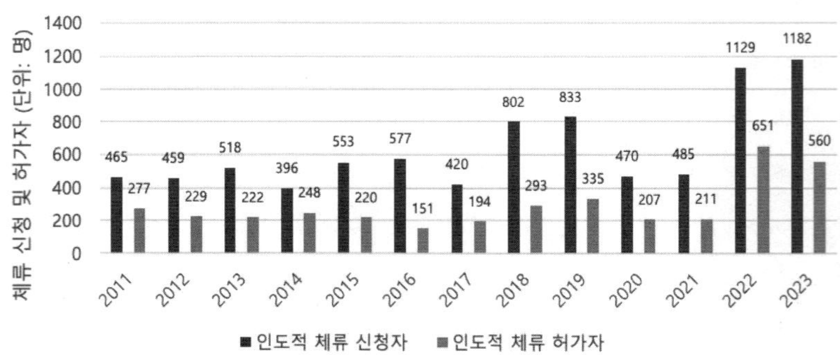

그림 4　러시아 내 인도적 체류(temporary asylum) 지위의 아프간인(각 년도 12월 31일 통계)

출처: Civic Assistance Committee(2021: 22-23), Гражданское содействие(2024b: 5-6)

3〉은 매년 말 난민 지위를 보유한 아프간인의 통계를 보여주는데, 이들의 수가 매우 적음을 알 수 있다.

2021년 8월 미군이 아프가니스탄에서 철수하고 탈레반이 재집권하면서 새로운 아프간 난민이 러시아로 유입되었다. 〈그림 4〉는 2022년 러시아에서 인도적 체류 허가를 신청한 아프간인이 전년도에 비해 2배 이상 증가했음을 보여준다. 본격적으로 난민이 유입되기 전에 러시아의 푸틴 대통령은 테러 전사가 난민으로 위장할 수 있다는 우려를 표명했다(Osmonalieva, 2021). 이전 시기에는 아프간인의 인도적 체류 허가 연장이 어렵지 않았지만 2023년부터는 연장이 어려워졌다는 기사도 있다. 이는 2022년 우크라이나 전쟁 난민 문제로 인해, 한정된 자원을 아프간인이 아니라 우크라이나인을 위해 쓰기 위함이라는 분석이 있다(Krasno, 2023). 많은 경우 아프간 난민은 본국에서의 위험을 증명하기 어렵다는 이유로 난민 신청이 거절되고 있다(Krasno, 2023). 러시아 정부는 20년 넘게 탈레반을 테러 단체로 간주했는데, 2021년 10월 탈레반을 테러 단체 명단에서 제외하겠다고 발표했다. 마침내 올해 4월 탈레반을 테러단체 명단에서 제외하고 탈레반 정권과 관계 정상화를 추구하고 있다(The Guardian, 2025).

전술하였듯이 시리아인에게 난민 인정은 매우 어려운 일이다. 2024년 12월 말 기준으로 3명의 시리아인이 난민 지위를 보유하고 있으며, 2011-2020년 동안 새로 난민 지위를 받은 시리아인은 1명에 불과했다(〈표 1〉). 시리아인은 왜 러시아로 망명하는가? 2011년 시리아 내전 발발 이전부터 직업, 가족 등 인연으로 러시아에 간 시리아인도 있었지만(Glazunova, 2019), 러시아는 시리아인에게 관광 비자를 발급하는 몇 안 되는 국가이기 때문이다. 시리아 다마스쿠스 대사관에서 러시아 비자를 얻는 것이 비교적 쉽기 때문에 난민이 러시아로 향한다는 분석도 있다. 시리아인이 러시아 관광 비자를 얻기 위해 러시아 영사에게 뇌물을 지급하는 경우가 많다고 보도되고 있다(Matusevich, 2018). 또한 인종적 연계로 인해 러시아로 간 시리아인도 소수 있다. 체르케스(Circassia)계 시리아인은 역사적으로 체르케스인의 고국으로 여겨지는 북코카서스의 아디게아로 망명을 가는 사례가 있다(Petkova, 2018).

시리아인을 비롯한 전통적 난민은 여러 단계에서 난민 신청에 어려움을 겪고 있고, 러시아 정부가 "조용하게" 시리아 난민을 제거하고 있다고 보는 시각도 있다(Glazunova, 2019). 인도적 체류(temporary asylum) 허가를 받은 외국인은 러시아에서 노동할 권리가 있지만, 러시아인은 시리아인의 고용을 꺼리는 경우가 많다. 인도적 체류 허가로 체류할 수 있는 1년의 기간은 신청서 제출 직후부터 시작되고, 허가를 받기까지 4개월 정도 소요되기에 실제로 인도적 체류 허가자가 체류할 수 있는 시간은 약 8개월에 불과하다. 러시아-시리아 간 학력 인증 협정이 있지만, 시리아의 학력 인증서를 인정하지 않는 고용주가 많기 때문에 실제로 고급 기술을 가지고 있더라도 저숙련 직종에 종사하거나 시민단체의 도움으로 생활하는 시리아인이 많다(Glazunova, 2019).

2016년 러시아가 시리아의 바샤르 알아사드(Bashar al-Assad) 정권에게 군사적 지원을 하면서, 시리아 난민은 더욱더 어려운 입장에 처한다. 러시아 정부는 시리아를 군사적으로 지원하 만큼, 자국 국민에게 시리아 상황의 개선과 지원 작전의 성공을 보여줄 필요가 생긴 것이다(Glazunova, 2019). 이러한 러시아 정부에게 러시아 내 시리아 난민의 존재는 군사 지원의 실패를 보여주는 반증이 되는 것이다. 시민 지원 위원회(Civic Assistance Committee)는 러시아가 이러한 정치적 관계를 난민 정책에 반영하고 있다고 주장한다(Civic Assistance Committee, 2021: 18-19). 2016년 이후로 러시아에서 시리아의 인도적 체류 허가자 수는 지속적으로 감소하고 있고, 2014년 이후로 전체 신청자 중 허가를 받는 사람의 비율도 점점 감소하였다(〈그림 5〉). 2020년 러시아 정부는 새로운 인도적 체류 신청자들에게 허가를 내주지 않았고, 체류 연장 신청 역시 거의 중지하였다(Civic Assistance Committee, 2021: 18-20). 2024년 12월 결국 아사드 정권이 붕괴하면서 러시아 정부는 시리아 난민과 관련한 새로운 상황에 처하게 된다. 러시아 정부는 알아사드를 비롯한 시리아 고위직에게

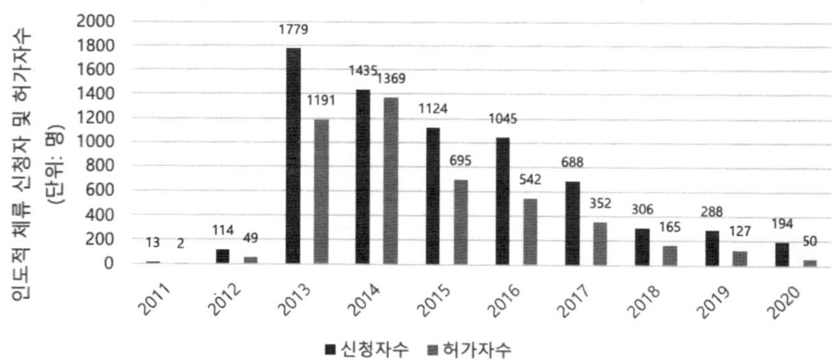

그림 5 러시아 내 인도적 체류(temporary asylum) 지위의 시리아인(각 년도 12월 31일 통계)

출처: Civic Assistance Committee(2021: 19)

는 망명을 제공하고 있지만(Levant24, 2025), 시민들에게는 망명을 허용하지 않고 있다. 또한, 러시아 정부는 최근 시리아, 아프간 국민들에게 우크라이나 전쟁에 참전하면 러시아 시민권을 부여하겠다고 제안한 것으로 알려져 있다(Hassan, 2024).

난민 지원 시민단체와 활동가들은 러시아 정부가 난민을 매우 좁게 정의하고, 이 때문에 난민 대부분이 난민 신청에 어려움을 겪고 있다고 증언한다(Petkova, 2018; Litvinova, 2016). 러시아의 푸틴 대통령을 비롯한 고위급 정치인은 2015년 유럽의 난민 위기를 언급하며 자국은 이와 같은 전철을 밟지 않을 것이라 강조하고 있다. 난민은 러시아 정치인이 종종 언급하지만, 사회에서 논의가 되지 않는 이슈라고 할 수 있다(Kuznetsova 2020, 515). 러시아 이민자 중 가장 큰 규모를 차지하는 노동 이민자보다 난민은 극소수이기에 난민보다는 노동 이민자가 러시아 이민 문제의 핵심을 차지해 왔다(Joo, 2022: 413-4). 하지만, 무엇보다도 정부와 반대되는 의견을 제시할 경우 부정적 후과를 초래할 수 있기 때문이다(Kuznetsova 2020, 515). 특히 2012년 러시아 푸틴 대통령의 3기 집권이 시작되고 권위주의가 강화되면서 시민사회에 대한 억압도 심해지고 있다. 본 연구의 많은 자료의 근간인 시민 지원 위원회는 현재 러시아에서 활동하는 거의 유일한 난민 지원 민간단체라고 할 수 있다. 시민 지원 위원회는 외국으로부터 자금을 지원받고, 정치적 활동을 하고 있다는 이유로 2015년 러시아 정부에 의해 외국의 대리인(foreign agent)으로 지정되었다(Litvinova, 2016). 이로 인해 단체는 정부의 추가적 감시, 막대한 관료적 부담, 협력 기관의 감소 등 여러 어려움을 겪고 있지만 난민 지원 활동을 계속하고 있다(Litvinova, 2016).

표 1 러시아에서 난민(refugee) 지위의 시리아인

연도	2011	2012	2013	2014	2015	2016	2017	2018	2019	2020
신청자수	31	197	1073	473	337	220	191	63	46	24
인정건수	0	1	0	0	0	0	0	0	0	0

출처: Civic Assistance Committee(2021: 18)

2. 비전통적 난민: 우크라이나인

러시아 정부에 따르면 현재 러시아에는 127만 명의 우크라이나 난민이 체류 중이다. 2014년 러시아의 크림반도 합병 이후 5,789명의 우크라이나인이 난민(refugee)을 신청하였고, 241명이 난민으로 인정받았다(Civic Assistance Committee, 2021: 13). 2015년 러시아 관료들은 우크라이나인의 난민 신청을 허락하지 않았다(Civic Assistance Committee, 2021: 13). 2014년 인도적 체류(temporary asylum)를 신청한 우크라이나인은 26만 5,448명이었고 24만 8,201명이 인도적 체류를 허가받았다. 하지만, 실제 러시아에 체류 중인 우크라이나인은 이보다 훨씬 많을 것으로 추산된다. 상당수의 우크라이나인은 난민이나 인도적 체류 지위를 신청하지 않고, 친척, 친구 등 네트워크를 활용하여 러시아에 체류하고 있다. 우크라이나인은 3개월까지 러시아에 체류할 수 있지만, 다음 네 가지 중 하나로 법적 지위를 얻지 못하면 국가의 지원을 받지 못한다(Kuzemka, 2023).

첫째는, 난민(refugees)이다. 2022년 5명의 우크라이나인이 난민 지위 인정을 받았다(Kuzemka, 2023). 2022년 12월 31일 러시아에는 난민 지위의 우크라이나인은 단 26명만 존재했다. 〈그림 6〉은 난민 지위로 러시아에 체류 중인 우크라이나인의 수를 보여주는데, 실제로 대다수의 우크라이나인은 난민으로 체류하고 있지 않음을 알 수 있다.

둘째는, 인도적 체류 허가(temporary asylum)이다. 〈그림 7〉은 매년 12월 31일 통계를 기준으로 인도적 체류 허가를 보유한 우크라이나인의 수, 〈그림 8〉은 인도적 체류 허가를 신청하고 인정받은 사람의 수를 보여준다. 인도적 체류 허가를 받으면 러시아에 1년을 체류할 수 있고(연장 가능), 일회성으로 1만 루블을 받고, 러시아에서 노동하고, 교육을 받을 수 있다. 크림반도 합병 이후로 2014년 7월 러시아 정부는 특별 명령을 내려서 우크라이나인은 더 신속한 절차를 통해 인도적 체류 신청할 수 있도록 하였다(Lee, 2021: 1870). 전통적 난민의 경우 임시 체류 허가 신청에 수개월이 걸리지만 우크라이나인의 경우 3일 만에 절차가 끝나는 경우도 있었다(Lee, 2021: 1870). 〈그림 8〉에서도 볼 수 있듯이 2014-2015년 러시아에서 인도적 체류 허가자가 급증한 것을 알 수 있다. 또한, 시리아인, 아프간인과는 다르게 우크라이나인의 인도적 체류 신청은 매우 높은 비율로 허가를 받았음을 알 수 있다(〈그림 4〉와 〈그림 5〉와 비교).

2022년 2월 우크라이나 전쟁이 발발하기 6일 전, 푸틴은 돈바스에서 오는 우크라이나 난민에게 1만 루블의 정착 지원금을 준다고 약속하였다(Radio Free Europe/Radio Liberty, 2022). 2022년 동안 9만 8,758명의 우크라이나인이 임시적 체류 지위를 획득했으나, 그중 6만 5,374명이 2022년 말까지 이 지위를 유지하였다. 일부는 러시아를 떠났고, 다른 지위를 신청하거나, 혹은 러시아 시민권을 얻었다. 2022년 인도적 체류 지위를 새로 획득한 사람 중 99%가 우크라이나인이었다. 2023년에는 6,828명에게 인도적 체류 지위가 부여되었는데, 그중 80%가 우크라이나인이었다. 2023년 12월 말 인도적 체류 지위를 가진 우크라이나인은 1만 4,954명으로 줄어들었다(Civic Assistance Committee, 2024). 인도적 체류 지위를 가지는 우크라이나 사람들은 왜 감소하는가? 러시아의 난민 인권 단체인 시민 지원 위원회의 주장에 따르면, 내무부가 인도적 체류 지위를 가진 우크라이나인에게 귀화를 권유하고 있다고 한다(Civic Assistance Committee, 2024).

셋째, 임시 거주(temporary residency) 혹은 영구 거주(permanent residency)로, 우크라이나 난민이 선호하지 않는 체류 방식으로 알려져 있다. 신청 과

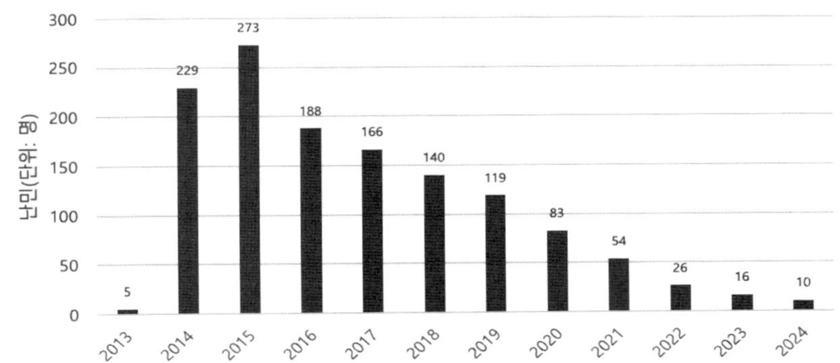

그림 6　러시아에서 난민 지위의 우크라이나인 (각 년도 12월31일 통계)
출처: (Civic Assistance Committee(2021: 13; 2023), Гражданское содействие(2025b)

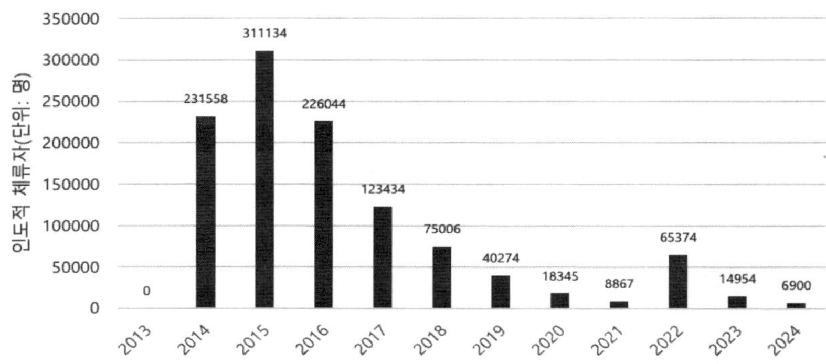

그림 7　러시아 내 인도적 체류자 지위의 우크라이나인(각 년도 12월 31일 통계)

출처: Civic Assistance Committee(2021: 15; 2023). Гражданское содействие(2025b)

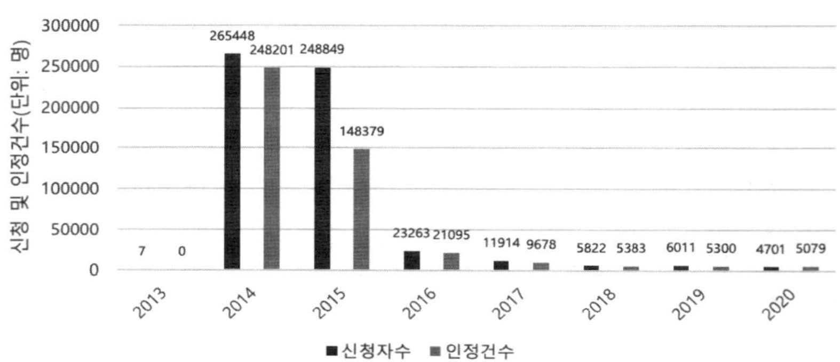

그림 8　러시아 내 인도적 체류자 지위의 우크라이나인

출처: Civic Assistance Committee(2021: 15)

정이 오래 걸리고, 특별한 지원을 받지 못하고, 여행과 노동에 제약이 있기 때문이다(Kuzemka, 2023).

넷째는 귀화(naturalization)로 러시아 관료들이 가장 선호하는 방식이다. 러시아 정부는 2019년 이후로 돈바스, 루한스크, 헤르손, 자포리자 지역의 우크라이나인에게 간소화된 귀화 절차를 적용하였다(Tass, 2022). 2022년 7월에는 이 절차를 모든 우크라이나인을 대상으로 확대하였다. 이에 따라 우크라이나인들은 러시아 귀화를 위한 필수 조건(5년 이상 거주, 러시아 언어 시험 통과 등)을 갖추지 않아도 되었다(Tass, 2022). 2021년 73만 명이 러시아 시민권을 얻었는데, 이는 (크림 반도를 제외하고) 러시아 연방 역사상 가장 많은 수였다.

이 중 절반인 37만 5,000명이 우크라이나인이다(Civic Assistance Committee, 2023). 2022년에는 69만 명이 귀화했는데, 그중 30만 명이 우크라이나인이다. 시민 지원 위원회의 보고서에 따르면, 많은 우크라이나인은 징병의 위험으로 인해 귀화를 꺼리고 있으며, 인도적 체류를 선호한다고 한다(Civic Assistance Committee, 2023).

또한, 상당수의 우크라이나 난민은 러시아의 해외 동포(sootechestvenik)에 대한 정착 프로그램(State program for resettlement of compatriots)을 통해 체류하고 있다(Гражданское содействие, 2024a). 이 프로그램은 1999년 러시아 두마에서 채택한 해외 러시아인들의 귀환을 위한 프로그램으로 2007년부터 시작하였다. 동포 프로그램에 참여하는 구소련 국민은 거주증과 시민권을 1년 이내에 신속한 절차를 통해 받을 수 있고, 재정적 지원도 받는다(Sahadeo · Morrison, 2025). 또한 러시아 내에서 프로그램 참여 신청이 가능하다. 동포 프로그램은 지역적 특수성을 갖는데, 인기가 많은 모스크바, 상트페테르부르그 지역은 신청자를 받지 않고, 지역마다 동포 프로그램에서 다른 신청 요건을 적용하고 다른 정도의 사회적 지원을 제공하고 있다. 2014년 10월 러시아 정부는 인도적 체류 지위를 얻은 우크라이나인들이 더 간소한 절차로 동포 프로그램에 참여할 수 있도록 하였고, 우크라이나인은 동포 프로그램에 참여할 경우 바로 러시아 시민권을 신청할 수 있었다(Kuznetsova, 2020: 519).

2014년 크림반도 합병 직후에는 많은 우크라이나인이 동포 프로그램에 참여했지만, 2022년 우크라이나 전쟁 이후로 우크라이나인의 참여는 매우 저조하다. 2014년 크림 합병 이후 2022년 전쟁 발발 전까지는 약 28만 7,000명의 우크라이나인이 동포 프로그램에 참여했고 이는 전체 프로그램 참여자의 3분의 1에 해당한다(TACC, 2022/04/17). 하지만, 이후로 동포 프로그램에 참여하는 총 인원은 감소하였고 그중 우크라이나인의 수 역시 줄어들었다(Гражданское содействие, 2025a). 특히, 2022년 우크라이나 전쟁은 프로그램에 대한 참여를 더 감소시켜서, 2015년 우크라이나인을 포함한 전체 18만 명의 참여자 이후로 2023년에는 4만 5,100명이 참여했다. 최근 몇 년간 동포 프로그램에 가장 많이 참여하는 국적은 우크라이나가 아닌 타지키스탄과 카자흐스탄이다(Шукюров, 2024). 2014년, 2015년에는 동포 프로그램 참여자의 50%가 우크라이나인이었지만, 2018년은 14%, 이후로 계속 감소하여 2022년 이후로 우크라이나인은 프로그램 참여자의 1% 이하를 차지한다(Шукюров, 2024). 2022년에는 총 2,640명의 우크라이나인이 동포 프로그램에 참여했고, 2024년에는 175명만이 참여했다(Гражданское содействие, 2025a).

우크라이나인의 프로그램 참여 감소에는 여러 원인이 있는 것으로 보인다. 첫째, 2022년 8월 푸틴 대통령의 대통령령에 따라 우크라이나인은 러시아에서 사진 촬영, 지문 등록, 의료 검사만 받으면 별도의 법적 절차 없이 러시아에 체류, 노동할 수 있었고 이 규정은 올 3월에야 변경되어서 우크라이나인은 9월까지 법적 지위를 확정해야 한다(Настоящее Время, 2025/03/20). 따라서 많은 우크라이나은 동포 프로그램 참여를 신청하기보다는 별도의 절차 없이 러시아에 머무른 것으로 보인다. 둘째, 전쟁으로 인해 러시아 시민권의 매력이 떨어졌다는 것이다. 전술했듯이 동포 프로그램은 시민권을 얻기 위한 신속한 절차이지만, 전쟁 발발과 징집으로 인해 많은 우크라이나인은 귀화를 꺼리고 상황을 관망하며 체류하는 것을 선호한다(Civic Assistance Committee, 2023). 동포 프로그램 관계자 역시 많은 잠재적 신청자들이 "전쟁 중인 국가로 가는 것"을 꺼림을 지적하고 있다(Габдуллина, 2024). 전술했듯이 2021년에는 러시아 역사상 가장 많은 외국인이 러시아 시민권을 획득하였는데(Civic Assistance Committee, 2023), 2022년 전쟁 발발 이전 친러시아 성향을 가진 많은 우크라이나인이 이미 러시아인으로 귀화했고, 따라서 시민권 획득의 신속한 절차인 동포 프로그램에 참여하는 우크라이나인의 수는 현재 많이 감소한 것으로 추정된다.

이처럼 최근 2014년 크림반도 합병과 2022년 우크라이나 전쟁 발발 이후 러시아 정부는 다양한 경로를 통해 우크라이나 난민을 우대하고 있다. 전통적 난민과 비교할 때, 우크라이나인은 인도적 체류 허가율이 훨씬 높고, 더 많은 재정적 지원도 받고 있다. 따라서 우크라이나인은 러시아 내 인도적 체류자 중 압도적인 비율을 차지하고 있다. 하지만, 동시에 러시아 정부가 우크라이나인에게 러시아 시민권 획득 압력을 넣고 있다는 사실을 주목해야 한다. 낮은 출산율, 높은 사망률로 인구 감소 문제를 목전에 둔 러시아 정부가 보기에 러시아인과 많은 것을 공유하는 슬라브계 우크라이나인은 다른 외국인보다 더 유용한 인구 그룹이고, 이들의 유입은 러시아 전쟁에 정당성을 부여하는 기능을 해 줄 수 있기 때문이다.

3. 난민?: 서유럽과 북미

서유럽과 북미의 난민 역시 전통적 의미의 난민과는 다른 대상이다. 물론 이들을 국제 규약상 난민으로 보기는 어렵겠지만, 러시아가 인도주의적 지원, 망명처라는 표현을 사용하고 있음은 중요하다. 2024년 8월 블라디미르 푸틴 대통령은 대통령령으로 "전통적 러시아의 영적, 도덕적 가치를 공유하는 사람들에 대한 인도주의적 지원" 정책을 발표한다("Указ Президента Российской Федерации от 19.08.2024 г. №702" 2025). 푸틴 대통령은 러시아의 전통적 가치에 반대되는 신자유주의 가치(neoliberal values)가 팽배한 47개 국가를 발표하고(서유럽, 미국, 우크라이나, 한국, 일본, 싱가포르, 미크로네시아 등), 이 국가에서 위협을 느끼는 사람을 위한 이주 정책을 발표한다. 그리고 2025년 1월 23일 푸틴은 러시아의 전통적 가치를 옹호하는 외국인의 이주, 정착을 도와주는 새로운 정부 조직을 발표했다(Интерфакс, 2025/01/23; Borogan · Soldatov, 2025). 이에 따라 내무부의 지도 아래 러시아의 전략 이니셔티브 에이전시(Агентства стратегических инициатив: АСИ)가 이 프로그램을 실행하게 되었다. 2025년 2월 언론 보도에 따르면, 현재까지 599명의 지원자가 있었다(Чупшева, 2025). 본 정책에 따르면, 지원자들은 단기 거주 허가증(Temporary Residence Permit)을 얻기 위해 일반적으로 요구되는 러시아의 언어, 역사, 법에 관한 시험을 면제받고, 지역별 쿼터 적용에서도 제외되어, 간소화된 절차로 3년간의 거주 허가증을 신청할 수 있다.

2025년 6월 기준 이 프로그램의 공식적 홍보 홈페이지인 웰컴 투 러시아(Welcome to Russia)의 대표는 마리아 부티나(Maria Butina)가 맡고 있다.[2] 부티나는 미국에서 총기 소지 활동가였는데, 2018년 러시아 스파이 혐의로 미국에서 추방되고 러시아의 하원인 두마 의원으로 재직 중이다. 웰컴 투 러시아는 영어를 비롯한 각종 언어로 번역한 웹사이트로서, 푸틴 대통령의 새로운 "인도적 지원" 정책을 홍보하고 있다. 부티나는 이 프로그램에 대한 인터뷰에서 웰컴 투 러시아는 "러시아의 가치를 공유하는 사람들에게 영적, 도덕적 피난처(spiritual and moral asylum)를 주려고 한다"고 홍보한다(Tass, 2024). 러시아 정부가 이 프로그램에 "인도주의적 지원"과 "도덕적, 영적 피난처"라는 표현을 쓰는 것은, 러시아가 난민 정책을 프로파간다용으로 쓰고 있음을 시사한다.

IV. 맺음말: 러시아 난민 정책의 연속성과 변화

2010년대 이후 러시아의 난민 정책은 이전 시기와 큰 연속성을 보여주고 있다. 첫째로, 러시아는 난민 정책에서 비전통 난민, 동포로서의 우크라이나인을 여전히 우대하고 난민을 선별적으로 수용하고 있다는 점이다. 2014년 크림반도 합병과 2022년 우크라이나 전쟁 이후 많은 우크라이나인이 러시아로 이주했고 그들은 다른 국적의 전통적 난민보다 더 높은 확률로 인도적 체류허가 인정을 받았다. 난민 인권 단체는 러시아 정부가 우크라이나 난민의 통계를 실제보다 과장하는 성향이 있다고 지적한다(Civic Assistance Committee, 2023). 우크라이나 난민의 러시아 유입은 러시아 전쟁에 정당성을 부여해 줄 수 있고, 동시에 슬라브계로서 인종적,문화적 공통점을 지닌 우크라이나인은 인구 감소 문제에 직면한 러시아에 유용한 이민자 집단이다. 우크라이나 난민에 대한 우대는 1990년대, 2000년대 러시아 난민 정책의 "이분화된 논리(bifurgated logic)" 혹은 "우리와 그들(us and them)"의 논리라는 이전 시기의 난

---

2 https://welcome-to-russia.com

민 정책과 중요한 연속성을 보여준다(Kubal, 2019: 17-22).

둘째, 러시아의 난민 정책은 다른 정책 분야의 방향성과 부합하며, 인도주의적 지원보다는 정치적 도구 역할을 한다는 점이다. 이는 모든 난민 집단에 대한 정책에서 드러난다. 푸틴 대통령은 2014년, 2022년 대통령령을 통해 우크라이나 난민에 대한 특별 대우를 지시하였다. 이와 같은 우크라이나 난민에 대한 대통령의 직접 개입과 지정학적 이익 추구를 쿠즈네초바는 난민 정책을 통한 이웃 국가로의 "영향력 행사"(influence-seeking)라고 부른다(Kuznetsova, 2020). 시리아 정부와의 관계로 인해 러시아가 시리아 난민을 전혀 받아들이지 않았던 시기가 있었고, 여전히 시리아 난민은 극소수를 차지한다. 하지만, 러시아는 알아사드와 시리아 정권의 고위층에게는 망명처를 제공하고 있다. 또한, 가치를 공유하는 서구권 이주민에 대한 "인도주의적 지원"이라는 프로그램은 분명한 정치적 도구이다. 이 프로그램은 2024년 8월 대통령령으로 직접 도입되었고, 푸틴 정부의 전략적 이니셔티브 에이전시가 이를 담당하고 있다. 이 프로그램은 과거 소련 시기 서구권 공산주의 활동가를 난민으로 받아들이는 사례와 유사한 것으로 보이는데, 추후 연구가 더 필요한 바이다.

이처럼 2010년대 이후 러시아의 난민 정책은 이전 시기와 큰 연속성을 보인다는 점에서, 러시아 난민 정책 이해에 역사적 고려가 도움이 된다고 할 수 있다. 하지만, 러시아 난민 정책은 동시에 이전과 다른 차별성 역시 노정하고 있다. 러시아의 난민 정책은 소련 시기와는 다르게 여전히 국제사회에 편입되어 있고, 전쟁과 서구권과의 관계 악화에도 불구하고 유엔난민기구가 여전히 러시아에서 활동하고 있다는 점이다. 동시에 러시아는 서구와의 관계 악화를 반영하여 자국의 난민 체제에 변화를 꾀하고 있다는 것이다. 서방 세계에서 자국의 가치에 동조하는 사람들에게 "도덕적, 영적 망명처"를 제공하는 공식 프로그램의 운영은 이전 시기와는 다른 큰 변화라고 할 수 있다. 이 프로그램과는 별도로 러시아 정부는 가치에 기반한 난민을 난민법에 도입하고자 논의 중이다. 올해 4월 내무부는 법안을 발의하여 1993년 도입된 난민법에 "러시아 연방이 인정하는 전통적 가족 가치 존중과 자녀 양육 우선을 본국에서 실행이 불가능할 경우" 혹은 "러시아 혐오(Russophobia)와 관련된 공포에 직면할 경우" 인도적 체류 허가를 주는 법안을 발의했다(РБК, 2025). 가족 가치, 러시아 혐오로 인한 공포를 난민법에 도입하는 것은 이례적인 일이자 서구와의 관계 악화라는 국제 정세를 반영한 것으로 이전 시기와는 다른 중요한 변화라고 할 수 있다. 이러한 난민 프로그램이 서구와의 관계의 개선 혹은 러시아 국내 정치 변화 이후에도 유지될 것인지 주목할 필요가 있다.

동시에 러시아의 난민 정책은 다른 권위주의 국가와의 유사성을 보이며 이는 추후 연구가 필요한 분야이다. 일례로 중국은 1970년대 후반 베트남과의 관계가 악화하면서 화교계 베트남 난민을 26만 명 대거 수용하고, 국내적·국제적으로 이를 대대적으로 보도한 사례가 있다(이신화, 2019: 178). 러시아의 우크라이나 난민에 대한 선택적 수용 역시 과거 중국의 사례와 유사성을 보인다. 추후 연구에서 러시아를 비롯한 권위주의 국가들의 난민 수용 결정 요인에 대한 비교 분석을 할 수 있을 것이다.

참고문헌

김정현. 2022. "요르단의 난민 정치학: 인권정책으로 살아남는 법." 『국제정치논총』 62(2): 153-90.

이신화. 2019. "동북아 난민문제의 정치외교적 대응격차." 『담론 201』 22(1): 157-98.

Blair, Christopher W., Guy Grossman, and Jeremy M. Weinstein. 2022. "Forced Displacement and Asylum Policy in the Developing World." *International Organization* 76 (2): 337-78.

Buckley, Cynthia J., Blair A. Ruble, and Erin Trouth Hofmann, eds. 2008. *Migration, Homeland, and Belonging in Eurasia*. Washington, D.C. : Baltimore, Md: Woodrow Wilson Center Press; Johns Hopkins University Press.

FitzGerald, David. 2022. *Refuge beyond Reach: How Rich Democracies Repel Asylum Seekers*. New York: Oxford University Press.

Fitzgerald, David and David A. Cook-Martín. 2014. *Culling the Masses: The Democratic Origins of Racist Immigration Policy in the Americas*. Cambridge, Massachusetts: Harvard University Press.

Freeman, Gary P. 1995. "Modes of Immigration Politics in Liberal Democratic States." *International Migration Review* 29(4): 881-902.

Higashijima, Masaaki and Yujin Woo. 2024. "Political Regimes and Refugee Entries: The Preferences and Decisions of Displaced Persons and Host Governments." *International Studies Quarterly* 68 (2): 1-15.

Hollifield, James Frank. 1992. *Immigrants, Markets, and States: The Political Economy of Postwar Europe*. Cambridge, Massachusetts: Harvard University Press.

Ivakhnyuk, Irina. 2009. "The Russian Migration Policy and Its Impact on Human Development: The Historical Perspective." *UNDP Human Development Reports Research Paper* (April).

Jackson, Joshua L. and Douglas B. Atkinson. 2019. "The Refugee of My Enemy

Is My Friend: Rivalry Type and Refugee Admission." *Political Research Quarterly* 72(1): 63-74.

Joo, Song Ha. 2022. "Building Fences? Sectoral Immigration Bans in Russian Regions." *Post-Soviet Affairs* 38(5): 410-426.

Joppke, Christian. 1998. "Why Liberal States Accept Unwanted Immigration." *World Politics* 50(2): 266-93.

Kubal, Agnieszka. 2019. *Immigration and Refugee Law in Russia: Socio-Legal Perspectives*. Cambridge: Cambridge University Press.

Kuznetsova, Irina. 2020. "To Help 'Brotherly People'? Russian Policy Towards Ukrainian Refugees." *Europe-Asia Studies* 72(3): 505-27.

Lee, Moonyoung. 2021. "Russia's Law on Refugees: Particularities, Historical Changes, and Limitations." *Europe-Asia Studies* 73(10): 1857-75.

Light, Matthew. 2016. *Fragile Migration Rights: Freedom of Movement in Post-Soviet Russia*. New York: Routledge.

Lyapina, Alfiya. 2021. "Contemporary Refugee Policy in Russia in 2012-2021: Contradiction between Refuge Legislation and Its Implementation in Practice." *Europa Ethnics* 78 (3,4): 145-54.

Moorthy, Shweta and Robert Brathwaite. 2019. "Refugees and Rivals: The International Dynamics of Refugee Flows." *Conflict Management and Peace Science* 36(2): 131-48.

Mukomel, Vladimir. 2005. *Migratsionnaya Politika Rossii* [*Migration Policy in Russia*]. Moscow: Institute of Sociology (Russian Academy of Sciences).

Natter, Katharina. 2023. "Ad-Hocratic Immigration Governance: How States Secure Their Power over Immigration through Intentional Ambiguity." *Territory, Politics, Governance* 11(4): 677-94.

Norman, Kelsey P. 2019. "Inclusion, Exclusion or Indifference? Redefining Migrant and Refugee Host State Engagement Options in Mediterranean 'Transit' Countries." *Journal of Ethnic and Migration Studies* 45(1): 42-60.

Norman, Kelsey P. 2021. *Reluctant Reception: Refugees, Migration and Governance in the Middle East and North Africa*. Cambridge, United Kingdom; New York: Cambridge University Press.

Sahadeo, Jeff and Nicholas Morrison. 2025. "Policy Brief: Russian Migration Policy at the Crossroads: Trends and Regional Repercussions." Prague Process.

Sassen, Saskia. 1996. "Beyond Sovereignty: Immigration Policy Making Today." *Social Justice* 23(3): 9-20.

Shevel, Oxana. 2011. *Migration, Refugee Policy, and State Building in Postcommunist Europe*. New York: Cambridge University Press.

Song, Lili. 2020. *Chinese Refugee Law and Policy: A Door behind the Bamboo Curtain?*. Cambridge: Cambridge University Press.

Tsygankov, Andrei P. 2022. *Russia's Foreign Policy: Change and Continuity in National Identity*. Lanham, Boulder, New York, London: Rowman & Littlefield.

Zolberg, Aristide R. 2006. *A Nation by Design: Immigration Policy in the Fashioning of America*. New York: Harvard University Press.

Borogan, Irina, and Andrei Soldatov. 2025. "Love Putin's Russia? Come, Join Us." *CEPA Europe's Edge* (January 28) https://cepa.org/article/love-putins-russia-come-join-us/ (검색일: 2025. 6. 14).

Civic Assistance Committee. 2021. "About Imitation of the Asylum Institution in Russia: Statistics for 2020 and Its Brief Analysis." https://refugee.ru/wp-content/uploads/2021/06/Imitation-of-the-asylum-institution-1.pdf (검색일: 2025. 6. 14).

Civic Assistance Committee. 2023. "Russian Passport Has Become a 'Toxica Asset'. 2022 Migration Statistics: 277 Official 'Refugees', Decreased Interest in RF Citizenship." (February 22) https://refugee.ru/en/dokladyi/stats-2022-toxic/ (검색일: 2025. 6. 14).

Civic Assistance Committee. 2024. "Migration Results in 2023: Asylum as an

Instrument." (March 19) https://refugee.ru/en/dokladyi/migration-stats-2024/ (검색일: 2025. 6. 14).

Glazunova, Lyubov. 2019. "Why Russia Is Quietly Getting Rid of Its Syrian Refugees." Civic Assistance Committee. (September 12) https://refugee.ru/en/news/problemy_sirijskih-bezhentsev-v-rossii/ (검색일: 2025. 6. 14).

Hassan, Hoshang. 2024. "Syrians in Russia to Choose between Fighting in Ukraine or Deportation." *North Press Agency* (January 7) https://npasyria.com/en/109721/ (검색일: 2025. 6. 14).

Krasno, Andrei. 2023. "Afghans Seeking Refuge In Russia Face Higher Hurdles." *Radio Free Europe/Radio Liberty* (June 18) https://www.rferl.org/a/afghanistan-refugees-russia-asylum-requests-denied/32464392.html (검색일: 2025. 6. 14).

Kuzemka, Lidia. 2023. "War-Displaced Ukrainian Citizens in Russia." *Forced Migration Review* (August). https://www.fmreview.org/ukraine/kuzemska/ (검색일:2025. 6. 14).

Levant24. 2025. "Russia Quietly Provides Asylum to Assad-Era Figures Amid Regime Collapse." (April 16) https://levant24.com/uncategorized/2025/04/russia-quietly-provides-asylum-to-assad-era-figures-amid-regime-collapse/ (검색일: 2025. 6. 14).

Litvinova, Daria. 2016. "Russia's Refugees: They Picked the Wrong Country." *the Moscow Times* (October 14) https://www.themoscowtimes.com/2016/10/14/they-picked-the-wrong-country-a55702 (검색일: 2025. 7. 22).

Matusevich, Yan. 2018. "Russia's Catch-22 Asylum System." *The New Humanitarian* (January 29) https://deeply.thenewhumanitarian.org/refugees/community/2018/01/29/russias-catch-22-asylum-system.html (검색일: 2025. 6. 14).

Osmonalieva, Baktygul. 2021. "Head of Russia Criticizes Placing Afghan Refugees in Central Asia." 24.*KG* (August 23) https://24.kg/english/204749_Head_of_Russia_criticizes_placing_Afghan_refugees_in_Central_Asia/ (검색일: 2025. 6. 14).

Petkova, Mariya. 2018. "Why Russia Refuses to Give Refugee Status to Syrians." *Al Jazeera* (January 17) https://www.aljazeera.com/features/2018/1/17/why-russia-refuses-to-give-refugee-status-to-syrians (검색일: 2025. 6. 14).

Poletaev, Dmitry. 2021. "Is a Large-Scale Influx of Refugees From Afghanistan to Russia Possible?" *Valdai Club*. (October 27). https://valdaiclub.com/a/highlights/large-scale-influx-of-refugees-from-afghanistan/ (검색일: 2025. 6. 14).

Radio Free Europe/Radio Liberty. 2022. "Ukrainian Refugees In Russia 'Losing Hope' Of Receiving Putin's Promised Payment." (July 3) https://www.rferl.org/a/ukraine-refugees-russia-putin-payment/31926940.html (검색일: 2025. 6. 14).

Radio Free Europe/Radio Liberty. 2017. "Moscow's 'Little Kabul.'" (December 25) https://www.rferl.org/a/russia-afghan-community/28926962.html (검색일:2025. 6. 14)

Tass. 2022. "Putin Expands Simplified Russian Citizenship Acquisition on All Residents of Ukraine." (July 11) https://tass.com/politics/1478355 (검색일: 2025. 6. 14).

Tass. 2024. "Welcome to Russia Project Helps to Find Spiritual, Moral Refuge - State Duma Deputy." (November 29) https://tass.com/society/1879827 (검색일: 2025. 6. 14).

The Guardian. 2025. "Russia Removes Taliban from List of Banned Terrorist Groups." (April 17) https://www.theguardian.com/world/2025/apr/17/russia-removes-taliban-from-list-of-banned-terrorist-groups (검색일: 2025. 6. 14).

UNHCR Russia. 2025. "UNHCR digest January-February 2025 ENG." https://www.unhcr.org/ru/media/unhcr-digest-january-february-2025-eng (검색일: 2025. 6. 14).

Габдуллина, Эмилия. 2024. "Переселение откладывается." (February 12) https://www.kommersant.ru/doc/6508071 (검색일: 2025. 7. 21).

Гражданское содействие. 2024a. "Миграционные итоги 2023 года: обзор статистики по переселению ≪соотечественников≫ в Россию." (February 2). https://refugee.ru/dokladyi/sootechestvenniki-2023/(검색일: 2025.6.14).

Гражданское содействие. 2024b. "Обзор Статистики По Беженцам Из Афганистана в Российской Федерации." https://refugee.ru/news/obzor-statistiki-po-bezhenczam-iz-afganistana-v-rossijskoj-federaczii/(검색일: 2025.6.14).

Гражданское содействие. 2025a. "Миграционная статистика за 2024 год: число участников программы по переселению в Россию продолжает стремительно снижаться." (March 19). https://refugee.ru/dokladyi/migraczionnaya-statistika-za-2024-god-chislo-uchastnikov-programmy-po-pereseleniyu-v-rossiyu-prodolzhaet-stremitelno-snizhatsya/(검색일: 2025.6.14).

Гражданское содействие. 2025b. "Миграционные итоги 2024 года: МВД России признало беженцами 12 человек, 5,3 тысячи получили статус ≪временное убежище≫." (February 28). https://refugee.ru/dokladyi/migraczionnye-itogi-2024-goda-mvd-rossii-priznalo-bezhenczami-12-chelovek-53-tysyachi-poluchili-status-vremennoe-ubezhishhe/(검색일: 2025.6.14).

Интерфакс. 2025. "В России Создадут Офис Помощи Иностранцам, Приезжающим Ради Традиционных Ценностей." (January 23) https://www.interfax.ru/russia/1004320 (검색일: 2025. 6. 14).

ТАСС. 2022. "В Россию с Украины с 2014 Года По Госпрограмме Переселились 287,6 Тыс. Соотечественников." (April 17). (검색일: 2025. 6. 14).

"Указ Президента Российской Федерации от 19.08.2024 г. № 702." 2025. Президент России. (May 26) http://kremlin.ru/acts/bank/51035 (검색일:

2025. 6. 14).

Настоящее Время. 2025. "Путин обязал граждан Украины, находящихся в РФ без 'законных оснований', выехать до 10 сентября или 'урегулировать свое правовое положение.'"(March 20) https://www.currenttime.tv/a/putin-grazhdane-ukrainy/33353991.html (검색일: 2025. 7. 21).

РБК. 2025. "Власти подготовили реформу предоставления убежища в России." (April 29) https://www.rbc.ru/politics/29/04/2025/680b522b9a7947f1710aa902 (검색일:2025. 7. 23).

Чупшева, Светлана. 2025. "В России ждут ≪ценностных≫ и талантливых переселенцев." Эксперт (February 27) https://expert.ru/obshchestvo/v-rossii-zhdut-tsennostnykh-i-talantlivykh-pereselentsev/ (검색일:2025. 6. 14).

Шукюров, Абы. 2024. "Больше миллиона человек вернулись в Россию по программе репатриации за последние 20 лет. Но в 2023 году число ≪добровольных переселенцев≫ упало до минимума." Если быть точным (February 29) https://tochno.st/materials/bolse-milliona-celovek-vernulis-v-rossiiu-po-programme-repatriacii-za-poslednie-20-let-no-v-2023-godu-cislo-dobrovolnyx-pereselencev-sokratilos-do-minimuma (검색일:2025. 6. 14).

Зимовина,Е.П. 2003. "Динамика численности и состава населения Казахстана во второй половине XX века." Демоскоп *Weekly* 103-104(3-16 марта) https://www.demoscope.ru/weekly/2003/0103/analit03.php (검색일: 2025. 7. 18).

• • • •

제6장

이라크의 비무슬림 이주민과 국내피난민 문제 장기화의 정책적 요인[1]

황의현

I. 머리말: 돌아가지 못하는 이라크의 기독교도와 야지디인

2014년 이라크는 이라크시리아이슬람국가(ISIL)의 강력한 위협에 직면했다. 이라크 정부군이 무력한 가운데 서부 안바르주 대부분을 장악한 ISIL은 2014년 6월 북부 니네베주에 대한 공세를 시작했고, 6월 10일에는 니네베주의 주도(州都)이자 이라크 제2의 도시인 모술을 장악했다. 이어 바그다드에서 140km밖에 떨어지지 않은 티크리트까지 함락시키며 바그다드를 향해 공세를 시작했다. ISIL은 6월 29일 이슬람국가(IS) 건설을 선언하고 지도자 아부 바크르 알바그다디(Abu Bakr al-Baghdadi)를 무슬림의 칼리프로 선언했다.

IS의 공세와 위협은 이라크와 국제사회를 충격에 빠뜨렸다. 국제사회에 더 큰 충격을 준 것은 IS가 정부군 포로와 민간인을 대상으로 자행한 폭력이

1 이 글은 『한국이슬람학회논총』 34(2) (2024)에 게재된 논문을 본서의 편집 취지에 맞도록 수정·보완한 것입니다.

었다. 특히 IS가 무슬림이 아닌 제거해야 하는 불신자로 규정한 시아파가 폭력 대상이 되었다. 모술이 함락된 직후 IS는 모술 감옥의 시아파 수감자 600명 이상을 살해했으며, 이어 티크리트 인근의 공군기지에서는 1,700명에 달하는 시아파 훈련생을 처형했다(Hawley, 2017: 167).

니네베주는 역사적으로 기독교도, 야지디(Yazidi)인, 카카이(Kaka'i)인 등 비무슬림 소수 집단이 주로 거주하던 지역이었다. 따라서 니네베주가 비무슬림에 적대적이고 극단주의적 이슬람 해석을 따르는 IS에게 넘어간 것은 이라크의 비무슬림에게 심각한 위협이 되었다. 실제로 IS는 장악한 지역의 비무슬림을 가혹하게 탄압했다. 기독교도는 개종하거나 비무슬림이 내야 하는 세금인 지즈야(jizyah)를 강제로 내거나 모든 재산을 빼앗기고 강제로 집을 떠나야 했다(Hanish, 2015: 8).

경전을 가진 사람들(ahl al-kitab)로 인정되는 기독교도가 딤미(dhimmi), 즉 무슬림의 지배 아래에 사는 비무슬림으로서 지즈야를 내고서라도 목숨을 부지할 수 있었던 반면, 경전을 가진 사람들로 인정받지 못하는 비무슬림은 더 심각한 탄압에 직면했다. 특히 IS가 악마 숭배자라고 규정한 야지디인이 큰 피해를 입었다. IS는 야지디인을 강제로 이슬람으로 개종시키거나 살해했으며, 야지디인 여성을 노예로 만들었다(Ali, 2022: 82). IS는 카카이인 또한 야지디인과 마찬가지로 딤미로 인정하지 않고 이슬람으로 개종하지 않으면 살해하겠다고 위협했다(Hosseini, 2018: 164).

기독교도와 야지디인 외에도 엄격한 이슬람 율법을 극단적으로 집행하는 IS의 지배를 두려워한 많은 수니파도 IS를 피해 떠나면서 국내피난민(Internally Displaced Persons)이 대규모로 발생했다. 모술이 함락된 2014년 6월부터 2014년 9월까지 니네베, 안바르, 살라훗딘 등 IS의 영향권에 들어간 이라크 북부 지역에서 약 190만 명이 피난을 떠났으며 이 중 83만 명이 모술 지역 출신이었다(Khedir. 2021: 149). 국내피난민 중 75만 명은 니네베주에서 가까우면서도 상대적으로 안정적인 쿠르디스탄 자치정부(Kurdistan Regional Government) 지역으로 이동했다(Thibos, 2014: 11). 특히 IS로부터 직접적으로 생존 위협을 받은 비무슬림이 국내피난민 가운데 상당한 비중을 차지했다. 2014년 1월부터 2015년 3월까지 니네베주를 떠난 국내피난민 100만 명 중 80만 명이 기독교도와 야지디인을 포함한 소수 종교·민족 집단이었다(IOM Iraq, 2019: 7).

모술이 함락된 이후 이라크 정부군, 친이란 시아 무장조직이 주축이 되어 결성된 국민동원군(Popular Mobilization Force), 쿠르디스탄 자치정부 산하 무장 조직인 페쉬메르가(Peshmerga)는 미국 등 국제사회의 지원을 받아 반격에 나섰고, 결국 2017년 7월 모술을 탈환하는 데 성공했다. 2017년 12월 이라크 정부는 영토 거의 전부를 회복해 IS에 대해 승리를 거두었다고 공식적으로 발표했다.

IS를 격퇴하는 데 성공했지만 3년간의 전쟁 동안 이라크 전체의 국내피난민의 수는 약 600만 명까지 늘어났다. 국내피난민 문제는 IS를 격퇴하고 8년이 지난 현재까지도 아직 완전히 해결되지 않은 채 남아 있다. UNHCR에 따르면 원래 거주지로 돌아가지 못한 피난민은 2024년 기준으로 여전히 114만 명에 달한다(UNHCR 2024). 안바르, 니네베, 바그다드, 살라훗딘, 키르쿠크주에 설치되었던 캠프는 안바르주의 캠프를 제외하고 2020년 이후 모두 폐쇄되었지만, 쿠르디스탄 자치정부에는 아직 캠프가 운영되고 있다(Euro-Mediterranean Human Rights Monitor, 2021: 15-22). 돌아가지 못한 국내피난민 중 가장 큰 수를 차지하는 집단은 비무슬림으로, 2019년 기준으로 쿠르디스탄 자치정부에 머무르고 있는 난민 중 60%가 기독교도와 야지디인 등 소수 종교·민족 집단이다(Khedir, 2021: 150).

왜 비무슬림 국내피난민은 아직도 돌아가지 못하는가? 왜 비무슬림은 고향과 이라크를 떠나가? 이 글은 IS 위기로 발생한 이주와 국내피난민 문제가 장기화되는 요인을 2003년 이후 이라크의 정치적 변화와 국가능력의 약화라는 더 큰 맥락과 관련하여 분석하고자 한다.

이 글은 첫 번째로 IS의 등장으로 촉발된 이라크의 비무슬림 국내피난민 문제가 장기화되는 원인을 중앙정부의 능력 약화라는 구조적 측면에서 설명한다. 정치적 혼란으로 치안을 유지할 능력을 상실한 중앙정부는 이슬람 극단주의의 위협에서 비무슬림 소수자들을 보호하지 못했다. 비무슬림은 IS가 등장하기 이전에도 이미 종파, 종족 갈등의 피해자가 되어 생존을 위해 쿠르디스탄 자치정부나 해외로의 이주를 선택했다. IS 위기 이후 비무슬림의 난민화와 이동은 단발적 사건이 아니라 2003년 이후 지속되던 경향의 일부였다. 만성적인 문제가 된 중앙정부의 치안 유지 능력 약화는 IS 패배 이후에도 비무슬림 국내피난민이 여전히 돌아가지 못하는 이유다.

두 번째로 IS 위기 이후 심화된 정치적 대립이 국내피난민 문제를 장기화하는 요인이다. IS가 격퇴된 이후 북부, 특히 신자르 지역은 중앙정부, 쿠르디스탄 자치정부, PMF, 시리아와 튀르키예의 쿠르드노동당(PKK), 야지디 정치세력 등 다양한 행위자 사이 복잡한 경쟁이 펼쳐지는 영역이 되었다. 2003년 이후 이라크 정치의 특징, 즉 중앙정부가 국내 행위자 사이 대립을 억제하고 외부 행위자의 침투를 막을 능력을 행사하지 못하는 상황에서 기인한 이러한 정치적 불안정은 국내피난민 문제의 장기화를 초래했다. 한편 북부 지역의 정치적 불안정은 수니파 국내피난민 문제도 초래했는데, 이 역시 중앙정부가 종파와 민족 정체성을 정치화하는 무장조직을 통제할 능력을 가지지 못한 것과 관련되어 있다.

II. IS의 등장과 이라크 비무슬림의 이주민과 국내피난민 발생

1. 이라크 비무슬림 공동체의 위기: IS 위기 이전과 이후

기독교도, 야지디인 등 이라크의 비무슬림은 IS가 세력을 확장하기 전부터 이미 물리적 위협과 강제이주와 같은 위협에 직면해 있었다. 2003년 이후 정치적 혼란과 치안 공백 상황에서 등장한 수니파 이슬람 극단주의 무장조직과 시아파 무장조직의 공격은 비무슬림에게 직접적인 위협이었다. 특히 명목상으로나마 세속주의를 표방하던 바아쓰 정권이 붕괴하고 종교와 종파 정체성이 우리와 타자를 구분하는 기준이 되어 종교적 타자가 적으로 간주되기 시작한

2003년 이후 이라크의 상황에서 자신들을 보호할 무장조직이나 정치 세력이 없던 비무슬림은 적대 행위의 목표가 되었다.

2003년 기준 이라크에는 약 150만 명의 기독교도가 있던 것으로 추산된다(Adelman, 2016: 173). 이라크 알카에다(AQI)와 같은 이슬람 극단주의 조직의 발흥, 중앙정부의 치안 유지 능력 붕괴, 이슬람 규범의 엄격한 수행을 강조하는 분위기 확산 등의 변화는 기독교도의 안위에 위협으로 작용했다. 이에 더해 많은 기독교도가 미군 기지에 고용되었다는 점 또한 기독교도가 서방과 결탁했다는 의혹의 근거가 되어 이슬람 극단주의자들이 기독교도를 공격하는 이유가 되기도 했다(Hanish, 2009: 4). 기독교도 민간인과 성직자에 대한 폭력과 살해, 교회를 노린 테러 공격, 개종하거나 이라크를 떠나지 않으면 살해하겠다는 위협 등이 잇따랐다. 그 결과 2003년부터 2012년까지 기독교도 최소 413명이 살해됐고 교회 46곳이 테러 공격을 당했다(Al-Jeloo, 2016: 115). 중앙정부는 기독교도를 보호하지 못했을 뿐만 아니라 방관하는 모습을 보였다. 한 예로 2006년 7월에는 당시 국회의장이던 마흐무드 알마슈하다니(Mahmoud al-Mashhadani)가 무슬림 대신에 기독교도가 테러 대상이 되어야 한다는 의미의 발언을 하기도 했다(Hanish, 2009: 8).

생존 위협을 느낀 기독교도는 종파 갈등과 폭력이 만연한 도시를 떠나 기독교도가 많은 북부 지역으로 이주했다. 바그다드에서는 기독교도 75%가 이주했으며, 기독교도 1,200가구가 살던 바스라에서는 거의 모든 기독교도가 떠났다(Khedir, 2021: 150). 이라크 전체 인구의 약 5%에 불과한 기독교도가 해외 이라크인 난민과 망명자 중에서 차지하는 비율은 2007년 기준 40%에 달했다(Al-Jeloo, 2016: 115). 대규모 해외 이주의 결과 2006년까지 최소 25만 명의 기독교도가 이라크를 떠났으며(Hanish, 2009: 9), 150만 명이었던 기독교도 인구는 IS가 세력을 본격적으로 확장하기 이전인 2013년에 이미 50만 명까지 감소한 것으로 추정된다(Al-Jeloo, 2016: 115).

2014년 이전 기준으로 약 50만 명(Ali, 2022: 78)으로 추산되는 야지디인은 기독교도에 이어 이라크에서 두 번째로 큰 비무슬림 집단으로, 기독교도와 마찬가지로 2003년 이후 정치 변동의 피해자다. 야지디인은 고대 이란계 신앙과 이슬람 신비주의의 혼합에 뿌리를 둔 유일신과 공작 천사(Tawus Melek)를 필두로 하는 일곱 천사에 관한 신앙을 가지고 있으며, 공작 천사를 사탄(샤이탄)으로 오해한 무슬림에 의해 악마 숭배자로 규정되어 탄압받아 왔다. 야지디인의 전승에 따르면 역사상 총 72번에 달하는 탄압(firman)이 있었다(Schmidinger, 2019: 171).

야지디인이 악마 숭배자라는 오해는 이슬람 극단주의 조직이 야지디인을 공격하는 근거가 되었다. 2004~2005년에 걸쳐 야지디인 공동체 지도자들이 잇따라 암살당했으며 이슬람 극단주의자들은 야지디인을 불신자로 규정하고 폭력을 선동했다. 2007년 6월에는 이슬람 극단주의자들이 야지디인 노동자 25명을 살해하는 등 야지디인에 대한 위협이 가시화되자 모술과 바그다드 등에서 일하던 야지디인들은 야지디인이 다수 거주하는 니네베주의 신자르(Sinjar, 또는 신갈Singal)로 이주해야만 했다(Acıkyıldız-Şengul, 2019: 151). 그러나 2007년 8월 신자르에서도 이라크 알카에다가 계획한 폭탄 테러 공격으로 야지디인 500명 이상이 사망했다.

키르쿠크를 중심으로 이라크 북부에 주로 거주하며 약 25만 명에 달하는 카카이인 또한 2003년 이후 위기에 처한 비무슬림 집단이다. 야스라니(Yasrani)인이라고 불리기도 하는 카카이인은 야지디인과 비슷하게 이란계 종교에서 기원해 인간의 영혼은 윤회하고 신이 인간의 몸으로 현현했다는 믿음을 가지고 있다. 카카이인의 신앙에 따르면 4대 정통 칼리프인 알리 또한 신의 화신이다(Hosseini, 2018: 157). 2003년부터 2007년까지 카카이인을 불신자로 규정한 이슬람 극단주의자들의 공격으로 100명 이상이 살해당하고 100가구 이상이 키르쿠크를 떠나야 했다(Hosseini, 2018: 162).

이처럼 2003년 이후 이라크의 비무슬림은 지속적으로 위협에 노출되어 있었고, 이런 상황은 IS의 등장으로 정점에 달했다. 이슬람 극단주의자들의 탄압과 위협을 피하기 위한 비무슬림의 이주는 IS와 함께 새롭게 나타난 단발적인 사건이 아니라 2003년 이후 비무슬림이 직면해 왔던 지속적인 위협의 연장선에 있었다.

2014년 8월 IS는 야지디인의 주요 거주지인 신자르와 이라크 최대 기독교도 마을인 카라코쉬(Qaraqosh) 등 비무슬림 지역을 장악했다. 이라크 정부군이 전투 능력을 상실한 상황에서 사실상 북부 지역의 유일한 군사력이었던 페쉬메르가는 IS와 교전하지 않고 지역 주민들에게도 알리지 않은채 일방적으로 철수했다. 페쉬메르가는 야지디인과 기독교도가 자체 방위를 위한 민병대를 조직하겠다는 요청도 허락하지 않았다(Hama, 2021: 434; Kruczek, 2021: 104-105). 그 결과 비무슬림 주민들은 페쉬메르가가 철수하자 어떠한 보호도 받지 못한 채 IS의 지배에 놓이게 되었다.

모술을 점령한 뒤 IS는 기독교도에게 개종하거나 이틀 내로 떠나지 않으면 살해하겠다고 경고했고, 이에 모술의 거의 모든 기독교도가 재산을 빼앗긴 채 떠났다. 카라코쉬에서도 강제 개종 위협이 있었으며, 여성, 노인, 아이들은 모든 재산을 빼앗기고 추방되었고 남성들은 억류되었다(Lia · Aarseth, 2022: 269-270). 도시 인구 대다수를 차지하던 기독교도가 추방된 결과 인구 5만 명이었던 카라코쉬는 사실상 아무도 살지 않는 마을이 되었다(Knuppe, 2023: 51). 이라크 칼데아교회 주교인 루이스 사코(Louis Sako)에 따르면 IS의 점령 이후 기독교도 약 10만 명이 국내피난민이 되어 쿠르디스탄으로 이동했다(France 24, 2014/08/07). 신자르의 야지디인은 더욱 가혹한 상황에 놓였다. IS가 신자르 지역을 점령한 이후 약 4,000명이 넘는 야지디인이 살해당했고 약 1만 명이 납치당했으며 3,500명에 달하는 야지디인 여성이 노예로 팔려나간 것으로 추산된다(Hama, 2021: 436). IS가 공세를 시작한 이후 신자르를 떠나 국내피난민이 된 야지디인은 20만 명에서 최대 40만 명에 달했다(Ali, 2022: 82-83). IS가 악마 숭배자, 불신자로 규정한 카카이인 또한 살해 위협을 피해 약 2만 명이 피난길에 올랐다(Hosseini, 2018: 164-165).

2. 비무슬림 국내피난민 문제의 장기화 요인

2017년 이라크 정부군과 PMF, 페쉬메르가가 모술과 니네베주를 탈환했지만, 비무슬림 국내피난민의 귀환은 더디게 이루어졌다. 2019년 국제이주기구(IOM, International Organization for Migration)의 조사에 따르면 기독교도와 야지디인은 소수 민족 집단인 시아파 투르크멘인과 시아파 샤바크(Shabak)인과 함께 전체 국내피난민의 22%를 차지하지만, 귀환자 중에서는 단 2.2%만을 차지했다(IOM Iraq, 2019: 7). 같은 조사에서 IOM가 설문조사를 실시한 기독교도 응답자 200명과 야지디인 응답자 250명 중 1년 내로 원래 살던 곳으로 돌아갈 뜻이 있다고 답한 사람은 기독교도 1.5%, 야지디인 4.8%에 불과한 반면, 기독교도의 84.5%, 야지디인의 90%는 이라크를 떠나겠다고 답했다(IOM Iraq, 2019: 35).

비무슬림 국내피난민이 귀환하지 않고, 오히려 이라크를 떠나려는 이유는 무엇인가? 위의 조사에 따르면 원거주지의 불안한 치안 상황, 공공 서비스와 일자리 등 경제적 기회 부족이 대표적인 원인으로 꼽혔다(IOM Iraq, 2019: 17-18). 그러나 니네베주의 치안 불안과 열악한 경제적 상황은 아랍 수니파, 아랍 시아파 등 무슬림 국내피난민에게도 적용되는 문제지만, 무슬림은 귀환하려고 하는 반면 비무슬림은 귀환에 소극적이라는 차이가 있다(Constantiti · O'Driscoll, 2020: 490).

비무슬림의 귀환에 소극적인 것은 이라크의 비무슬림들이 IS 위기를 계기로 이슬람 극단주의의 위협으로부터 자신들을 보호해주지 못하는 이라크 중앙정부에 실망하고 환멸을 느끼게 되었기 때문이기도 했다. 비무슬림은 또한 니네베주의 일부 수니파 아랍인들이 IS에 동조해 비무슬림 탄압에 가담함에 따라 수니파 아랍인에 대한 신뢰도 잃어버렸다. 특히 신자르에서 함께 살던 수니파 아랍인들이 IS의 야지디인 탄압에 협조한 것을 경험한 야지디인 사이에서 아랍인에 대한 배신감과 적대심이 표출되는 경우가 보고된다(PAX, 2016: 12; van Zoonen · Wirya, 2017: 13). 기독교도 또한 무슬림을 IS와 동일시하고 적대시하는 시각을 표출하기도 한다(ANC International, 2020: 55).

이와 같은 수니파 아랍인에 대한 불신은 중앙정부로부터 보호를 기대하지 못하는 상황에서 수니파 아랍인이 다수를 차지하는 니네베주로 돌아가

거나 이라크에서 계속 사는 것이 위험하다는 인식을 만들어냈다. 알리(Majid Hassan Ali)는 야지디인 국내피난민과의 면담을 토대로 야지디인들이 이라크 중앙정부와 IS에 협조해 야지디인 탄압을 돕거나 방조한 신자르 지역의 수니파 아랍인에 대해서도 신뢰를 잃었으며, 이는 야지디인들이 신자르로 돌아오지 않거나 이라크를 떠나려고 하는 이유라고 보았다(Ali, 2022: 84-85). 실제로 2014년 이후 야지디인 약 4만 명이 이라크를 떠나 독일로 이주했으며, 독일의 야지디인 공동체 규모는 12만 명에 이를 정도로 성장했다(Kizilhan, 2017: 337).

불안한 치안 상황을 우려하여 해외 이주를 택하는 경향은 기독교도 사이에서도 나타난다. 2019년 니네베주의 기독교도를 대상으로 수행된 설문조사에 따르면 치안이 안정되었고 IS와 같은 이슬람 극단주의 무장조직이 다시 등장할 가능성은 낮다고 보는 무슬림과 달리 기독교도는 여전히 치안 불안과 극단주의 조직의 재등장을 우려하고 있다(ANC International, 2020: 53-54). 이 조사에서 기독교도는 바로 이러한 치안 불안을 우려하여 이주를 고려하는 것으로 나타났다. 응답자 중 57%가 이라크를 떠날 생각을 하고 있으며, 정치적 및 치안 불안을 이주 동기로 꼽은 응답자 비율은 69%에 달했다(ANC International, 2020: 36).

여전히 위험한 니네베주와 달리 쿠르디스탄 자치정부가 관할하는 지역은 비무슬림에게도 상대적으로 안전하고 안정되어 있다는 인식도 비무슬림이 피난지에 머무르려는 이유다. 케디르(Hewa Haji Khedir)가 면담 조사한 비무슬림 국내피난민들은 경제적으로 어렵고 열악한 환경에 살고 있지만 불구하고 쿠르디스탄이 더 안전하고 비무슬림에 대한 차별도 없기 때문에 쿠르디스탄에 계속 머무르고자 한다고 답했으며(Khedir, 2021: 152-153), IOM의 조사에서도 안전 문제가 비무슬림이 계속 쿠르디스탄에 머무르려는 가장 큰 이유라고 나타났다(IOM Iraq, 2019: 35).

이처럼 치안 문제는 비무슬림 국내피난민 문제가 장기화되는 것과 직접적으로 관련되어 있다. 특히 이슬람 극단주의에 대한 우려와 두려움은 많은 비무슬림이 원거주지로 돌아가지 못하도록 하는 요인이다. 이라크 중앙정부가 비무슬림의 안전을 보장할 능력이 없다는 인식도 비무슬림 국내피난민 문제를 장기화하는 요인으로 작용하고 있다.

III. 정치적 불안정과 국내피난민 문제의 장기화

1. 중앙정부의 능력 약화로 장기화되는 정치적 불안정

이라크 북부의 니네베주, 키르쿠크주 등 중앙정부와 자치정부가 접한 경계 지역의 영유권 문제는 IS 위기 이전부터 이라크 중앙정부와 쿠르디스탄 자치정부 사이 대립의 핵심 쟁점이었다. 이 문제의 기원은 2003년 이전으로 거슬러 올라간다. 바아쓰 정권 집권기 사담 후세인은 이라크 북부 지역을 아랍화하기 위해 쿠르드인을 강제로 이주시키고 아랍인을 정착시키는 정책을 펼쳤다. 이후 쿠르드 세력은 아랍화의 부당성을 지적하고 이 지역에 대한 영유권을 주장해왔으며, 결국 2005년 제정된 이라크 헌법 140조는 니네베주 북부와 키르쿠크주 등을 아우르는 지역을 분쟁 지역(disputed areas)으로 규정하고 지역 주민이 참여하는 선거를 통해 영유권 문제를 해결할 것을 명문화했다. 그러나 현재까지 선거가 이루어지지 않은 상황에서 분쟁 지역 영유권은 여전히 중앙정부와 자치정부 사이 쟁점으로 남아 있다.

분쟁 지역을 둘러싼 대립 구도에서 분쟁 지역 주민들, 특히 신자르에 거주하는 야지디인의 민족 정체성 문제가 중요한 사안이 되었다. 쿠르드 민족주의 진영은 쿠르드어를 사용하는 야지디인이 쿠르드인이고 야지디교는 쿠르드인의 원래 신앙이라고 주장하며 신자르 지역이 쿠르디스탄에 편입되어야 한다고 강조했다(Oilaei, 2023: 3). 한 예로 2015년 페쉬메르가가 신자르를 탈환한 뒤 당시 자치정부 수반이었던 마스우드 바르자니(Masoud Barzani)는 "신자르는 쿠르디스탄의 일부"라고 발언하기도 했다(Fitzherbert 2015/11/18).

자치정부와 쿠르디스탄 편입에 대한 신자르 야지디인들의 지지를 얻기 위해서 자치정부의 집권당인 쿠르드민주당(Kurdish Democratic Party, KDP)은 다양한 방식으로 신자르에 기반을 구축했다. KDP는 KDP와 가까운 관계에 있는 야지디인이 공무원에 임용될 수 있도록 영향력을 행사하고 쿠르드어를 사용하는 학교를 건설했다. 경제적으로 낙후된 신자르에서 KDP가 제공하는 일자리, 자금, 재건 사업은 많은 야지디인에게 유일한 생계 수단이었다(Maisel, 2008: 5). 이에 더해 모술 지역의 치안이 불안해지고 야지디인을 향한 위협도 커지자 신자르의 많은 야지디인은 모술이 아닌 쿠르디스탄에서 대학을 다니거나 일자리를 구하면서 야지디인과 자치정부의 관계는 더욱 긴밀해졌다(Kavalek, 2017: 14-15). 야지디인의 국회 진출 또한 유력자들이 KDP 당원으로서 출마하는 방식으로 이루어졌다. 2006~2010년 이라크 국회의 야지디인 의원 7명 중 6명이 KDP 소속이었다(Yılmaz · Sevdeen, 2019: 180).

그러나 이라크 정부군이 도주하고 페쉬메르가가 일방적으로 철수한 것은 신자르에서 자치정부와 KDP의 지지가 약화되는 결과를 초래했다. 이 공백을 메운 세력은 시리아의 PKK였다. PKK와 PKK의 지원을 받는 신자르저항군(Sinjar Resistance Force, YBŞ)는 시리아로 이어지는 통로를 확보해 신자르에 포위된 야지디인을 구출했고 야지디인의 새로운 보호자로 부상했다(Dulz, 2016: 140).

신자르의 새로운 행위자로 자리를 잡은 PKK는 곧 자치정부와 대립했다. 신자르가 탈환된 후 2015년 11월 자치정부는 신자르 서부를 장악한 PKK를 외부 세력으로 규정하고 철수하라고 통보했으며, YBŞ에는 자치정부 통제 산하로 편입될 것을 요구했다(Kaválek, 2017: 17-18). 그러나 IS 위기 이후 중앙정부와 자치정부 모두에 대해 신뢰를 상실한 야지디인 사이에서 쿠르드인과 구별되는 독자적인 야지디 정체성을 주장하려는 움직임이 나타났고, 이러한 상황에서 야지디인의 자치를 지지하는 PKK는 신자르에서 자치정부와 경쟁할 수 있는 지지기반을 구축할 수 있었다(Yılmaz · Sevdeen, 2019: 183-184). 반면에 카심 세쇼(Qassim Shesho)가 이끄는 야지디 무장조직은 자치정부와 KDP와의 협력 관계를 유지했다(Spat, 2018: 430).

쿠르드 세력 사이의 대립과 PKK를 지지하는 야지디인과 자치정부를 지지하는 야지디인 사이의 분열이 나타난 가운데 2017년 쿠르디스탄 자치정부는 신자르를 포함한 분쟁 지역에서 쿠르디스탄 편입 국민투표를 강행했다. 국민투표를 막기 위해 이라크군과 PMF가 신자르로 진입해 갈등이 고조되자 자치정부는 신자르에서 철수했고 PMF가 신자르를 사실상 장악했다. 신자르에 진출한 PMF는 자치정부를 견제하고 세력을 구축하려는 PKK, YBŞ 그리고 그리고 KDP와 경쟁 관계에 있는 야지디인 지도자 하이데르 셰쇼(Haider Shesho)가 이끄는 야지디방어군(Yazidi Protection Force, HPE) 등과 협력하여 신자르 지역에 기반을 구축했으며, 일부 야지디 민병대 조직은 PMF에 합류하기도 했다(International Crisis Group, 2018: 9; International Crisis Group, 2022: 8). 이란과 PMF는 신자르에 대한 영향력을 바탕으로 이란과 시리아를 연결하는 통로를 확보하려고 하는 것으로 분석된다(Saleem · Mansour, 2014: 21-22).

이처럼 여러 정치세력과 무장조직이 난립해 경쟁하는 상황에서 신자르 지역의 불안은 지속되었다. 2017년 3월 신자르 인간 한수르(Khansour)에서는 PKK를 지지하는 민병대와 KDP와 연계된 민병대 사이 교전이 발생했으며, 4월에는 PKK가 이라크로 세력을 확대하는 것을 막기 위해 튀르키예가 신자르의 PKK 근거지를 공습했다(International Crisis Group, 2018: 7-8). 2019년에도 PKK 연계 무장조직과 정부군 사이 충돌이 발생했으며, 튀르키예의 공습도 계속되었다.

2020년 10월 중앙정부와 자치정부는 신자르 지역을 안정화하고 야지디인 국내피난민을 귀환시키기 위해 신자르 협정을 체결했다. 협정의 주요 내용은 시장 임명, PKK를 포함한 모든 무장조직 철수, 중앙정부의 치안 유지력 확립, 지역 주민 2,500명으로 구성되는 보안 병력 창설, 재건 위원회 결성 등이었다(IOM Iraq, 2024: 11). 그러나 협정은 거의 이행되지 않았다. 신자르 주민들은 자신들의 의사가 반영되지 않은 채 중앙정부와 자치정부가 일방적으로 시장을 지명하는 것에 반대했으며 결국 여전히 시장이 임명되지 못하는 상황이다(International Crisis Group, 2022: 16-17). 무장조직 철수도 이루어지지 못했다. PMF는 자신들이 곧 중앙정부 산하 병력이라고 주장하며 철수를 거부했고 YBŞ 등 PMF와 PKK와 연계된 무장조직도 여전히 신자르에 남아 있다(Saleem, 2024: 12). 2022년 5월에도 정부군과 YBŞ 사이 충돌이 발생해 약 3,000명의 피난민이 발생한 사건(Al-Jazeera 2022)은 협정 체결 후 2년이 지난 뒤에도 중앙정부가 협정을 이행해 신자르에서 무장조직을 철수시킬 능력이 없다는 점을 보여주었다. 독자적인 정치적 기반이 없어 시아 정치세력에 의존할 수밖에 없는 무함마드 알수다니(Muhammad al-Sudani) 이라크 총리가 시아 정치세력과 밀접한 관계를 맺고 있는 PMF를 통제해 신자르에서 철수시키기는 어려울 것으로 분석된다(Saleem, 2024: 12-13).

여러 정치세력과 무장조직의 대립으로 불안정이 해결되지 않고 효율적인 행정 체계도 작동하지 않음에 따라 신자르 지역의 재건은 늦어졌고 20만 명에 달하는 신자르의 야지디인 국내피난민의 귀환도 어려운 실정이다. IOM에 따르면 2014년부터 2017년까지 신자르의 공공 인프라 80%, 민간 주택의 70%가 파괴되었으며 신자르 지역 주민의 주 생계 수단인 농업 인프라도 큰 피해를 입었다(IOM 2022/08/04). 206개 학교 중 단 96개 학교만이 문을 열었으며 정원 400명인 학교에 학생 600~1,000명이 다니고 교사 한 사람이 학생 1,400여 명을 관리하는 등 심각한 학생 과밀 상황도 초래되었다(Center for Civilians in Conflict, 2020: 21; Human Rights Watch, 2023/06/06). 발전소 두 곳도 피해를 입어 전기와 수도 공급도 극히 제한적으로 이루어지며 지역 주민들은 자체적으로 구입한 발전기와 물탱크, 우물에 의존하고 있다(Human Rights Watch, 2023/06/06).

중앙정부의 만성적인 정치적 교착 상태도 신자르 주민에 대한 경제적 지원을 어렵게 하는 요인이다. 2021년 총선 이후 정당 간 대립 장기화로 차기 내각 구성이 지연되자 2022년 예산안 확정도 늦어졌다. 이에 따라 2021년부터 2023년까지 야지디인 1만 500명이 지원금을 신청했고 5,000명이 승인을 받았지만 단 한 가구도 지원금을 받지 못했다(Human Rights Watch, 2023/05/09). 이라크 중앙정부는 신자르 재건에 약 342억 달러를 편성했지만, 2017년 YBŞ가 지역 자치를 주장하며 자체적으로 시장을 선출하면서 기존 시장과의 대립으로 이 자금을 집행할 주체가 없다는 것도 문제다(Human Rights Watch, 2023/06/06).

중앙정부가 무장조직을 통제하지 못하는 상황은 2003년 이후 이라크의 만성적인 문제로, 신자르의 사례는 국가능력의 약화와 국내피난민 문제 장기화 사이의 긴밀한 관련성을 보여준다. 중앙정부는 IS가 격퇴된 이후에도 여러 무장조직이 경쟁하는 신자르 지역에서 통제력을 행사하고 정치적 안정을 유지하지 못했으며, 이는 신자르 지역의 재건이 이루어지지 않고 야지디인 국내피난민이 귀환하기에 필요한 조건이 만들어지지 못하는 원인이 되었다.

2. 수니파 국내피난민, 또다른 희생자

IS 위기는 야지디인 등 비무슬림뿐만 아니라 북부 지역의 많은 수니파 아랍인도 국내피난민으로 만들었으며, 수니파 국내피난민은 2020년 기준으로 약 100만 명에 달하는 것으로 추산된다(European Union Agency for Asylum, 2022: 26). 그러나 수니파 아랍인을 IS 동조자라는 간주하는 의혹은 PMF와 페쉬메르가가 수니파 아랍인이 다수를 차지하는 북부 지역에서 수니파 아랍인의 영향력을 약화시키는 구실로 이용되고 있다. 신자르를 확실히 야지디인이 다수를 차지하는 지역으로 바꾸어 안보를 확보하려는 야지디인, 북부의 분쟁 지역에 대한 영유권을 주장하기 위해 쿠르드인 인구를 늘리려는 페쉬메르가, 이란과 시리아를 연결하는 교통로로서 전략적으로 중요한 북부 지역을 장악하려는 시아파 무장조직에 의한 수니파 아랍인에 대한 강제이주와 귀환 통제는 IS 이후 국내피난민 문제의 또다른 측면이다.

수니파의 보호자를 자처하며 시아파와 비무슬림에 대한 탄압을 정당화한 IS의 등장은 수니파 아랍인과 다른 종파, 종교, 민족 간의 경계를 강화했고, 실제 IS에 협조했는지와는 무관하게 수니파 아랍인 전체를 잠재적인 IS 동조자로 여기는 인식이 형성되었다. 그 결과 수니파가 다수를 차지하는 안바르 지역을 떠나 쿠르디스탄이나 바그다드 등지로 이동한 국내피난민은 피난지에서 쿠르드 또는 시아 민병대나 자치정부와 중앙정부 산하 보안병력에 의한 차별과 폭력에 노출되기도 했다(Higel, 2016: 11). IS 격퇴전이 시작된 이후 떠나거나 IS가 통제하던 지역으로 이동한 국내피난민 또한 IS 지지자로 간주되었다(Siddiqui et al., 2019: 87-88).

이러한 경향은 신자르에서도 나타났다. 수니파 부족 구성원이나 마을 주민 중 일부가 IS에 협조해 야지디인 탄압에 동조했다는 이유로 부족과 마을 전체를 비난하고 수니파 국내피난민의 귀환을 반대하는 여론이 야지디인 사이에서 확산되었다. 수니파 아랍인에 대한 부정적 여론이 커지고 야지디인의 생존을 위해서는 수니파 아랍인을 축출하고 신자르를 확실히 야지디인의 땅으로 만들어여 한다는 인식이 대두됨에 따라 많은 수니파 국내피난민은 신자르로 돌아오지 못했고, 그 결과 야지디인과 수니파 아랍인이 함께 살던 신자르는 IS 위기 이후 야지디인이 절대 다수를 차지하는 지역으로 변화했다(Center for Civilians in Conflict, 2020: 15-16).

수니파 아랍인에 대한 야지디인의 반감은 수니파 민간인에 대한 보복성 폭력으로 표출되었다. 2015년 1월에는 야지디인이 시바야(Sibaya) 등 수니파 아랍인이 거주하는 신자르 인근 마을 4곳을 공격해 21명을 살해하는 사건이 발생했으며(Coles, 2015/02/11), 2017년 6월에도 야지디인 무장조직에 의해 수니파 아랍인 52명이 살해되거나 납치되기도 했다(Human Rights Watch, 2017/12/27). 일부 야지디 무장조직 지도자들은 수니파 아랍 부족인 임테이위트(Imteywit) 부족과 자하이슈(Jahaysh) 부족이 IS에 협력했다는 이유로 적개심을 드러내고 민간인에 대한 폭력을 정당화했다(Human Rights Watch, 2017/12/27). 이 외에도 야지디인 무장조직은 신자르 인근의 알카이라완(Al-Qairawan) 등 수니파 마을에서 민간인을 강제로 검문하거나 구금하는 방식으로 수니파 아랍인을 위협하는 것으로 알려졌다(Center for Civilians in Conflict, 2020: 16). 시바야가 공격당한 이후 인근 마을로 돌아왔던 수니파 아랍인들이 다시 피난을 떠난 사례(Amnesty International, 2016a)에서 확인할 수 있듯이, 야지디인 무장조직이 행사하는 보복성 폭력과 위협은 수니파 아랍인이 신자르로 돌아가지 못하게 만들어 국내피난민 문제를 장기화하는 데 일조하고 있다.

수니파 아랍인은 신자르뿐만 아니라 북부 지역 여러 곳에서 강제로 추방되거나 귀환이 금지되었다. 특히 페쉬메르가는 IS와 연계되어 있다는 구실로 IS로부터 탈환한 키르쿠크와 니네베 지역에서 수니파를 강제로 추방하는 것으로 알려졌다. 한 예로 엠네스티는 페쉬메르가가 2016년 10월 키르쿠크 인근의 수니파 마을 두 곳을 탈환한 뒤 주택을 철거하고 지역 주민 190가구를 강제로 추방했다고 밝혔으며(Amnesty International, 2016b), 니네베주에서도 페쉬메르가와 야지디인 무장조직이 수니파 아랍인 마을 여러 곳을 파괴하고 주민들을 추방했다(Amnesty International, 2016a).

페쉬메르가는 수니파 아랍인이 돌아오는 것도 막고 있다. 2014년 10월 페쉬메르가는 니네베주 북부 줌마르(Zummar)를 탈환된 뒤 쿠르드인 피난민에게는 귀환을 허가한 반면 수니파 아랍인에게는 엠네스티가 현지 조사를 수행하던 2015년 11월까지 귀환 허가가 나지 않았다. 다른 마을인 마크무르(Makhmur) 또한 2014년 8월에 탈환되었고 쿠르드인 피난민들은 돌아갔지만 수니파 아랍인들은 2015년 11월에도 돌아가지 못했다(Amnesty International, 2016a). 페쉬메르가와 야지디인 무장조직이 수니파 아랍인들이 돌아오지 못하도록 주택과 상점, 부동산 등 수니파 아랍인들의 생활 기반을 의도적으로 파괴하거나 무단으로 점거했다는 보고도 있다(Center for Civilians in Conflict. 2020: 17). 페쉬메르가뿐만 아니라 쿠르디스탄 자치정부 또한 모술 인근 12개 마을에 수니파 아랍인이 귀환하는 것을 막고, 쿠르드인이나 자치정부와 관련된 아랍인이 아닌 수니파 아랍인 약 4,200명이 모술 인근 마을 12곳으로 돌아오지 못하도록 금지했다(Human Rights Watch, 2019/09/06). 북부 분쟁 지역을 둘러싼 중앙정부와 자치정부 사이의 경쟁이라는 맥락에서 볼 때, 페쉬메르가의 이러한 행동은 분쟁 지역에서 수니파 아랍인을 쫓아내 인구 구성을 쿠르드인에게 유리한 방향으로 바꾸려는 의도가 반영된 것으로 해석된다.

PMF 또한 수니파 아랍인을 강제로 추방하고 귀환을 막아 국내피난민 문제 장기화에 일조하는 행위자다. 바드르 부대(Badr Organization), 아사이브 아흘 알하크(Asaib Ahl al-Haqq) 등 PMF의 주축을 구성하는 시아 무장조직은 이란과 접경한 지역으로서 전략적으로 중요한 디얄라주를 통제하며 수니파 국내피난민을 위협하고 있다. 2014년 디얄라주에서 IS를 격퇴한 시아 무장조직에 의해 디얄라주의 무크다디야(Muqdadiyya)에서 수니파 3,000여 명이 강제로 추방당했다(Human Rights Watch, 2015/02/11). 이후 시아 무장조직은 디얄라의 수니파들이 돌아가지 못하도록 통제하고 있으며, 시아 무장조직의 지배를 인정하는 수니파만 제한적으로 귀환을 허용했다(Skelton·Saleem, 2021: 25). 이에 수니파 국회의원인 라아드 알다흘라키(Raad al-Dahlaki), 나히다 알다이니(Nahida al-Daini)는 시아 무장조직이 수니파들을 강제로 쫓아내 이란 접경 지역의 인구 구조를 바꾸려고 한다고 비판하기도 했다(United States Department of State, 2021/05/12). 한편 PMF는 바그다드 남부의 수니파 지역인 주르프 알사카르(Jurf al-Sakhar)에서도 주민 10만 명 이상을 강제로 추방했으며, 대다수는 2021년에도 돌아가지 못했다(Ali, 2021/05/03).

PMF는 니네베주에서 IS에 연루되었다는 이유로 수니파 아랍인의 귀환을 통제하고 있다. 2018년 2월 PMF는 니네베주의 알바아즈(Al-Ba'aj)에서 IS 대원 가족의 귀환을 금지하는 명령을 공포했으며, 그 결과 1만 2,000명에 달하는 것으로 추산되는 알바아즈 출신의 국내피난민 중 단 1,000여 명만이 귀환을 허가받을 수 있었다(Human Rights Watch, 2018/08/26). PMF는 시리아와 이란을 연결하는 교통로에 위치해 전략적으로 중요한 알바아즈 지역을 통제하기 위해 수니파를 축출하려는 것으로 분석된다(Skelton·Saleem, 2021: 41).

지방정부도 IS와 관련되었다는 이유로 국내피난민의 귀환에 제약을 걸었다. 2017년 살라훗딘과 바빌주 지방의회는 IS에 협조한 사람뿐만 아니라 그 가족과 친족도 추방하고 보안심사를 거쳐야만 돌아올 수 있도록 결정했다(Human Rights Watch, 2017/03/05). IS와 연계되었다는 이유로 무장조직과 지방정부로부터 이유로 귀환을 허가받지 못한 국내피난민은 2019년 기준 25만 명에 달하며, 총 94개 지역에서 페쉬메르가, PMF, 이라크군 등이 지역 주민의 귀환을 막고 있는 것으로 추산된다(Human Rights Watch, 2019/06/14).

IS가 수니파 아랍인이 주축이 되었던 조직이었음을 고려할 때, IS와 관련되어 었다는 의혹을 받아 돌아가지 못하는 국내피난민 대부분이 수니파 아랍인이라고 볼 수 있다. 사회적 편견과 반감에 직면해 수니파 국내피난민 중 많은 수가 돌아가지 못하는 상황에서 중앙정부는 이러한 문제를 해결할 구체적이고 체계적인 계획을 제시하지 못하는 실정이다(International Crisis Group, 2020: 4). 무장조직의 차별과 탄압로부터 수니파 아랍인을 보호할 능력을 갖추지 못한 중앙정부의 취약성은 국내피난민 문제를 장기화하고 있다.

IV. 맺음말: 이주와 국내피난민 문제, 국가 실패의 복합적 결과

이 글은 IS가 격퇴된 이후에도 이라크의 국내피난민 문제가 현재까지 완전히 해결되지 않은 채 장기화되는 원인을 국가 능력 약화라는 측면에서 분석했다. 2003년 바아쓰 정권이 무너진 뒤 새롭게 수립된 이라크 중앙정부는 취약한 국가 능력으로 인해 국내 치안과 안정을 유지하지 못했고, 이에 이슬람 극단주의 무장조직과 시아파 무장조직이 성장할 환경이 조성되었다. 한편 종교, 종파, 민족 집단에 권력을 분배하는 새로운 정치 구조는 정체성을 정치화해 집단 간 분열과 대립을 심화하는 결과를 가져왔다.

정체성의 차이가 '우리'와 적대적 '타자'를 구분하는 기준이 된 정치적 상황과 국가 능력 약화에 따른 치안 공백의 결합은 이라크 수니파 내에서 시아파와 비무슬림에 적대적인 이슬람 극단주의 무장조직이 등장하는 요인이 되었다. 이슬람 극단주의 조직이 적으로 규정한 기독교도와 야지디인 등 이라크의 비무슬림 공동체는 취약한 중앙정부의 보호도 기대할 수 없었고, 결국 상대적으로 안전한 쿠르디스탄 자치정부 지역이나 해외로 이주해야만 했다. IS가 이라크 북부 지역을 점령한 뒤 나타난 비무슬림의 대규모 이주는 바로 이러한 경향의 연속선에 있다.

영토 내 군사력 사용을 독점하지 못하는 이라크 중앙정부의 취약성은 IS

가 격퇴된 이후에도 국내피난민 문제를 장기화하는 요인이다. 취약한 중앙정부가 군사력을 사용하는 국내 무장조직 성장을 억제하는 능력을 행사하지 못하는 상황에서 페쉬메르가, 야지디 무장조직, 시아파 무장조직 사이에 벌어지는 갈등과 대립은 이라크 북부 지역에서 치안 불안을 초래하고 국내피난민의 귀환을 가로막았다.

IS 위기는 또한 수니파 아랍인과 다른 종교, 종파, 민족 사이 정체성의 경계를 더욱 분명하게 만들어 2003년 이후 이라크 정치의 특징인 정체성에 따른 분열을 심화하는 결과를 가져왔다. 수니파 정체성을 표방한 IS의 등장은 수니파 아랍인이 야지디인, 시아파, 쿠르드인과 구별되는 적대적 타자라는 인식을 강화했고, 이에 따라 형성된 수니파 아랍인이 IS의 잠재적 동조자라는 의혹은 야지디인 무장조직, 페쉬메르가, PMF의 주축인 시아파 무장조직이 북부 지역에서 수니파의 영향력을 약화시키기 위해 수니파 아랍인을 강제로 추방하거나 수니파 국내피난민의 귀환을 막는 구실이 되었다. 한편 무장조직을 통제하지 못하는 중앙정부는 무장조직이 수니파 아랍인에 대해 폭력을 저지르고 수니파 국내피난민의 귀환을 강제로 막는 상황을 사실상 방조하고 있다. 결론적으로 이라크 국내피난민 문제의 장기화는 2003년 이후부터 지속된 이라크의 정치적 문제가 복합적으로 작용해 나타난 결과로 이해될 필요가 있다.

참고문헌

ACN International. 2020. Life after ISIS: New challenges to Christianity in Iraq. Konigstein: ACN International.

Acıkyıldız-Şengul, Birgul. 2019. "The Yezidis: An Ancient People, Tragedy, and Struggle for Survival." in Paul S. Rowe ed. *Routledge Handbook of Minorities in the Middle East*, 146-158. London and New York: Routledge,

Adelman, Howard. 2016. "Ethnic Cleansing in Iraq: Internal and External Displacement." in Benjamin Isakhan ed. *The Legacy of Iraq: From the* 2003 *War to the 'Islamic State'*, 167-180. Edinburgh: Edinburgh University Press.

Ali, Majid Hassan. 2022. "The Forced Displacement of Ethnic and Religious Minorities in Disputed Areas in Iraq: A Case Study of the Post-2014 Yazidi Minority." *AlMuntaqa* 5(1): 76-89.

Al-Jeloo, Nicholas. 2016. "Post-withdrawal Prospects for Iraq's 'Ultra-minorities'." in Benjamin Isakhan ed. *The Legacy of Iraq: From the* 2003 *War to the 'Islamic State'*, 110-122. Edinburgh: Edinburgh University Press.

Amnesty International. 2016a. *Banished and Dispossessed: Forced Displacement and Deliberate Destruction in Northern Iraq*. London: Amnesty International.

Amnesty International. 2016b. *'Where are we supposed to go?' Destruction and forced displacement in Kirkuk*. London: Amnesty International.

Center for Civilians in Conflict. 2020. *Caught in the Middle: The impact of security and political fragmentation on civilian protection in Sinjar*. Washington D.C.: Center for Civilians in Conflict.

Constantini Irene and Dylan O'Driscoll. 2020. "Practice of Exclusion, Narratives of Inclusion: Violence, Populations Movements and Identity

Politics in Post-2014 Norther Iraq." *Ethnicites* 20(3), 481-500.

Dulz, Irene. 2016. "The Displacement of the Yezidis after the Rise of ISIS in Northern Iraq." *Kurdish Studies* 4(2): 131-147.

Euro-Mediterranean Human Rights Monitor. 2021. *Exiled At Home: Internal displacement resulted from the armed conflict in Iraq and its humanitarian consequences*. Geneva: Euro-Mediterranean Human Rights Monitor, June 2021.

European Union Agency for Asylum. 2022. *Iraq-Targeting of Individuals: Country of Origin Information Report*. Luxembourg: European Union Agency for Asylum.

Hama, Hawra Hasan. 2021. "What Explains the Abandonment of Yezidi People by the Kurdish Force in 2014? Foreign Support of Internal Factors." *Ethnopolitics* 20(4): 428-449.

Hanish, Shak. 2009. "Christians, Yazidis, and Mandaeans in Iraq: A Survival Issue." *Digest of Middle East Studies* 18(1): 1-16.

Hanish, Shak. 2015. "The Islamic State Effect on Minorities in Iraq." *Review of Arts and Humanities* 4(1): 7-11.

Hawley, Emily. 2017. "ISIS Crimes Against the Shia: The Islamic State's Genocide Against Shia Muslims." *Genocide Studies International* 11(2), 160-181.

Higel, Lahib. 2016. *Iraq's Displacement Crisis: Security and protection*. London: Ceasefire Centre for Civilian Rights and Minority Rights Group International.

Hosseini, Seyedehbehnaz. 2018. "The Kaka'i: A Religious Minority in Iraq." *Contemporary Review of the Middle East* 5(2): 156-169.

International Crisis Group. 2018. *Winning the Post-ISIS Battle for Iraq in Sinjar*. Brussels: International Crisis Group.

International Crisis Group. 2020. *Exiles in Their Own Country: Dealing with Displacement in Post-ISIS Iraq*. Brussels: International Crisis Group.

International Crisis Group. 2022. *Iraq: Stabilising the Contested District of Sinjar*. Brussels: International Crisis Group.

IOM Iraq. 2024. *Prospects for Resolving Displacement in Areas of Limited and No Return in Sinjar District and Qahtaniya Subdistrict*. Baghdad: IOM Iraq.

IOM Iraq. 2019. *Understanding Ethnoreligious Groups in Iraq: Displacement and return*. Baghdad: IOM Iraq.

Kavalek, Tomaš. 2017. *Competing Interests in Shingal District: Examining the PKK-linked Structures, Defusing Tensions*. Erbil: Middle East Research Center.

Khedir, Hew Haji. 2021. "IDPs in the Kurdistan Region of Iraq (KRI): Intractable Return and Absence of Social Integration Policy." *International Migration* 59(3): 145-161.

Kizilhan, Jan Ilhan. 2017. "The Yazidi-Religion, Culture and Trauma." *Advance in Anthropology* 7(4): 333-339.

Knuppe, Austin J. 2023. "The Civilians' Dilemma: How Religious and Ethnic Minorities Survived the Islamic State Occupation of Norther Iraq." *The Journal of the Middle East and Africa* 14(1): 37-67.

Kruczek, Gregory J. 2021. "Christian (Second Order) Minorities and the Struggle for the Homeland: The Assyrian Democratic Movement in Iraq and the Nineveh Plains Protection Units." *The Journal of the Middle East and Africa* 12(1): 93-121.

Lia, Brynjar and Mathilde Becker Aarseth. 2022. "Crusader Hirelings or Loyal Subjects? Evolving Jihadist Perspectives on Christian Minorities in the Middle East." *Islam and Christian-Muslim Relations* 33(3): 255-280.

Maisel, Sebastian. 2008. *Social Change Amidst Terror and Discrimination: Yezidis in the New Iraq*. Policy Brief 18, The Middle East Institute.

Oliaei, Houman. 2023. *Navigating Dispute and Displacement: The Yazidi Experience in Post-ISIS Iraq*. Waltham: Crown Center for Middle East

Studies.

PAX. 2016. *Sinjar After ISIS: Returning to Disputed Territory*. Utrecht: PAX.

Saleem, Zmkan and Renad Mansour. 2024. *Responding to instability in Iraq's Sinjar district*. London: Chatham House.

Saleem, Zmakn Ali. 2024. *The Competition for Control in Sinjar: How External Actors and Local Interests Inhibit the Sinjar Agreement*. London: LSE Middle East Center.

Schmidinger, Thomas. 2019. "The Yazidis: Religion, Society and Resentment." in Bayar Mustafa Sevdeen and Thomas Schmidinger eds, *Beyond ISIS: History and Future of Minorites in Iraq*, 165-174. London: Transnational Press.

Siddiqui, Nadia, Roger Guiu, and Aaso Ameen Shwan. 2019. "Among Brothers and Strangers: Identities in Displacement in Iraq." *International Migration* 57(2): 80-95.

Skelton, Mac and Zmkan Ali Saleem. 2021. *Displacement and Iraq's Political Marketplace: Addressing Political Barriers to IDP Return*. Suleimani: Institute for Regional and International Studies.

Spat, Eszter. 2018. "Yezidi Identity Politics and Political Ambitions in the Wake of the ISIS Attack." *Journal of Balkan and Near Eastern Studies* 20(5): 420-438.

Thibos, Cameron. 2014. 35 *years of forced displacement in Iraq: Contexualising the ISIS threat, unpacking the movements*. Florence: Migration Policy Center.

van Zoonen, Dave and Khogir Wirya. 2017. *The Yazidis: Perceptions of Reconciliation and Conflict*. Erbil: Middle East Research Center.

Yılmaz, Arzu and Bayar Mustafa Sevdeen. 2019. in Bayar Mustafa Sevdeen and Thomas Schmidinger eds. *Beyond ISIS: History and Future of Minorites in Iraq*, 175-188. London: Transnational Press.

Amnesty International. 2015. "Iraq: Revenge attacks in Sinjar-Arab civilians pay the price for IS crimes." (June 10) https://www.amnesty.org/en/documents/mde14/1801/2015/en/ (검색일: 2024. 5. 11).

Ali, Sura. 2021. "Iraqi militia calls for evacuation of Sunni areas to cut support for ISIS." *Rudaw* (May 3) https://www.rudaw.net/english/middleeast/iraq/03052021 (검색일: 2024. 5. 11).

Al-Jazeera. 2022. "Estimated 3,000 people flee armed clashes in northern Iraq." (May 2) https://www.aljazeera.com/news/2022/5/2/thousands-flee-after-clashes-erupt-in-iraqis-sinjar-2 (검색일: 2024. 5. 6).

Coles, Isabel. 2015. "Iraqi Yazidis take revenge as Islamic State atrocities unearthed." *Reuters* (February 11) https://www.reuters.com/article/idUSKBN0LE1YQ/ (검색일: 2024. 5. 11).

Fitzherbert, Yvo. 2015. "Sinjar 'part of Kurdistan', regardless of what Yazidis want." *The New Arab* (November 18)

https://www.newarab.com/opinion/sinjar-part-kurdistan-regardless-what-yazidis-want (검색일: 2024. 5. 6).

France24. 2014. "At least 100,000 Iraqi Christians forced to flee ISIS advance." (August 7) https://www.france24.com/en/20140807-100000-christians-forced-flee-isis-advance-iraq (검색일: 2024. 4. 27).

Human Rights Watch. 2015. "Iraq: Militias Escalate Abuses, Possibly War Crimes." (February 15) https://www.hrw.org/news/2015/02/15/iraq-militias-escalate-abuses-possibly-war-crimes (검색일: 2024. 5. 11).

Human Rights Watch. 2017a. "Iraq: Displacement, Detention of Suspected "ISIS Families"." (March 5) https://www.hrw.org/news/2017/03/05/iraq-displacement-detention-suspected-isis-families (검색일: 2024. 5. 11).

Human Rights Watch. 2017. "Iraq: Yezidi Fighters Allegedly Execute Civilians." (December 27) https://www.hrw.org/news/2017/12/27/iraq-yezidi-fighters-allegedly-execute-civilians (검색일: 2024. 5. 11).

Human Rights Watch. 2018. "Iraq: Local Forces Banish ISIS Suspects' Families." (August 26) https://www.hrw.org/news/2018/04/26/iraq-local-forces-banish-isis-suspects-families (검색일: 2024. 5. 11).

Human Rights Watch. 2019a. "Iraq: Not a Homecoming." (June 14) https://www.hrw.org/news/2019/06/14/iraq-not-homecoming (검색일: 2024. 5. 11).

Human Rights Watch. 2019b. "Kurdistan Region of Iraq: Arabs Not Allowed Home." (September 6) https://www.hrw.org/news/2019/09/06/kurdistan-region-iraq-arabs-not-allowed-home (검색일: 2024. 5. 11).

Human Rights Watch. 2023a. "Iraq: Compensation for ISIS Victims Too Little, Too Late." (May 9) https://www.hrw.org/news/2023/05/09/iraq-compensation-isis-victims-too-little-too-late (검색일: 2024. 5. 7).

Human Rights Watch. 2023b. "Iraq: Political Infighting Blocking Reconstruction of Sinjar." (June 6) https://www.hrw.org/news/2023/06/06/iraq-political-infighting-blocking-reconstruction-sinjar (검색일: 2024. 5. 7).

IOM. 2022. "More Support Needed for Survivors of the Sinjar Massacre." (August 4) https://www.iom.int/news/more-support-needed-survivors-sinjar-massacre (검색일: 2024. 5. 7).

UNHCR. 2024. "Iraq situation." https://reporting.unhcr.org/operational/situations/iraq-situation (검색일: 2024. 4. 27).

United States Department of State. 2021. "2020 Report on International Religious Freedom: Iraq." (May 12) https://www.state.gov/reports/2020-report-on-international-religious-freedom/iraq/ (검색일: 2024. 5. 11).

제2부
주체로서의 난민의 이동과 생존 전략

• • • •

제7장

우크라이나와 시리아 난민 비교를 통해 본 자원으로서 심리적 회복탄력성 분석

김은영 · 윤민우

I. 머리말

유라시아 지역은 전 세계 주요 난민 발생 지역 중 하나이다(UNHCR Refugee Data Finder, 2025). 유엔난민기구(UNHCR)의 통계에 따르면 2025년 4월 기준 UNHCR이 분류한 난민들의 수는 4억 2천 7백만 명을 넘어섰고, 국내 실향민은 73.5백만에 이른다. 이 중 약 60%가 유라시아 지역에서 발생하였으며, 시리아, 아프가니스탄, 우크라이나 등의 전쟁 또는 무력 분쟁이 주요 원인으로 지목된다(UNHCR, 2022). 시리아는 2011년 내전 이후 약 1,200만~1,300만 명이 장기적 실향민 상태에 놓여 있으며(UNHCR, 2024), 우크라이나의 경우 2022년 러시아 침공 이후 3년간 약 1,060만 명이 피난한 것으로 보고된다(이혜진, 2023).

이와 같은 대규모 강제 이주는 다양한 학문 분야에서 전쟁 난민의 정신건강, 삶의 질, 스트레스 요인, 제도적 접근성, 장기 정착 문제 등을 중심으로 한 연구를 촉진했다. 그러나 기존 연구의 주류 담론은 여전히 난민을 피해자이자 수동적 수혜자, 또는 수용국의 경제·사회적 부담 요인으로 바라보는 결핍 중심(deficit-based) 관점에 머물러 있다. 이러한 담론은 난민에 대한 부정적 인식을 강화하고, 서구 사회의 정치적 양극화나 포퓰리즘 담론을 자극하는 요인이 되어 왔다(Bahar·Dooley, 2020).

그러나 난민과 이민이 만들어 내는 거주 이동성(residential mobility)은 이민 수용국가에는 도전(challenges)뿐만 아니라 이점(benefits)도 동시에 제공하는 양면성을 지닌다(윤민우, 2021: 3). 실제로 대부분 난민의 최종 이주 목적지로 여겨지는 선진국들에게 이러한 난민의 이동은 인구구조 변화, 노동시장 재편, 문화적 다양성 확대 등 사회적 변화를 촉진하는 계기이자 기회로 작용할 수 있다. 이러한 관점은 난민을 사회적, 인적, 심리적 자본을 보유한 존재로 개념화하여 수용국 지역사회의 경제, 문화, 그리고 통합에 기여할 수 있는 인적자원(human resources)으로 활용될 수 있다고 주장하는 이론적 담론에 근거한다(윤민우, 2021: 3; Bahar·Dooley, 2020). 이 담론은 난민이 인도주의적 부담이 아니라 수용국의 국가 경제와 사회성장의 동력 또는 기회가 될 수 있다는 인식을 확산시키며, 정책과 학문적 논의 모두에 긍정적 영향을 미치고 있다.

한편 난민을 인적자원으로 보는 이러한 담론은 최근 들어 난민에 대한 이점을 강조하는 이론적 견해로서 주목받고 있지만, 아직까지 명확한 단일 이론적 학파나 주류이론으로 정립되어 있지는 않다. 다만, 경제학에 근거를 둔 '인간자본이론(Human capital theory)'(Becker, 1964)이나 사회학·심리학 분야의 '사회적 자본이론(Social capital theory)'(Modesti et al., 2020; Tsounis·Xanthopoulou, 2024), 그리고 보다 최근 들어 제기되는 '심리적 자본이론'과 '자원보존이론(Resource conservation theory)' 등이 자본으로서의 난민의 이동성을 긍정적으로 설명하는 이론적 근거를 제시하고 있다. 특히 심리적 자본이론은 난민의 정신건강과 회복탄력성을 난민이 지닌 다양한 자본의 일부로 보고 난민의 회복탄력성의 형성과 적응 그리고 이러한 회복탄력성의 다른 자본과의 관련성 등에 대한 연구를 수행하고 있다.

이러한 이론적 관점을 적용하여 난민의 통합, 적응, 회복력, 그리고 노동시장 진입 등을 분석한 최근의 연구들에 따르면 인적자본으로서 개인의 기술, 교육, 직업 경험은 난민 개인의 생산성, 고용가능성, 경제적 이동성에 영향을 미치며(Foster, 2012; Wang, 2024), 사회적 자본인 난민의 동질적 민족 공동체 내의 결속은 초기 정착 과정에서 정서적 지원, 주거, 고용 정보 등을 제공한다는 점도 보고되었다(Wilkinson · Garcea, 2017; Villalonga-Olives et al., 2022). 이와 더불어 심리적 자본은 강제 이주, 차별, 문화적 소외, 노동시장 내 구조적 제약 등 다양한 역경 속에 처한 난민들이 트라우마와 정신건강 문제를 극복하고 수용국 내에서 성공적 사회통합을 촉진하는 내적 자원으로 기능한다는 것이 밝혀졌다(Luthans · Youssef-Morgan, 2017; Grabowska-Lusińskaet et al., 2023). 특히 심리적 자본이 높은 난민들은 적극적인 구직활동, 자격증 취득, 언어습득, 전문 네트워크 구축 등에 대한 자신감을 보이는 등 개인의 인적자본 및 사회적 자본의 활용과 재축적을 촉진하여 수용 국가에서 경험하는 구조적 어려움을 극복하는 데 중요한 역할을 하는 것으로도 분석되었다(Newman, et al., 2018).

이러한 연구 결과들을 근거로 이 글은 난민이 수용국에서 인적자원으로서 성공적으로 자리잡고 기능하기 위한 회복 과정을 설명하는 모델로 "환류 사이클 모델(recirculation cycle or feedback loop model)"을 개념화하였다. 이 모델에서 인적자본, 사회적 자본, 그리고 심리적 자본은 각각 개별적이고 독립적으로 작동하지 않고 상호작용을 통해 순환하며 강화하는 관계로 이해할 수 있다. 즉, 이 세 자본은 상호 연계되어 하나의 '난민 자원의 환류 사이클(recirculation cycle 또는 feedback loop)'[2]을 형성하고 선순환적 강화 과정의 절차에 따라 난민의 손실을 회복하고 수용국에 적응하도록 작동한다. 이러한 환류 사이클에서 각각의 자본들은 난민이 수용국에서 자원으로서의 잠재력을 실현하기 위한 독립변수로 작용하기도 하지만, 동시에 종속변수가 되며, 때때로 매개요인 또는 촉진요인으로 작용할 수 있다.

---

2 연구자 작성 개념.

특히 전쟁 난민과 관련해서 이 환류 사이클 모델은 세 가지 자본 유형 중 환류 과정의 출발점이자 촉진요인으로서 심리적 자본의 중요성을 강조한다. 세 가지 자본 모두 난민의 손실된 자원을 회복하기 위해 중요한 역할을 하지만, 전쟁을 경험한 난민은 이미 심리적 손실이 심각하여서 이들에게 있어서 심리적 자본은 난민의 통합적 자원(holistic resources)을 회복하고 사회적·경제적 기능을 다시 수행하기 위한 환류 과정의 시작에 필수적인 내적동기이자 시작점이 된다. 결국 전쟁 난민의 자원 회복 사이클은 궁극적으로 난민의 실제적 정신건강 상태와 회복탄력성 수준에 의해 결정되며, 심리적 자본의 손실이 심각한 경우 환류 사이클의 출발조차 어려운 한계를 지닌다.

심리적 자본이라는 구성개념은 개인적 단위의 요인들뿐만 아니라 지역사회 및 공동체의 구조적·거시적 자본으로부터도 크게 영향을 받는다. 난민의 심리적 자본은 개인의 기질이나 역경을 이겨내는 개인적 기질과 발달적 특징만이 아니라 수용국의 구조적이고 제도적인 환경요인들에 의해 영향받는 산물임을 의미한다. 특히 전쟁 난민의 회복탄력성은 강제 이주와 무력 분쟁이라는 외부적 트라우마, 스트레스 등의 위기가 만들어 내는 손실의 결과물이므로 그 회복 과정은 개인의 성향만으로 설명될 수 없다. 이러한 이유로 난민의 심리적 자본을 개인의 심리적 요인으로만 이해하는 것은 한계가 있으며, 환류 과정에서 작동하는 구조적 요인의 영향력들을 살펴보아야 한다. 그러나 지금까지의 일반적인 연구 담론들은 전쟁 난민의 회복탄력성과 정신건강을 주로 개인이 소유한 심리적 자본과 사회적 자본에 의해 성취되는 개인의 능력과 동일한 개념으로서 이해하고 구조적 조건을 간과해 왔다는 데 한계가 있다.

그러나 앞서 설명한 바와 같이 전쟁 난민의 회복탄력성에 영향을 미치는 심리적 자본은 개인적 특성보다 오히려 수용국의 구조적 조건, 즉, 난민에 대한 법적, 경제적 안정성, 직업시장 접근성, 사회적·복지적 수단에의 접근성 등의 사회적 자본, 제도적 수용성 등에 의해 더 극대화되는 것으로 보인다. 이는 결국 전쟁 난민의 회복력에 영향을 미치는 수용국의 난민에 대한 구조적 심리 자본이 난민의 자원으로의 회복을 위한 환류 과정에서 어떤 영향을 미치는지를 이해하는 것이 더욱 필요한 지식이 될 것으로 보인다. 특히 전쟁 난민이 대다수를 차지하는 유라시아 난민의 경우, 자본으로서의 회복을 이해하기 위해서는 심리적 자본의 회복과 관련된 환류 과정을 이해하는 것이 매우 중요할 것으로 보인다.

이와 같은 연구의 필요성에 따라 이 연구는 전쟁 난민이 처한 수용국의 정책, 제도, 자원 등의 구조적 심리자본이 난민의 회복탄력성과 적응, 그리고 정신건강에 미치는 영향을 분석하고자 시리아와 우크라이나 난민을 중심으로 이들이 경험한 수용국의 구조적 심리적 자본의 차이와 그로 인한 회복탄력성의 차이를 비교·분석하였다. 이 글을 위한 이론적 틀로 기존의 인적자본, 사회적 자본, 심리적 자본의 이론적 틀을 하나의 통합적 모델로 융합한 "자원으로서 난민 회복 사이클" 모델을 개발하고 적용하였다. 다만, 이 글의 범위는 이 모델의 전체 환류 과정 중에서 국가와 지역사회의 구조적 심리 자본과 전쟁 난민의 회복탄력성의 관련성에 대한 분석으로 제한하였다.

구체적인 연구방법으로는 시리아와 우크라이나 난민들의 실제 사례를 경험적으로 연구한 선행연구의 결과들을 질적분석하는 서술적 비교문헌연구(Comparative Narrative Review) 방법론을 적용하여 연구 결과를 체계적으로 수집, 비교·분석하였다. 연구의 표본으로 선정된 문헌들에서 시리아와 우크라이나 난민들의 외상후 스트레스 장애, 스트레스, 불안감, 우울감 등의 정신장애 유병률과 회복탄력성과 같은 심리적 자본이 구조적 심리적 자본인 수용국의 제도적, 사회적, 정책적 자본들과의 관련성이 분석되었다.

II. 이론적 틀과 "자원으로서 난민 회복 사이클" 모델

1. 자원으로서의 난민에 대한 이론적 관점들

난민을 단순한 보호의 대상으로 보는 시각을 넘어, 사회적(social), 인적(human), 심리적(psychological) 자본을 보유한 존재, 즉 '인적자원(human resources)'으로 개념화하려는 시도는 여러 이론적 전통에 뿌리를 두고 있다. 대표적으로 인적자본이론(Human capital theory)(Becker, 1964), 사회적 자본이론(Social capital theory)(Modesti et al., 2020; Tsounis · Xanthopoulou, 2024), 심리적 자본이론(Psycholgoical capital theoy)(Luthans · Youssef-Morgan, 2017), 그리고 자원보존이론(Resource conservation theory)(Hobfall, 1989, 2001)'이 있다.

먼저, 경제학 이론에 근거한 인적자본이론은 난민을 가치 있는 인적 자산으로 간주한다. 난민의 기술, 지식, 직업경력과 노동력 등은 수용국의 경제적 생산성, 사회적 통합, 문화적 다양성에 실질적 기여를 할 수 있는 잠재적 자원이라는 점을 강조한다(Becker, 1964). 여기서 인적자원은 교육, 기술, 직업경험과 같은 개인의 경제적 참여 능력과 성장 잠재력에 직접적인 영향을 미치는 자원이다(Becker, 1992; Schultz, 1972). 사회적 자본이론은 난민을 수동적 존재가 아닌 자원을 생성하고 교환할 수 있는 능동적 행위자로 본다. 사회적 자본은 개인이 가진 사회적 유대와 네트워크를 통해 얻어지는 신뢰, 상호지원, 공유된 규범을 통해 얻게 되는 잠재적 또는 실질적 자원을 의미한다(Coleman, 1988; Putnam, 2000). 난민들은 자신이 가지고 있는 사회적 자본을 유지하고 연계하며 다른 사회자본과 연결한다. 사회적 자본은 이러한 과정을 통해 수용국에서 일자리, 주거, 사회적 관계를 찾는 데 핵심적인 역할을 하고 난민들의 공동체 통합 성공률을 재고하며 정신건강과 회복력에도 유의미한 영향을 미친다(Modesti et al., 2020; Villalonga-Olives et al., 2022). 이러한 사회적 자본은 최근 들어 개인이 능력 중심의 인적자본을 넘어 타인과 연결되는 방식을 기반으로 창출되는 자본으로서 기존의 인적자본보다 더 경쟁우위를 가지는 개념으로 확장되고 있다(Modesti et al., 2020).

심리적 자원은 이주 전, 이주 과정, 그리고 이주 후 정착 과정에서 경험하는 스트레스, 트라우마, 불안, 우울 등으로부터의 회복, 방어, 그리고 적응과 관련된 내적 자본을 의미한다. 심리적 자본이론은 심리적 자본(psycholgocial capital)을 희망(Hope), 낙관주의(Optimism), 회복탄력성(Resilience), 자기효능감(Efficacy)의 네 가지 하위 개념을 포함하는 "개인의 긍정적인 심리상태 발달"로 정의한다. 이는 난민들로 하여금 개인의 어려움이나 역경을 극복하고 성공을 거둘 수 있도록 하는 내적 강점들이다(Luthans · Youssef-Morgan, 2017).

자원보존이론은 개인의 자원의 손실과 회복 과정을 통한 스트레스에 대한 적응 메커니즘을 설명한다. 이 이론에 따르면 개인은 자신이 가치가 있다고 여기는 여러 자원을(물질적, 사회적, 심리적, 에너지적 자원) 획득하고 보존하며 보호하려는 욕구를 가지며, 자원의 상실(loss of resource)이나 손실 위협은 스트레스와 부정적 감정을 유발하고, 새로운 자원획득(gain of resource)은 회복탄력성의 회복과 긍정적 적응으로 이해한다(Hobfall, 1989, 2001). 이러한 전제를 근거로 Hobfoll(1989)은 "회복탄력성이란 자원의 손실 이후 자원을 얻어가는 과정"으로 정의한다. 이는 이주 전과 이주 과정에서 강제 이주, 사회적 단절, 경제적 불안정, 트라우마 등으로 인해 급격한 자원 상실을 경험한 난민들이 이주 후 새로운 형태의 사회적, 인적, 심리적 자원을 재축적하는 과정이 필요하며 이 과정이 난민의 새로운 사회에 대한 적응과 통합, 그리고 회복탄력성이라고 이해하는 것이다.

이러한 심리적 자본이론들은 난민의 회복탄력성(또는 희망, 낙관주의, 자기효능감 등) 자체를 자원으로 파악한다. 따라서 난민의 회복탄력성 자체가 자원으로서 난민의 성공적인 지역사회에 대한 통합을 위한 핵심적 요인이며 동시에 긍정적 통합의 결과가 된다. 또한 인적, 사회적 자원의 축적 과정을 활성화하여 난민이 수용국의 지역사회로의 성공적인 통합을 위한 회복 사이클이 이어지게 할 수 있는 중요한 내적 요인이 된다.

2. "인적자원으로의 난민 회복 사이클" 모델

"인적자원으로의 난민 회복 사이클" 모델은 위의 세 가지 이론적 관점들을 통합하여 난민이 인적자원으로 회복되어 가는 과정을 환류 메커니즘으로 설명한다.〈그림 1〉[3] 이 모델에서 난민의 인적자본, 사회적 자본, 그리고 심리적 자

---

3 이러한 관점은 선행연구와 이론적 논의를 통합적 관점으로 연구자들이 새롭게 제기하는 연구

본은 상호의존적이고 순환적이다. 난민 개인의 인적자본과 사회적 자본은 개인의 심리적 자본의 재획득과 회복의 과정, 그리고 성취에 영향을 미친다. 이어서 난민의 회복탄력성(resilience)과 적응력(adoption)의 회복은 개인의 기능역량의 확장과 연결되고, 이는 해당 난민을 사회·경제적 인적자원(human capital)으로 전환하는 데 핵심 요인이자 지속적인 재획득 촉진의 강화요인으로 작용한다. 마찬가지로 강화된 인적, 사회적 자본은 개인의 회복탄력성 강화뿐만 아니라 더 나아가 외상 후 성장(Post-traumatic Growth)에 이르기까지 지속적으로 환류하는 사이클에 영향을 미칠 수 있다. 그리고 이러한 사이클은 수용 국가에서 '난민의 인적자원으로의 회복'이 단순한 개인의 특성과 역량으로 역경을 이겨낸다는 개인적 차원의 개념이 아닌 지역사회, 수용국의 제도와 정책을 포함하는 다층적 자원을 함께 활용함으로써 가능하다는 점을 강조한다.

이를 근거로 '난민의 자원으로의 회복 사이클 모델'은 다음과 같은 환류 과정을 예측할 수 있다. 첫째, 난민의 정신장애와 회복탄력성에 대한 진단과 회복에 대한 인식이 발생한다. 둘째, 난민의 자원으로서의 개별적 가치를 인식·판단하고 그리고 활용 의지가 회복된다. 셋째, 난민 개인의 사회적 네트워크가 작동하고 수용국의 지역사회와 국가의 노동, 교육, 의료, 복지, 문화에의 접근과 통합이 가능할 수 있는 개인적, 구조적, 제도적 시스템의 통합적 접근성이 마련된다. 이어서 다시 사이클이 환류하여 넷째, 인적, 사회적 자본의 회복을 통한 난민의 심리적 자원 회복이 강화된다. 다섯째, 강화된 심리적 자본이 인적, 사회적 자본에 다시 영향을 미칠 수 있도록 환류의 지속이 이루어진다. 이러한 환류 과정에서 난민의 인적, 사회적, 심리적 자본은 상호 연결되며 하나의 과정 또는 절차의 흐름에서 회복탄력성을 확보해 나간다.

이 글은 이러한 모델을 기반으로 특히 전쟁 난민을 대상으로 한 국가의 구조적·정책적 심리자본 요인이 난민의 정신건강 및 회복탄력성에 미치는 영향을 분석하였다. 연구의 비교·분석 대상은 시리아와 우크라이나 난민으로,

---

모델이다. 〈그림 1〉은 연구자들이 제기한 연구모델을 형상화 한 개념도이다.

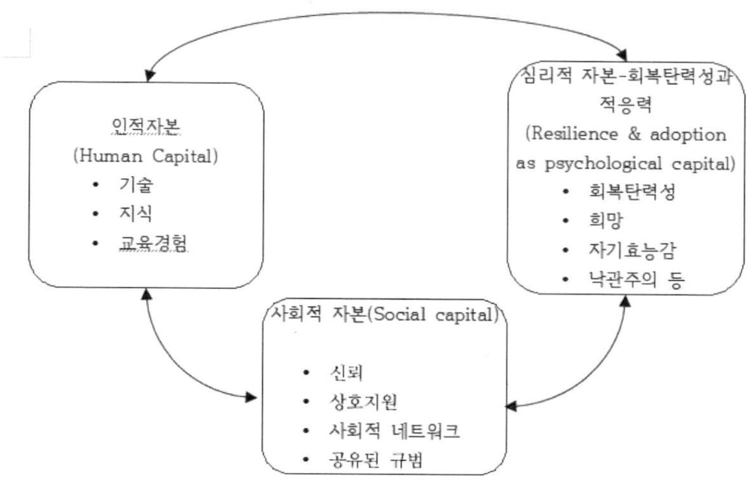

그림 1 "인적자원으로의 난민 회복 사이클" 모델[4]

(1) 두 집단 간의 정신장애 유병률과 회복탄력성의 차이; (2) 그 차이에 영향을 미치는 출신국 및 수용국의 구조적 심리자본 요인을 비교·분석하였다. 다만, 이 글의 범위는 이 모델의 전체 환류 과정 중에서 국가와 지역사회의 구조적 심리자본과 전쟁 난민의 회복탄력성의 관련성에 대한 분석으로 제한하였다.[5]

3. 연구방법론

이 글은 서술적 비교 문헌 연구(Comparative Narrative Review)를 적용하였다.[6]

---

4 연구자 작성모델

5 또한 이 글은 서술적 비교문헌분석기법은 적용하여 경험적 분석연구에 대한 체계적인 분석을 수행하였지만, 직접적인 경험적 연구가 아니라는 점에서 연구의 분석이 인과관계나 직접적 상관관계를 파악하는 연구가 아닌 탐색적 연구라는 점에서 한계가 있다.

6 이 글기법은 체계적 문헌분석기법에 비해 연구자에게 유연성을 부여하고 연구질문에 대한 결과가 초기 단계의 연구로서 탐색적인 목적(explorative purpose)이거나 예비적인 연구(preliminary research)를 수행할 경우, 그리고 복잡한 사회·심리적 주제의 연구와 서로 다른 집단과 맥락을 비교하는 연구에 적절한 연구방법이다. 또한 기존의 난민 정신장애 및 회복탄력성 관련 연구 표본의 이질성, 복합성, 연구설계 및 심리측정도구의 다양성, 그리고 무엇보다 시리아의 경우 자국 내 거주 비이동 인구에 대한 연구의 절대적 부족 등의 객관적 비교와 통계적 분석이 어렵다. 결론

서술적 비교 문헌 연구기법은 기존 연구를 서술적으로 정리하고 해석하는 질적분석 연구방법이다. 다만, 특정 주제의 선행연구들을 종합하여 분석하지만, 메타분석과 같은 체계적인 통계적 기법을 사용하여 수집된 선행연구들의 효과 크기(effect size)를 산출하는 정량적 메타분석(meta analysis)과는 구별된다. 이 기법은 각각의 연구를 체계적으로 요약하고 질적·서술적으로 비교·서술하여 분석대상의 연구 결과들을 체계화·통합(narrative synthesis methods)하는 방법론이다. 따라서 이 글은 연구 목적에 따라 수집된 선행연구들에서 시리아와 우크라이나 국가 출신 난민들의 정신장애 유병률과 회복탄력성에 차이가 있는지를 비교하고 반복적으로 발견되는 주요 주제들을 파악하고, 정신건강 관련 연구들의 공통된 발견을 종합하여 비교·분석한다. 또한 이러한 질적 비교를 통해 공통점과 차이점을 분석한 뒤 결과를 단순히 나열하는 것에 그치지 않고 주요 주제들과 변수들의 패턴 및 상호관계를 해석하고 이들의 공통 주제, 차이 요인, 그리고 맥락적 설명을 제공한다. 이러한 연구분석을 위해서 '서술적 합성 원칙들(narrative syntehsis principles)'이 활용되었다.[7] 그리고 시리아와 우크라이나 난민들의 정신장애 유병률과 회복탄력성 지수에 영향을 미치는 사회구조적 관련 요인(국제사회 및 자국 정부의 정책 및 제도, 수용사회의 지역사회

적으로 따라서 서술형 비교분석연구는 서로 다른 난민 집단 간 정신건강의 유병율 및 회복탄력성 수준의 차이, 관련요인, 그리고 배경을 체계적으로 이해할 수 있게 하며, 난민 회복탄력성을 사회적·심리적 자원으로 해석하는 이론적·정책적 통찰을 제공하는 데 적합한 분석기법이다.

7 Sarkar·Bhatia(2021) 참고. 이 연구기법은 Ellis 등(2024)과 Popay (2006) 등 난민의 정신건강관련 연구를 체계적으로 비교문헌분석하는 질적분석기법으로 활용되었다. 서술적 분석기법의 원칙들을 적용하여 분석대상의 연구들에서 반복적이고 공통적으로 제시되는 정신건강 주제들을 탐색하고 파악하기 위해 최종 선택된 연구논문들을 2회 이상 반복적으로 분석하고 각 연구의 목표, 분석방법(질적분석 또는 양적분석기법) 및 표본, 사용된 심리측정도구, 통계분석기법, 일반적 결과 및 결론 등을 추출하여 표로 정리하였다 (표 2). 다만, 연구내용에 대한 분석내용을 질적선별과정과 그 내용은 분석에 포함되지 않았다. 이는 다수의 연구들을 비교분석할 때 매우 이질적인 방법론, 연구대상, 시기, 연구 환경 등이 포함되는 특성을 감안하면 질적선별은 적절하지 않다는 판단 때문이다.

요인 등)을 탐색하기 위한 추가적 문헌분석도 수행되었다.

연구를 위한 선행연구 논문들의 수집 과정은 다음과 같다. 체계적인 방법으로 관련 연구들을 수집·선별하기 위해 PsycINFO와 Google Scholar의 데이터베이스가 검색도구로 사용되었다. 데이터베이스 문헌은 PsycINFO에서 시리아의 경우 21,215건의 연구논문이, 우크라이나의 경우 9,460건이 검색되었다. 위 검색자료들의 참고문헌 리스트를 다운받아 두 검색도구에서 중복된 연구는 제외하였다. 이어서 주제와 초록을 대상으로 주제어들의 문장을 다시 검색하였다. 검색 결과 PsycINFO에서 시리아 난민 연구 122편, 우크라이나 난민 연구 143건이 검색되었고, Google Sholar에서 시리아 난민 연구 113편, 우크라이나 난민 연구 92건이 검색되었다. 검색된 연구들에 대해 연구자가 설정한 다음의 연구자료 선별 기준에 따라 포함 및 제외 절차를 수행하였다. 연구의 자료 포함 기준은 (1) 경험적 연구(질적, 양적 연구 및 체계적 분석연구(systematic review) 모두 포함), (2) 19세 이상의 성인 연구, (3) peer-reviewed 저널, (4) 영어로 출판된 연구, (5) 전체 논문 가운데 접근 가능한 연구만이 포함되었다. (6) 논문출간 기간의 경우 시리아 연구는 2011년부터 2025년, 우크라이나 연구는 2022년부터 2025년까지로 설정되었다. 최종적으로 연구자의 판단에 따라 관련성이 낮은 연구와 위의 기준에 부합하지 않은 연구는 모두 제외되었다. 최종 선별 결과 26편이 최종적으로 연구에 활용되었다 〈표 1〉.[8]

8 연구방법론에서 제시한 대로 이 글은 탐색적 연구목적으로 '체계적인 메타분석'을 위한 PRISMA-P(Preferred Reporting Items for Systematic Review and Meta-Analysis Protocols)을 엄격히 따르기보다 '서술형 문헌연구'를 위한 주요 자료 선별 목적의 체계적 문헌검색을 수행하였다. 그리고 연구에 포함되는 연구논문의 선정은 연구자의 자체적인 판단에 근거하여 선별되었다.

III. 시리아 난민과 우크라이나 난민들 간의 정신장애 유병률과 회복탄력성의 비교와 사회구조적 심리적 자본의 관련성

1. 정신장애 유병률과 회복탄력성

연구에 포함된 표본 연구들의 특성은 〈표 1〉에 제시되었다. 해당 연구의 결과를 분석하고 새롭게 종합(synthesize)하여 비교한 결과는 다음과 같다. 첫째, 시리아 난민과 우크라이나 난민의 정신장애 유병률을 비교·분석한 결과 두 집단 모두 일반 인구집단에 비해 높은 유병률을 보였다. 그러나 전반적으로 시리아 난민의 정신장애 유병률이 우크라이나 난민의 유병률보다 더 높거나 심각한 상태인 것으로 분석되었다. 높은 유병률을 보고한 연구의 경우, Alsamman · Al-Delaimy(2024)는 연구 표본의 75% 이상의 정서장애(84.6%), 우울증(85.7%), 불안장애(76.5%)의 높은 유병률을 보고하였고, Peconga · Høgh Thøgersen(2019)은 시리아 난민이 다른 일반인구집단에 비해 PTSD 등의 정신장애 유병률이 10배 정도 더 높은 유병률을 나타낼 가능성을 제기하였다. 또한 Acarturk et al.(2018)과 83.4%, Cengiz et al.(2019)의 연구는 80% 이상의 연구 표본에서 PTSD 유병률을 보였다. 단 한 번이라도 PTSD 진단 기준을 충족한 일반인구 대상의 PTSD 유병률이 약 3.9%, 트라우마를 경험한 일반인구의 PTSD는 5.6%(WHO, 2024), 그리고 일반 난민 또는 망명자 전체의 PTSD 유병률이 약 31.5%(Blackmore et al., 2020), 장기 정착한 전쟁 난민은 20-40%(Bogic, et al., 2015) 정도인 것을 고려하면, 시리아 난민의 일반 정신장애 유병률뿐만 아니라 PTSD의 유병률은 심각할 정도로 높은 수준이다. 이에 더해 Kakaje et al.(2021)의 연구는 중증 정신장애를 동반한 복합 PTSD 유병률 60.8%, 중증 정신질환 유병률 60%를 보고하여 시리아 난민의 정신건강 심각성 역시 매우 우려되는 수준임을 보여주었다.

반면 표본에 포함된 우크라이나 난민들에 관한 연구는 전반적으로 30-40%의 PTSD의 유병률을 보였고, 가장 높은 PTSD 유병률을 보인 연구는 47%의 유병률을 보고하였다. 이 결과는 우크라이나 난민들이 일반적인 전쟁 난민들의 정신건강 유병률에 비해 낮지 않고 높은 수준임을 보여주었지만, 시리아 난민보다 극도로 높거나 중증 이상의 심각성을 보이는 정신장애나 PTSD의 유병률을 보고하지는 않았다는 것이다.

둘째, 회복탄력성에서도 시리아 난민과 우크라이나 난민 간의 차이가 발견되었다. 시리아 난민의 회복탄력성을 분석한 연구들은 시리아 난민들의 회복탄력성 지표가 일반인구집단이나 다른 난민 집단과 비교하면 상대적으로 낮다고 평가하고 있다. Alduraidi et al.(2020)과 Alsamman et al.(2024)의 연구는 시리아 난민 회복력 지수(CD-RISC)의 평균 점수를 각각 39.3(SD = 18.4)), 57.5(SD =19.0)로 보고하였는데 이는 미국 일반인구들의 평균 회복력 지수인 80.7 보다 낮았다(척도범위 0-100). 이러한 분석 결과에 대해 연구자들은 시리아 난민의 회복탄력성이 일반 선진국 인구집단의 지수보다 낮은 경향성을 보인다고 설명하고 있다. 이러한 낮은 경향성은 다른 난민 집단과의 비교에서도 드러난다.

Siriwardhana(2015)의 난민 회복력 관련 종단 연구는 스리랑카 난민의 회복력 지수(Resilience Scale-14)를 80.2와 84.9로 보고하였다. 시리아 난민과 달리 우크라이나 난민들의 회복력 지수는 평균적으로 높은 수준을 보이는 것으로 드러났다. Andrushko · Lanza(2024)의 연구는 미국 내 정착한 우크라이나 난민의 회복력 지수(Wagnild & Young Resilience) 평균을 105.90 (SD=18.46)(척도 범위 25-175)로 보고하였는데 이는 중간에서 중상의 범위에 포함되는 것으로 해석되었다. Kimhi et al.(2023)의 연구는 우크라이나, 리투아니아, 폴란드, 슬로바키아, 체코, 에스토니아인들 가운데 우크라이나 참가자들이 가장 높은 사회적 및 지역사회 회복력, 희망 보고, 그리고 가장 낮은 위험 감각, 고통 증상, 인식된 위협을 보고한다는 것을 발견하였다.

2. 시리아와 우크라이나 난민의 정신장애 유병률과 회복탄력성에 영향을 미치는 요인들의 차이

정신장애와 관련된 요인들은 시리아 난민이나 우크라이나 난민 모두 비슷한 정도의 요인들이 보고되었다. 시리아 난민과 우크라이나 난민들의 정신장애와 PTSD의 유병률에 영향을 미치는 공통적 요인들은 전쟁 경험, 트라우마 경험(신체상해, 범죄 피해, 질병, 고문의 경험 등), 불확실성과 통제력 상실(거주지·직업 상실 등과 연계된 경제적·사회적 손실, 난민의 법적·정책적·사회적 지지의 취약성 등), 그리고 편견의 경험, 문화적 차이(언어 차이, 새로운 문화권으로의 진입) 등인 것으로 분석되었다. 회복탄력성과 관련된 요인들은 난민들이 사회적 연결망, 사회적 지지, 문화적 가치, 신앙, 소속감 유지, 특히 가족의 지지가 높은 회복탄력성과 관련된 것으로 분석되었다. 추가적으로 최근의 회복탄력성 연구는 외상 후 성장과 같은 개념의 발견을 보고하기도 하는데 이는 아이러니하게도 난민들이 경험하는 높은 수준의 정신장애나 PTSD와도 관련이 있다. 즉, 트라우마와 공포, 위기에 대한 인식이 높고 이를 극복하는 과정에서 높은 회복력 지수가 발견되고 외상 후 성장 징후들이 발견되는 것을 지적한 것이다.

이러한 요인은 일반적으로 전쟁난민의 정신장애, 회복탄력성에 전반적으로 영향을 미치는 요인들로 다른 난민집단의 연구들에서 발견된 내용들과 큰 차이가 없다. 그러나 이 글의 분석에 포함된 표본연구의 연구결과의 내용을 내러티브 비교·분석한 결과 시리아 난민과 우크라이나 난민의 정신장애 유병률이나 회복탄력성에 영향을 미치는 관련 요인들에서 일부 차이가 발견되었다. 시리아 난민이 경험하는 분쟁의 특성, 지속기간, 피난 과정의 어려움, 난민캠프에서의 기간, 난민신청과 지위 획득의 어려움, 그리고 수용국의 제도적, 사회문화적 요인(낮은 고용 상태, 난민 거주지, 교육 등의 취약성), 의료·정신건강 서비스 접근성의 제한 등이 복합적으로 영향을 미쳐 우크라이나 난민에 비해 높은 정신장애 유병률과 더 심각한 중증도 이상의 PTSD 증상을 나타내는데 영향을 미치는 것으로 해석되었다. 이에 더해 시리아 난민이 지닌 인구통계학적 취약성(낮은 교육수준, 낮은 전문성, 가정 내 폭력 등)도 영향을 미친다. 이러한 차이는 시리아 난민과 우크라이나 난민의 정신장애, PTSD 유병률의 차이를 해석하는 근거가 될 수 있다.

무엇보다 두 난민 집단의 정신장애 유병률 차이는 전쟁난민으로서 이들이 겪는 전쟁과 강제 이주의 정신적 외상경험(psychological traumatic events)

보다 이들을 둘러싼 정착지에서의 회복환경(resettlement context)과 관련된 정치적, 사회적 요인에 영향을 더 많이 받는 것으로 분석된다. 그리고 이러한 회복 환경의 차이는 더 나아가 두 난민 집단 간의 회복탄력성의 차이를 이끌어 낸 것으로 해석할 수 있다. 시리아 난민의 경우 회복탄력성에 영향을 미치는 요인들은 개인의 성격, 기질, 그리고 개인이 가진 트라우마에 대한 대응기법(coping measures)(예, 자기연민), 그리고 종교와 문화정체성 유지, 가족 및 같은 인종 집단 내 지지와 지원이었다.

반면, 우크라이나 난민이 시리아 난민보다 상대적으로 높은 회복탄력성에 영향을 미친 정치적, 사회적 요인들은 우크라이나-러시아의 전쟁의 성격, 우크라이나 난민의 이주 과정 및 정착 과정에서의 수용국의 법적, 제도적 정책 대응, 수용국 내의 우크라이나 난민에 대한 노동시장, 복지, 교육 접근성, 우크라이나 주변국인 유럽국들의 사회·문화적 유사성, 우크라이나 국가에 대한 서구 유럽국들의 지원, 우크라이나 정부의 디지털 난민 정신건강 지원 정책, 그리고 우크라이나 난민에 대한 우호적인 인식 프레임을 제공하는 난민담론(refugee narratives)과 여론 등이 포함된다.

이러한 차별적 회복환경 요인을 몇 가지 구체적으로 설명하면 다음과 같다. 첫째, 우크라이나와 러시아의 전쟁은 우크라이나 주변 국가들과 유럽 국가에는 다른 국가의 전쟁이 아닌, 유럽 내부의 전쟁으로 인식되었다. 이러한 유럽 국가와 나토의 우크라이나 전쟁에 대한 인식은 미디어와 정치적 담론 그리고 여론의 내러티브에 반영되어 우크라이나 전쟁을 '우리 유럽의 전쟁'으로 표현하고 우크라이나 전쟁 난민들을 '난민'이 아닌 '피해자(victims)' 또는 '피난민(displaced Europeans)'로 구별되어 인식하게 하였다. 또한 우크라이나인의 문화적 유사성은 우크라이나인을 "백인", 기독교, 유럽 문화권의 담론을 이끌어 냈다.

이러한 정치적 내러티브는 사회심리학적 관점에서 유럽연합 국가에게 집단 내 위협으로 받아들여졌으며 이러한 새로운 집단의 위협에서 러시아를 공동의 외부의 적으로 파악하고 우크라이나 난민을 거대한 공동체의 일부로 인식하는 내집단 인식이 형성되게 하여 감정적·정서적 연대를 형성하게 하는 계기를 마련했을 가능성도 있다. 이에 반해 시리아 내전은 복잡한 내전이자 이슬람 극단주의 테러리즘이 연계되었고, 종교, 언어적, 문화적 거리감으로 인한 "안보 위협"이자 "타자"의 내러티브와 담론이 형성되어 수용국 일반 국민의 인식과 태도에 부정적인 영향을 미쳤다(Ajana, et al., 2024; Zerka, 2023). 그리고 이러한 정치적, 미디어적 담론과 감정적, 정서적 인식은 법적·제도적 회복환경에도 영향을 미쳤을 것으로 분석된다.

둘째, 법적·제도적 측면에서도 우크라이나 난민에 대한 유럽연합과 주변 국가의 대응과 지원은 차이가 있었다. 유럽연합은 '임시보호지침(Temporary protection Directives)'을 발동하여 우크라이나 난민에게는 2022년 3월부터 유럽연합 전 회원국이 자동적으로 임시보호지위를 부여할 수 있도록 하였다. 임시보호지침은 2001년 최초로 제정되었지만 실제 적용된 것은 이번 2022년 우크라이나-러시아 전쟁이 처음이다.

이러한 사실은 상당한 의미를 가지는데 이는 단순히 우크라이나 난민들에 대한 인종적, 문화적 유사성에 의한 결정이 아닌 유럽연합 회원국들의 정치적 인식이 전반적으로 우크라이나-러시아 전쟁을 유럽의 안보 위기로 해석하고 있다는 것을 반영한다. 유럽연합의 임시보호지위란 전쟁, 폭력 등 예외적인 상황에서 난민이 대량 유입될 경우, 정식망명 시스템을 거치지 않고 즉각적이고 임시적인 보호를 제공하는 지침이다. 이 지침에 따라 임시보호지위를 받은 사람은 최대 3년까지의 거주 및 근로 권리를 획득하게 된다. 이는 무비자 입국, 즉각적인 취업, 주거, 복지, 의료서비스 접근이 가능, 그리고 18세 미만에 대한 교육권이 보장되도록 하는 조치였다. 특히 우크라이나 난민에 대해서는 지침의 11조인 2차 이동 방지 조항을 적용하지 않기로 합의하였는데, 이는 이주로 인해 헤어졌던 가족구성원이 자신의 출신국이 아닌 다른 나라에서 재결합할 수 있는 난민의 권리인 가족재결합권을 보장하게 한다는 점에서 상당한 의미가 있다(박선희, 2022: 209). 더 나아가 새로운 2022년 임시보호지침에는 은행의 계좌를 열 수 있는 혜택도 포함되어 우크라이나 난민들이 수용국에서의 근로, 생활에 상당한 안정성을 보장하였다.

이러한 법적, 정책적 제도환경은 우크라이나 난민의 노동시장 접근성을 크게 증가하는 우호적인 회복환경을 제공하였다. 폴란드의 경우는 앞선 유럽연합의 조치와 연계하여 2022년 3월 26일 우크라이나인을 지원하는 법을 개정하여 우크라이나 난민의 경제활동관련 폴란드인들과 동일한 원칙 아래에서 경제활동을 수행할 수 있도록 보장하는 등 상당한 수준의 지원이 가능한 구조적 환경을 제공하였다. 또한 2022년 특별법을 개정하여 외국인 고용법의 주요 내용을 개정하여 폴란드 노동시장을 탄력적으로 운영하여 우크라이나 난민의 노동력이 쉽게 노동시장으로 편입될 수 있도록 조치하였다(KOTRA, 2022). 폴란드는 우크라이나 난민의 약 절반가량을 수용하고 있다는 측면에서 이러한 조치들은 우크라이나 난민 유입에 유연하게 대응하기 위한 법적 조치로 이해할 수 있다. 또한 유럽연합은 우크라이나인에 대해 고학력자들에 대한 빠른 인정에 관한 지침(Guidelines on fast-track recognition of Ukrainian academic qualifications)을 개발하여 우크라이나인의 빠른 노동시장의 편입을 지원하는 정책을 제공하였다(European Education Area, 2022 6.2).

반면 시리아 난민의 경우, 개별국가의 난민 정책에 따라 다른 상황에 처했다. 요르단과 레바논의 경우 시리아 난민을 대규모 수용했지만, 레바논은 1951년 난민협약에 가입하지 있지 않아 난민지위를 공식 인정하지 않는 등 법적 보호와 권리보장이 취약한 상태다. 유럽연합 국가들은 시리아 난민에게는 복잡하고 오랜 시간이 걸리는 개별 난민 심사절차를 여전히 준수하고 있다.

노동시장에 대한 접근 역시 수용국 정부의 정책에 따라 접근 가능성이 결정된다. 일부 국가는 난민에게 노동허가를 허용하지만, 이를 제한하는 국가도 있다. 독일은 2016년 통합법을 발표하여 난민권 신청자와 난민권 인정자의 노동시장 통합에 대한 내용을 제시하고 있다(이은희, 2019). 그러나 대부분의 유럽 내 시리아 난민은 법적 자격인정에 오랜 시간이 걸리고, 난민인정을 받더라도 각국의 언어능력을 입증하거나 증명서를 제출하는 등의 절차가 있어 취업 전 장기간 실업 상태를 유지하거나 양질의 노동시장에 편입되는 것에 어려움이 있다. 튀르키예는 임시보호(Temporary Protection) 체계 아래 시리아 난민에 대한 노동시장 접근을 점차 허용했지만 실제로는 관료적, 지역적 노동 허가문제, 언어와 자격능력 관련 인식문제 등으로 인해 여러 제한이 존재하고 있다.

가장 많은 시리아 난민을 수용한 레바논의 경우, 1993년 시리아와 레바논 양국의 경제협력협정에 따라 양국 국민이 상대국가에서 거주, 취업, 경제 활동이 가능하다. 그러나 실제 레바논은 시리아 내전이 발발하기 이전부터 시리아의 값싼 노동력에 크게 의존해 왔고 이에 따라 시리아인들 노동은 계약이 체결되지 않는 비공식 부분이나 노동시장에서 값싼 노동력이 요구되는 부분에 집중되어 있다. 이는 실제로 시리아 난민이나 레바논 고용주가 공식적인 노동허가신청을 포기한다고 볼 수 있어 시리아 난민은 낮은 임금의 불안정한 일자리에 종사하게 되었고 공식적인 노동시장의 진입은 상당 부분 제약되어 있다.

또한 레바논인은 시리아 내전 이전부터 이미 레바논 노동시장의 포화상태와 30~60%에 달하는 비숙련직의 일당 삭감을 경험하였다. 레바논인은 그 원인으로 시리아인의 값싼 노동력을 지목하였고 시리아인은 레바논인의 일자리를 빼앗아 간다는 비난의 대상이 되었다. 이 외에도 시리아인의 신생 소규모 사업체가 증가함에 따라 레바논 소규모 사업체 중 가격경쟁 등에서 밀린 자영업자나 운송, 서비스업 등 다양한 분야에서의 경쟁에서 뒤처진 레바논인 사이에서 시리아인에 대한 불만이 확산되었다. 더 나아가 이러한 상황에서 레바논 정부는 어떠한 공식적 조치도 취하지 않는 무정책으로 일관하였다 (Yessayan, 2022: 16-18).

이러한 상황에서 레바논인과 시리아 난민 간의 적대감, 고립감, 분노, 그리고 혐오 등의 감정은 악화되고 있으며, 난민 취약계층은 생계를 위한 저임금 노동을 강요받는 열악한 상황에 놓여 있다. 또한 레바논의 경제, 정치, 사회적 위기가 고조되자 국가안보의 위기를 시리아 난민의 이주로 인한 위기로 전가하며, 난민 중 테러리스트의 위협 등의 내러티브를 덧씌우는 정치적 내러티브들로 인해 시리아 난민들의 심리적 회복환경은 매우 열악한 상태에 접어들고 있다(이경수, 2025). 이러한 구조적, 제도적 문제들은 시리아 난민들에게 지역사회통합이라는 회복환경이 아닌 심리적, 사회적 자본의 결핍과 손실이 지속되는 환경을 형성한다.

셋째, 디지털 회복력 지원 자원의 접근 가능성 및 가용능력 측면에서 두 집단의 회복환경의 상대적 비교가 가능하다. 우크라이나에 대한 유럽 국가의 적극적인 원조와, 우크라이나 정부의 전쟁 중 자국민과 해외 난민 등에 대한 다양한 정신건강지원 활동은 시리아 난민들이 처한 디지털 회복환경과는 대조된다. 먼저, 우크라이나 국내에 체류하는 국민, 국내 실향민, 그리고 해외 난민을 겨냥한 디지털 정신건강문제 개입 및 의료서비스 지원 및 직업, 교육 지원 플랫폼과 앱 서비스가 활발하게 이루어지고 있다. 이러한 디지털 플랫폼과 서비스는 우크라이나 정부가 전쟁 전부터 디지털 정부로의 변화를 위해 준비해 온 서비스를 효율적으로 전환하여 자국 내 국민에게 다양한 접근 서비스를 제공하는 것부터, 해외나 자국 내 실향민들에 대한 서비스를 제공하기 위해 유럽연합이나 유엔개발(UNDP), 그리고 여러 비정부기구과 민간기업 등의 협력 아래 운영되는 서비스까지 다양하다.

대표적인 우크라이나의 디지털 서비스는 EU4Health 프로젝트(EU-4Health Projects), 코소보의 Digital Clinic for Ukraine, Project SOLVE, the "Psychologist's Package" 어플리게이션, No trivia 플랫폼, POUCH의 정신의학자들과의 온라인 컨설팅 프로젝트, 그리고 Virtual Counselling Centre 등이 있다. 이들 프로젝트와 프로그램을 설명하면 다음과 같다. EU4Health 프로젝트는 우크라이나 난민들의 정신건강과 심리사회적 웰빙을 지원하기 위한 유럽연합의 4번째로 큰 보건프로그램이다. 이 프로젝트는 Peace of Mind 프로젝트, Well-U 프로젝트, U-Rise 프로젝트, 그리고 MESUR의 4가지 프로젝트에 자금을 지원하고 있다.

MESUR은 "iFightDepression®"라는 디지털 기반 우울증 자기관리 프로그램을 활용하고 있다. 이러한 프로젝트와 프로그램은 거의 유럽 전역에서 이루어지고 있으며, 우크라이나어와 러시아어로 지원하고 유럽정신의학회와 유엔난민기구(UNHCR)의 의료전문가 등 전문가들의 지원을 받아 운영되고 있다. 또한 슬로바키아, 폴란드, 루마니아 등 일부 지역에서는 대면 심리적 개입도 시행하고 있다(HaDEA, 2022).

코소보의 Digital Clinic for Ukraine, Klinika Digjitale은 디지털 글리닉 건강 이니셔티브의 일환으로 우크라이나 난민들을 지원하기 위한 온라인 의료서비스 플랫폼이다. 이 디지털 서비스는 우크라이나의 테르노필 국립 의과대학 및 Health Center of Excellence LLC USA와 협력하고 있으며 영어와 우크라이나어의 서비스를 제공한다. Project SOLVE는 전쟁으로 인해 실향민, 난민이 된 청소년들에 대한 증거기반 디지털 정신건강개입 우크라이나 버전으로 유니세프의 지원을 받는다. No trivia는 우크라이나의 가상 상담 플랫폼이다. 2022년 2월 러시아의 침공 이후 청소년에게 심리적 지원을 제공하는 교육프로젝트로 시작되어 전쟁이 젊은 청소년과 청년들에게 야기하거나 악화시킨 스트레스와 부정적 관계에 개입하기 위한 목적으로 활용되고 있다. 이 플랫폼은 인스타그램, 텔레그램 챗봇 프로그램이다. 그 외에도 "Psychologist's Package" 어플리게이션은 우크라이나 유럽연합, 유엔개발 등이 학교심리학자 네트워크를 구성하여 우크라이나 지역 내 학교에 태블릿을 보급하고 디지털 심리치료를 신속한 진단과 치료를 지원한다(UNDP, 2024). 그리고 우크라이나 비정부기구와 체코의 인도주의적 지원단체의 협력으로 우크라이나의 난민 여성들의 심리치료, 지원, 취업 지원 등의 서비스를 제공하는 디지털 플랫폼인 Virtual Counselling Centre도 운영되고 있다.

시리아 난민들을 위한 모바일 기반 디지털 정신건강 개입 서비스들 역시 존재한다. 대표적으로 WHO와 취리히대학교의 협력으로 운영되는 Step-by-Step 디지털 정신건강 개입프로그램, 요르단 보건부와 비정부기구와 Johns Hopkins University 등이 참여하여 개발한 "Ilajna"라는 디지털 정신건강 개입프로그램 등이 있다. WHO의 Step-by-Step 프로그램은 영어, 아랍어, 프랑스어 등이 지원되고, Ilajna는 아랍어를 기반으로 시리아 난민과 요르단 저소득층을 위한 심리지원프로그램으로 활용된다. 이 프로그램은 시리아 난민의 정신건강 접근성 불평등을 완화하는 시도로, WHO의 Mental Health Gap Action Programme(mhGAP)과도 연계되었다. 이러한 프로그램은 레바논, 요르단, 터키 등 의료 인프라와 인력이 부족한 인접국에 대규모의 시리아 난민들의 정신건강 서비스 접근의 어려움을 개선하기 위해 개발되었으며, Step-by-Step 프로그램은 시리아 난민의 스트레스 수준을 낮추는 데 효과가 있었고, 사용 편의성과 비용 효율성 등에 의해 긍정적 평가를 받았다.

그러나 대부분의 시리아 난민이 거주하는 지역의 인터넷 인프라의 불안정성으로 인한 접근성의 한계, 시리나 난민들의 디지털 문해력의 제한, 그리고 서비스 제공이 대부분 자기구조(self-help) 방식으로 전문가의 지원이나 자문을 거의 받을 수가 없었다는 점에서 우크라이나의 디지털 서비스의 지원에 비해 상당한 한계가 제기된다.

더 나아가 우크라이나의 이러한 디지털 서비스의 제공은 의료전문가들의 지원과 유럽 각국의 비정부기구와 주요 난민 구호기관들의 협력을 받고 있었으며, 우크라이나어와 러시아어의 지원을 제공하였고, 문화적 적용성에서도 시리아 난민들의 플랫폼과 애플리케이션보다 더욱 익숙한 문화적 표현이 포함되었다. 또한 태블릿을 배포하는 등의 수용자들의 접근성을 증가시키기 위한 노력들도 동시에 수행되었다. 또한 우크라이나 난민들은 폴란드와 주변 유럽 국가들에 수용되면서 안정된 인터넷 접속과 높은 스마트폰 보급률 등 상대적으로 디지털 서비스 활용에 우수한 환경에 처해있었다는 점 역시 시리아 난민들의 경우와는 차별되는 회복환경이었다고 분석된다.

IV. 맺음말

전통적인 회복력의 개념은 개인이 역경 속에서도 심리적 안녕을 유지하고 회복할 수 있는 개인적 기질(individual trait) 또는 심리적 발달 특성으로 이해되었다(Block · Block, 1980). 그러나 오늘날의 회복력의 개념에 대한 논의는 개인 수준의 특성을 넘어 지역사회와 구조적 환경 수준에서 작동하는 다양한 사회적, 심리적 요인들을 포괄하는 개념으로 확장하고 있다. 이러한 확장된 회복력 개념은 인적자원으로서 난민을 바라보는 이론적 관점에서 회복력을 손실된 난민들의 사회적, 심리적 자본들이 재축적되고 회복되는 과정으로 정의하는 사회적 자본이론, 심리적 자본이론들에서 핵심적인 개념이 될 수 있다. 난민을 둘러싼 회복환경의 구조적 · 거시적 단위의 사회적, 심리적 자본들이 '난민의 인적자원으로의 회복 사이클'을 지속적으로 환류할 수 있게 하는 중요한 요인이 될 수 있기 때문이다.

이 글의 분석결과는 이러한 관점을 지지하는 결과들을 제시한다. 본 연구의 분석결과 우크라이나 난민이 시리아 난민보다 낮은 정신장애 유병률과 높은 회복탄력성을 보인 배경으로 개인적 요인보다 거시적이고 구조적인 사회적 · 심리적 요인이 더 강하게 작용한 것으로 해석되었다. 우크라이나 난민들은 시리아 난민보다 상대적으로 우호적이고 효율적인 사회적, 심리적 자본환경을 갖추고 있었다. 우크라이나 난민에게 더 우호적이었던 자본환경은 법적, 제도적 지원, 문화적 친밀성, 정치와 미디어의 우호적 내러티브, 전쟁 양상에 대한 유럽 국가 내 사회적 연대 그리고 효율적이고 다양한 디지털 네트워크와 지원 등이다. 이러한 우크라이나의 사회적, 심리적 자본은 우크라이나 난민들의 인적자본과 결합되어 즉각적인 취업, 거주, 교육, 의료서비스의 접근 등을 통해 수용국의 지역사회에 빠르게 통합될 수 있는 기회를 제공하였다. 이를 인적, 사회적, 심리적 자본의 손실과 획득이라는 자원관점에서 이해할 때, 우크라이나 난민과 시리아 난민에 대한 비교연구는 개인 수준의 자본보다 국가와 지역사회 수준의 거시적, 제도적 자본이 전쟁 난민의 회복과 적응 그리고 지역사회에의 통합을 촉진하는데 더 중요한 작용을 할 것으로 유추할 수 있다.

특히, 우크라이나 난민의 자본 중 디지털 플랫폼을 활용한 정신건강 지원체계는 난민들의 구조적 단위의 사회적, 심리적 자본에 대한 인식의 전환 필요성을 강조한다. 연구분석결과 우크라이나 난민의 정신건강을 지원하는 디지털 플랫폼, 애플리케이션의 확대는 우크라이나 난민들의 회복탄력성을 증진시켜 난민의 인적, 사회적, 심리적 자본을 회복의 사이클이 원활하게 지속될 수 있는 중요한 구조적 요인으로 작동하고 있는 것으로 보인다.

지금까지 전통적인 난민의 회복력 지원 메커니즘은 오프라인 서비스와 지원을 중심으로 운영되어왔다. 그러나 유럽 등의 국가들이 점차 중앙정부의 재정 지원을 줄이고 지역사회와 비정부기구 등을 중심으로 저비용, 고효율의 디지털 전환이 이루어지고 있다. 이러한 디지털 전환은 난민을 위한 고용, 사회적 지원 및 정신건강 서비스의 제공 등 심리사회적 지원체계를 확대 제공하는 구조적 체계와 기회를 확대시킨다. 이미 온라인의 소셜플랫폼은 난민들의 중요한 사회적 네트워크이자 사회적 지지인 사회적 자본이 되었다. 그리고 소셜플랫폼에 정신건강지원 어플리케이션이나 서비스 및 치료 플랫폼을 제공하는 것은 난민의 심리적 자본의 확대로 이어지는 선순환과정을 가지게 된다. 따라서 향후 소셜미디어로 연결되는 디지털 플랫폼과 애플리케이션들은 단순한 기술적 수단을 넘어, 난민의 정보접근, 사회적 네트워크, 심리적 지원을 통합적으로 연결하는 새로운 회복 인프라, 회복자원으로 더 중요한 기능을 하게 될 것으로 예측된다. 따라서 난민의 사회적, 심리적 자본에 디지털화된 네트워크와 지원체계가 기능하고 있다.

전쟁과 분쟁은 어디서나 누구에게나 일어날 수 있다. 이 글은 이러한 분쟁으로 유발된 강제적 이주를 경험하는 난민들에 대해 '부담'이나 '결핍'의 대상으로 인식하는 것에서 벗어나 손실된 자본들을 회복한 자원으로 이해하는 것이 필요하다는 점을 제안한다. 그리고 난민들의 회복력을 촉진하고 지원하는 순환과정이 지속적으로 이어질 수 있는 인적, 사회적, 심리적 자본의 회복 사이클이 순환하고 환류하면서 강화되는 사이클이 이어질 수 있도록 수용국의 거시적·제도적 자본들의 중요성이 강조되어야 할 것이라는 점 역시 지적한다.

이 글은 서술적 비교문헌분석 방법을 적용하여 시리아 및 우크라이나 난민에 관한 경험적 연구결과를 체계적으로 수집·분석하여 전쟁난민의 회복탄력성에 영향을 미치는 구조적 심리자본의 작동 메커니즘을 탐색적(exploratory)으로 분석하였다는 점에서 학문적 의의를 지닌다. 다만, 이 글은 직접적인 경험적 자료를 분석하는 것이 아니어서 검증하고자 한 이론적 설명모델의 인과관계나 상관관계를 규명하는데는 한계가 있다. 또한 분석방법을 통해 결론을 도출하는 데 따르는 방법론적인 몇 가지 제약도 존재한다. 따라서 향후 이와 같은 관점으로 경험적 연구를 수행하는 후속연구의 필요성을 제안한다.

끝으로, 이 글은 난민이 수용국의 경제적, 사회적 부담이자 동시에 인적자원의 수급이라는 기회요인이 될 수 있는 다면적 속성을 가진 문제임을 지적한다. 모든 사회경제적 도전 또는 이슈들은 반드시 나쁘거나 좋은 또는 문제이거나 혜택이거나 하는 단편적인 속성만을 가지지는 않는다. 유입되는 난민을 수용국이 인적자원으로 수급하고 사회경제적인 기회요인으로 활용할 것인지, 아니면 사회경제적 부담과 문제로 이해해야 할 것인지는 그 난민 수용국의 사회구고적, 경제적, 정책적 역량과 대응 방식에 달려있다. 특히 한국과 같이 젊은 노동인구가 감소하면서 인구의 고령화와 출산율 감소로 인적자원이 고갈되어 가는 선진국일수록 해외로부터 유입되는 인적자원들을 어떻게 잘 활용하여 국가의 경제성장과 사회발전을 지속가능하게 해야 할 것인지를 더 깊이 고민해야 할 것이다. 인적자원으로서의 난민의 회복탄력성을 효과적으로 관리하여 어떻게 양질의 인적자원으로 활용할 것인지는 모색하는 노력이 필요할 것으로 보인다.

표 1 서술적 비교문헌분석에 활용된 연구논문표본 (n= 26)

연구저자	표본특성	연구방법(진단도구) 및 결과와 함의
1. Fadhia et al (2022)	네덜란드 내 시리아 난민 18명 (18~41세)	**질적분석, 심층 인터뷰 후 주제별 분석** 회복력의 원천으로 네덜란드에서 시리아인의 종교성, 문화적 정체성 유지, 호스트 국가의 기회 강조
2. Alduraidi et al. (2020)	요르단 내 시리아 난민 151명 (18~69세)	**경험적 분석, 통계분석(코너-데이비슨 회복력 척도:CD-RISC)** 요르단 거주 시리아 난민의 낮은 회복력 점수 거시적 단위 요인들로는 난민 거주지, 교육 수준, 고용 상태, 낮은 월소득이 낮은 회복력 점수와 유의미한 관련

연구저자	표본특성	연구방법(진단도구) 및 결과와 함의
3. Alsamman · Al-Delaimy (2024)	요르단 내 시리아 난민 272명 (18세 이상)	**경험적 분석, 인터뷰 심리검사(홉킨스 증상 체크리스트:HSCL-25), CD-RISC 등), 시리아 난민 정신장애 및 회복력 수준 분석** 정신유병률 연구표본의 75% 이상이 정서장애(84.6%), 유울증(85.7%), 불안장애(76.5%) 등을 경험해 다른 연구보다 높은 유병률 회복력 지수 57.665(SD = 19.526)로 미국 일반인구의 평균 점수 80.7보다 매우 낮은 수준
4. Brooks et al. (2022).	요르단 내 시리아 난민 507명 (여성, 19세 이상)	**경험적 분석, 설문조사, 심리검사(우울증 척도(CES-D), 범불안장애(GAD-7), DSM-5(PCL-5) 등)** 정신장애 유병률의 경우 우울증 62.92%, 불안장애 57.46%, PTSD 66.21% 시리아 여성 난민의 가정폭력 등 사회생태학적 요인이 높은 정신장애 유병률과 관련
5. Peconga · Høgh Thøgersen. (2019)	시리아 난민 경험적 연구 15편 (10개국에 재정착한 성인 시리아 난민 8,176명 대상 연구)	**체계적 논문 분석연구** 시리아 난민의 정신장애 유별율이 다른 일반인구집단에 비해 10배 더 높음(PTSD 등) PTSD 43.0%(범위: 23.4-83.4%), 우울증 40.9%(20-44.1%), 불안장애 26.6% (19.30-31.8%)
6. Yilmaz et al. (2024).	튀르키예 내 장기 정착 시리아 성인 난민 200명	**경험적 연구, 설문조사, 심리측정(HSCL-25, DSM-5, PCL-5)** **장기 정착 시리아 난민의 이주 전 · 후의 어려움이 정신장애에 미치는 영향분석** PTSD(55.5%), 우울증(33.5%), 불안(4.5%)의 높은 유병률, 튀르키예 거주 난민들은 장기 거주 후에도 높은 정신장애 유병률
7. Sagaltici et al. (2019)	튀르키예 난민캠프 거주 시리아 난민 342명 (18세 이상 성인)	**경험적 연구, 설문조사, 심리측정(PTSD 척도:CAPS)** **튀르키예 캠프에 거주 시리아 난민 PTSD 중증도 분석** PTSD 유병률 31.0%, PTSD 난민의 86.8% 중 CAPS 점수는 중증 이상의 수준으로 심각한 수준의 정신장애 시리아 난민 대부분이 정착한 후 튀르키예 캠프에서 처한 거시적 요인이 PTSD의 취약요인으로 분석
8. Acarturk et al., (2018)	튀르키예 난민캠프 거주 시리아 난민 781명 (18세 이상 성인)	**튀르키예 거주 시리아 난민 PTSD, 우울증 분석, 경험적분석(DSM-5, PCL-5, CES-D)** PTSD(83.4%), 우울증(37.4%) 등 매우 높은 정신장애 유병률 여성의 PTSD 유병률은 83.4%로 매우 심각
9. Tekeli-Yesil et al. (2018)	시리아 국내 실향민과 튀르키예 난민 540명 (18세 이상 성인)	**경험적연구, 인터뷰조사(DSM-4판 기준 구조화된 진단인터뷰)** **튀르키예 거주 시리아 난민과 시리아 국내 실향민 간 정신장애 비교 및 관련요인분석** 정신장애 유병률은 우울증 65%, 자살위험 52.7%, 공황장애 19%, PTSD 43.3%, 불안장애 44.4% 시리아 국내실향민의 PTSD 유병률이 더 높고, 튀르키예 난민은 주요 우울장애(MDD) 유병률이 더 높음 사회환경적 요소에 따른 정신장애 발생위험의 향후 연구의 필요성 제시

연구저자	표본특성	연구방법(진단도구) 및 결과와 함의
9. Tekeli-Yesil et al. (2018)	시리아 국내 실향민과 튀르키예 난민 540명 (18세 이상 성인)	시리아의 경우 시리아 국내 이주민의 정신장애 유병률이 튀르키예에 정착한 난민보다 더 높은 유병률을 보이나 다른 연구에서는 자국 내 이주민과 비이주민의 정신건강이 난민에 비해 양호하다는 상충된 결과 존재
10. Ibraheem et al. (2017)	네덜란드 거주 시리아 난민 111명, 시리아 내부 국내실향민 195명 (18세 이상 성인)	**경험적 연구, 심리측정(SOE Scale, CTS-S, CAPS-2, complex PTSD 측정도구, EAA 등)** 시리아 난민과 국내실향민(IDPs) 모두 상당한 비율의 PTSD, 우울증, 자살 충동 유병율 발견 국내실향민이 해외 난민보다 더 많은 트라우마 경험과 높은 PTSD 증상 수준을 가졌음을 보고 미국 일반인구에 비해 거의 3배 이상 높음
11. Kakaje et al. (2021)	시리아 국내실향민 1,951명 (19세 이상 성인).	**경험적 연구(Kessler 10 (K10) SPTSS, the Multidimensional Scale of Perceived Social Support 등)** **시리아 내 국내 이주민들의 정신질환을 난민과 비교** 시리아 표본(대부분 IDP 포함)의 완전한 PTSD 증상 유병율: 36.9%, 중증 정신 장애를 동반한 complex PTSD 유병율 60.8%, 정신질환 유병률 80.7%, 중증 정신질환 유병률 약 60% 23.2%만이 사회적 지원 경험 시리아 내 인구들의 심각한 정신질환 유병률 강조 비이동 시리아인들에게서 대부분 국가에 정착하거나 이주한 시리아 난민보다 더 심각한 정신장애 경험 시사
12. Cengiz et al. (2019)	튀르키예 내 시리아 난민 310명 (18세 이상 성인)	**경험적 연구, 심리측정(IES-R, HTQ, PTGI, CD-RISC)** **시리아 난민 PTSD 유병률 파악, 외상 후 스트레스 장애, 외상 후 성장 및 회복력 사이 관계 조사** PTSD 유병률 80%, PTSD 증상을 가진 사람들에게서 PTGI와 회복탄력성 비율이 점수가 높음, 회복력이 외상 후 성장을 촉진한다고 판단.
13. Usta et al. (2025)	레바논 내 시리아와 팔레스타인 난민 200명 (시리아인 38%, 팔레스타인인 44%, 시리아 팔레스타인인 18%)	**경험적 연구(질적, 양적분석 혼합), 200명 대상 설문조사 및 20명 심층인터뷰, 통계분석 (PHQ-15, GLAD 7, PHQ-9, CD-RISC-25)** **레바논 내 시리아와 팔레스타인 난민의 구조적 어려움이 정신건강과 회복력에 미치는 영향분석** 튀르키예 내 시리아 난민 평균 회복탄력성 지수 68.20로 팔레스타인 난민(77.01)이 시리아 난민(61.34)보다 평균 회복력 점수가 더 높음 정보통신기술(ICT)의 접근이 회복탄력성에 긍정적 영향을 미친다는 평가
14. Alduraidi et al. (2020)	요르단 내 시리아 성인 난민 151명 (18-69세).	**경험적 분석(CD-RISC)** 39.3 (척도범위 0-100)으로 낮은 회복력 평균점수 구조적 요인과 인적요인인 난민 거주지, 교육 수준, 고용 상태 및 월소득이 낮은 회복력 점수와 유의미한 관련

연구저자	표본특성	연구방법(진단도구) 및 결과와 함의
15. Alsamman et al. (2024)	요르단 내 시리아 성인 난민 272명	**경험적 분석(SCS, TEC, HSCL-25, CD-RISC)** 높은 정신장애 유병률(우울(85.7%), 불안(76,5%), 감정장애(84.6%)로 미국 일반인 평균 ≈ 80.7)보다 낮은 회복탄력성(CD-RISC 평균 약 57.7)
16. Andrushko · Lanza (2024, IJERPH)	미국 내 우크라이나 성인 난민 502명	**경험적 분석(Wagnild & Young Resilience Scale, CD-RISC-10)** Resilience Scale 평균 105.90로 중간~중상 수준 대체로 '상대적 회복탄력성 유지' 또는 '중간~중상 수준의 회복탄력성'을 보고, PTSD · 우울 · 불안의 단기 유병률은 높게 보고 사회 · 문화적 근접성, 노동시장 접근성, 수용국 정책(노동 · 교육 · 의료 접근성) 등이 회복탄력성 유지에 기여한다고 보고
17. Bilewicz et al. (2024)	폴란드 내 우크라이나 난민 4,972명 (19세 이상 성인, 여성(90.2%)	**우크라이나 전쟁 난민의 이주 후 차별과 무력감(통제력 상실)에 대한 경험 분석(PTSD-8 척도)** PTSD 유병율 47.8% 전쟁 경험, 불확실성, 통제력 상실, 차별 경험 등의 문화적 요인들이 PTSD 예측인자임을 보고
18. Ben-Ezra et al. (2023)	우크라이나인 성인 2,000명 (국내실향민 389명, 국외이주난민 156명, 비이주자 1,455명) (전쟁발발 6주 후 수집된 데이터)	**경험적 연구(ICD-11)** **우크라이나 국민 중 비실향민(NDP), 국내실향민, 해외 난민의 스트레스, 불안, PTSD 유병률 평가** PTSD 유병율 30.8% 우크라이나 내 비이주자의 PTSD 수준이 국내 이주자와 해외 난민의 PTSD보다 통계적으로 유의미하게 낮음 실향민 경험 PTSD와 관련 있고, 해외 이주 난민 외 국내실향민이 높은 PTSD 위험에 노출되어 있으며 이는 거시적 요인의 영향
19. Lushchak et al. (2023).	우크라이나인 3,173명(성인) (비이주자 (NDPs) 22.5%, 국내 실향민(IDPs) 15.9%, 해외 난민 22.5%) (여성 83.2%)	**경험적 연구((PSS-10, GAD-7, PCL-5)** 높은 수준의 PTSD(NDP 32.9%, IDP 39.4%, 난민 47.2%) 보고 국내 비이주자의 스트레스, 불안, PTSD 심각도가 가장 낮았고 국내 실향민, 난민 순으로 높았음 거주지에서의 강제 이주와 새로운 문화환경에 진입의 영향
20. Kimhi et al. (2023)	우크라이나, 폴란드, 리투아니아, 슬로바키아, 체코, 에스토니아인 1,000명 (18세 이상)	**경험적 연구(커뮤티니 회복력척도, 사회적 회복력 척도, 희망척도 등)** 우크라이나인 가장 높은 사회적 및 지역사회 회복력, 희망 보고 가장 낮은 웰빙, 사기, 위험 감각, 고통 증상, 인식된 위협 보고 장기간 갈등의 지역에서 높은 수준의 사회적 회복력과 고통 공존[9]

9 위기 상황에서 국민적 연대와 사회적 응집력이 강화되어 사회적 회복력이 강화될 수 있다. 장기간 갈등을 겪고 있는 이스라엘 남부 지역 주민을 대상으로 수행된 연구에서는 지역 주민 사이에 높은 수준의 사회적 회복력과 높은 수준의 고통이 공존하는 것으로 나타났으며, 이는 기존 연구와도 일치한다(Shapira, 2022; Shapira et al., 202).

연구저자	표본특성	연구방법(진단도구) 및 결과와 함의
21. Andrushko · Lanza(2024)	미국 거주 우크라이나 난민 502명 (15~58세)	**경험적 연구(CD-RISC-10, DSM-5, IES-R)** 미국 거주 강제 이주 우크라이나인의 높은 회복탄력성과 낮은 스트레스 내성 보고
22. Moret-Taty et al.(2024)	우크라이나 비이주민(NDPs)과 난민 344명 (18세 이상 성인)	**경험적 연구(긍정적 및 부정적 경험 척도(SPANE), 간략 회복탄력적 대처 척도(BRCS), 다차원 지각된 사회적 지지 척도(MSPSS) 등)** **우크라이나 비이주민과 난민의 회복력과 정서에 대한 사회적 지지 영향 분석** 비이주 집단은 난민 집단 보다 긍정적 정서, 부정적 정서 사회적 지지에 대한 인식 모두 높은 수준을 나타냄 우크라이나 내 비이주집단의 사회적지지(가족지원)의 중요성 강조
23. Dlugosz (2023)	폴란드 거주 우크라이나 난민 737명 (성인)	**경험적연구(RHS-15)** **폴란드 거주 우크라이나 난민 정신 건강 평가** 정신장애 유병율(PTSD 73%, 정서적 고통 66%) 측정
24. Labberton et al.(2024)	노르웨이 거주 우크라이나 난민 739명 (30~49세)	**경험적 연구(HSCL-5)** **우크라아니 난민 전반적 건강 상태 분석** 난민들의 건강이 좋지 않은 비율이 높았으나 심리적 고통의 영향력은 낮음
25. Khailenko et al.(2024)	우크라이나인 229명 (18세 이상 여성 229명, 국내실향민 108명, 난민 121명)	**경험적 연구(BRS, DSM-5, PCL-5, Brief-COPE)** **우크라이나 난민과 국내실향민의 PTSD, 회복탄력성, 회피적 대처 간 관계 규명** 난민과 국내 실향민(IDP) PTSD, 회복탄력성이 우크라이나 내 비이동 국민들보다 더높음. 다, 두 집단의 통계적 유의미한 차이가 없음
26. Kimhi et al.(2023)	우크라이나인 (난민, 내부 이주민, 비이주민 모두 포함), 폴란드인 성인 1,078명	**경험적 연구(검증된 척도활용 (개인, 공동체 및 사회적 회복력, 위험 감각, 고통 증상, 희망, 사기, 웰빙 및 인구 통계적 특성을 측정)** **우크라이나인과 폴란드인의 전쟁 중 회복력 예측 분석** 우크라이나인이 폴란드인보다 높은 비율의 위험인식(각각 61% 대 15%), 공동체 회복력(각각 27% 대 17%), 사회적 회복력(각각 66% 대 24%) 보고 **위협이 존재할 때 사회적 회복력 증가**

참고문헌

박선희. 2022. “유럽연합 난민정책의 전환점? 우크라이나 사태와 임시보호지침을 중심으로.”『유럽연구』40(2): 193-217.

이혜진. 2025. ““우크라전 3년간 1060만명 피란… 주택 200만채 파괴.” 유엔난민기구(UNHCR) 발표.” 조선일보 (2월 20일) https://www.chosun.com/international/international_general/2025/02/20/PE352KLVKRCINCL3EAZZ33VCZM/ (검색일: 2025. 10. 10)

이경수, 2025. “실패 국가로 향하는 레바논, 커지는 시리아 난민에 대한 혐오.” 다양성+Asia. https://diverseasia.snu.ac.kr/?p=6844 (검색일: 2025. 10. 10)

이은희. 2019. “독일 이주민의 문화적 통합을 위한 상호문화 문화교육과 사례 분석.”『독어교육』74(74): 301-328.

윤민우. 2024. “고려인 국내 이주 문제에 대한 치안 및 국가전략 정책적 접근: 제천 고려인 마을 사례를 중심으로.”『한국민간경비학회보』23(5): 383-411

KOTRA. 2022. “2022년부터 시행되는 폴란드 외국인 고용법 주요 개정 내용.” (1월 4일) https://dream.kotra.or.kr/dream/cms/news/actionKotraBoardDetail.do?SITE_NO=2&MENU_ID=4270&bbsSn=322&pNttSn=192553&CONTENTS_NO=1 (검색일: 2025. 10. 10)

UNHCR. 2024. “13년 동안의 겨울. 시리아 분쟁 돌아보기.” (3월 14일) https://www.unhcr.org/kr/news/stories/13-Years-of-Winter-A-Look-at-the-Syrian-Conflict (검색일: 2025. 10. 10)

Yessayan, Chris. 2022. “시리아 난민 위기가 레바논 노동시장에 미친 영향.”『국제노동브리프』2022년 11월호: 9~21.

Acarturk Ceren, M.. Cetinkaya, I. Senay, B. Gulen, T. Aker, and D. Hinton. 2006. “Prevalence and Predictors of Posttraumatic Stress and Depression Symptoms Among Syrian Refugees in a Refugee Camp.” *The Journal of Nervous and Mental Disease* 206(1): 40-45.

Alduraidi, H., L. A. Dardas and M. M. Price. “Social Determinants of Resilience

Among Syrian Refugees in Jordan." *Journal of Psychosocial Nursing & Mental Health Services* 58(8): 31-38

Al Ibraheem, B., Kira, I. A., Aljakoub, J. and Al Ibraheem, A. 2017. "The health effect of the Syrian conflict on IDPs and refugees." *Peace and Conflict: Journal of Peace Psychology* 23(2): 140-152.

Alsamman, S,, Rana Dajani and Wael K. Al-Delaimy. 2024. "Self-compassion and association with distress, depression, and anxiety among displaced Syrians: A population-based study." *PLoS ONE* 19(9).

Andrushko Y. and S. T. Lanza. 2024. "Exploring Resilience and Its Determinants in the Forced Migration of Ukrainian Citizens: A Psychological Perspective." *International Journal of Environmental Research and Public Health* 21(11).

Bilewicz M, Babińska M. and Gromova A. 2024. "High rates of probable PTSD among Ukrainian war refugees: the role of intolerance of uncertainty, loss of control and subsequent discrimination." *European Journal of Psychotraumatology* 15(1).

Ajana, B., H. Connell and T. Liddle. 2024. ""It Could Have Been Us": media frames and the coverage of Ukrainian, Afghan and Syrian refugee crises." *SN Social Sciences* 4, 135).

Bahar, D. and M. Dooley. 2020. "Refugees as assets not burdens: The role of policy." Brooke Shearer Series 8.

Blackmore, R., J. A. Boyle, M. Fazel, S. Ranasinha, K. M. Gray, G. Fitzgerald, M. Misso and M. Gibson-Helm. 2020. "The prevalence of mental illness in refugees and asylum seekers: A systematic review and meta-analysis." *PLoS Medicine* 21;17(9).

Block, J. H. and J. Block. 1980. "The role of ego-control and ego-resiliency in the organization of behavior." In W. A. Collins ed. *Development of cognition, affect and social relations: The Minnesota symposia on child psychology*, 39-102. Hillsdale: Erlbaum.

Becker, G. 1964. *Human Capital*. New York: National Bureau of Economic

Research.

Bogic, M., A. Njoku and S. Priebe. 2015. "Long-term mental health of war-refugees: a systematic literature review." *BMC International Health and Human Rights* 15, 29.

Brooks, M. A., M. Meinhart, L. Samawi et al. 2022. "Mental health of clinic-attending Syrian refugee women in Jordan: associations between social ecological risks factors and mental health symptoms." *BMC Women's Health* 22(4).

Cengiz, O., M. Karadag and B. Özdemir. 2019. "Posttraumatic stress disorder, posttraumatic growth, and psychological resilience in Syrian refugees in Hatay, Turkey." Alpha Psychiatry 20(Suppl): 35-42.

Długosz, P. 2023. "War trauma and strategies for coping with stress among Ukrainian refugees staying in Poland." *Journal of Migration and Health* 8.

European Education Area. 2022. *Guidelines on fast-track recognition of Ukrainian academic qualifications*. Brussels: European Commission.

European Health and Digital Executive Agency (HaDEA). 2022. *EU4Health projects to provide mental health support to Ukrainian refugees*. Brussels: European Commission.

Fadhlia, T. N., D. A. Sauter and B. Doosje. 2022. "Adversity, emotion, and resilience among Syrian refugees in the Netherlands." *BMC Psychology* 10(1): 257.

Grabowska-Lusińska, I., A. Jastrzębowska and I. Kyliushyk. 2023. *Resilience Embedded in Psychological Capital of Ukrainian Refugees in Poland*. London.: Transnational Press.

Hunt, N. and M. Gakenyi. 2005. "Comparing refugees and nonrefugees: the Bosnian experience." *Journal of Anxiety Disorders* 19(6): 717-723.

Kakaje, A., R. Al Zohbi, O. Hosam Aldeen et al. 2021. "Mental disorder and PTSD in Syria during wartime: a nationwide crisis." *BMC Psychiatry*

21(2).

Khailenko, O. and A. M. Bacon. 2024. "Resilience, avoidant coping and post-traumatic stress symptoms among female Ukrainian refugees and internally displaced people." *International Journal of Social Psychiatry* 70(6): 1164-1174.

Kimhi, S., M. Baran, T. Baran, K. Kaniasty, H. Marciano, Y. Eshel and B. Adini. 2023. "Prediction of societal and community resilience among Ukrainian and Polish populations during the Russian war against Ukraine." *International Journal of Disaster Risk Reduction* 93.

Kimhi, S., A. Kaim, D. Bankauskaite, M. Baran et al. 2024. "A full-scale Russian invasion of Ukraine in 2022: Resilience and coping within and beyond Ukraine." *Applied Psychology: Health and Well-Being* 16(3): 1005-1023.

Labberton, A. S., L. Ozeryansky, Y. Helland, T. S. Skogheim and T. M. Hansen. 2024. "Trends in the health status of Ukrainian refugees in Norway according to month of arrival during 2022." *BMC Public Health* 24: 3127.

Lushchak, O., M. Velykodna, S. Bolman, O. Strilbytska, V. Berezovskyi and K. B. Storey. 2023. "Prevalence of stress, anxiety, and symptoms of post-traumatic stress disorder among Ukrainians after the first year of Russian invasion: a nationwide cross-sectional study." *Lancet Regional Health Europe* 36.

Modesti, C., A. Talamo, G. Nicolais and A. Recupero. 2020. "Social and Psychological Capital for the Start-Up of Social Enterprises With a Migratory Background." *Frontiers in Psychology* 11: 1177.

Moret-Tatay, C., I. Zharova, A. Cloquell, M. Pérez-Bermejo, M. Murphy and F. Arteaga. 2024. "Social Support Increases Resilience and Affect in Non-Displaced Ukrainians and Refugees After a Year of War." *Psicothema* 37(1): 22-32.

Newman, A., I. Nielsen, R. Smyth and G. Hirst. 2018. "Mediating Role of Psychological Capital in the Relationship between Social Support and Wellbeing of Refugees." *International Migration* 56(2): 117-132.

Peconga, E. K. and M. Høgh Thøgersen. 2020. "Post-traumatic stress disorder, depression, and anxiety in adult Syrian refugees: What do we know?" *Scandinavian Journal of Public Health* 48(7): 677-687.

Porter, M. and N. Haslam. 2001. "Forced displacement in Yugoslavia: a meta-analysis of psychological consequences and their moderators." *Journal of Traumatic Stress* 14(4): 817-834.

Potocky-Tripodi, M. 2004. "The Role of Social Capital in Immigrant and Refugee Economic Adaptation." *Journal of Social Service Research* 31(1): 59-91.

Punamäki, R. L. 1990. "Relationships between political violence and psychological responses among Palestinian women." *Journal of Peace Research* 27(1): 75-85.

Rasekh, Z., H. M. Bauer, M. M. Manos and V. Lacopino. 1998. "Women's health and human rights in Afghanistan." *JAMA* 280(5): 449-455.

Sagaltici, E., G. Alpak and A. Altindag. 2019. "Traumatic Life Events and Severity of Posttraumatic Stress Disorder Among Syrian Refugees Residing in a Camp in Turkey." *Journal of Loss and Trauma* 25(1): 47-60.

Sarkar, S. and G. Bhatia. 2021. "Writing and appraising narrative reviews." *Journal of Clinical and Scientific Research* 10(3): 169-172.

Shapira. S. 2022. "Trajectories of community resilience over a multi-crisis period: A repeated cross-sectional study among small rural communities in Southern Israel." *International Journal of Disaster Risk Reduction* 76(15).

Shapira, S., O. Cohen and L. Aharonson-Daniel. 2020. "The contribution of personal and place-related attributes to the resilience of conflict-affected communities." *Journal of Environmental Psychology* 72: 101520.

Siriwardhana, C., M. Abas, S. Siribaddana, A. Sumathipala and R. Stewart. 2015. "Dynamics of resilience in forced migration: a 1-year follow-up study." *BMJ Open* 5(2): e006000.

Srivastava, K. and R. C. Das. 2015. "Human capital management: Economics of psychological perspective." *Industrial Psychiatry Journal* 24(2): 115-118.

Tekeli-Yesil, S. E. Isik, Y. Unal, F. A. Almossa, H. K. Unlu and A. T. Aker. 2018. "Determinants of Mental Disorders in Syrian Refugees in Turkey Versus Internally Displaced Persons in Syria." *American Journal of Public Health* 108(7): 938-945.

Usta, J., D. Janbek, M. Abboud, J. Antoun, R. Al Ghrawi and M. A. Onyango. 2025. "Role of resilience in general health and mental wellbeing among Syrian and Palestinian refugees in Lebanon: a mixed methods study." *Conflict and Health* 19(15).

Yilmaz, E., L. Tamam and C. Cengisiz. 2024. "Post-traumatic stress disorder among long-term resettled Syrian refugees in Turkey: a comprehensive analysis." *Frontiers in Psychiatry* 15.

Zerka, P. 2023. *Russia, Ukraine, and the fight for the European public*. European Council on Foreign Relations Policy Brief.

Digital Clinic for Ukraine. https://digital-clinic.net/ (검색일: 2025. 8. 20).

EU NeighorusEast. 2023. "Ukraine: virtual centre for psychosocial support and employment assistance for women IDPs opens in Dnipropetrovsk region." (September 1) https://euneighbourseast.eu/news/latest-news/ukraine-virtual-centre-for-psychosocial-support-and-employment-assistance-for-women-idps-opens-in-dnipropetrovsk-region/ (검색일: 2025. 10. 05).

Office for Foreigners. 2022. "Amendment to the law on assistance to Ukrainian citizens in connection with the armed conflict on the territory of the country." Website of the Republic of Poland. https://www.gov.

pl/web/udsc-en/the-law-on-assistance-to-ukrainian-citizens-in-connection-with-the-armed-conflict-on-the-territory-of-the-country-has-entered-into-force (검색일: 2025. 10. 05).

Queen Mary University of London. 2025. "Short-term digital mental health interventions reduce depression and anxiety in Ukrainian children and adolescents displaced by war." https://www.qmul.ac.uk/media/news/2025/medicine-and-dentistry/fmd/short-term-digital-mental-health-interventions-reduces-depression-and-anxiety-in-ukrainian-children-and-adolescents-displaced-by-war.html (검색일: 2025. 10. 05).

Tsounis, A. and D. Xanthopoulou. 2024. "Social Capital Theory: A review." in S.Papagiannidis ed. TheoryHub Book. https://open.ncl.ac.uk/theories/16/social-capital-theory/ (검색일: 2025. 10. 05).

UNDP, 2024, 5, 24. "EU and UNDP enhance digital accessibility and improve psychological services in communities." (May 24) https://www.undp.org/ukraine/press-releases/eu-and-undp-enhance-digital-accessibility-and-improve-psychological-services-communities (검색일: 2025. 10. 05).

UNHCR. "Refugee Statstics. Global Trends At-a-Glance" https://www.unrefugees.org/refugee-facts/statistics/ (검색일: 2025. 8. 20).

WHO. 2024. "Post-traumatic stress disorder." (May 27) https://www.who.int/news-room/fact-sheets/detail/post-traumatic-stress-disorder (검색일: 2025. 8. 20).

• • • •

제8장

경유국 타지키스탄에서의 아프가니스탄 난민 교육과 이주 전략[1]

최아영

I. 머리말

2025년 현재 전 세계 난민 중 18세 이하 학령기 난민은 전체의 약 40%를 차지한다(UNHCR, 2025b). 이들은 양육자와 함께 때로는 홀로 박해를 피해 국경을 넘으며, 대부분은 지리적으로 가까운 국가에 처음 도착한다. 실제로 전 세계 난민의 67%는 본국과 국경을 접한 인접국에서 체류하고 있으며(UNHCR, 2025b), 아프가니스탄 난민의 대다수도 이란, 파키스탄, 타지키스탄 등 인접국에 머무르고 있다(UNHCR, 2025c). 본국을 떠나야 하는 과정과 당도한 인접국에서 경험하는 불안정한 법적 지위, 난민을 위한 사회보장제도의 부재, 낯선 사회·문화적 환경은 난민 아동의 교육의 질과 연속성에 부정적인 영향을 미친다. 이러한 문제는 구체적인 통계에서도 확인된다. 2022년 말 기준 전 세

1 이 글은 2025년 12월에 *Asian Journal of Political Science*(*AJPS*)에 게재된 논문을 본서의 편집 취지에 맞도록 수정·보완한 것입니다.

계의 학령기에 있는 난민 아동·청소년의 수는 약 1,480만 명인데 그중 51%가 학교에 다니지 않는 것으로 추산된다(UNHCR, 2024b). 거주국 교육 체제에 편입하여 교육을 받는다 하더라도 그러한 경험이 곧 취업과 노동시장 진출과 같은 기회로 이어지는 것은 아니다. 실제 난민들이 처한 현실에서는 '교육 체제 접근-학습-기회'가 선형적으로 연결되지 않기 때문이다(Dryden-Peterson, 2024: 84). 특히 난민이 현재 거주하고 있는 나라에서 장기 정착이 어렵거나, 그것을 원하지 않는 경우 난민 아동 교육의 단절적이고 불연속적인 양상은 더욱 심화된다.

이러한 상황에서 난민 가정은 제3국에서의 재정착 가능성이 극히 제한적임에도 불구하고 언젠가는 그곳으로 이주할 수 있다는 기대를 유지하며, 이주를 준비하기 위한 전략적 선택을 모색한다. 이 과정에서 자녀 교육은 단순한 학업 참여를 넘어 가족의 미래 이주 결정과 긴밀하게 맞물린다. 이렇게 난민 가정이 특정 교육 경로를 선택하거나 배제하는 결정은 단순한 학업 참여가 아니라, 불확실한 상황에서도 이동 가능성을 유지하려는 전략적 실천이며, 제한된 행위자성(agency)의 발현이다. 이처럼 인접국은 난민 가정이 삶의 다음 단계를 준비하기 위한 교육과 생계, 이동 전략을 재구성하여 선택하는 실질적인 '경유국'으로 기능한다.

그동안 경유국은 난민들이 최종 목적지로 이동하는 과정에서 잠시 머무는 '임시 체류지'로 이해되어 왔다. 그러나 실제로 경유국은 다양한 사회적 제약에도 불구하고 난민들이 다음 단계의 삶을 계획하면서 제한적이지만 분명한 행위자성을 발휘하는 공간으로 기능한다.

이 글은 교육이 난민의 향후 이동성을 유지하는 자원으로 작동하는 현상에 주목하며 경유국으로 인식되는 타지키스탄에 거주하는 아프가니스탄 난민들이 자녀의 교육 경로를 선택하는 양상과 그러한 선택이 가족의 이주 전략과 어떤 상호작용을 하는지를 분석한다. 이를 위해 타지키스탄의 아프가니스탄 난민 자녀들이 교육을 받는 과정에서 직면하는 제도적·사회적 제약과 도전을 살펴보고, 공립학교, 아프가니스탄 학교, 사설 학원과 교육센터 등 난민 아동이 접근할 수 있는 교육 경로를 중심으로, 난민 가정이 어떤 동기를 가지고 특정 교육 경로를 선택하거나 배제하는지를 살펴보고자 한다.

이 글은 기존 연구 문헌과 국제기구에서 발간한 통계자료를 분석함과 동시에 2024년 7월 타지키스탄 수도 두샨베와 난민 밀집 거주지역인 바흐다트와 루다키에서 수행한 인터뷰의 결과를 분석에 활용하였다. 인터뷰 대상은 현지 NGO의 협조를 받아 18세 미만 학령기 자녀나 친척을 둔 아프가니스탄 난민 가정을 중심으로 선정했다. 총 15가정 17명이 면담에 참여하였으며, 인터뷰는 주로 참여자의 가정에서 반구조화된 질문을 중심으로 진행되었다. 면담은 다리어(Dari)로 이루어졌고, 한국어나 러시아어로 통역되었다. 면담 내용은 녹음하지 않고, 저자가 현장에서 인터뷰 참여자들의 주요 진술과 핵심 내용을 필기하여 기록하였다. 이 글에서 인용된 인터뷰 발언은 현장 필기 기록을 기반으로 정리·재구성한 것이다.

아프간 난민들과의 면담 외에도 타지키스탄 내 아프가니스탄 학교(소모니온) 교사, UNHCR 타지키스탄 지부 관계자, 타지키스탄 정부 관계자, 현지 NGO 담당자와의 면담 결과도 함께 분석에 포함하였다.

인터뷰는 연구윤리심의위원회(IRB)의 사전 승인을 받은 이후 수행되었으며, 인터뷰 참여자들은 연구 목적과 비밀보장에 대한 설명을 듣고 서면 동의서를 작성하였다. 이에 따라 인터뷰 참여자의 신원은 익명으로 처리되었다.

표 1 인터뷰 참여자 개요

순번	ID	성별/연령	도착 연도	인터뷰 일자	인터뷰 장소
1	R-A	여/40대	2020	2024. 7. 13.	바흐다트
2	R-B	여/50대	2019	2024. 7. 13.	바흐다트
3	R-C	여/40대	2021	2024. 7. 13.	바흐다트
4	R-D	여/20대	2019	2024. 7. 15.	바흐다트
5	R-E-1	여/60대	2019	2024. 7. 15.	바흐다트
6	R-E-2	여/20대	2019	2024. 7. 15.	바흐다트
7	R-F	여/40대	2018	2024. 7. 15.	바흐다트
8	R-G	여/20대	2008	2024. 7. 15.	바흐다트

순번	ID	성별/연령	도착 연도	인터뷰 일자	인터뷰 장소
9	R-H	여/40대	2019	2024. 7. 15.	바흐다트
10	R-I-1	남/40대	2011	2024. 7. 16.	두샨베
11	R-I-2	여/30대	2011	2024. 7. 16.	두샨베
12	R-J	여/40대	2009	2024. 7. 16.	두샨베
13	R-K	여/40대	2018	2024. 7. 16.	바흐다트
14	R-L	여/30대	2024	2024. 7. 16.	바흐다트
15	R-M	남/40대	2018	2024. 7. 16.	바흐다트
16	R-N	여/40대	2009	2024. 7. 17.	루다키
17	R-O	여/30대	2019	2024. 7. 17.	루다키
18	KI-A (NGO 관계자)	남	-	2024. 7. 14.	두샨베
19	KI-B (아프간 학교 관계자)	여	-	2024. 7. 15.	두샨베
20	KI-C (UNHCR 관계자)	남	-	2024. 7. 18.	두샨베
21	KI-D (정부 관계자)	남	-	2024. 7. 18.	두샨베

출처: 저자가 정리하여 작성

II. 경유국 관점에서 본 난민교육 연구의 재구성

난민은 오랫동안 수동적 수혜자이자 보호정책의 대상으로 인식되어왔으며, 이에 따라 난민 연구의 주요 초점 역시 재정착국에서 난민들의 사회통합에 맞추어져 왔다. 교육은 고용·보건·주거와 함께 난민의 거주국 통합 수준을 가늠하는 핵심 지표로 간주되어왔으며(Ager·Strang, 2008), 난민교육 연구 역시 난민이 '최종 목적지'로 여기는 유럽이나 북미 등의 재정착 국가에서의 교육과 통합과정을 주요 분석 대상으로 삼아왔다. 특히 글로벌 노스(Global North)에서 수행된 난민 연구의 상당수는 재정착(resettlement) 프로그램을 중심으로 이루어져 있다.

영국을 사례로 한 연구는 난민 아동들이 양질의 교육에 대한 열망을 지니고 있음에도, 난민 지원 체제의 구조적 장벽으로 인해 재정착 이후에도 난민들의 교육적 도전이 지속됨을 보여준다(Morrice et al., 2019). 또 다른 연구에서는 재정착국에서 난민 아동·청소년의 교육적 성취가 사회·경제적 지위와 연결되어 있지만, 불안정한 법적 지위가 교육의 긍정적 효과를 약화시킬 수 있음을 주장한다(Gladwell, 2021). 캐나다에 거주하는 시리아 난민 아동 사례 연구는 언어장벽과 학습 단절, 트라우마 등 복합적 요인이 난민의 교육 참여를 제약하지만, 학교가 교육·심리·사회적 지원을 통합적으로 제공하는 핵심 공간이 될 수 있음을 보여준다(Stewart et al., 2019). 테일러와 시두(Taylor·Sidhu, 2012) 역시 호주의 학교 사례를 통해 난민교육의 포용성을 구성하는 핵심 요소를 분석하며, 학교가 단순히 난민 학생의 학업을 지원하는 공간을 넘어 시민으로의 전환을 촉진하는 제도로 기능할 수 있음을 보여준다.

이처럼 난민교육 연구가 주로 선진국 중심의 재정착국이라는 공간에서 난민들의 정착과 통합에 집중된 가운데, 난민의 출신국과 인접한 최초 망명국(country of first asylum)에서의 교육 경험을 조명하려는 시도도 일부 이루어져 왔다. 드라이든-피터슨(Dryden-Peterson, 2016b)은 최초 망명국에서의 교육 경험이 재정착국에서 학습과 통합과정에 영향을 미친다고 지적한 바 있고, 인접 수용국에서 비시민인 난민의 보편적 교육권을 실현하고 교육을 통한 난민의 사회참여 기회 확대의 가능성을 탐구했다(Dryden-Peterson, 2016a).

그러나 재정착국과 최초 망명국을 아우르는 기존의 난민교육에 대한 연구는 대체로 난민을 '도착지에서 정착하는 존재'로 전제해 왔기 때문에, 난민 가정이 인접국을 경유지로 활용하며 교육을 미래 이동성을 준비하는 전략적 자원으로 사용하는 과정은 충분히 설명하지 못한다. 이러한 공백을 메우기 위해서는 '경유국'(transit country)이라는 관점을 검토할 필요가 있다.

대체로 경유국은 경유 이주(transit migration)의 결과로 일시 체류하는 나라를 의미해왔다. 경유 이주는 일반적으로 사람들이 출신국을 떠나 여러 국가를 거쳐 최종 목적지로 이동하는 과정을 지칭하지만(Collyer et al., 2012: 412), 유럽의 이주 위기와 맞물려 이 개념은 난민들의 최종 목적지는 유럽연합이라는 전제를 강화시켰다. 이로 인해 경유 이주는 유럽으로 향하는 난민들의 흐름을 관리하고 통제하려는 정책을 정당화하기 위한 수단으로 사용되기도 했다(Crawley · Jones, 2021). 이러한 맥락에서 경유 이주와 경유국은 주로 이주 안보화 담론에서 다루어져 왔다.

이처럼 경유 이주는 난민이 유럽으로 이동하기 전 타국에서 단순히 '시간을 보내는' 과정으로 인식되어 왔다(Crawley · Skleparis, 2018: 60). 한편 이러한 협소한 이해는 경유국을 의미 없는 임시 체류지로 축소해 왔으나, 실제로 경유국은 난민 가정이 다음 단계의 삶을 준비하고, 이주 전략을 재구성하는 공간으로 기능한다(Crawley · Jones, 2021).

이러한 관점은 난민을 수동적인 비자발적 이주자로 간주해온 기존의 난민-이주민 이분법에 의문을 제기한다. 대체로 이주는 출국 당시의 상황을 기준으로 '강제된 이주'(forced migration)와 '자발적 이주'(voluntary migration)라는 이분법에 따라 분류되었다(Collyer, 2010: 279). 이러한 이분법적 구분은 난민이 상대적으로 낮은 수준의 행위 능력을 가진 존재로 상정하도록 만들며, 난민이 경험하는 현실의 복잡성을 충분히 설명할 수 없다(FitzGerald · Arar, 2018). 실제로 난민들은 완전히 수동적인 존재는 아니다. 추방처럼 물리적으로 강제된 이동을 제외하고는 난민들은 본국을 떠난 이후 이동 경로와 목적지를 부분적으로나마 스스로 선택할 수 있는 자원과 역량을 가지고 있으며(de Haas, 2021: 29), 이 과정에서 일정 수준의 제한된 주체성이 발현된다.

이처럼 '난민-이주민' 이분법을 넘어 난민의 제한된 행위자성을 전제할 때, 경유국에서의 교육은 단순한 학업 참여가 아니라 이주 전략의 일부로 수행되는 실천으로 이해될 수 있다. 난민 가정은 본국을 떠나 도착한 인접국에서도 장기체류, 귀환, 제3국 재정착 등 제한적이지만 주체적인 선택을 모색하며, 이러한 결정이 이루어지는 공간이 바로 경유국이다. 이처럼 경유국은 난민이면서 동시에 이주민으로서 이중적 정체성이 가장 선명하게 드러나는 공간이다.

타지키스탄은 이러한 경유국으로서의 특성이 뚜렷하게 나타나는 대표적 사례이다. 중앙아시아국가 중 아프가니스탄과 가장 긴 국경을 공유하는 타지키스탄은 이란, 파키스탄과 함께 아프간인들이 가장 많이 이동하거나 체류하는 주요 경로를 형성한다. 2024년 기준 타지키스탄의 난민 수는 12,945명으로 2023년 8,483명에서 증가추세에 있고, 대다수가 아프가니스탄 난민이다(UNHCR, 2025a).

아프가니스탄 난민이 타지키스탄에서 난민 지위를 취득하는 것은 상대적으로 용이하지만, 타지키스탄 국적을 취득하는 것은 사실상 불가능하다. 타지키스탄 국적 취득을 위해서는 본국 국적 포기가 선행되어야 하는데 탈레반 정권을 피해 탈출한 아프간 난민들이 국적 포기 절차를 진행하는 것이 현실적으로 극히 어렵기 때문이다. 이처럼 수용국 국적 취득이 어렵고, 타지키스탄에서 경험하는 사회적 · 경제적 제약이 심각한 상황에서 많은 아프가니스탄 난민들은 타지키스탄을 장기 정착지라기보다 다음 이주를 준비하는 경유지로 여기는 경향이 강하다.

III. 경유국으로서의 타지키스탄: 아프가니스탄 난민의 인식과 구조적 배경

타지키스탄은 중앙아시아에서 가장 많은 수의 아프간 난민들이 거주하고 있다. 그 배경에는 타지키스탄이 아프가니스탄과 국경을 접하고 있다는 지리적 인접성뿐만 아니라 민족적 · 언어적 유사성이 자리하고 있다.

> "여기는 언어가 통해요. 파키스탄은 언어도 안 통하고 생각도 달라요."[2]

2 R-E-1 인터뷰, 2024. 7. 15. 바흐다트.

민족적 유사성은 아프가니스탄 난민들의 인접국가로의 이동 경로에도 영향을 미친다. 예컨대 아프가니스탄의 시아파 소수민족인 하자라인과 이란 내 파슈툰인의 존재는 이란으로 아프간 하자라인과 파슈툰인 난민이 용이하게 유입될 수 있는 조건을 형성한다(박승규·김은비, 2022: 66). 2014년 당시 타지키스탄으로 유입된 아프간 난민의 90%가 타지크인이었고(UNHCR, 2016), 2022년 기준 타지키스탄에 거주하는 아프가니스탄인 가운데 타지크인이 54%로 가장 많았다(EUAA, 2022). 아프가니스탄에 거주하는 타지크인들은 스스로를 타지키스탄의 타지크인과 같은 민족으로 인식하는 경우가 많고, 가족의 일원이 국경을 사이에 두고 거주하며 가족 구성원이 각각 아프가니스탄 국적, 타지키스탄 국적을 가진 경우도 적지 않다(Ubaidulloev, 2014: 121). 아프간 타지크인들이 사용하는 다리어와 타지크어는 언어적 유사성이 높다(Jabarkhail et al., 2025: 330). 타지키스탄 정부도 2021년 탈레반 집권과 관련하여 아프가니스탄의 타지크인들이 차별받지 않고 아프가니스탄 정부에 더 많이 등용되어야 탈레반을 합법적인 정권으로 인정할 것이라는 입장을 밝힌 바 있다(Ityasheva, 2023: 84).

타지키스탄은 아프가니스탄과 언어와 종교가 유사한 국가이지만, 아프가니스탄의 마약과 이슬람 극단주의는 인접한 타지키스탄에게 있어서 국가안보를 심각하게 위협하는 요소이기도 하다. 대규모 마약 생산지이자 이슬람 근본주의가 강한 아프가니스탄은 인접국인 타지키스탄에게 있어 위협적인 존재이다(Ubaidulloev, 2014: 121). 강력한 세속주의를 표방하는 타지키스탄은 이러한 안보 우려로 인해 국경을 넘어온 아프가니스탄 난민을 심사할 때 이들이 이슬람 극단주의 단체와 연루되어 난민으로 가장하여 잠입하였는가를 확인하는 절차를 필수적으로 시행하고 있다.[3]

아프가니스탄 난민들은 아프가니스탄-타지키스탄 국경에서 직접 난민 신청을 할 수 없으며, 비자를 소지해야만 입국이 가능하다. 그럼에도 불구하

3 KI-D 인터뷰, 2024. 7. 18. 두샨베.

고 난민 인정률이 매우 높아 체류 지위가 비교적 안정적으로 보장된다. 실제로 2024년 타지키스탄의 난민 인정률은 99.9%에 달했다(UNHCR, 2025a). 이는 타지키스탄에 아프간 난민이 지속적으로 유입되는 또 하나의 요인으로 작용한다.

"타지키스탄으로 온 이유는 돈이 많이 안 들고, 내가 비자 받을 수 있는 나라이기 때문이에요."[4]

"(내가 여기 왔을 때) 이란에서는 아프간인들을 추방하는 시기였고, 비자 받기도 어려웠어요. 타지키스탄에 관광비자로 왔어요."[5]

이처럼 아프가니스탄과 지리적으로 가깝고, 민족적으로 유사하며, 난민 지위를 획득하는 것이 비교적 용이하다는 이유로 많은 아프가니스탄 난민들은 중앙아시아국가 중 타지키스탄으로 이동한다. 그 결과 타지키스탄은 중앙아시아에서 가장 많은 아프간 난민을 수용하는 국가가 되었다. 그러나 이들 중 상당수는 제3국으로의 이주를 희망하며 타지키스탄을 장기적 정착지보다는 경유지로 인식하는 경향이 뚜렷하다. 국제기구 보고서 역시 타지키스탄 내 아프간 난민들이 유럽과 미주, 특히 캐나다로의 이주를 우선적으로 고려하고 있음을 보여준다(UNHCR, 2025a). 실제로 캐나다는 아프가니스탄 난민들을 한때 적극적으로 수용했으며, 아프간 난민들은 COVID-19 팬데믹 시기에는 캐나다에 입국한 난민 집단 중 가장 큰 규모를 이루는 민족 그룹 중 하나였다(Wilkinson et al., 2023: 67). 캐나다 이민·난민·시민권부(IRCC)는 캐나다 국민이나 법인이 해외 난민을 직접 후원하여 정착을 지원하는 민간후원제도(PSR: Private Sponsorship of Refugees)를 운영하고 있다. 이 제도를 통해 아프가니스

4 R-D 인터뷰, 2024. 7. 15. 바흐다트

5 R-E-1 인터뷰, 2024. 7. 15. 바흐다트

탄 난민은 캐나다 내 후원자와 연결될 경우, 민간후원 경로를 통해 재정착할 수 있는 기회를 얻을 수 있다.

한편 타지키스탄 UNHCR 관계자는 "어차피 아프간 난민들은 결국 떠날 것"이라는 인식이 현지에 존재하며, 이것이 타지키스탄의 높은 난민 인정률을 설명할 수 있는 요인 중 하나가 될 수도 있다는 점을 언급했다.[6] 아프간 난민들과의 인터뷰 결과에서도 타지키스탄을 장기 정착을 위한 국가로 인식하기보다는 미래의 이주 가능성을 모색하고 있음이 두드러졌다.

> "이곳에서 사는 것이 너무 힘들어요. 누군가 도와준다면 외국으로 가고 싶어요. 후원자를 구하고 있어요."[7]

> "지금 1순위는 해외로 나가는 것이며, 설령 그것이 이루어지지 않더라도 타지키스탄에서 살 생각은 없어요."[8]

> "캐나다로 가기를 원해요. 서류를 접수했지만 언제 답이 올지 알 수는 없어요."[9]

> "내 아들과 딸이 여기에서도 공부를 못하고 일만 하는 것이 너무 속상해서 다른 나라로 가고 싶어요."[10]

이러한 인식의 배경에는 무엇보다 아프가니스탄과 타지키스탄 간의 경

---

6 KI-C 인터뷰, 2024. 7. 18. 두샨베.

7 R-D 인터뷰, 2024. 7. 15. 바흐다트

8 R-L 인터뷰, 2024. 7. 16. 바흐다트

9 R-H 인터뷰, 2024. 7. 15. 바흐다트

10 R-M 인터뷰. 2024. 7. 16. 바흐다트

제 발전 수준 차이가 크지 않고, 두 나라 모두 낮은 수준의 경제 발전 단계에 머물러 있다는 점이 자리하고 있다. 2023년 기준 아프가니스탄의 1인당 GDP는 413.8달러, 타지키스탄은 1175.5달러로로 양국의 경제 발전 정도는 세계 최하위권에 속한다(World Bank, 2025a; World Bank, 2025b).

여기에 더해 타지키스탄의 인구 구조와 취약한 고용 여건 역시 난민의 장기 정착을 제약하는 구조적 요인이다. 타지키스탄의 인구는 지속적으로 증가하고 있으며, 중위 연령이 22세로 전체 인구의 절반이 22세 미만에 해당한다. 이러한 구조 속에서 국내 고용 상황은 매우 열악하여 다수의 타지크인들이 러시아 등으로 노동 이주를 떠나고 있는 실정이다. 해외에서 일하는 이주 노동자가 송금하는 금액은 타지키스탄 GDP의 약 49%에 달한다(World Bank, 2025d). 이러한 조건에서 타지키스탄은 대규모로 난민을 수용할 만한 경제적 여력이 부족하며, 아프가니스탄 난민의 노동력이 국내의 고용 공백을 보완하는 구조도 형성되어 있지 않다. 오히려 난민은 내국인과 일자리를 두고 경쟁하는 집단으로 인식될 가능성이 크다.

이와 함께 제도적 기반의 취약성도 난민의 타지키스탄 정착을 어렵게 하는 중요한 요인이다. 난민 지위를 인정받으면 소위 '붉은 카드'라 불리는 난민 신분증(*Korti Gureza*)이 발급되며, 이것을 소지하는 아프간 난민은 원칙적으로 타지키스탄에서 취업과 경제활동을 할 수 있고, 의료 서비스에도 접근할 수 있다. 그러나 정부의 난민 대상 사회보장 서비스나 통합 지원 프로그램은 사실상 작동하지 않는다. 2024년 현재 타지키스탄에서 국가 사회보장 제도의 혜택을 받은 난민의 비율은 0%였다(UNHCR, 2025a).

또한 난민에 대한 거주지 제한 제도 역시 아프간인들의 타지키스탄 사회 통합을 저해하는 구조적 장벽이라 할 수 있다. 타지키스탄 난민법 제12조는 난민은 정부가 지정한 지역에서만 거주할 수 있음을 명시하고 있다. 이에 따라 난민들은 수도 두샨베에 거주할 수 없으며, 인근의 바흐다트, 루다키, 히사르 등 특정 지역에서만 거주가 허용된다(Government of the Republic of Tajikistan, 2002). 두샨베에서 약 20km 떨어진 곳에 위치한 바흐다트는 대표적인 아프가니스탄 난민 밀집 거주지역으로 아프가니스탄 난민의 약 70%가 거주하고 있다. 이곳에는 아프간인들이 주로 이용하는 상업·교육 시설이 집중되어 있다. 이러한 집중 거주로 인한 인구 과밀은 주택, 고용, 교육 전반에 걸쳐 다양한 문제를 야기하며 난민들의 생활 수준을 전반적으로 저하시키고 있다. 이러한 타지키스탄 정부의 소극적인 난민 지원정책은 열악한 경제 상황 외에도 타지크 정부와 사회에 존재하는 "아프간인들은 어차피 타지키스탄에 정착하지 않고 떠날 것"이라는 인식에서도 기인한다고 볼 수 있다.

이처럼 본국과 인접한 국가에 거주하는 난민들은 재정착국과 달리 현지 언어나 문화를 익혀야 하는 문제보다는 보호제도의 부족을 주요 도전으로 경험한다. 대체로 인접국의 현지 주민들은 난민들과 문화적 유사성을 공유하는 경우가 많기 때문이다(FitzGerald·Arar, 2018: 399). 타지키스탄의 아프간 난민들 역시 이러한 구조적 조건 속에서 타지키스탄을 장기 정착을 위한 공간이라기보다 미래 이주를 준비하는 경유의 공간으로 인식하고 있다.

IV. 타지키스탄의 난민교육 관련 정책과 교육 현실

앞 장에서 살펴본 타지키스탄을 경유지로 여기는 아프가니스탄 난민의 인식은 타지키스탄이 난민교육을 위해 어떠한 정책을 구상하여 실행하고 있으며, 실제 교육 현장에서는 어떤 제도적·구조적 제약이 존재하는지 살펴볼 필요성을 제기한다. 이 장에서는 타지키스탄이 난민협약 체약국으로서 마련한 법적·제도적 틀을 살펴보고, 이 제도가 실제 교육의 영역에서 작동하는 양상을 살펴본다.

1951년 난민협약 제22조는 초등교육과 관련하여 난민에게 자국민과 동일한 대우를 제공해야 함을 명시하고 있다(UN, 1951). 또한 UNHCR도 〈난민교육 2030 (Refugee Education 2030)〉에서 "난민 아동과 청소년이 수용국 사회에 성공적으로 통합되기 위해서는 수용국의 공식 교육체계에 편입되어서 양질의 교육을 받아야 한다"고 주장한다(UNHCR, 2019).

타지키스탄이 제정한 난민법 제12조는 타지키스탄에서 난민 지위가 인정된 아동은 초등 및 중등교육을 받을 권리가 있음을 명시하고 있다(Government of the Republic of Tajikistan, 2002). 그러나 타지키스탄의 사회보장 관련 법률은 난민 아동을 포함하여 난민 지원에 대한 구체적인 언급이나 조항을 포함하고 있지 않다(UNHCR, 2024a). 타지키스탄 정부의 〈2030 타지키스탄 공화국 교육 발전 국가 전략〉(National Strategy for Education Development of the Republic of Tajikistan for the period until 2030)은 특정 범주의 아동들에게 적합한 대안적 교육 기회를 제공해야 함을 언급하고 있다. 해외에서 이주 노동 이후 귀국한 형제자매를 가진 아동, 무국적 아동, 오지에서 학교에 다니는 아동, 고아 등이 속한 특정 범주의 아동에는 "언어장벽이 있는 난민 아동"도 포함되어 있다(Government of the Republic of Tajikistan, 2020). 그러나 실제 교육 현장에서는 난민 아동의 '언어장벽'의 문제는 해결되지 않은 채로 남아 있다. 다리어와 타지크어는 유사성이 높아 구어 차원의 의사소통은 어느 정도 가능하지만, 타지크 학교에서는 아프간 난민 아동에게 생소한 타지크어 표기에 사용되는 키릴 문자에 대한 별도의 학습 지원이 제공되지 않는 경우가 일반적이다. 또한 아프간 아동들은 타지키스탄에서 중요한 외국어로 간주되는 러시아어도 학교에서 새롭게 배워야 한다.

이처럼 타지키스탄의 사례는 난민협약 체약국이 난민 보호 의무를 갖고 있음에도, 그 이행 수준은 각 국가의 역량과 정책 의지에 달려 있음을 보여준다. 이처럼 국제협약이 존재하더라도 난민의 교육권 보장 수준은 국가마다 현격한 격차를 보인다(Dryden-Peterson, 2016a: 475).

타지키스탄 학교 현장에서 난민 아동에 대한 지원의 부재는 타지키스탄 교육제도가 지닌 구조적 취약성의 일면을 보여준다. 타지키스탄의 교육제도는 소비에트 통치 시기에 구축된 체계를 바탕으로 운영되어왔다. 문맹 타파를 핵심 목표 중 하나로 삼았던 소비에트식 교육정책의 결과, 소련 말기 타지키스탄은 성인 문해율이 100%에 달했고, 당시 타지크인 인구의 대다수가 중등

교육을 이수하였다(Whitsel · Mehran, 2010: 501).

그러나 구소련 해체 이후 타지키스탄은 곧 내전을 경험하면서 학교를 비롯한 교육 인프라가 심각하게 파괴되었고, 이후에도 교육에 대한 투자가 충분히 이루어지지 못했다. 현재 타지키스탄에서는 1학년부터 9학년까지 무상 의무교육이 제공되지만, 학부모들은 교과서 비용과 각종 기부금을 부담해야 하는 상황이다(Whitsel · Mehran, 2010: 506). 이로 인해 빈곤 가정의 아동들은 초등학교 과정만을 마치고 이어서 학업을 지속하지 못하는 경우도 증가하고 있다(Government of the Republic of Tajikistan, 2020: 29).

타지키스탄 교육체계가 직면한 또 다른 문제는 인구 증가로 인한 학교 과밀화이다. 2024년 타지키스탄의 인구성장률은 1.9%에 달해 세계 평균(0.87%)보다 높은 수준을 기록하였다(World Bank, 2025c). 2018~2019학년도에는 전체 학생의 82.2%가 2부제 수업을 운영하는 학교에서 교육을 받았다(Government of the Republic of Tajikistan, 2020: 31). 이와 함께 교사와 수업에 필요한 시설과 기자재도 부족한 상황이다.

이렇듯 타지키스탄의 취약한 교육 여건은 아프가니스탄 난민 아동이 공교육 시스템에 편입되어 안정적으로 교육 받는 것을 어렵게 만들고 있다. 드라이든-피터슨 등은 수용국이 난민 아동 교육을 자국의 교육시스템에 포함하는 양상을 세 가지 유형으로 범주화했다. 즉 난민 아동 교육을 자국의 공교육 시스템에 포함하지 않는 "포용하지 않음"(no inclusion), 난민 아동을 제도적으로는 공교육 시스템으로 편입시키지만, 물리적으로 자국 아동과 분리하는 장기적 통합을 의도하지 않은 실용적 포용, 그리고 난민 아동을 자국 교육시스템으로 완전히 수용하는 "완전한 포용"(full inclusion)으로 구분한다(Dryden-Peterson et al., 2019: 355).

이 분류에 따르면 타지키스탄은 난민 캠프 학교를 따로 운영하지 않기 때문에 형식상으로는 포용 정책을 취하고 있는 것으로 보인다. 그러나 난민 아동을 위한 제도적 지원과 교육적 기반이 취약한 상황에서 이러한 정책은 실질적으로는 "포용하지 않음"에 가까운 결과를 낳고 있다. 이렇게 교육시스템의 구조적 한계와 정부의 소극적 태도로 인해 난민 아동의 적응을 돕기 위한 실제적인 정책은 마련되지 않고 있으며, 이러한 가운데 많은 아프간 난민 아동이 공립학교 대신 사설 학원 등 비정규 교육기관을 선택하는 경향을 보이고 있다.

이와는 대조적으로 2022년 러시아-우크라이나 전쟁 이후 우크라이나 난민을 대거 수용한 폴란드는 시간이 지나면서 우크라이나 난민 아동의 폴란드 학교 출석을 의무화하고, 폴란드 학교에 등록한 난민 아동에게만 기존의 복지 혜택을 제공하는 정책을 시행하고 있다. 이러한 난민 아동의 공교육 편입과 사회보장 서비스 제공을 연계한 것은 폴란드 경제에 필요한 노동 인력인 우크라이나인들을 폴란드 사회로 보다 적극적으로 통합하려는 정부의 의지로 해석된다(최아영, 2024: 117-118). 이는 국가적 필요와 전략적 판단에 따라 난민 아동에 대한 수용국의 교육 정책이 어떻게 달라지는가를 선명하게 보여준다.

V. 타지키스탄 아프간 난민 아동의 교육 경로 선택과 이주 전략

IV장에서 살펴본 타지키스탄의 취약한 교육 여건과 '형식적 포용'의 한계 속에서, 이 장은 아프가니스탄 난민 아동들이 실제로 어떤 교육 경로를 선택하며, 이러한 선택이 각 가정의 이주 전략과 어떻게 연결되는지를 분석한다.

아프가니스탄을 떠나 타지키스탄으로 이주한 아프간 난민 가정의 이주 동기에는 자녀들, 특히 딸의 교육이 중요한 요인으로 작용하고 있었다. 실제로 인터뷰 참여자 중에는 딸이 계속 교육을 받을 수 있도록 하기 위해 아프가니스탄을 떠나 타지키스탄으로 이주한 사례가 있었다.[11] 2021년 아프가니스탄에서 탈레반이 재집권한 이후 여학생의 교육은 6학년까지만 허용되고 있다. 아프간인들이 본국에서 탈레반이 이슬람 극단주의에 노출되는 상황은 이들의

11 R-K 인터뷰, 2024. 7. 16. 바흐다트

교육 성취에 부정적 영향을 미치고 있는데 특히 여성들의 교육 수준 하락을 초래하고 있다(Bossavie et al., 2023: 24-25).

아프가니스탄에서 여성의 중등학교 교육 참여율은 30%에 불과했던 반면, 타지키스탄에서는 남성과 여성 모두가 거의 동일한 비율로 중등학교 교육을 받고 있다(Whitsel·Mehran, 2010: 512). 이와 같은 조건 속에서 타지키스탄으로 이주한 후 아프간 여성들은 이전보다 확장된 교육의 기회를 활용할 수 있게 되었고, 이를 적극적으로 추구하는 경향을 보인다. 아프간 여성들의 교육에 대한 열망은 "바흐다트에서 책이 들어있는 비닐 가방을 들고 다니는 여자들은 모두 아프가니스탄 사람들이다"라는 아프가니스탄 난민을 돕는 NGO 관계자의 언급에서도 확인된다.[12]

이와 함께 시아파 소수민족인 하자라인 가정 역시 자녀들에 대한 교육 차별과 배제, 심지어 살해 위협을 피해 타지키스탄으로 피신해왔다. 한 하자라인인 인터뷰 참여자는 본국에서 자신의 딸을 하자라인이라는 이유로 학교에서 받아주지 않는 경험을 했고, 카불에 있는 하자라인 아이들이 공부하는 시설에서 80명의 아이들이 집단 살해되는 사건이 발생한 이후 더 이상 그곳에서 살 희망이 없어서 타지키스탄으로 떠나왔다.[13]

이처럼 아프간인들에게 있어서 교육에 대한 필요는 생명에 대한 직접적인 위협과 함께 아프가니스탄을 떠나게 하는 주요 동기로 작동한다. 그러나 동시에 이러한 동기는 타지키스탄의 제도적·사회적 조건에 따라 다시 재이주를 촉발하는 요인이 될 수 있다. 이러한 의미에서 볼 때 아프가니스탄 난민 가정이 선택하는 교육 경로는 미래의 이동성을 결정하는 선택과 밀접하게 연결되어 있다고 볼 수 있다.

현재 타지키스탄에 거주하는 아프가니스탄 난민들의 자녀는 타지키스탄의 공립학교, 그리고 아프간인 커뮤니티가 운영하거나 외국 기관이 지원하는

12 KI-A 인터뷰, 2024. 7. 14. 바흐다트

13 R-M 인터뷰, 2024. 7. 16. 바흐다트

사설 학원이나 교육센터와 같은 비정규 교육기관, 그리고 아프가니스탄 학제로 운영되는 학교 등 크게 3가지 경로를 통해 교육에 접근하고 있다.

1. 타지키스탄 공립학교

타지키스탄 난민법이 난민 아동의 초등 및 중등교육을 받을 권리를 보장하고 있음에도 불구하고, 타지키스탄의 모든 학교가 난민 아동을 수용하는 것은 아니다. 앞 장에서 논의했듯이 인구 증가, 교육 인프라의 부족, 교사 인력의 제약 등은 공교육 체계 전반의 수용 능력을 약화시키고 있다. 이러한 상황에서 최근 타지키스탄으로 입국하는 아프가니스탄 난민의 수가 증가하는 추세는 타지키스탄 학교 시스템에 부담을 가중하고 있다. 실제로 2024년에는 전년 대비 5배 증가한 아프간 난민들이 타지키스탄으로 유입되었다(UNHCR, 2025a).

그러나 타지키스탄으로 유입되는 아프간인들의 수가 증가하는 가운데 난민 아동들이 타지키스탄의 현지 학교에 등록하는 비율은 오히려 감소하고 있다. 2023년에 타지키스탄 학교에서 초등교육을 받는 난민 아동의 비율은 59.15%였던 반면 2024년에는 47.36%로 감소했다(UNHCR, 2025a). 또한 아래의 표 2에서 난민 아동과 타지키스탄 아동의 학교 등록률을 비교해 보면 난민 아동이 공교육 접근 수준이 낮다는 사실이 명확히 드러난다 .

표 2 타지키스탄의 초 · 중등학교 등록률 비교: 타지키스탄 아동과 난민 아동 (2024 기준)

	타지키스탄 국민(%)	난민, 난민신청자(%)
초등학교 등록률	95.8	47.36
중등학교 등록률	86.9	27. 36

출처: UNESCO Institute for Statistics, n.d.; UNHCR, 2025a.

이러한 맥락에서 아프가니스탄 난민 아동의 공교육에 대한 경험은 다양하게 나타난다. 일부 아동은 타지크 학교에 등록하여 학업을 이어 가지만, 일부는 중도에 학교를 그만두거나 처음부터 공교육을 회피하기도 한다. 이러한 차이는 가정의 경제적 조건, 사회·문화적 요인과 관련이 되어 있지만, 무엇보다도 가정의 체류 기간, 향후 이주 가능성 및 계획과 연관되어 있다.

타지키스탄에 거주하는 기간이 상대적으로 긴 아프간 난민 가정의 경우 자녀들이 타지크 학교에서 교육을 받은 경험이 상대적으로 많았다. 인터뷰 참여자 중 타지키스탄 거주 기간이 가장 길었던 참여자의 4명의 가정에서는 자녀, 형제, 자매들이 모두 타지키스탄 학교를 졸업했거나 재학했던 경험이 있었다.[14] 이와 함께 초·중등교육이 무상으로 제공된다는 점은 경제적으로 취약한 난민 가정이 공립학교를 선택하는 이유로 작용했다.[15]

그러나 타지키스탄에 거주하는 난민 아동의 공립학교 등록률이 절반에도 미치지 못한다는 통계는 인터뷰에서도 확인된다. 다수의 인터뷰 참여자가 자녀나 형제·자매가 현지 학교에 다니다가 중퇴했거나, 처음부터 타지크 학교에 등록하지 않았다고 응답했다. 앞서 언급했듯 언어장벽과 공립학교에서 난민 아동에 대한 타지크어 수업이 부재하다는 사실은 난민 아동의 낮은 공립학교 등록률을 설명해준다. 실제로 한 가정은 학교에 타지크어 수업이 개설되지 않아서 자녀가 독학하거나,[16] 또 다른 가정은 이웃의 도움으로 키릴문자를 배워야 했다.[17]

열악한 학교시설도 난민 아동의 공립학교 접근을 어렵게 만드는 요인으로 작용한다. 한 난민은 체류 초기 자녀를 타지크 학교에 보냈지만 결국 중단했고, 현재는 캐나다로 이주를 준비하고 있다.

"우리 아이를 학교에 보내려 하니 학교에 책상과 의자가 없다고 받

---

14 R-G 인터뷰, 2024. 7. 15. 바흐다트; R-I-1 인터뷰, 2024. 7. 16. 두샨베; R-J 인터뷰, 2024. 7. 16. 두샨베; R-N 인터뷰, 2024. 7. 17. 루다키.

15 R-F 인터뷰, 2024. 7. 15. 바흐다트; R-N 인터뷰, 2024. 7. 17. 루다키.

16 R-F 인터뷰, 2024. 7. 15. 바흐다트

17 R-G 인터뷰, 2024. 7. 15. 바흐다트

아주지 않았어요. 그래서 내가 직접 의자를 만들어서 학교에 가져가서 우리 아이들을 받아달라고 했습니다. 당시 의자 10개 만들어서 학교에 가지고 갔어요. 우리 아이들이 2개를 쓰게 하고, 나머지는 학교에 주었어요."[18]

이와 함께 학교에서 아프간 아동이 경험하는 차별로 인식되는 상황도 역시 현지 학교 회피나 중도 포기의 원인이 되고 있다. 학교에서 자녀가 난민이라고 놀림을 당하거나,[19] 타지크 학교에 자녀를 보내면 부당하게 대우받는다는 이야기를 들어서 현지 학교에 보내지 않았다.[20] 심지어 아프간 아이들이 학교에서 구타를 당한다는 소문을 듣고 타지크 학교가 아닌 아프간 학교를 선택한 경우도 있었다.[21]

현지 학교에서 아프가니스탄 난민 아동들이 문제 행동을 일으키면 강제 추방당할 수 있다는 위험성도 아프간 아동, 특히 소년들을 타지크 학교에 보내지 않는 이유가 되기도 한다. 실제로 한 가정은 아들이 현지인과 싸운 후 2024년에 아프가니스탄으로 강제 송환되었다.[22] 최근 들어 합법적인 체류자격을 지닌 아프간인들조차 집단 구금·추방되는 사례가 늘어나고 있다(Norov, 2025).

이 밖에도 남녀가 같은 교실에서 공부하는 것을 꺼리는 아프간인들의 사회·문화적 특성도 타지크 공립학교 등록을 주저하게 하며, 이러한 요인은 자녀들을 아프간식 교육 방식을 유지하는 아프가니스탄 학교로 향하게 하는 배경이 되기도 한다.[23]

18 R-I-1 인터뷰, 2024. 7. 16. 두샨베.

19 R-M 인터뷰, 2024. 7. 16. 바흐다트.

20 R-C 인터뷰, 2024. 7. 13. 바흐다트.

21 R-D 인터뷰, 2024. 7. 15. 바흐다트.

22 R-J 인터뷰, 2024. 7. 16. 두샨베.

23 KI-B 인터뷰, 2024. 7. 15. 두샨베.

그러나 타지키스탄 아프간 난민 아동의 낮은 현지 학교 등록률과 빈번한 중도 학업 포기는 이러한 사회·경제적·제도적 요인만으로 설명되지는 않는다. 이는 난민들이 타지키스탄을 장기적 정착지보다는 경유국으로 인식하며 장기 정착과 사회통합에 대한 동기가 낮은 가운데, 제3국 이주와 재정착을 우선적인 목표로 여기고 있기 때문이라고 해석할 수 있다. 실제로 다수의 인터뷰 참여자들은 타지키스탄에 장기적으로 머무를 의사가 없으며, 궁극적으로 해외 이주를 모색하거나 계획하고 있음을 반복적으로 언급했다 .

앞서 언급했듯이 타지크 학교 재학이나 졸업 경험은 주로 타지키스탄에 장기간 거주한 난민 가정에서 확인되었다. 그러나 난민 아동의 수용국에서의 공교육 지속성이 곧 정착 의지를 반영하는 것이라고 단정하기는 어렵다. 장기 거주 경험이 반드시 타지키스탄 정착 의지를 의미하지 않는 사례들이 발견되었기 때문이다. 예컨대, 2009년부터 타지키스탄에 거주해온 J는 해외 후원자와 연결되지 못해서 제3국 이주를 원하지만, 구체적인 계획을 세우기 어려운 상황이었다.[24] N 또한 부모의 친척이 모두 아프가니스탄과 이란에 살고 있어서 제3국 이주를 추진하기 어려운 상황이었다.[25] 2011년부터 타지키스탄에서 거주해 온 I의 가정 역시 오랜 기간 해외 이주를 준비해 왔으며, 최근 캐나다의 한 교회로부터 재정 보증을 받아 인터뷰 당시 항공권 발급을 기다리며 캐나다 출국을 앞두고 있었다.[26]

상기한 세 가정의 경험을 전체 아프가니스탄 난민 집단의 특성으로 일반화하기는 어려울 것이다. 그러나 이러한 사례들은 난민 아동의 정규교육 지속성이 단순한 정착 의지에 따른 결과가 아니라, 제3국 재정착 기회의 부재나 절차 지연과 같은 제약의 결과일 수 있음을 보여준다.

결과적으로 이주를 지향하는 선택, 타지크 학교의 열악한 환경과 차별과

---

24 R-J 인터뷰, 2024. 7. 16. 두샨베,

25 R-N 인터뷰, 2024. 7. 17. 루다키.

26 R-I-1 인터뷰, 2024. 7. 16. 두샨베.

문화적 차이 등이 복합적으로 작용하여 타지키스탄의 아프가니스탄 난민들로 하여금 공교육을 중도에서 포기하거나, 아예 처음부터 공교육 편입을 회피하여 다른 대안적 교육 경로를 모색하도록 만들고 있다.

2. 비정규 교육기관: 사설 학원과 교육센터

이런 상황에서 다수 아프간 난민들이 선택하는 교육 경로는 바로 비정규 교육기관인 사설 학원 또는 교육센터이다. 인터뷰에 참여했던 난민의 다수가 자녀들을 학교가 아닌 학원에 보내고 있다고 응답했다. 학령기 자녀를 둔 인터뷰 참여자 15명 중 9명이 자녀를 학원에 보낸다고 답했다.

이러한 학원 또는 교육센터는 아프가니스탄 난민들이 밀집하여 거주하고 있는 바흐다트에 집중되어 있다. 대표적인 사례로는 아프간인들이 세운 아리아나 학원(Ariana Learning Center)과 정보기술커뮤니케이션센터(ITCC: Information Technology and Communication Center)가 있다. 이와 함께 미국 대사관이 운영하는 영어교육 프로그램인 Access(The English Access Scholarship Program)에도 다수의 아프간 아동들이 참여하고 있다. 학습 과목은 영어 중심이며, 러시아어, 컴퓨터, 수학 과목과 재봉, 미용 등 직업교육도 이루어지고 있다. 난민 집거지 안에 사설 학원과 교육센터가 존재하고, 이를 적극적으로 이용한다는 것은 난민 아동 교육에 대한 수용국의 지원이 제한된 가운데 난민이 자신들의 필요에 따라 스스로 교육자원을 조직하여 자녀들의 교육 기회를 만들어가는 주체적 실천이 존재함을 보여준다. 한 인터뷰 참여자는 "아프간 사람은 어디를 가든지 영어학원을 연다"라고 표현하기도 했다.[27]

인터뷰 결과 자녀들이 모두 타지키스탄 정규 학교가 아닌 학원에 다니는 사례도 있었다. 한 인터뷰 참여자의 큰딸은 주중에는 ITCC에서 하루에 한 시간씩 영어 수업을 듣고, 주말에는 Access 프로그램에서 역시 영어를 공부한다. 아프가니스탄에서 학교에 다니다가 타지키스탄으로 온 큰아들은 타지크

---

27 R-M 인터뷰, 2024. 7. 16. 바흐다트

학교에 입학하지 않았고, 작은아들 역시 현지 학교를 한 달 정도 다니다가 그만두고 ITCC에서 영어를 배우고 있다. 이들은 영어 외에 다른 교육은 받고 있지 않았는데 어느 나라로 갈지 모르니까 정규 학교에 다니는 것보다는 학원에서 영어를 배우는 것이 낫다고 생각하기 때문이다.[28] 또 다른 인터뷰 참여자의 딸도 타지크 학교에 5학년까지만 다닌 후 아리아나 학원에 다니며 영어 수업만 듣고 있다. "영어만 배우면 어디든 갈 수 있고, 캐나다에 가서 학교에 다니려면 영어가 중요하기 때문"이다.[29]

일부 가정은 향후 이주 방향에 따라 다른 언어를 선택하기도 했다. 예를 들어, 아버지가 우크라이나에서 일하고 있는 한 아프간 난민 가정은 가족이 우크라이나로 이주할 가능성을 고려해 아들이 러시아어 학원에서 6개월간 공부했다고 답했다.[30] 그러나 난민 아동이 따로 러시아어를 미래 이주를 준비하며 배우는 경우는 극히 드물었고, 대다수는 영어 학습을 위해 학원을 선택했다. 이는 타지키스탄이 경제뿐 아니라 사회·문화적으로 러시아와 밀접하게 연결되어 있고, 러시아의 영향력이 여전히 크더라도, 아프가니스탄 난민들은 복잡한 난민 지위 취득 절차와 매우 낮은 난민 인정률 때문에 러시아를 현실적인 재정착국으로 인식하지 않음을 보여준다.

이처럼 아프간 난민들이 사설 학원을 선택하는 주된 동기는 제3국 이주를 준비하며 그 과정에서 필수적인 언어 능력, 특히 영어를 집중적으로 습득하기 위해서이다. 일부 학원은 난민들이 이주하고자 하는 국가에서 요구하는 직업 기술도 제공한다. 그러나 인터뷰에 따르면 일부 난민 아동은 학원에서 하루 1~2시간 정도만 수업을 듣는 경우도 있어 학습 시간이 정규 학교에 비해 매우 제한적이었다. 또한 학습 과목이 영어 등 특정 분야에 뚜렷하게 편중되는 경향이 있어, 난민 아동들이 균형 잡힌 교육을 받기 어려운 상황에 놓여 있

28 R-K 인터뷰, 2024. 7. 16. 바흐다트

29 R-B 인터뷰, 2024. 7. 13. 바흐다트

30 R-F 인터뷰, 2024. 7. 15. 바흐다트

음을 보여준다.

이와 함께 타지크 학교에 다니다가 중등 과정에 진학하지 않고 학원으로 옮기는 현상도 포착되었다. 이는 2024년 난민 아동의 중등학교 등록률이 27.36%에 불과하다는 사실로 나타난다. 난민 아동들이 거주국 사회통합의 핵심 공간이라고 여겨지는 공립학교로 편입되지 않고, 난민 집거지 내부의 학원으로 집중되는 경향은 '현재의 정착'이 아니라 '미래의 이동'을 지향하고 있음에 따른 전략적 실천이라고 해석할 수 있다. 한편 이러한 이주 지향적 선택에는 위험도 따른다. 제3국으로의 이주가 지연되거나 무산될 경우, 공교육 단절과 편중된 학습으로 인한 교육적 손실이 심화될 수 있으며, 난민 아동이 타지크 사회와의 연결을 형성하지 못한 채 이들의 사회적 고립이 강화되거나 고착화될 가능성이 있다. 그럼에도 불구하고 난민들에게 교육은 현재 거주지에 뿌리내리기보다는, 향후 이주를 실현하거나 최소한 이동 가능성을 유지하기 위한 자원을 축적하는 전략적 수단으로도 기능한다.

3. 현지 아프가니스탄 학교

공립학교와 사설 학원 외에도, 두샨베에 위치한 아프가니스탄 학교인 소모니온 학교는 아프가니스탄 난민 아동이 선택할 수 있는 또 하나의 교육 경로이다. 2001년 아프간인에 의해 설립된 이 학교는 탈레반 집권 이전의 아프가니스탄 학제를 따르며 다리어로 수업을 진행한다. 교육과정에는 다리어, 파슈토어, 영어, 러시아어, 타지크어를 비롯한 주요 교과목이 포함되어 있어, 아프가니스탄 난민 아동이 모국어로 정규 교과를 배울 수 있는 사실상 유일한 통로로 자리하고 있다.

그러나 타지키스탄 정부와 아프가니스탄 대사관이 탈레반 정권을 공식적으로 인정하지 않음에 따라, 소모니온 학교는 본국으로부터 교과서, 졸업장 발급 및 인증 등 교육 행정적 지원을 받지 못하고 있다. 또한 재정난으로 인해 난민 집거지인 루다키 인근에서 두샨베의 대사관 건물로 이전하면서 난민 아동이 이용하기 위한 접근성도 크게 낮아졌다.

인터뷰 참여자 중 자녀들이 소모니온 학교에 재학했거나 그 학교를 졸업했던 경험을 언급한 참여자는 4명에 불과했다. 다수의 인터뷰 참여자들은 상대적으로 높은 등록금과 난민들의 거주가 허용되지 않은 두샨베로 통학하는 데 소요되는 교통비 때문에 소모니온 학교에 자녀를 보내지 않거나 중도에 학교를 중단할 수밖에 없었다.[31] 이는 아프간 난민들의 거주지역을 제한하는 타지키스탄 정부의 정책이 아프간 아동의 교육권을 제약하는 결과로 이어졌음을 보여준다.

2021년 탈레반 집권 이후 아프가니스탄에서 타지키스탄으로 유입되는 난민의 수는 증가했음에도 불구하고, 소모니온 학교의 재학생 수는 오히려 감소하였다. 아프간인들이 고국을 떠났음에도 여전히 탈레반의 위협 속에서 본국 정부가 인정하지 않는 아프가니스탄 학교 등록을 두려워하며, 일부는 캐나다나 독일로 이주를 선택하기 때문이다.[32]

그럼에도 불구하고 일부 난민 가정이 소모니온 학교를 선택하는 주된 이유는 자녀가 모국어인 다리어로 교육을 받고, 아프간인으로서 정체성을 유지하기를 원하기 때문이다. 실제로 한 인터뷰 참여자는 자녀가 너무 어린 나이에 타지키스탄으로 이주해서 아프가니스탄에 대한 기억이 거의 없기 때문에 모국어인 다리어를 읽고 쓸 수 있어야 한다는 이유로 소모니온 학교를 선택했다.[33]

해외에서 자국 학제를 따르는 학교를 선택하는 것은 일반적으로 본국으로의 귀환을 염두에 둔 행위로 해석될 수 있다. 자국으로의 귀환을 촉진하는 것은 과거 난민교육의 목적 중 하나이기도 했다(Dryden-Peterson et al., 2019: 349). 그러나 대다수의 아프간 난민들이 탈레반으로부터 생명의 위협을 경험

31 R-C 인터뷰, 2024. 7. 13. 바흐다트; R-N 인터뷰, 2024. 7. 17. 루다키; R-O 인터뷰, 2024. 7. 17. 루다키.

32 KI-B 인터뷰, 2024. 7. 15. 두샨베.

33 R-D 인터뷰, 2024. 7. 15. 바흐다트

하며 타지키스탄으로 이주했기 때문에 귀환의 의지는 그다지 크지 않다고 볼 수 있다. 그렇다고 해서 타지크 학교에 자녀를 보내면서 정착을 준비하지도 않으며, 동시에 제한적인 제3국으로의 물리적인 이주의 기회를 적극적으로 모색하지도 않는다.

이처럼 소모니온 학교는 귀환, 정착, 재이주 사이의 여러 불확실성이 공존하는 경유국에서 난민들이 처한 현실을 보여준다. 이러한 맥락 속에서 소모니온 학교는 언어와 문화적 장벽을 느끼는 아동에게 안정감을 주고, 아프간인들의 언어와 문화자본을 기반으로 미래 이주의 가능성을 유지하려는 교육 경로로 기능한다.

VI. 맺음말

이 글은 경유국에서 난민들이 미비한 난민 지원정책과 그로 인해 발생하는 사회적·구조적 제약 속에서 교육을 미래 이동 가능성을 실현하거나 유지하려는 실천적 전략으로 활용하고 있음을 타지키스탄의 사례를 통해 살펴보았다.

타지키스탄에 거주하는 아프간 난민들은 취약한 제도적 기반, 거주지 제한, 사회보장의 부재로 인해 타지키스탄을 정착지보다는 향후 이주를 준비하는 경유국으로 인식하는 경향이 뚜렷하다. 이들은 교육을 타지크 사회에 통합되기 위한 자원이라기보다, 제3국 이주를 준비하거나 이동 가능성을 유지하기 위한 전략적 자원으로 활용한다. 이는 교육이 단지 수용국의 난민 통합 정책에 종속된 하위 영역이 아니라, 제한된 여건 속에서도 난민이 스스로 이주 경로를 구성하고 조정하는 행위자성이 발현되는 영역임을 보여준다.

타지키스탄은 높은 난민 인정률이 보여주듯이 법적으로는 난민들의 지위를 부여하지만, 난민의 실질적인 통합을 위한 지원은 거의 이루어지지 않는 방식의 난민 거버넌스를 보여준다. 이러한 정책 환경은 난민의 교육 경로 선택과 향후 이주 전략에 직접적인 영향을 미친다. 특히 바흐다트 등 특정 지역에 난민을 집중시키는 거주지 제한 정책은 공립학교 접근성, 교육의 질, 주거 여건을 구조적으로 제약하는 핵심 요인으로 작용하며, 이는 경유국의 정책 선택과 난민의 전략 형성 간의 관계를 보여주는 중요한 함의를 지닌다.

한편 전 세계 난민 중 1%만이 재정착을 통해 고소득 국가로 이주할 수 있다(Dryden-Peterson, 2024: 84). 현재 북미와 유럽의 난민 수용 정책이 점차 엄격해지는 가운데 타지키스탄에 거주하는 다수의 아프간 난민들이 재정착을 희망하는 캐나다의 아프간 난민 이주 프로그램이 신규 신청을 중단하여 난민들의 이주와 재정착의 기회는 점점 축소되고 있다. 이렇게 아프간 난민들의 타지키스탄 체류는 점점 장기화되는 추세이다.

그러나 외부의 구조적 제약과 타지키스탄 내 제도적 한계가 중첩되어 있음에도 불구하고, 타지키스탄의 아프가니스탄 난민들은 여전히 향후 이동성을 유지하고자 하는 실천을 지속하고 있다. 비록 물리적 이주의 가능성은 제한적이지만, 자신과 자녀들의 '국경 너머로 던져 놓은 꿈'을 이루기 위해 이들은 교육을 통해 이주를 실현할 뿐 아니라, 이주 가능성을 유지하게 하는 상징적 자본을 축적한다. 이는 경유국에서 난민들이 구조적 제약과 국가 정책을 인식하고 해석하는 방식과 이를 바탕으로 자신의 이주 가능성과 전략을 형성하는 과정을 이해하는 데 중요한 함의를 제공한다.

이처럼 경유국에서의 교육은 단순히 '잠시 머무는 동안의 임시 대응'이 아니라 불확실성과 제약 속에서 난민들이 미래 이주 가능성을 유지하기 위해 발휘하는 제한적 주체성이 드러나는 실천적 공간이라고 볼 수 있다.

참고문헌

박승규 · 김은비. 2022. "아프가니스탄의 불안정성과 난민 문제: 파키스탄, 이란을 중심으로." 『한국중동학회논총』 42(3): 51-76.

최아영. 2024. "난민의 사회 통합과 난민 아동 교육-폴란드 거주 우크라이나 난민 아동의 교육을 중심으로-." 『슬라브硏究』 40(2): 97-128.

Ager, A. and Strang, A. 2008. "Understanding integration: A conceptual framework." *Journal of Refugee Studies* 21(2): 166-191.

Bossavie, L. L. Y., Rozo, S. V. and Urbina Florez, M. J. 2023. *Impacts of Extremist Ideologies on Refugees' Integration: Evidence from Afghan Refugees in Tajikistan, Policy Research Working Paper Series* 10612. The World Bank.

Collyer, M. 2010. "Stranded Migrants and the Fragmented Journey." *Journal of refugee studies* 23(3): 273-293.

Collyer, M., Düvell, F. and de Haas, H. 2012. "Critical Approaches to Transit Migration." *Population space and place* 18(4): 407-414.

Crawley, H. and Jones, K. 2021. "Beyond here and there: (re)conceptualising migrant journeys and the "in-between." *Journal of Ethnic and Migration Studies* 47(14): 3226-3242.

Crawley, H. and Skleparis, D. 2018. "Refugees, migrants, neither, both: categorical fetishism and the politics of bounding in Europe's 'migration crisis'." *Journal of Ethnic and Migration Studies* 44(1): 48-64.

de Haas, H. 2021. "A theory of migration: the aspirations-capabilities framework." *Comparative Migration Studies* 9(8).

Dryden-Peterson, S. 2016a. "Refugee education: The crossroads of globalization." *Educational Researcher* 45(9): 473-482.

Dryden-Peterson, S. 2016b. "Refugee education in countries of first asylum: Breaking open the black box of pre-resettlement experiences." *Theory and Research in Education* 14(2): 131-148.

Dryden-Peterson, S. 2024. "Refugee education: aligning access, learning & opportunity." *Daedalus* 153(4): 79-95.

Dryden-Peterson S., Adelman E., Bellino M, J. and Chopra V. 2019. "The Purposes of Refugee Education: Policy and Practice of Including Refugees in National Education Systems." *Sociology of Education* 92(4): 346-366.

European Union Agency for Asylum (EUAA). 2022. *Mobility trends report: Afghan nationals in Pakistan, Iran, Turkey and Central Asia.*

FitzGerald, D. S. and Arar, R. 2018. "The sociology of refugee migration." *Annual Review of Sociology* 44: 387-406.

Gladwell, C. 2021. "The impact of educational achievement on the integration and wellbeing of Afghan refugee youth in the UK." *Journal of Ethnic and Migration, Studies* 47(21): 4914-4936.

Government of the Republic of Tajikistan. 2002. *Law of the Republic of Tajikistan on refugees.*

Government of the Republic of Tajikistan. 2020. *National strategy for education development of the Republic of Tajikistan for the period until* 2030.

Ityasheva, D. R., Lushina, A. A., Rakhimov, K. Kh. and Chekrygina, D. D. 2023. "Afghanistan's new regime as a challenge to the security of the Republic of Tajikistan." *Postsovetskie issledovaniya=Post-Soviet Studies* 1(6): 76-86.

Jabarkhail, S., Madsen, J. and Jabarkhail, N. 2025. "Refugees educational challenges and opportunities: a case study of Afghan refugees in Tajikistan." *Intercultural Education* 36(3): 319-341.

Morrice, L., Tip, L. K., Brown, R. and Collyer, M. 2019. "Resettled refugee youth and education: aspiration and reality." *Journal of Youth Studies* 23(3): 388-405.

Stewart, J., El Chaar, D., McCluskey, K. and Borgardt, K. 2019. "Refugee student integration: a focus on settlement, education, and psychosocial support." *Journal of Contemporary Issues in Education* 14(1): 55-70.

Taylor, S. and Sidhu, R. K. 2012. "Supporting refugee students in schools: what constitutes inclusive education?" *International Journal of Inclusive Education* 16(1): 39-56.

Ubaidulloev, Z. 2014. "Afghanistan-Tajikistan relations: past and present." *Asia-Pacific Review* 21(1): 120-136.

Whitsel, C, M. and Mehran, W. 2010. "School, work and community-level differences in Afghanistan and Tajikistan: divergence in secondary school enrolment of youth." *Central Asian Survey* 29(4): 501-519.

Wilkinson, L., Othman, J (Rosty)., Veisman, N., Wong, K. and Ogoe, S. 2023. "A brief history of Afghan Refugees in Canada." *Canadian Issues* (Fall 2022/Winter 2023): 65-69.

Norov, K. 2025. "Tajikistan Orders Afghan Refugees Out en Masse." *The Diplomat* (*July* 17) https://thediplomat.com/2025/07/tajikistan-orders-afghan-refugees-out-en-masse/(검색일: 2025. 9. 15).

UN. 1951. *Convention relating to the status of refugees* https://www.unhcr.org/1951-refugee-convention(검색일: 2025. 9. 18).

UNESCO Institute for Statistics. n. d.. Gross enrolment ratio in primary education [dataset]. https://databrowser.uis.unesco.org/resources/bulk (검색일: 2025. 9. 15).

UNHCR. 2016. "Submission by the United Nations High Commissioner for refugees for the Office of the High Commissioner for Human Rights' compilation report: Universal Periodic Review, 2nd Cycle, 25th Session." https://www.unhcr.org/uk/media/submission-united-nations-high-commissioner-refugees-office-high-commissioner-human-rights (검색일: 2025. 9. 18).

UNHCR, 2019. "Refugee education 2030: a strategy for refugee inclusion." https://www.unhcr.org/media/education-2030-strategy-refugee-education (검색일: 2025. 9. 17).

UNHCR. 2024a. "Annual results Report 2023, Tajikistan." https://tajikistan.un.org/en/266236-united-nations-tajikistan-annual-results-report-2023 (검색일: 2025. 9. 17).

UNHCR. 2024b. "Education report, 2023 - Unlocking potential: the right to education and opportunity." https://www.unhcr.org/media/unhcr-education-report-2023-unlocking-potential-right-education-and-opportunity (검색일: 2025. 9. 17).

UNHCR. 2025a. "Annual results report. Tajikistan, 2024." https://tajikistan.un.org/en/294096-un-annual-results-report-2024 (검색일: 2025. 9. 15).

UNHCR. 2025b. "Global trends report. 2024."https://www.unhcr.org/global-trends-report-2024 (검색일: 2025. 9. 15).

UNHCR. 2025c. *Operational data portal, Afghanistan situation*. https://data.unhcr.org/en/situations/afghanistan (검색일: 2025. 9. 15).

World Bank. 2025a. *GDP per capita (current US$)-Afghanistan*. https://data.worldbank.org/indicator/NY.GDP.PCAP (검색일: 2025. 9. 17).

World Bank. 2025b. *GDP per capita (current US$)-Tajikistan. https://data.worldbank.org/indicator/NY.GDP.PCAP.CD* (검색일: 2025. 9. 17).

World Bank. 2025c. World Bank Open Data: Population Growth (annual %). Tajikistan. https://data.worldbank.org/indicator/SP.POP.GROW (검색일: 2025. 9. 17).

World Bank. 2025d. *Tajikistan Overview*. https://www.worldbank.org/en/country/tajikistan/overview (검색일: 2025. 9. 17).

인터뷰

R-B 인터뷰, 2024. 7. 13. 바흐다트

R-C 인터뷰, 2024. 7. 13. 바흐다트

R-D 인터뷰, 2024. 7. 15. 바흐다트

R-E-1 인터뷰, 2024. 7. 15. 바흐다트

R-F 인터뷰, 2024. 7. 15. 바흐다트.
R-G 인터뷰, 2024. 7. 15. 바흐다트.
R-H 인터뷰, 2024. 7. 15. 바흐다트.
R-I-1 인터뷰, 2024. 7. 16. 두샨베.
R-J 인터뷰, 2024. 7. 16. 두샨베.
R-K 인터뷰, 2024. 7. 16. 바흐다트.
R-L 인터뷰, 2024. 7. 16. 바흐다트.
R-M 인터뷰, 2024. 7. 16. 바흐다트.
R-N 인터뷰, 2024. 7. 17. 루다키.
R-O 인터뷰, 2024. 7. 17. 루다키.
KI-A 인터뷰, 2024. 7. 14. 두샨베.
KI-B 인터뷰, 2024. 7. 15. 두샨베.
KI-C 인터뷰, 2024. 7. 18. 두샨베.
KI-D 인터뷰, 2024. 7. 18. 두샨베.

제9장

경유지 타지키스탄 거주 아프가니스탄 난민들의 젠더 역할과 종교 정체성 변화[1]

고가영

I. 머리말

아프가니스탄은 오랫동안 대표적인 난민 발생국 중 하나였다. 그 이유는 잘 알려진 것처럼 아프가니스탄 영토 내에서 지속적으로 벌어진 분쟁 때문이다. 아프가니스탄은 19세기 말 영국, 20세기 후반 소련, 21세기 초반 미국 등 강대국들이 자신들의 영향력을 확보하기를 원했던 지정학적으로 중요한 지역이었다. 그런데 아프가니스탄은 무력으로 자국 영토를 침략한 강대국들의 의도를 좌절시킴으로써, 국제사회에서 '제국의 무덤'[2]이라는 별칭을 얻게 되었다. 물론 그 과정에서 외국 세력들을 수용하는 세력들과 이들을 몰아내기 위한 세

1 이 글은 『Homo Migrans』 31(2024)에 게재된 논문을 본서의 편집 취지에 맞도록 수정·보완한 것입니다.

2 아프가니스탄을 배경으로 벌어진 영국, 러시아, 미국 등의 각 제국의 비극은 제국주의, 공산주의, 민주주의와 같은 이데올로기를 명분으로 내세웠지만 실제는 정파 간, 부족 간, 국가 간 이익 극대화를 위해 각축한 끝에 빚어진 결과물이었다(백승훈, 2023: 78).

력 사이의 내전이 장기적으로 지속된 혼란스러운 땅이 되었으며, 대규모 난민이 발생하게 된 비극적인 현대사를 갖게 되었다. 2021년에 탈레반이 재집권한 이후 아프가니스탄은 2023년에 다시 한번 가장 많은 난민이 발생한 나라가 되었는데, 그 수는 약 640만 명이며, 이들 아프가니스탄 난민은 108개의 나라에 체류하고 있다.[3] 2024년에는 아프가니스탄 난민의 수가 더 증가하여 약 770만 명이 되었다(UNHCR, 2025).

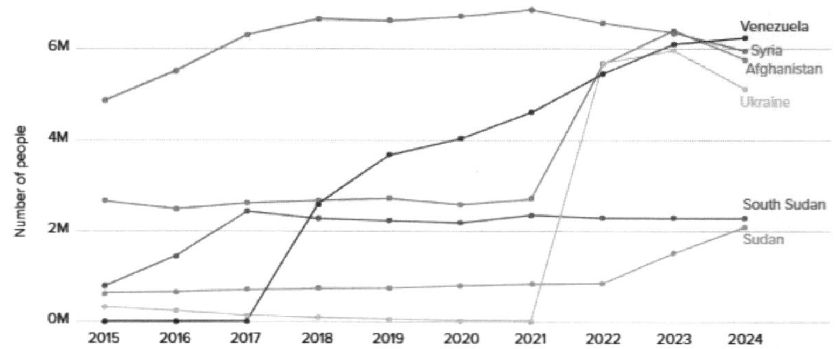

그림 1　2015–2024년 출신국별 난민, 난민 유사 상황에 처한 사람들, 국제적 보호가 필요한 기타 사람들
출처: UNHCR(2024).

이 글에서는 아프가니스탄과 국경을 맞대고 있는 타지키스탄으로 유입된 아프가니스탄 난민이 이동하는 과정에서 겪게 된 정체성의 변화를 살펴보고자 한다. 비록 아프가니스탄 난민이 가장 많이 체류하고 있는 나라는 파키스탄과 이란이지만, 타지키스탄을 연구 대상 지역으로 선택한 이유는 타지키스탄이 갖고 있는 합법적인 경유지로서의 특성에 주목하기 때문이다.

아프가니스탄 난민은 왜 타지키스탄으로 이주하는가? 아프가니스탄 난민들이 타지키스탄으로 이주한 이후 겪게 되는 정체성의 변화가 있는가? 만약 있다면, 이러한 정체성의 변화는 이동과 관련이 있는가? 정체성 변화는 환경

3　아프가니스탄 난민은 2022년보다 741,400명(13%)이 증가했다(UNHCR, 2023).

으로 인해 겪게 되는 단지 수동적인 결과인가? 아니면 난민들의 주체적인 선택들도 포함되어 있는가? 라는 질문에 대한 답을 이 글에서 찾고자 한다.[4]

무엇보다 타지키스탄으로 이동한 아프가니스탄 난민에 관한 연구로는 난민으로 위장하여 국경을 넘어오는 테러리스트들의 이동을 방지해야 한다는 안보 차원에서의 대책을 다룬 것과(Usmonzoda, 2023), 1차 탈레반 집권 시기 타지키스탄 국경 지역 난민 캠프에 머물렀던 이들에게 인도주의적 지원을 펼쳤던 UNHCR의 활동을 다룬 것(Overland, 2005), 타지키스탄 UNHCR 도시 난민 정책 시행에 대한 보고서(Rosi, Formisano, Jandrijasevic, 2011) 등이 있다. 이처럼 타지키스탄에서 UNHCR의 활동을 긍정적으로 묘사한 글들이 있지만, 그와는 반대로 UNHCR의 위임 난민 제도의 한계를 연구한 글도 있다(Firuz, 2021).

이러한 연구들과 달리 이글은 난민의 경유지로서의 타지키스탄에 주목한 연구라는 점에서 의미를 갖는다. 이는 주로 난민은 정책의 대상으로서 수동적 존재로만 여겨지고 있지만, 경유지로서 타지키스탄에 주목한다는 것은 난민의 주체성에 주목하고자 하는 노력의 일환이기도 하다. 이를 위해 2024년 7월 12~19일에 타지키스탄에서 시행했던 인터뷰 자료를 활용했다. 인터뷰는 타지키스탄의 아프가니스탄 난민 거주 허용 지역인 바흐다트, 루다키, 두샨베에서 총 17가정의 아프가니스탄 난민들과 진행했다. 이 외에도 타지키스탄에서 난민을 돕는 NGO 활동가 6명(A,B,C,D,E,F로 표기)과, 3개의 기관(UNHCR, 내무부, 아프가니스탄 소모니언 학교)의 담당자 7명(대표, 홍보관, 관리, 교장, 교사, 영사 등)과 인터뷰를 수행했다. 기관 담당자들을 제외하고 난민과 난민 지원 활동가의 경우, 비록 IRB를 받았지만, 이 글에서는 그들의 안전을 고려하여 익명으로 표기했다.

4 한편 한국에서도 아프가니스탄 난민 문제가 사회적 관심을 불러일으켰다. 그 계기는 탈레반 재집권 시점인 2021년 8월에 한국 정부가 특별기를 보내서, 아프가니스탄 난민들 391명을 한국으로 데리고 온 것이었다(백일순, 2022; 이수정, 2022; 구기연 · 백일순, 2023; 차유진 · 정지수 2024).

인터뷰 대상 가정 선정은 난민 지원 활동가 D가 운영하는 축구와 배구 캠프에 출석하는 청소년과 청년들 가정을 우선적으로 고려했다. D는 사전에 SNS 단톡방 공지를 통해 인터뷰 신청을 받았고, 탐방 순서를 정했다. 이렇게 연결된 가정이 14가정이었고, 나머지 2가정은 다른 난민 지원 활동가들(B, C)과 연결된 곳이었으며, 1가정은 우연히 합류하게 되어 인터뷰를 진행했다. 인터뷰 장소는 1가정만 레스토랑이었으며, 나머지 16가정은 모두 난민들의 가정이었다.

〈인터뷰 대상 난민들〉

번호	가족 구성원	도착연도	일시	장소
1	NJBL(54, 아버지) SJ(어머니), **JLID**(20, 아들), YD(아들)+2 아이.	2020	13(토)	바호다트
2	LN(49, 어머니), SN(25, 딸), SF(23, 딸), MPS, SM (16, 딸 쌍둥이) + 아버지, 아들	2019		
3	PLD(44, 어머니), SS(24, 딸), SR(21, 딸), IS(20, 아들), YH(19, 딸), SHR(14, 딸) + 아버지	2021		
4	JML(50, 어머니), MRS (29, 딸), MS(19, 딸), MHD(12, 아들)/SHR(10, 손녀), DNO(9, 손자), SNES(5, 손녀), DNS(3, 손자)	2020	15(월)	
5	NRY(62, 어머니), NJY(25, 딸) + 아들	2019		
6	SDY(49, 어머니), ERH(21, 딸), AM(17, 아들), BS(14, 아들) + 아버지	2017		
7	JHR(28, 실질적 가장인 여성), SR(23, 여동생), ADHR(20, 남동생), MLS (여동생 + 아기), IRF(9, 남동생),	2008		
8	AKMJ(아버지), RHM(40, 어머니), BHR(17, 딸), FHM (16, 딸)	2019		
9	OSP(43, 아버지), HSY(33, 어머니), MLRI(17, 딸), JB(14, 아들), KTRN(4, 딸)	2011	16(화)	두샨베
10	AMN(42, 어머니), MKTS(25/30, 딸), DANA(24/27, 딸), MNR(23, 딸), SID(21/23, 딸) + SAR(30, 아들).	2009		루다키
11	SKL(43, 어머니), JKR(19, 아들), NRGS(16, 딸), JH(13, 아들), SH(10, 아들) +아버지	2018		바호다트
12	SH(45, 아버지), JR(38, 어머니), PRO(20, 딸), KMO(19, 딸), PRUB(18, 딸), PRB(17, 딸), MHMD(16, 아들), ORA(14, 아들), HLN(8, 딸)	2024		

번호	가족 구성원	도착연도	일시	장소
13	DBT(48, 아버지), ADJ(42, 어머니), SMR(21, 딸), MHD(18, 아들), SRY(14, 딸), FTM(12, 딸), ELH(11, 딸), MSTP(9, 아들), MRTJ(5, 아들)-하자라	2018	16(화)	바흐다트
14	SLH(42, 어머니), PRB(27, 딸), NJT(26, 딸), SMR(22, 딸), MTR(21, 딸), MHD(16, 아들), HD(11, 아들)-투르크멘	2009	17(수)	루다키
15	HPD(37, 어머니), SHL(20), MSTB(19, 아들), JIN(딸), MDH(18, 딸), MLK(16, 딸), +3명	2019		
16	NDR(34, 어머니) +4명의 자녀	2012		
17	RTP(35, 어머니), MDN(18, 딸), BSR(15, 딸), MLD(13, 아들), +2딸(LN 22, RI RM 20)-하자라	2017	18(목)	두샨베

〈난민 관련 기관 근무자들〉

번호	이름	소속	지위	일시	장소
1	바호도르	대사관	영사	15(월)	두샨베, 아프가니스탄 대사관
2	노지야	소모니언 스쿨	교장		
4	이반 달례예프	UNHCR	대표	18(목)	두샨베, UNHCR 사무국
5	무하마드후자 다블랴토프	UNHCR	홍보관		
6	이스맛 조다 팟히진	내무부	난민담당관	18(목)	두샨베, 내무부 직무실
7	다밧 조다 사이드	내무부	난민담당관		

〈난민 활동가〉

번호	이름	활동분야	일시
1	A	NGO 활동가	7월 13~19일
2	B	NGO 활동가	7월 12~18일
4	C	난민 지원 활동가	7월 14, 16일
5	D	난민 지원 활동가	7월 13~18일
6	E	난민 지원 NGO 운영	7월 14일
7	F	난민 지원 활동가	7월 17일

이처럼 이 글은 난민과 난민 활동가 및 난민 관련 기관 근무자와의 구술 인터뷰를 토대로 작성되었다. 특히 관심을 가진 영역은 여성의 역할과 종교 정체성에 관련된 부분이었다. 아프가니스탄 난민 여성을 다룬 기존의 연구들

에서는 아프가니스탄 난민 여성은 대체로 억압받는 수동적 존재로 그려지고 있다. 기존의 아프가니스탄 여성 연구들도 탈레반 1기, 2기 정권 아래에서 이들이 얼마나 고통받고 있는지를 드러내는 것이 주를 이루었다. 물론 아프가니스탄 여성들이 탈레반 정권하에서 많은 제약을 받았으며, 현재에도 고난을 당하고 있는 것은 명백한 현실이다.

그러나 이 글은 과연 아프가니스탄 여성이 단지 수동적으로 억압당하는 존재이기만 한가? 비록 제한적인 여건 속이지만, 그들 스스로 주체성을 드러내는 존재로서 살아가고 있는 점은 없는가? 라는 질문에서 시작했으며, 그 답으로서 오로지 박해받는 수동적인 대상으로서의 아프가니스탄 난민 여성만이 아니라, 자신들의 주체성을 드러내는 존재로서의 아프가니스탄 여성의 단면을 살펴보고자 했다.

또한 무슬림의 종교 정체성은 변화 가능성이 희박하다는 기존의 견해가 과연 경유지에서도 유지되는가? 라는 연구 질문의 답을 찾고자 했다. 그런데 인터뷰 대상자인 난민 대부분은 타지크인이었으며, 하자라인, 투르크멘인, 파슈툰인도 있었으나, 이동으로 인해 민족 정체성의 변화가 발생하지는 않기 때문에 아프가니스탄 연구에서 민족 정체성 문제도 매우 중요한 주제임에도 불구하고 이 글에서는 연구 범주에 종교와 관련된 민족 문제 이외에는 포함하지 않았다. 이러한 구술 인터뷰 자료 외에도 유엔난민기구(UNHCR), 국제이주기구(International Organization for Migration), 캐나다 이민난민시민권부(IRCC: Immigration, Refuges, and Citizenship Canada) 등이 발간한 자료들과 이스마일파의 자료도 참조하였다.

타지키스탄에 거주하고 있는 아프가니스탄 난민의 삶을 근거리에서 살펴보는 것은, 난민 연구의 구체적인 사례를 더함으로써, 난민 연구의 지평을 확대한다는 점에서 의미가 있다. 아울러 이 연구는 상대적으로 연구가 미약한 타지키스탄에 대한 이해도 넓힐 수 있을 것이다.

II. 아프가니스탄 난민이 타지키스탄을 선택하게 된 동인

1. 아프가니스탄인을 국경 밖으로 밀어내는 요인들

아프가니스탄 난민의 발생은 끊임없는 분쟁의 연속이었던 아프가니스탄 현대사에 기인한다. 아프가니스탄은 1970년대에 발생한 두 차례의 쿠데타와 소련과의 전쟁, 그 이후의 내전과 무자헤딘에 이은 탈레반의 1차 집권에 이르기까지 정치적 혼란을 겪었다. 소련이 철수한 이후 미국은 2001년 9·11이 발생하자 사건의 배후인 빈 라덴을 색출한다는 명분으로 아프가니스탄 전쟁을 시작했다.[5] 이때 냉전 시기 이슬람 반군 세력을 지원했던 미국의 행위는 부메랑이 되어 돌아왔다. 미국은 2001년부터 2021년까지 아프가니스탄에 막대한 예산과 인적 자원을 쏟아부었다.[6] 그런데도 결국 2021년 8월에 미국은 아프가니스탄에서 철수했으며, 탈레반의 집권 2기가 시작되었다.

이처럼 아프가니스탄에서 오랜 기간 지속된 분쟁과 탈레반의 재집권으로 대규모 난민이 발생했으며, 이러한 정치적 상황들은 아프가니스탄을 난민 발생 최상위국의 위치에 올려놓았다. 탈레반과 타협할 수 없는 이들이 '거주를 목적으로 하는 긴 여정'에 나섰다.[7]

이러한 아프가니스탄 현대사의 아픔은 타지키스탄에 체류하고 있는 아프가니스탄 난민 개인의 삶 속에 그대로 녹아 있다. 타지키스탄에서 처음으

---

5 이 전쟁에는 북대서양조약기구(NATO) 모든 회원국이 참전했고, 다국적군까지 총 136개국이 동참 또는 지원했다(인남식, 2020).

6 미 국방부 발표에 의하면, 아프가니스탄에서 미국은 2001년 10월부터 2020년 10월까지 사용한 국방 비용은 8250억 달러였으며, 재건 프로젝트에 약 1,300억 달러가 추가로 지불되었다. 공식 데이터에 따르면 2001년~2020년까지 총 비용은 9,550억 달러에 달한다. 브라운 대학의 연구에 따르면, 2001년~2022년까지 아프가니스탄 전쟁 비용은 2조 3,000억 달러에 달한다. 미국에 이어 아프가니스탄에 가장 많은 병력을 주둔한 영국과 독일은 전쟁 기간 동안 각각 약 300억 달러와 190억 달러를 지출한 것으로 추산된다(BBC, 2021).

7 서경식은 자신의 저서에서 '거주를 목적으로 여행하는 자는 난민'이라고 규정했다(서경식, 2023: 32).

로 만났던 난민 가정의 가장인 NJBL(54세)는 2020년에 카불에서 타지키스탄으로 아내와 4명의 아이와 함께 이주했다. 그는 아프가니스탄을 떠나게 된 원인이 탈레반이 밤에 집 안으로 수류탄을 던졌기 때문이라고 이야기했다. 그의 둘째 아들인 2004년생인 JLID는 이때 팔에 부상을 당했다. JLID는 팔에 남은 커다란 흉터를 직접 보여주었다. NJBL는 집을 팔고 가족 모두와 함께 타지키스탄으로 이주했다. NJBL의 가족은 아프가니스탄으로 돌아가고 싶은 마음이 전혀 없으며, 캐나다로 이주를 준비하고 있었다. 그런데 왜 탈레반의 공격을 받았냐는 질문에 NJBL는 단지 자신이 여성의 권리를 옹호했기 때문이라고 대답했다.

이처럼 NJBL가 자신이 탈레반으로부터 테러를 당한 이유를 여성의 권리를 옹호한 것이 원인이라고 표현한 것은 미국이 2001년 '영구적 평화'라는 작전명으로 아프가니스탄을 침공하면서, 그 명분 중 하나로 '탈레반 하에서 억압받는 여성을 구하기 위해서'라는 이유를 내세웠던 것과 마찬가지 맥락으로 이해할 수 있는 듯하다. 이주의 표면적인 이유로 여성 문제를 언급하는 것이, 난민들에게도 다른 문제를 상세하게 설명하지 않아도 되는 편리한 근거로 작용하는 것으로 보인다.[8]

또 다른 사례로는 2021년에 타지키스탄으로 온 PRD(44세)의 경우를 살펴볼 수 있다. 그녀에게는 아들 1명과 딸 3명이 있는데, 탈레반이 딸들을 잡아가려고 해서 아프가니스탄을 떠났다고 한다. 탈레반들이 거리에서도 마음에 드는 여성이 있으면, 그냥 데려가 버리기 때문에 딸들의 안전을 위해 카불을 떠날 수밖에 없었다고 그녀는 설명했다.[9] 또한 11년 전 남편과 사별한 JML(50세)의 가족은 2020년에 타지키스탄으로 왔다. JML은 이주 이유에 대해 큰딸이 TV 아나운서였는데, 탈레반이 데려가겠다고 해서 도망쳤다고 밝혔다. 함께 타지키스탄으로 왔던 큰딸은 1년 전 튀르키예로 일하러 갔다가, 독일로 건

8 NJBL & JLID 인터뷰, 2024. 7. 13. 바흐다트

9 PRD 인터뷰, 2024. 7. 13. 바흐다트

너가 현재는 독일에서 거주하고 있다. JML은 거리에 여자아이가 다니면 탈레반이 염산을 뿌리기도 한다며, 생존을 위해 아프가니스탄을 떠났음을 강조했다.[10]

아프가니스탄 난민 여성 대부분이 아프가니스탄에서 전업주부로 살아왔던 것과는 달리 40년 동안 경찰로 복무한 특이한 경력을 가진 NRY(62세)의 경우, 중매쟁이가 사촌을 자신의 딸 NJY(25세)의 결혼 상대로 추천했다. 그런데 신랑감이 너무 마음에 안들어서 거부하자, 그가 탈레반들에게 딸 NJY의 사진을 건네주었고, 이에 큰 두려움을 느껴 이주를 결심하게 되었다고 이주 원인을 설명했다. 그녀의 남편은 20년 전에 사망했으며, 두 모녀는 2019년에 카불에서 타지키스탄으로 이주했다. 여행 비자를 위한 비용은 1인당 350달러였으며, 3만 소모니를 들고 입국했다.[11] 이처럼 난민 대부분은 딸들의 안전을 위해, 아프가니스탄을 떠나왔다고 이야기한다.

2. 아프가니스탄 난민들을 타지키스탄으로 끌어당기는 동인들

타지키스탄에는 UNHCR 사무국이 1993년에 이미 설립되었다. 1992년부터 1997년까지 이어진 타지키스탄 내전으로 인해 국내 난민을 위한 긴급 구호 활동이 필요해졌으며, 이를 위해 타지키스탄 정부의 초청으로 사무국이 설치되었다. 그리고 바로 그 해(1993년)에 타지키스탄은 중앙아시아 국가 가운데 최초로 1951년에 제정된 난민 협정과 1967년의 난민 의정서 가입국이 되었다.

2024년 6월 기준으로 타지키스탄에는 8,259명의 난민(refugees), 2,122명의 비호신청자(asylum-seekers), 3,629명의 무국적자(stateless people)가 있다. 타지키스탄은 공식적으로 중앙아시아에서 가장 많은 난민을 수용하고 있는 나라이다. 이들은 거의 다 아프가니스탄 출신이다(Tajikistan, 2024)

타지키스탄은 1,425㎞의 국경을 아프가니스탄과 공유하고 있다. 현재

---

10 JML 인터뷰, 2024. 7. 15. 바흐다트

11 NRY 인터뷰, 2024. 7. 15. 바흐다트. 3만 소모니는 약 2,750달러이다(2024년 7월 기준).

아프가니스탄 내에는 타지키스탄 인구보다 더 많은 타지크인(아프가니스탄 인구의 약 27% 정도)이 거주하고 있다.[12] 현재 타지키스탄 정부는 아프가니스탄 내 모든 민족과 정치세력의 이익을 반영할 수 있는 통합 정부가 구성되어야 한다는 입장을 견지하면서, 파슈툰인 위주로 구성된 탈레반 정권을 인정하지 않고 있다(권동석, 2022: 96, 104). 아프가니스탄 내 타지크인의 인구 비율과 거점지역과 생업은 다음과 같다.

표 1 아프가니스탄 민족 구성과 분포

민족	인구비율(%)	거점	비고
파슈툰	42-45	힌두쿠시 남부	두라니, 길자이 양대 부족
타지크	25-27	동북부, 카불북부	농업생산 위주
하자라	8-9	중부	중국, 몽골계(신장), 시아파
우즈베크	8-9	북부(우즈베키스탄 접경)	파슈툰과 갈등 관계
아이막	4	서부(이란접경)	
투르크멘	3	북부(투르크메니스탄 접경)	
발루치	2	남부(헬만드 주)	아랍 전통 계승
기타	4		

출처(인남식. 2021: 2)

아프가니스탄 난민이 타지키스탄으로 들어오는 이유는 우선 민족적, 언어적 친연성으로 인한 것이다.[13] 타지키스탄으로 들어오는 아프가니스탄 난민 다수가 타지크인이며, 아프가니스탄의 공용어인 다리어와 타지크어는 작

---

12 타지키스탄 전체 인구는 10,394,063(2024)명이고, 아프가니스탄 전체 인구는 39,232,003명(2023)이다(CIA World Factbook, 2023; CIA World Factbook, 2024).

13 2012년 한국으로 들어온 아프가니스탄 난민(정확하게는 비호신청자(Asylum seeker)인 나히드의 경우, 한국에 들어와 있는 서아시아, 남아시아, 중앙아시아 사람들 중 가장 가깝게 느껴지는 사람들은 누구냐고 질문했을 때, 중앙아시아 이주민들이라고 대답했다. 나히드는 현재 성균관대학교 역사학과 2학년에 재학 중이다. 압둘 쿠두스 나히드(Abdul Qodos Nahid) 인터뷰, 2024. 11. 1. 서울.

은 차이만 있을 뿐이다. 다만 타지키스탄이 소비에트 연방공화국이 된 이후 문자표기를 키릴문자로 변경했으며, 러시아어 단어가 많이 유입되어 학습 언어로는 약간의 어려움이 있지만, 평소 대화 언어로는 언어 장벽이 거의 없다는 점이 강한 유입 요인으로 작동했다.

또 하나 타지키스탄을 선택한 이유에 대해 난민 거의 대부분은 이구동성으로 타지키스탄의 안전함에 대해 이야기한다. 타지키스탄의 치안은 아프가니스탄보다 안정적이며, 특히 개방적인 사회 분위기가 여성들에게 안도감을 주기 때문이다. 아프가니스탄에서 난민을 밀어내는 요인이 되었던 딸들의 안전과 교육에 관련된 문제들은 동전의 양면처럼 타지키스탄으로 끌어당기는 요인이 되기도 한다. 타지키스탄은 여성이 거주하고, 교육받기에 안전한 장소이다. 따라서 난민들은 딸들의 안전을 위해 타지키스탄을 선택했다.

아울러 타지키스탄 정부의 태도 역시 아프가니스탄 난민에게 안전함을 느끼게 해 준다. 일례로 2021년 6월-7월 아프가니스탄 정부군과 민병대가 탈레반을 피해 국경을 넘어왔을 때 우즈베키스탄과 타지키스탄의 대응은 달랐다. 우즈베키스탄은 이들을 심문하고 다시 아프가니스탄으로 돌려보냈지만, 타지키스탄은 인도주의적 차원에서 수용했다. 부상자는 타지키스탄 병원에서 치료를 받았고, 동부지역인 고르노-바다흐샨 최고 책임자인 요드고르 파이조프는 당시 아프가니스탄 난민을 최소 5,000명에서 10,000명을 수용할 준비를 갖추고 있어야 한다고 말하기도 했다(정세진, 2023: 245-246).

또한 왜 타지키스탄을 선택했는가? 라는 질문에 난민 다수가 같은 무슬림 국가여서라고 답하기도 했다. 이렇게 볼 때, 종교를 포함한 문화적 친연성, 안전함, 정부의 수용적 태도 등이 타지키스탄을 선택하는 이유에 영향을 미친 것으로 보인다. 그러나 또 하나의 결정적인 원인은 타지키스탄의 높은 난민 인정률이다. 타지키스탄 내무부의 난민을 담당하는 관리들은 타지키스탄의 난민 인정률이 100%라고 답했다.[14] 이는 두샨베의 UNHCR 대표도 인정

14 이스맛 조다 팟히진, 다밧 조다 사이드 인터뷰, 2024. 7. 18. 두샨베.

한 바이다.[15] 난민 신청자 역시 거의 모두가 아프가니스탄 사람들이다. 난민 인정률 100%는 세계적으로 유례를 찾기 어려운 매우 예외적인 현상이라 할 수 있다. 이렇게 난민 인정률이 높은 것은 난민들, 난민 담당 관리들, UNHCR 대표, 난민 지원 활동가들이 이구동성으로 이야기하고 있는 것처럼, 아프가니스탄 난민들이 타지키스탄을 정착지로 여기는 것이 아니라, 경유지로 삼고 있기 때문이다. 즉 타지키스탄을 이주지로 아프가니스탄 난민이 선택한 이유는 타지키스탄에서 쉽게 난민 인정을 받은 이후 제3국, 주로 캐나다로 재이주할 가능성이 높기 때문이다.[16]

무엇보다 타지키스탄은 경제적으로 빈곤하며, 일자리가 넉넉하지 않다. 아프가니스탄 난민들이 타지키스탄에서 경제 활동을 하는 데 아무런 제약은 없지만, 자영업을 제외하고는 취업할 수 있는 일자리 자체가 거의 없다는 점이 아프가니스탄 난민이 타지키스탄을 최종 정착지가 아닌, 경유지로 삼게 되는 결정적인 요인이 되고 있다. 과거에는 유럽으로도 다수가 건너갔으나, 점차 유럽으로의 이동이 어려워졌고, 독일에서는 아프가니스탄 난민이 문제들을 일으켜, 급기야 독일 정부가 난민을 탈레반이 집권하고 있는 카불로 송환하기에 이르렀다.[17] 이는 난민을 본국으로 송환시키는 것을 금지하는 규정을 위반하는 행위이다. 포르투갈 리스본에서도 아프가니스탄 난민이 문제를 일

---

15 이반 달레예프 인터뷰, 2024. 7. 18. 두샨베.

16 유럽으로 가기를 원하는 아프가니스탄인들은 이란과 튀르키예를 경유지로 삼고 있다. 튀르키예에서 그리스로 이동하고, 그리스에서 유럽 전역으로 이주하는 경로를 보이고 있다.

17 독일 외국인 등록부에서 발표한 바에 따르면, 2024년 6월 기준 독일에 머무르는 난민 수가 역대 최다인 348만 명에 이르렀다. 이 중 1/3 정도인 118만 명은 우크라이나 난민들이다. 그런데 2024년 5월 31일에 독일 서부 만하임에서 아프가니스탄 출신의 25세 이민자의 칼에 독일 경찰이 찔려 사망한 사건이 있었으며, 2024년 8월 30일에도 졸링엔이라는 작은 도시의 축제장에서 시리아 난민 청년의 공격으로 3명이 사망하고, 8명이 중상을 당하는 사건이 있었다. 이런 사건들이 지속되자 독일 정부는 처음으로 2024년 8월 30일에 24명의 아프가니스탄 난민을 아프가니스탄 카불로 강제송환시켰다(윤태희, 2024; 최영윤, 2024).

으킨 사건이 크게 보도되기도 했다.[18] 이러한 상황들이 반영되어 유럽으로의 이주가 어려워지자 타지키스탄에 거주하는 난민 대부분이 캐나다행을 원하고 있다. 난민 지원 활동가 F는 오히려 아프가니스탄 난민들이 우리는 캐나다로 갈 사람들이라는 자부심을 가지고 있어서 심지어 타지크인들을 무시하는 마음을 갖고 있을 정도라고 평가하기도 한다.[19]

3. 캐나다로 재정착을 모색하는 아프가니스탄 난민들

캐나다는 2019년을 기준으로, 난민에게 시민권을 부여한 비율이 세계에서 두 번째로 높은 나라이며, 인구 비율로 볼 때 아프가니스탄 재정착 난민 수용 규모는 세계 최고 수준이다.[20] 캐나다 정부의 이주난민시민권부의 2024년 10월 11일 발표에 의하면, 2021년 8월 이후 캐나다에 도착한 아프가니스탄 난민은 54,730명이다(Government of Canada, n. d.).[21] 마크 밀러 이주난민시민권부 장관은 아프가니스탄 난민이 캐나다 전역에 정착함에 따라 주정부, 지방자치단체, 시민사회에 이르기까지, 사회 전체가 이들의 성공적인 재정착을 위해 노력하고 있다고 공식 홈페이지를 통해 강조하고 있다. 구체적으로는 캐나다 전역의 180개 이상의 지역 사회에서 난민들을 위한 임시 숙소, 필수 의료, 교

---

18 2023년에는 포르투갈 리스본의 무슬림센터(이스마일파)에서 아프가니스탄 난민이 휘두른 흉기에 2명의 여성이 사망하고 남성 1명이 크게 다치는 사건이 발생하기도 했다. 포르투갈에 거주하는 이스마일파는 약 8천명 정도이다(한혜란, 2023).

19 난민 지원 활동가 F 인터뷰, 2024. 7. 17. 두샨베.

20 2018년까지 난민 인정을 받은 사람은 11만 4,109명에 달하며, 캐나다의 난민 비호 시스템은 난민협약, 고문방지협약, 권리와 자유에 관한 캐나다 헌법 권리장전, 이민난민보호법(2002), 강제송환금지원칙의무와 같은 법·제도적 기반을 두고 있으며, 난민 관련 정부기관은 난민보호와 사회적응 등의 지원업무를 맡고 있는 캐나다 연방 이민부(1994 설립)와 통합 서비스를 제공하는 이주난민시민권부, 난민 인정여부를 결정하는 이민난민위원회 등이 있다(정세정, 2019: 88-89).

21 이미 2023년 10월 30일에 마크 밀러 이주난민시민권부 장관은 캐나다가 2021년 8월 당시 약속했던 4만 명의 난민들을 수용하겠다는 약속을 이행했다고 선포한 바 있다(Government of Canada, 2023).

육, 언어 및 기술 훈련, 사회 서비스 등 재정착 서비스가 제공되고 있다. 실제로 캐나다 정부는 아프가니스탄 난민을 위한 재정착 서비스에 약 6억 1,500만 달러(8억 4,430만 캐나다 달러)를 배정했다. 이 금액에는 숙박, 음식 및 의료 비용을 제공하는 12개월 소득 지원 프로그램이 포함되어 있다. 무엇보다 캐나다 정부는 아프가니스탄 난민의 영주권 취득에 어려움이 없도록 제도적인 기반을 마련하고 있다(Dawi, 2023). 캐나다 정부의 공식 홈페이지에는 캐나다가 아프가니스탄 난민을 효과적으로 안전한 곳으로 데려오는 글로벌 롤모델이 되고 있다는 에이미 포프 IOM 사무총장의 평가도 게재되어 있다(Government of Canada, 2023).

캐나다의 재정착 난민 프로그램은 정부 지원 프로그램과 민간 후원 프로그램으로 구분된다. 정부 지원 프로그램 대상자는 주로 '캐나다 정부를 밀접하게 도운 아프가니스탄 국민과 그 가족'이며, '이전의 프로그램에 따라 캐나다로 온 전직 아프가니스탄 통역사의 확대 가족'도 포함된다. 이들은 한국의 특별기여자와 유사한 지위에 있는 사람들이다. 이와 더불어 민간 후원 프로그램의 대상자는 여성 지도자, 인권운동가, 박해받는 소수민족 또는 종교적 소수자, LGBTI+ 개인, 언론인 등이다. 캐나다는 이러한 인도주의적 재정착 특별 프로그램을 시작한 최초의 국가 중 하나였다.

캐나다 이주난민시민권부는 각 지역별로 3가지 범주 (정부 지원 범주, 그리고 전직 통역사의 확대 가족 범주, 사적 지원 범주)로 아프가니스탄 난민들을 파악한 통계를 제시하고 있다. 2024년 10월 1일 기준, 캐나다에 도착한 아프가니스탄 난민 54,730명 중 '캐나다 정부를 지원한 아프가니스탄인을 위한 특별 이민프로그램'으로 입국한 사람은 15,445명이며, '전직 통역사 확대 가족'으로서 입국한 사람은 4,060명이고, '인도주의적 프로그램'으로 입국한 사람들은 25,015명이다. 지역별 통계는 다음과 같다(Government of Canada, n. d.).[22]

---

22 원래 캐나다 정부의 이주·난민·시민권부에서 제시한 자료에는 세부적인 행정 단위별로 표기되어 있으나, 주별로 합산하여 재구성했다.

표 2 지역별, 지원형태별 아프가니스탄 난민 분포

주	정부지원	확대가족구성원	사적 지원	합계
브리티시 컬럼비아	3,490	390	1050	4835
앨버타	4,520	320	2590	7430
서스캐처원	990	-	275	1265
매니토바	580	-	215	795
온타리오 **(토론토)**	11,190 **(4,950)**	1,820 **(1,060)**	7,690 **(2,195)**	20710 **(8,205)**
퀘벡	265	1,495	1,230	1495
뉴브런즈윅	590		15	605
노바스코샤	450		85	535
프린스 에드워드 아일랜드	55			55
뉴펀들랜드와 래브라도	1,165		15	1,180

출처: 캐나다 이주난민시민권부

이 표를 통해 타지키스탄에 체류하고 있는 아프가니스탄 난민의 90%가 토론토로 간다고 이야기했던 난민 지원 활동가 E의 이야기를 확인할 수 있었다. 토론토에만 아프가니스탄 난민 8,205명이 이미 거주하고 있다.

이러한 캐나다 정부의 수용적 태도는 현재 독일과 포르투갈 등 유럽 국가들의 아프가니스탄 난민을 대하는 태도와 차이를 보인다. 그러나 캐나다가 좀 더 좋은 여건을 제공하고 있다는 점을 확인할 수 있지만, 캐나다의 재정착 아프가니스탄 난민 역시 정착에 어려움을 겪고 있다. 이는 캐나다로 이주한 아프가니스탄 난민 여성의 문맹률이 높고, 취학 연령 어린이의 1/3이 정규 교육을 받지 못해 문해력이 낮으며, 현지어인 영어 학습에 많은 어려움을 겪고 있는 문제들이 존재한다(Woods, 2022: 1-14). 또한 캐나다에 재정착한 아프가니스탄인에게서 흔하게 외상 후 스트레스장애(PTSD)가 발견되고 있고, 이들의 정신건강학적 문제들은 실업과 자아 효능감 저하를 야기한다는 연구들을 통해, 정부가 공식적으로 묘사하고 있는 밝은 면만이 아니라 그 이면의 어려움도 드러난다(Ahmad, Othman, Lou, 2020: 597-605). 최근에는 캐나다에서도 주택난 등의 이유로 반난민 정서가 확산되고 있다.

이처럼 아프가니스탄 난민들은 좀 더 나은 삶의 조건을 찾아 거주지를 선택하고 있다. 상황에 따라 재정착지가 변동될 수 있으나, 현재로서는 캐나다가 이상적인 정착지로 여겨지고 있다. 그러나 특별기여자가 아닌 경우 아프가니스탄에서 바로 캐나다로 들어가는 것이 어렵기 때문에, 타지키스탄을 경유지로 삼고 있다. 이러한 상황 속에서 타지키스탄을 최종 정착지가 아니라 중간 경유지로 선택함으로써 나타나는 젠더 역할 변화와 종교정체성 변화 현상들은 다음과 같다.

III. 경유지에서 재구성되는 아프가니스탄 난민의 정체성 변화

1. 모빌리티를 통한 젠더 역할의 재구성

영국, 소련, 그리고 미국이 차례로 아프가니스탄 국경을 무력으로 넘으면서 강대국들은 자신들의 침략 행위의 정당성으로 제국주의, 공산주의, 민주주의를 명분으로 내세웠다. 이러한 이데올로기에 기반한 정당성의 중요한 부분으로 활용한 것이 여성의 인권 문제였다. 영국은 제국주의의 이론적 바탕인 문명화 사명의 일환으로 아프가니스탄 개입을 정당화하면서, 여성 정책에 대한 개방적인 정책을 펼쳤다. 이후 1979-1989년 아프가니스탄으로 군대를 파병한 소련 역시 아프가니스탄에 소련식 사회주의 개혁 도입의 주요 내용인 토지개혁, 교육 개혁과 더불어 여성의 권리 확대를 핵심과제로 삼았다.

무엇보다 2001년 미국과 영국 연합군이 '항구적 자유'라는 작전명으로 9·11 테러의 주동자인 오사마 빈라덴을 색출하고 그 배후 세력이자, 테러 집단으로 규정한 탈레반을 제거하기 위해 아프가니스탄으로 들어갈 당시에도 군사 개입을 정당화하는 근거 중 하나로 탈레반 정권 아래에서 고통받는 아프가니스탄 여성들을 구하는 것임을 강조했다. 이처럼 아프가니스탄에서 여성 문제에 대한 개혁은 영국, 소련, 러시아 등 주로 외세에 의해 이루어졌는데, 한편으로는 강대국의 아프가니스탄 침략 과정에서 정당화의 도구로 활용된 측면도 있다.

이에 대한 반작용으로 아프가니스탄 내부의 무슬림 반군 세력은 여성의 권리를 위한 그동안의 개혁을 외세의 부당한 개입의 상징처럼 여겼다. 이는 탈레반이 여성의 권리 신장을 위한 개혁에 거부감을 표현하는 근거가 되기도 했다. 이러한 상황에서 개혁 세력이 추진한 여성 정책은 종교 세력과 지방 세력의 반대로 모두 실패했다. 구체적인 실패 원인으로는 아프가니스탄 지역 사회, 특히 파슈툰 거주 지역에서 깊이 자리 잡은 가부장적 문화로 인한 개혁에 대한 저항 의식, 취약한 중앙정부, 그리고 도시와 지방 간의 갈등 및 구조적 균열이 주요 요인으로 지목되고 있다. 여성문제에 관한 개혁 정책의 실패는 아프가니스탄인을 다른 곳으로 이동하도록 밀어내는 중요한 요인 중 하나가 되었다.

그런데 아프가니스탄 난민 여성을 다룬 기존의 연구들은 아프가니스탄 난민 여성을 대체로 억압받는 수동적 존재로 여기고 있으며, 탈레반 1기, 2기 정권 아래에서 이들이 얼마나 고통받고 있는지를 드러내는 것이 주를 이루었다. 물론 아프가니스탄 여성이 탈레반 정권하에서 많은 제약을 받았으며, 현재에도 고난을 당하고 있는 것은 명백한 현실이다. 무자헤딘과 탈레반의 1차 집권 당시 여성들의 권리는 현저하게 침해당했다. 1992년 무자헤딘이 카불을 점령하고, 아프가니스탄을 이슬람 국가(1992년~1996년)로 선포한 후, 이슬람을 통치 이념으로 내세우며 여성에 대한 차별 정책을 시행했다. 여성의 취업은 금지되었고 교육의 기회도 박탈당했다.

2021년 미군이 철수하고, 탈레반이 귀환하자 아프가니스탄 여성 문제가 다시 주목받고 있다. 국제사회 내에서 정상 국가를 추구하고 있는 탈레반이 과거와는 달라진 메시지를 내놓았지만, 현재 카불 거리에서 여성들은 부르카를 착용하지 않고 외출했다는 죄목으로 구타당하고 있다. 국제인권감시기구(Human Right Watch)의 2021년 11월 1일자 보고서에 의하면, 아프가니스탄 내 여학교의 대부분은 폐쇄되었고, 여성들 대부분은 일자리를 잃었다. 대학교를 비롯한 많은 교육기관에서 여성 교사는 해고되었고, 여성들의 스포츠도 금지되었다(구기연, 2022b: 88). 실제로 타지키스탄에서 인터뷰를 수행했던 17가정 중 대부분의 어머니들은 문해력을 갖고 있지 못했다. 반면 딸들은 전부가 다리어를 읽고 쓸 줄 알았다. 이는 2001년 미국의 영향에 있었던 수도 카불에서는 그 이전 시대와 달리 여성들이 교육받을 기회를 더 많이 가질 수 있었기 때문인 것으로 보인다. 이처럼 아프가니스탄 난민 여성은 난민이라는 취약성, 여성이라는 약자성, 거기에 무슬림 여성으로서의 제약 등 삼중적인 약자성을 갖고 있다.

그러나 이 글에서는 단지 수동적으로 억압당하는 존재로서만이 아니라, 자신의 주체성을 드러내는 존재로서의 아프가니스탄 난민 여성을 살펴보고자 한다. 아프가니스탄을 떠나 타지키스탄에 도착한 아프가니스탄 난민 여성들은 무엇보다 안전하게 길거리를 다닐 수 있다. 아울러 이들이 타지키스탄에 도착한 이후 겪게 되는 상황적 변화는 타지키스탄에서 대체로 생계를 위해 생활전선에 뛰어들어야 한다는 점이다.

이때 타지키스탄에서 여성들의 취업을 위해 운용되는 프로그램이 도움이 되기도 한다. 타지키스탄에서는 아프가니스탄 난민 여성들을 위한 직업교육이 국제기구 차원에서 제공되고 있다. 이는 아프가니스탄 난민 여성만을 위한 프로그램은 아니고, 타지키스탄의 저소득층 여성들을 대상으로 하는 프로그램이지만, 아프가니스탄 여성들이 다수 포함되어 있다. 2025년 4월 25일에 여성 56명이 교육 프로그램을 이수했는데, 이 중 아프가니스탄 난민 여성 13명이 포함되어 있었다. 교육 과정에는 그래픽 디자인, 직조 방식, 봉제 기술 등이 주를 이루고 있다(JICA, 2023).

인터뷰를 통해 확인한 것은 타지키스탄에서 아프가니스탄 여성이 주로 일하는 곳은 봉제 공장, 뷰티 살롱, 음식점, 슈퍼마켓 등이었다.[23] 때로는 집

23 남성들은 자동차 정비, 건설 현장, 자영업(식당이나 키오스크) 등의 일을 했다.

안에서 아이를 돌보며 부업의 형태로 아프가니스탄 전통의상을 만들어 제3국으로 떠나는 여성에게 판매하는 여성을 비롯하여, 재봉을 통해 수입을 올리는 기혼 여성들이 다수 있었다.[24]

학교에 다녀야 하는 나이의 청소년들은 대체로 타지키스탄의 정규 학교에서 수학하지 않는 경우가 다수였으며, 학원에서 영어를 배우면서, 봉제 기술과 미용 기술들을 배우고 있었다. 성인 여성들의 경우는 봉제 공장에 취업하여 일하는 여성들도 다수 있었다. RTP의 네 딸은 22, 20, 18, 15세인데 모두 봉제 공장에서 일하고 있었다(2024년 여름 기준). 이들이 다니고 있는 공장은 두니요이 나브(Дунёи Нав, 새로운 세계)라는 이름의 공장인데, 이곳은 주로 러시아에서 군복을 주문받아 제작하여 러시아로 보내는 곳이었다. 이곳에서는 주간 조와 야간 조로 근무조가 나눠서 운영되고 있는데, 주간 조는 7시~2시, 야간 조는 2시~9시까지 일을 하고, 한 주씩 교대로 주야간 근무를 한다.[25] 아프가니스탄 여성들과 타지키스탄 여성들이 함께 일하고 있는데, 약 200명 정도의 직원이 있다. 월급은 약 1,500소모니(12만원)이다.[26]

또한 난민 여성 중 미용사로 일하는 경우들도 있다. 3년 4개월 전에 타지키스탄으로 가족 전부가 이주해 온 PRD의 가족은 관광비자로 입국한 후 난민증을 받았으며, 아버지는 아프가니스탄에서 자동차 정비사로 일했는데, 타지키스탄에서도 동일한 일을 하고 있다. 그런데 이들의 첫째 딸인 SS는 타지키스탄의 미용실 주인에게 20일 동안 미용기술을 배우는데 800소모니(약 65달러)를 지불하고 기술을 배워 미용실을 임대하여(월 2,100소모니 지불) 미용사

24 SJ 인터뷰, 2024. 7. 13. 바흐다트.

25 RTP, MDN, BSR 인터뷰, 2024. 7. 18. 두샨베.

26 1,500소모니 중 500소모니는 교통비로 나가고, 500소모니는 점심값으로 지출되고 나면 500소모니를 벌 수 있다고 이야기한다. 그런데 힐튼 호텔에서 인턴으로 일한 적이 있는데, 힐튼 호텔에서는 월급을 500소모니 밖에 주지 않아서, 교통비 외에는 아무것도 남는 것이 없어서 단기간만 일했다는 경험을 이야기하기도 한다. 글로벌 기업들의 고용의 다층적인 단면을 엿볼 수 있었다. SN 인터뷰, 2024. 7. 13. 바흐다트.

로 일하고 있다.[27] 또한 미용실을 임대할 경비가 없는 DAN의 경우와 같이, 집에서 미용일을 하는 여성들도 있다.[28] 미용일 중 중요한 부분은 네일아트이다. 17세인 MLRI의 경우도 인터뷰 당시 네일아트를 배우고 있었다.[29] 그런데 타지키스탄의 경우, 구매력은 세계 222개국 중 181위(2023년 기준)에 해당하며, 1인당 GDP가 1,276달러(2024 기준)밖에 되지 않는 가난한 나라이다(International Monetary Fund, 2024). 이러한 점으로 볼 때, 다수의 아프가니스탄 난민 여성들이 네일아트 기술을 습득하는 것도 경유지인 타지키스탄에서의 경제활동 자체보다 최종 정착지로 여기고 있는 캐나다에서의 경제활동을 염두에 두고 있는 것으로 보인다.

한편, 타지키스탄 현지인들이 아프가니스탄 난민들에 대해 어떤 이미지를 갖고 있는지에 대해, 타지키스탄 NGO 대표인 E를 통해 알 수 있었다. 그는 길에서 책이 들어 있는 가방을 들고 자신감 있는 걸음걸이로 걷고 있는 젊은 여성들 대부분은 아프가니스탄 난민 여성이라고 단언하고 있다. 타지키스탄의 젊은 여성과 비교할 때 아프가니스탄 난민 여성들이 배움에 대한 열망이 훨씬 높다고 그는 평가하고 있다.[30] 이들은 아프가니스탄에서는 사회적으로 많은 제약이 있었지만, 타지키스탄에서는 제약이 거의 없고, 캐나다로 이주할 것이라는 희망 속에서 적극적으로 영어를 배우고, 기술을 습득하면서 이주를 준비하고 있다. 오히려 남성 청소년이 길거리에서 시비가 붙어 싸우게 되면 바로 아프가니스탄으로 추방당하는 사례들로 인해 주눅 들어 있었다. 이처럼 여성의 자유로운 활동은 남성 사이에서 가급적 외출을 삼가는 분위기가 형성되어 있는 것과는 대비된다.

여성의 사회 활동이 가능해진 것의 결과 중 하나로는 철저한 가부장적

---

27 PRD & SS 인터뷰, 2024. 7. 13. 바흐다트.

28 DAN 인터뷰, 2024. 7. 16. 루다키.

29 MLRI 인터뷰, 2024. 7. 16. 두샨베.

30 난민 지원 활동가 E 인터뷰, 2024. 7. 14. 두샨베.

인 가족 문화가 느슨해지는 것이다. 여성의 독자적인 생계유지가 어려웠던 아프가니스탄에서는 남성 가장이 권리를 누릴 뿐 아니라, 가족을 책임지는 견고한 의무감을 가지고 있었다. 그런데 이와는 달리 여성도 생계를 유지하는 것이 가능한 타지키스탄으로 이주한 이후에는 가족을 모두 버리고 타지로 떠나버리는 무책임한 남성도 발생하는 사례를 통해 젠더 역할의 변화를 짐작할 수 있다.

구체적인 예로 2020년에 타지키스탄으로 온 JMR(50세)의 둘째 딸인 MRS(29세)는 10, 9, 5, 3세인 2남 2녀 네 아이를 키우고 있다. 그녀의 남편은 모스크바에 가서 돈을 벌어오겠다고 떠난 후 연락이 두절되었다. 들려오는 소문으로는 그가 독일로 이주했다는 이야기가 있다고 한다. MRS는 2024년 여름 당시 미용사로 일하고 있었으며, 이 가정은 캐나다 이주를 준비 중인데, 캐나다의 스폰서쉽을 구했다. 캐나다 교회들이 32,000달러의 예치금을 준비해 주었다. 당시 면접을 앞두고 있었다.[31]

이와 유사한 사례로 온 가족이 2019년에 타지키스탄으로 이주한 HRD(37세)의 경우를 들 수 있다. HRD는 8명의 자녀가 있는데, 타지키스탄으로 온 직후 그녀의 남편이 타지키스탄 여성과 바람이 나서 함께 독일로 이주해 버렸다. 5년 동안 남편으로부터 연락조차 없으며, 남겨진 가족은 생계의 어려움을 겪고 있다. 그녀의 두 딸, 19세의 MSTB와 18세의 MDH는 식당 주방에서 일하고 있었다. 이들은 인터뷰 당시에도 손과 팔에 자상과 화상을 입고 있었다.[32] 매우 비극적인 상황에 놓여 있지만, 그리고 비록 타의에 의해서이지만, 타지키스탄에서 아프가니스탄 여성은 자립의 기회들을 얻을 수 있게 되었으며, 가부장적인 의무를 벗어던지는 남성의 사례를 발견할 수 있었다.

그런데 딸들이 학교에서 교육을 받는 것이 아니라, 생활전선에 뛰어들어야 하는 상황에 대해 몹시 안타까워하는 아버지도 있었다. DBT는 하자르인

31 JML, MRS 인터뷰, 2024. 7. 15. 바흐다트.

32 HRD, MSTB, MDH 인터뷰, 2024. 7. 17. 루다키.

이라는 이유로 파슈툰인인 탈레반들에게 동족들이 학살당하는 경험과 개인적 차별의 경험으로 인해 타지키스탄으로 왔다. 그는 왜 내 딸들이 한참 공부해야 할 나이에, 이렇게 돈 벌러 다녀야 하냐고 안타까워하며 반문했다. 이처럼 여성들의 경제 활동에는 동전의 양면과 같이 긍정적인 측면과 부정적인 측면이 동시에 존재하고 있었다.

타지키스탄에서 아프가니스탄 난민 여성은 다양한 어려움에 직면하고 있음에도 불구하고, 대체로 여성들 자신은 미래를 계획하며 희망에 차 있었다. 캐나다에 가면 공부를 할 수 있을 것이며, 주로 파일럿, 기업가, 의사가 될 수 있을 것이라고 기대하고 있었다. 조혼 풍습이 있는 아프가니스탄 분위기 속에서 25세의 NJY는 결혼은 생각도 없으며, 기업가가 되겠다는 비전을 이야기했다. 그녀의 어머니 NRY는 아프가니스탄에 거주할 당시에는 전혀 생각하지 못했던 일이지만, 타지키스탄으로 이주한 이후 딸이 의사가 되기를 바라는 마음을 가지게 되었다고 표현하기도 한다.[33]

한편으로 PRB는 나와 내 가족들이 이란에서 아프가니스탄으로, 아프가니스탄에서 타지키스탄으로 이동하면서 많은 고통을 받았으며, 그렇기 때문에 어려움에 처한 다른 사람을 돕는 인권운동가가 될 것이며, 직업으로는 의사가 되어 이런 일들을 할 것이라고 자신의 꿈을 이야기했다. PRB의 여동생 NJT(26세)는 지금은 RCVC(Refugees, Children and Vulnerable Citizens)에서 미용과 재봉기술을 배우고 있지만[34], 요리사가 되고 싶다고 했으며, MTR(21세)는 저널리스트가 되고 싶다고 자신들의 희망사항을 이야기했다.[35] 또한 기독

---

33 NRY 인터뷰, 2024. 7. 15. 바흐다트

34 Refugees, Children and Vulnerable Citizens (RCVC)는 타지키스탄에서 1996년 1월 2일에 만들어진 비영리기구로서, UN과 세계 여러 국가가 지원하고 있다. 타지키스탄 법무부에 등록되어 있는 기구이며, 난민, 고아, 장애인 등 취약계층에게 물질적 지원, 교육, 보건 등의 도움을 주고 있다. 주로 기술교육을 제공하고 있는데, 두샨베와 바흐다트에서 컴퓨터 센터를 운영하고 있기도 하다. 바흐다트에서는 사회 센터와 청소년 센터를 운영하고 있다. 아프가니스탄 난민 여성들은 주로 이곳에서 미용과 재봉 기술을 배우고 있다.

35 그런가 하면, 아버지의 자동차 정비 일을 도와주고 있는 남자 형제인 MHD(16세)는 택시 운

교 선교사가 되고 싶고, 이를 위해 한국의 신학교로 진학하겠다는 꿈을 가지고 열심히 세종학당에서 한글을 배우고 있는 SID와 같은 여성도 있었다.[36]

경제적인 측면 외에도, 난민들을 돕는 타지키스탄 현지인인 활동가 D는 매주 금요일은 남자 축구 캠프를 운영하고 있으며, 토요일에는 여자 축구, 일요일에는 남, 여 모두를 위한 배구 캠프를 운영하고 있다. D는 일생 동안 바깥에서 스포츠를 해 본 적이 없는 아프가니스탄 여성들, 특히 어머니들이 감격하면서, 너무 즐거워하는 모습을 보며 보람을 느낀다고 전하고 있다.[37] 정규 학교 교육을 받는 비율이 매우 낮은 아프가니스탄 난민 청소년이 야외 활동을 할 수 있는 기회를 제공하는 이러한 스포츠 캠프 운영은 매우 의미 있는 지원 활동이었다. 이처럼 아프가니스탄 난민 여성은 단지 여성이라는 이유로 겪었던 다양한 한계들을 이동 과정에서 뛰어 넘는 변화를 보이고 있다.

한편 타지키스탄은 이란, 파키스탄과 동일한 무슬림 국가이지만, 과거 70년 정도를 공식적으로 무신론을 표방했던 소련의 구성 공화국이었던 역사적 경험으로 인해 상대적으로 유연한 이슬람 문화를 갖고 있기도 하다. 이러한 종교문화는 아프가니스탄을 출발하여 타지키스탄에 도착한 아프가니스탄 난민 여성의 삶에도 영향을 미쳤다. 예를 들어 2024년 7월에 방문했던 아프가니스탄 난민 가정의 여성(어머니와 딸) 중 아프가니스탄에서 이주한 기간이 짧은 이들은 집안에서 히잡을 쓰고 있는 경우가 있었으나(No.12 가정), 타지키스탄 거주 기간이 긴 가정일수록 여성들이 히잡을 쓰지 않고 있는 사례가 많았다.

2. 이동 과정에서 나타난 종교 정체성의 변화

타지키스탄에 거주하고 있는 아프가니스탄 난민의 경우 현재는 거의 대부분

전수가 되고 싶다고 말했다. PRB(27세), NJT(26세), MTR(21세), MHD(16세) 인터뷰, 2024. 7. 17. 루다키.

36 SID 인터뷰. 2024. 7. 16. 루다키.

37 난민지원 활동가 D 인터뷰. 2024. 7. 13-18. 두샨베, 바흐다트.

이 타지키스탄을 경유지로 삼아 캐나다로 이주하기를 원하고 있었다. 2015년 시리아 난민이 대규모로 발생하기 이전에는 아프가니스탄 난민은 독일 등 유럽으로 이주할 기회를 가질 수 있었다. 이는 인터뷰 대상자들의 가족이 유럽에 거주하는 경우들이 적지 않은 것을 통해 확인할 수 있었다. 그러나 유럽으로 가는 것은 점점 어려워졌다. 2024년 여름 기준, 아프가니스탄 난민들은 캐나다가 재정착 가능성이 높은 나라라고 여겼다.

타지키스탄에 거주하는 아프가니스탄 난민과, 이들을 돕고 있는 NGO 활동가과 타지키스탄 UNHCR 근무자과 내무부 난민 담당관의 구술 내용을 종합해 보면, 아프가니스탄 난민 가구가 캐나다로 이주하는 과정은 총 4단계로 진행된다. 그 첫 단계로는 캐나다 내부에 스폰서쉽을 제공할 대상이 있어야 한다. 이는 대체로 캐나다 교회가 담당하고 있는데, 아프가니스탄 난민 한 가구당 32,000달러의 보증금이 든 재정보증 예치금을 확보해야 한다. 이 과정을 통과하면 다음 과정은 캐나다에서 담당자를 파견하여 아프가니스탄 난민과 인터뷰를 시행한다. 담당자는 주로 IOM에 근무하는 사람이다. 이 인터뷰에 통과하면, 캐나다에서 지정한 병원에서 건강검진을 받아야 한다. 건강상의 이상이 없다는 증명을 받게 되면, 캐나다로부터 항공권을 받게 된다. 이러한 과정을 거쳐서 캐나다로 이주하게 된다.

이러한 캐나다로의 재이주를 준비하는 과정에서 무슬림 정체성을 고수하는 것보다는 기독교로 개종하는 것이 훨씬 더 유리하게 작용한다. 인터뷰를 진행했던 17가정 중 첫 방문지인 가정에 들어섰을 때, 통성명을 하기도 전에 그 가정의 가장인 아버지와 아들은 기타를 들고 찬송가를 부르기 시작했다. 그제야 그곳이 아프가니스탄 난민들이 모여서 예배를 드리는 가정교회 장소인 것을 알게 되었다. 첫 인터뷰 대상이었던 NJBL는 서로 이름을 이야기하자마자 길게 자신이 어떻게 기독교로 개종하게 되었는지에 대해 상세하게 설명했다.[38] 종교와 관련된 이야기만이 아니라, 다른 개인적인 이야기도 듣고 싶

38 NJBL 인터뷰, 2024. 7. 13. 바흐다트

다고 한 이후에야 다양한 주제로 대화를 나눌 수 있었다.

물론 아프가니스탄 난민 중에는 무슬림 정체성을 유지하고 있는 경우들도 있는데 대체로 SH처럼 타지키스탄으로 이주한 시간이 길지 않은 경우들이었다. 유독 이 가정에서만, 어린 딸들이 히잡을 착용하고 있었다. 이 가정을 제외한 다른 가정에서는 나이 든 여성들은 히잡을 착용하고 있는 경우들이 있지만, 젊은 여성들, 청소년들은 히잡을 쓰지 않는 경우가 많았다. 이미 가족 전부가 기독교로 개종한 경우에는 가정 내 여성들 모두가 히잡을 착용하지 않았다.

그림 2 정부발행 붉은색 난민증

인터뷰에 응했던 17가정 중 16가정이 타지키스탄 정부가 발급한 붉은색 난민증(Red card)을 소지하고 있는 것과 달리 OSP의 가정은 UNHCR에서 발급한 흰색 난민증(White card)을 소유하고 있다. 타지키스탄 정부가 발행한 붉은색 난민증을 소유하고 있는 경우는 수도인 두샨베에 거주할 수 없고, 두샨베 근교 도시인 루다키와 바흐다트에만 거주할 수 있는 반면, UNHCR에서 발급한 흰색 난민증을 소유하면 두샨베에 거주할 수 있다. 2000년부터 타지키스탄 정부는 난민을 수도에 거주할 수 없도록 난민의 이동 및 거주에 대한 엄격한 제한을 가하는 규정을 시행했다. 이로 인해 2000년 이후에 도착한 모든 난민과 망명 신청자는 수도 두샨베를 포함한 타지키스탄의 주요 도시에서 거주할 수 없게 되었다.

이러한 정책으로 인해 타지키스탄으로 들어온 아프가니스탄 난민 중 다수는 두샨베에서 약 15㎞ 정도 떨어진 곳에 위치한 바흐다트에 수용되었다(정세진, 2023). 바흐다트에 난민을 수용한 이유에 대해 두샨베에서 26년 동안 교육 및 도시 재건 분야에서 NGO 활동을 지속해 온 A씨는 1992~1997년까지 벌어졌던 타지키스탄 내전 당시, 바흐다트는 반군들의 활동 거점지역이었기 때문에, 내전이 종식된 이후 특히 바흐다트에 공권력이 많이 배치되어 정부가 강력하게 통제하는 지역이 되었다고 설명했다. 이처럼 타지키스탄 정부가 통제하기 수월한 지역이 되었기 때문에 바흐다트를 아프가니스탄 난민이 거주할 수 있는 지역으로 허가했다는 것이다.[39]

이러한 타지키스탄 정부의 난민 거주 제한 정책에 대해 UNHCR은 난민이 도시와 마을을 포함하여 선택한 장소에서 살 권리를 보장하고 있는 1951년에 체결된 유엔 난민협약과 UNHCR의 도시 난민 정책과 직접적으로 모순되는, 수정되어야만 할 정책으로 여기고 있다((Rosi, Formisano, Jandrijasevic, 2011: 1-2). 이 규정으로 인해 UNHCR의 활동에 어려움을 겪고 있다고 보고서에 명시하고 있다.

이러한 이유로 인터뷰를 수행했던 17가정 중 흰색 난민증을 소유한 OSP 가족만 두샨베 시내에 거주하고 있었다. 그러나 이들이 거주하고 있는 곳은 두샨베 산동네 꼭대기에 매우 열악한 주거 공간이었다. 이 집은 임대료가 바흐다트의 일반적인 난민들이 거주하는 곳보다 더 저렴했다. 이 집을 방문하기 전에는 수도인 두샨베에 위치한 집 임대료가 더 낮다는 사실이 의아했지만, OSP의 집에 도착했을 때, 바로 이해할 수 있을 만큼 주거환경은 좋지 않았다.

또한 정부가 발급한 붉은색 난민증을 보유하면 취업이 가능한 것과 달리, UNHCR이 발급한 흰색 난민증만 가진 난민은 취업을 할 수 없다.[40] 이러한 이유로 초기에는 유럽으로 이주하는데 유리한 흰색 난민증을 발급받은 사람들도 있었지만, 지금은 소수에 불과하다.[41] 흰색 난민증의 경우는 연장을

---

39 난민 지원 활동가 A 인터뷰, 2024. 7. 15. 두샨베.

40 드물게 흰색 난민증을 소유하고 있는 OSP의 경우 노동이 금지되어 있으나, 불법으로 용접공으로 일하고 있다. OSP 인터뷰, 2024. 7. 16. 두샨베.

41 초기에는 흰색 난민증을 가진 사람들을 우선적으로 내보냈다. 8년 전 부모님과 남동생, 여동

위한 별도의 비용을 지불하지 않아도 되지만, 붉은색 난민증의 경우, 처음 발급받는 비용도 높지만(약 350달러), 3년이 지나면 1년에 한 번씩 연장하는 비용을 지불해야 한다. 타지키스탄 내무부의 난민 담당 관리의 설명에 의하면, 연장할 때 국가에서 책정한 공식 비용은 약 10달러 정도(72소모니)이다.[42] 그러나 인터뷰에서 만났던 난민들은 이구동성으로 1인당 100불씩을 지불해야 한다고 말한다. 몇몇 가정에서는 비용 부담 때문에, 일하러 나가는 사람만 난민증을 유지하고, 나머지 가족들은 난민증 없이 거주하기도 한다.[43]

그런데 두샨베 산동네에 거주하고 있었던 OSP의 경우 UNHCR에서 발급하는 난민증을 받을 수 있었던 이유는 종교적인 박해를 받은 것을 UNHCR로부터 인정받았기 때문으로 여겨진다. 기독교인이라는 이유로 탈레반이 남동생을 살해하자, OSP의 일가족 총 19명이 모두 2011년에 타지키스탄으로 이주했다. OSP는 남동생이 기독교인이었기 때문에 탈레반이 죽였다는 사실을 아프가니스탄에서는 아내에게 숨겼다. 타지키스탄에 도착할 때까지 HSY는 남편이 기독교인이라는 것을 알지 못했다. 다만 남편인 OSP가 이슬람식 기도와 예배를 하지 않는다는 것은 알았지만, 열정이 없는 무슬림이라고만 생각했다. 결혼 전에 독실한 무슬림 가정에서 자란 그녀는 타지키스탄으로 이주할 때도 단지 외국으로 가서 산다는 것이 매우 신났다고 회고한다. 그녀는 타지키스탄에 도착한 이후에야 왜 가족 모두가 아프가니스탄을 떠나왔는지를 알 수 있었으며, 자신이 난민이 되었다는 점을 알고는 기가 막혔다고 표현했다.

그러나 타지키스탄에서 그녀는 남편의 종교를 받아들였으며, 큰 딸인

생 가족 8명이 튀르키예를 통해 독일로 건너가 독일에서 거주하고 있다. 남아 있던 형과 남동생의 가족은 재작년에 캐나다로 갔으며, 이제 마지막으로 OSP의 가족이 캐나다로 떠날 채비를 하고 있다.

42 이스맛 조다 팟히진, 다밧 조다 사이드 인터뷰, 2024. 7. 18. 두샨베.

43 대표적인 가정이 두샨베 근교인 루다키에 거주하고 있는 AMN(42세)의 가족이었다. 가족 구성원 중 일자리가 있는 어머니와 큰 딸과 둘째 딸만 난민증을 소유하고, 세종학당에서 언어를 배우고 있는 막내 딸 SID의 경우 연장 비용의 부담으로 인해 난민증을 소유하지 않았다. AMN 가족 인터뷰, 2024. 7. 16. 루다키.

MLRI도 미국인 선교사에게 교육을 받았다. 2024년 7월 당시에는 가족 모두가 캐나다로부터 이주 허가를 취득하여 캐나다로 떠날 준비를 하고 있었다. 이란에서 출생하여 이란에서 자라고 이란에서 기독교로 개종한 남편 OSP의 경우는 아프가니스탄에 거주할 때도 이미 기독교인이었기에, 단지 종교적 박해가 이동의 원인이 되었지만, 종교적 정체성이 변한 것은 아니었다. 그러나 타지키스탄에서 기독교를 수용한 그의 아내와 아이들은 이동으로 인해 종교 정체성의 변화를 겪게 된 것이다.[44]

경유지인 타지키스탄에서 종교 정체성 변화를 가장 선명하게 보여준 사례는 DBT(48세)였다. 하자라인인 그는 아프가니스탄에서 시아파라는 소수 종파의 소수 민족으로서 특별히 고초를 겪었다. 그는 해발 약 2,200미터의 고원지대인 가즈니 지역이 고향이며, 그곳에서 살고 있었는데, 카르자이 당시 대통령이 집권하면서, 카불에서도 민족 차별 없이 일하면서 자유롭게 살 수 있다고 약속한 것을 믿고 카불로 이주했다. 그러나 카불에서 모스크를 가는 것도 어려움이 있었고, 병원을 가는 것과 같은 일상 생활에서도 차별과 어려움을 겪었다. 집 가까운 학교로 아이들을 전학시키려 했으나, 자리가 없으니 기다리라고 하면서 받아주지 않았다. 무엇보다 이웃의 딸이 살해당했고, 카불의 하자라인 아이들이 공부하는 곳을 탈레반이 공격하여 아이들 80여 명이 학살당하는 사건을 겪으면서, 아프가니스탄에서는 좋은 것이 하나도 없고, 희망이 없다는 생각으로 2018년 10월 타지키스탄으로 왔다.

처음 1년은 일자리가 없어서 아프가니스탄의 집을 판 돈으로 생계를 유지했으며, 이후에는 택시 운전수로 일하다가, 지금은 건물을 짓는 건설 현장에서 목공으로 일하고 있다. 그는 타지키스탄이 너무 일자리가 없어서 1달에 15일 정도만 일할 수 있는데, 교통비와 집세로 1,500소모니가 들어서 생계유

44 OSP는 이주노동자로 이란으로 갔던 아버지로 인해 이란에서 출생하고 자랐다. 이란에서 기독교인으로 사는 것에 어려움을 겪게 되어 아프가니스탄으로 갔으며, 그곳에서 6년을 거주하고 결혼을 했다. OSP, HSY, MLRI 인터뷰, 2024. 7. 16. 두산베.

지에 어려움이 있어서 다른 나라로 가기를 원한다고 이야기했다. 결정적으로 그는 타지키스탄으로 온 지 2년 후인 4년 전에 기독교로 개종했다.[45]

또한 다수가 캐나다로 향하는 흐름과는 달리 한국의 종교 NGO와 연결되어 한국으로 입국하는 사례들도 있다. AMN 가정의 장자인 S의 경우, 현재 한국의 백석대학교에서 수학하고 있다. 그의 여동생 SID도 유사한 경로로 한국으로 입국하기 위해 세종학당에서 한글을 배우면서 준비 중이었다. SID는 한국의 백석대학교에서 공부할 것이며, 그 이후 선교사가 될 것이라고 확신에 찬 어조로 강조했다. 그녀는 현재 타지키스탄에서 여러 아프가니스탄 난민 가정을 교회로 인도했다고 자랑스럽게 이야기했다.[46]

한편 공교육 기관에서 이슬람 종교 정체성이 약화되는 사례도 관찰할 수 있었다. 두샨베 시내 아프가니스탄 대사관 내부에는 아프가니스탄 난민들을 위한 교육기관인 소모니언 스쿨(Somoniyon School)이 있다. 2024년 7월 당시 아프가니스탄 대사관은 탈레반 정부의 인가를 받지 못하고 있었다. 탈레반 재집권 이전에는 소모니언 스쿨의 졸업장이 정식으로 인정되었으나, 현재는 공식적으로 학력을 인정받기는 어렵다. 그러나 대부분 서구 국가는 관행적으로 소모니언 스쿨의 학력을 인정해 주고 있다고 노지야 교장은 설명한다.[47]

소모니언 스쿨은 타지키스탄에서 유일하게 아프가니스탄의 커리큘럼을 다리어로 가르치는 학교였으며, 아프가니스탄 붕괴 이후 아프가니스탄 정부로부터 기금이 끊어져서 폐교 위기에 처했었다(U.S. Embassy in Tajikistan, 2021). 이에 2021년 11월부터 미국의 NGO 단체인 '미국의 정신(Spirit of America)'이 주타지키스탄 미국 대사관과의 협업을 통해 소모니언 스쿨을 재정적으로 지원했다(Spirit of America, 2021). 2021-2022학년도 임대료, 교통, 인터넷 등 긴급 지원으로 83,000달러를 제공했다. 이러한 지원은 2023년까지

45 DBT 인터뷰, 2024. 7. 16. 바흐다트.

46 SID 인터뷰, 2024. 7. 16. 루다키.

47 노지야 인터뷰, 2024. 7. 15. 두샨베.

지속되었다.[48]

그러나 2024년 7월 인터뷰를 위해 대사관을 방문했을 당시에는 학교 건물 임대료를 감당할 수 없어서 대사관 안으로 학교를 이전했다고 노지야는 설명했다. 노지야는 탈레반 재집권 이전에는 학교의 커리큘럼에 이슬람에 대해 배우는 교육 시간이 있었지만, 탈레반 재집권 이후에는 커리큘럼에 더 이상 이슬람 교육을 포함하지 않는다고 말했다.[49] 탈레반 집권 이전에는 아프가니스탄 정부로부터 운영 자금들을 받았으나, 탈레반은 이 학교를 인정하지 않으며, 오히려 교사들에게 위협을 가하고 있다. 학교의 운영조차 미국 NGO의 도움의 손길에 의지해야 하는 상황에서 이슬람 교육이 무의미하다고 판단한 것으로 보인다. 이처럼 타지키스탄에서 학교 교육 과정에서도 종교 정체성의 변화가 나타나고 있다.

또 하나 난민들의 이동에 영향을 미치는 종교는 이스마일파였다. 이스마일파는 이슬람 시아파의 한 분파로 7대 이맘인 자으파르 알사디크의 아들 이스마일을 중심으로 형성된 분파이며, 시아파에서 두 번째로 큰 규모이다. 이스마일파 내의 니자리파의 지도자가 아가 칸이다. 전 세계에 이스마일파 공동체를 유지하고 있으며, 아가 칸 4세는 1957년에 할아버지인 아가 칸 3세의 뒤를 이어 이스마일파의 49대 이맘으로 추대되었다. 1967년에 만들어진 아가 칸 개발 네트워크(the Aga Khan Development Network (AKDN))는 교육, 의료, 문화 보존, 경제 개발 등을 목표로 하는 세계 최대 민간 개발 조직 중 하나이다. 이 네트워크는 세계 여러 나라에서 학교, 병원, 문화재 보존, 기후 변화 대응 등의 프로젝트를 운영하고 있다.[50] 아가 칸 4세는 1983년에 아가 칸 대학

48 2021년 4월에 '미국의 정신(Spirit of America)' 기구가 2023년까지 학교 임대료를 지원하겠다는 약속을 했으므로, 2023년까지 지원이 지속된 것으로 짐작된다.

49 노지야 인터뷰, 2024. 07. 15. 두샨베.

50 AKDN은 캐나다, 미국, 프랑스, 포르투갈, 스위스, 영국, 케냐, 마다가스카르, 모잠비크, 르완다, 탄자니아, 우간다, 부키나 파소, 코테 디부아르, 말리, 세네갈, 이집트, 시리아, 아랍에밀레이트, 아프가니스탄, 카자흐스탄, 키르기스스탄, 타지키스탄, 방글라데시, 인도, 파키스탄, 말레이시

(AGA KHAN UNIVERSITY)과 같은 교육기관을 설립하기도 했다. 2000년에는 아가 칸 대학이 케냐, 탄자니아, 아프가니스탄, 영국 등으로 확장되었다. 아가 칸은 세계적으로 1,200만~1,500만 명의 신도들의 정신적 지도자로서 절대적인 권위를 갖고 있었다.[51]

아프가니스탄의 AKDN은 1996년 아프가니스탄 내전 중 식량 원조를 제공하며 아프가니스탄에서 활동을 시작했다. 2002년 이후 약 10억 달러 이상의 개발 지원을 했다. AKDN은 타지키스탄에서도 활발하게 활동하고 있다. 특히 파미르고원 지역에는 집집마다 아가 칸 4세의 사진이 걸려있다. 아가 칸 재단은 타지키스탄 내전 당시 고립되었던 파미르 사람들에게 헬기로 식량을 공급했다(정효정, 2015). 두샨베 시내에도 아가 칸 재단 건물이 있으며, 캐나다로 이주하기 원하는 SKL의 가정의 벽면에도 아가 칸 4세의 사진이 걸려있었다. SKL의 큰아들인 JKR는 두샨베 시내에 위치한 아가 칸 재단으로 영어를 배우러 다니고 있었다.[52] 아가 칸 재단은 1995년부터 2018년 사이에 10억 달러를 타지키스탄에 지원했으며, 연간 50만 명의 사람들이 아가 칸의 도움을 받고 있다. 아가 칸 재단

그림 3 SKL 집에 걸린 아가칸 4세 사진

아, 싱가포르에 조직되어 있다.

51 2012~2017년까지 이 박물관의 총책임자는 한인 2세 헨리 김 박사였다(정재호, 2017). 그는 현재 캐나다 역사 박물관의 관장으로 재직하고 있다(왕길환, 2021).

52 SKL & JKR 인터뷰, 2024. 7. 16, 바흐다트.

의 국제적 네트워크 역시 난민들에게 영향을 미치고 있다.

캐나다에서도 아가 칸 재단은 적지 않은 영향력을 갖고 있다. 캐나다의 아가 칸 재단은 1980년에 설립되었으며 토론토에서는 아가 칸 박물관을 운영하고 있다. 2014년에 설립된 이 박물관은 9세기부터 21세기까지의 고대 이슬람 문명의 필사본, 과학 도구, 그림, 도자기, 직물 등 1,200점 이상의 작품을 소장하고 있다. 박물관에서는 교육과 공연프로그램도 운영된다. 이처럼 캐나다로 이주하기를 원하는 아프가니스탄 난민들이 선택하는 또 하나의 종교는 이스마일파이다.

이와 같이 캐나다로의 이동을 원활하게 하는 수단으로서, 기독교와 이스마일파와 같은 종교가 활용되기도 한다. 기독교 또는 이스마일파를 받아들임으로써 다양한 기회를 획득할 가능성이 높아진다는 것을 인식한 아프가니스탄 난민들은 경유지 타지키스탄에서 자신들의 종교적 정체성을 변화시키기도 한다.

IV. 맺음말

아프가니스탄 난민의 이동 경로 중 하나는 타지키스탄을 경유지로 삼아 캐나다로 재정착하는 것이다. 점차 유럽으로 이주하는 길은 막혔지만, 캐나다로의 이주의 길은 2024년 여름 당시까진 여전히 매우 어렵지만, 열려 있었다. 독일이 소수를, 이란과 파키스탄은 대규모로 아프가니스탄 난민을 강제 추방하고 있지만, 타지키스탄은 아프가니스탄 난민에게 거의 100% 난민 신분을 부여하고 있으며, 합법적인 경유지로서 역할을 지속하고 있었다. 타지키스탄으로 들어오는 난민도 아프가니스탄 난민 외에는 거의 없으며, 타지키스탄이 경유지로서 커다란 매력이 있기 때문에 아프가니스탄으로 회귀를 원하지 않는, 제3국으로 재정착 난민의 길을 선택한 이들이 들어온 것이다. 물론 타지키스탄에 거주하는 아프가니스탄 난민 대다수가 원하는 정착지는 캐나다이다.

내무부 난민 담당 관리들과 UNHCR 대표가 단언한 것처럼 타지키스탄의 난민 인정률이 100%에 가까운 이유는 난민 대부분은 타지키스탄을 거쳐 제3국으로 가기 때문에, 타지키스탄으로서는 난민 체류가 사회적 부담이나 위협이 되지 않기 때문이다.[53]

무엇보다 젠더 문제는 아프가니스탄을 떠나는 결정적인 요인으로 작동했으며, 이동 과정에서 젠더 역할은 현저하게 변화하고 있다. 이 글에서는 타지키스탄에 거주하는 아프가니스탄 난민 여성들과의 구술 인터뷰를 통해 이러한 삶의 변화를 구체적으로 살펴보았다. 아프가니스탄 난민 여성들은 이주 자체를 스스로 선택하기 어렵다는 점에서 비록 제한적이지만, 타지키스탄에서 새로운 삶의 모습들을 만들어 가고 있다.

구체적으로는 미용 기술과 재봉 기술을 배우고, 영어, 한국어, 러시아어 등의 외국어를 배우고 있다. 그리고 가정에서 재봉 작업을 통해 경제 활동을 하기도 하고, 봉제 공장에서 일하거나, 미용실에서 일을 하고, 또 식당 주방에서 일을 하기도 한다. 이를 통해 아버지와 남편에게 의존하는 것만이 아닌, 자신의 노동력과 의지로 생존하고, 또 미래를 계획하는 아프가니스탄 난민 여성의 주체성을 확인할 수 있었다. 또한 배구, 축구 등의 스포츠 활동을 통해 새로운 사회적 관계를 형성하기도 한다. 이처럼 아프가니스탄과는 사회적 여건이 다른 경유지 타지키스탄에서 아프가니스탄 난민 여성은 생계를 위한 경제생활을 영위할 수 있으며 좀 더 주체적으로 미래를 꿈꿀 수 있게 되었다.

또한 아프가니스탄 난민의 경우 무슬림 정체성을 고수하는 것보다 기독교로 개종할 경우 캐나다로 이주하는 데 더 유리하기 때문에, 경유지 타지키스탄에서 종교 정체성의 변화가 일어나고 있다. 즉 모빌리티가 종교 정체성의 변화를 촉진한다고 평가할 수 있다. 기독교와 더불어 난민의 이동에 윤활유가 되어줄 수 있는 종교로는 이슬람의 한 분파인 이스마일파도 있다. 캐나다에서도 이스마일파의 수장인 아가 칸이 영향력을 갖고 있으며, 타지키스탄에서도

---

53 우즈베키스탄은 아프가니스탄 난민 유입으로 이슬람 극단주의가 유입되거나, 마약 유통 등 안전의 위협을 두려워하고 있다. 이반 달례예프 인터뷰, 2024. 7. 18. 두샨베.

이동을 위한 준비에 도움이 되고 있다.

이처럼 난민의 이동 경로와 환경은 비록 각 국가의 제도와 정책의 영향 아래 놓여 있지만, 난민은 단순히 수동적인 존재이기만 한 것은 아니다. 자신들이 원하는 장소로 이동하고 재정착하기 위해 주체적인 선택을 하는 존재이기도 하다. 이는 경유지에서의 젠더 역할의 변화와 종교 정체성의 변화를 통해 드러난다. 또한 이 연구에서 난민을 밀어내는 요인, 끌어당기는 요인만을 보는 것이 아니라 경유지에 주목함으로써 난민들의 모빌리티를 좀 더 다층적인 측면에서 살펴볼 수 있었다.

그런데 재정착지인 캐나다를 비롯한 제3국으로 재이주하는 문이 좁아지면서, 타지키스탄에서 새로운 현상이 나타나고 있다. 일례로 2025년 4월에 타지키스탄 정부는 아프가니스탄 난민들 약 50명을 아프가니스탄으로 강제 귀환시켰다. 추방된 사람 대부분은 두샨베에서 15km 떨어진 마을인 바흐다트에서 택시 운전사로 일하던 사람들이었으며, UNHCR이 발급한 흰색 난민증을 소유한 사람들이었다. 난민들은 타지키스탄 국가 보안부로 소환된 뒤 서류를 압수당한 후 차량 두 대에 실려 국경으로 이송된 것으로 알려졌다. 그런데 이때 본국으로 송환된 사람들은 모두 남성이었으며, 여성과 아이들은 타지키스탄에 남았다(Norov, 2025). 이는 경유국으로서의 입지가 좁아진 것과 더불어, 최근 러시아가 탈레반 정부를 인정하면서, 중앙아시아 국가들이 탈레반 정부와의 관계의 변화를 보인 것도 영향을 미친 듯하다.

또 다른 원인으로는 캐나다 연방 정부가 2023년 영주권자 수용 인원을 50만 명으로 늘리겠다고 발표했던 것에서 선회하여 2024년 10월에 영주권자 연간 유입 인구를 즉시 21%로 줄이겠다고 발표한 흐름과도 관련되는 것으로 보인다. 이는 2015년 이래 꾸준히 이민자 수를 늘려온 정부의 정책을 변화시킨 것이기도 하다(Canadian Council for Refugees, 2024). 이처럼 아프가니스탄 난민들이 캐나다로 들어가는 문이 좁아지면서, 경유지 타지키스탄에서의 난민이 처한 상황도 달라지고 있다. 향후 아프가니스탄 난민이 어떤 생존 전략을 선택하게 되는지 추이를 주목할 필요가 있다.

참고문헌

구기연. 2022. "국제 사회의 여성 인권 규범과 이슬람권 내 페미니즘의 흐름과 동향: 아프가니스탄과 이란 사례를 중심으로." 『아시아리뷰』, 12(1): 67-98.

구기연. 2018. "난민 이슈가 보여준 우리의 민낯: 한국의 이슬람 혐오와 난민 문제." 『창작과 비평』 46(3): 410-412.

구기연 · 백일순. 2023. "환대의 관점에서 본 한국 사회의 무슬림 난민: 예멘 난민과 아프간 특별기여자 사례 비교연구." 『공간과사회』, 33(3): 8-49.

권동석. 2022. "중앙아시아의 샛별 타지키스탄: 한 · 중앙아시아 협력 기반의 마지막 퍼즐이 맞춰지다." 『외교』 142: 95-110.

김성진. 2014. "중앙아시아 국가들의 국제이주: 현황과 요인." 『중소연구』, 37(4): 251-289.

김영진. 2013. "타지키스탄의 노동이주와 송금: 글로벌 금융위기의 영향." 『슬라브학보』, 28(4): 113-140.

무사 술타니. 2007. "탈레반 이후 아프가니스탄 여성 인권의 현황과 과제", 『젠더리뷰』 6: 67-71.

미미 셸러. 2019. 『모빌리티 정의: 왜 이동의 정치학인가?』, 최영석 옮김. 서울: 앨피.

박현도. 2021. "이슬람 근본주의와 탈레반." 『기독교사상』.

백승훈. 2023. "탈레반 재집권과 아프가니스탄 체제 변혁에 관한 소고." 『한국이슬람학회 논총』, 33(2): 75-104.

백일순. 2022. "이동통치의 관점에서 본 난민 담론의 형성과 변화-아프가니스탄 특별기여자에 관한 국내 신문 기사의 키워드를 중심으로-." 『문화역사지리』, 34(2): 151-169.

서경식. 2023. 『난민과 국민사이-재일조선인 서경식의 사유와 성찰』. 임성모, 이규수 옮김. 파주: 돌베개.

소윤정. 2022 "로잔운동이 바라본 2021년 아프가니스탄 사태와 무슬림 여성." 『선교와 신학』, 56: 239-273.

신양섭. 2000. "타직-아프간의 종교정책." 『중동연구』, 19(1): 211-245.

신지원. 2022. "미국의 아프간 특별이민비자 제도의 절차와 한계." 『담론 201』 25(2):

33-64.
심상민. 2021. "아프간인들은 어디로: 국제사회 고민으로 떠오른 아프간 난민 사태." 『월간 중앙』 10월호.
양혜원. 2021. "여성 인권으로서 평화권과 종교의 자유-이슬람과 여성에 대한 논의를 중심으로-." 『종교연구』, 81(3): 197-224.
엄익란. 2021. "미군 철수 후 탈레반의 아프가니스탄 점령과 아프간 여성의 미래 전망." 『중동연구』, 40(2): 85-116.
이수정. 2022. "한국 사회의 무슬림 이주 동의와 수용 -아프가니스탄 특별기여자 울산 교육현장 정착과정과 갈등." 『디아스포라연구』 16(1): 145-178.
이애리아. 1999. "중앙아시아 한인연구: 타지키스탄의 민족분쟁과 고려인." 『社會科學研究所研究叢書』 5: 83-94.
이채문. 2012. "타지키스탄 내전과 고려인 난민이주 및 정착-러시아 볼고그라드 지역을 중심으로-." 『한국시베리아연구』, 16(1): 147-183.
인남식. 2020. "미국-탈레반 평화 합의의 의미." 『IFANS FOCUS』 5.
인남식. 2021. "탈레반 집권 후 아프가니스탄 내외 역학관계." 『IFANS 주요국제문제분석』, 20.
인남식. 2021. "최근 아프가니스탄 내외 정체 추이 및 전망: 미군 철군과 탈레반 복귀 관련." 『IFANS FOCUS』.
정세정. 2019. "캐나다 난민 지원 정책의 동향과 시사점." 『국제사회보장리뷰』 11: 88-99.
정세진. 2008. "타지키스탄 민족 정체성 연구-민족주의와 지역주의를 중심으로." 『한국이슬람학회논총』, 18(1): 249-275.
정세진. 2023. 『중앙아시아 국가 타지키스탄. 일반 개관 · 이슬람 · 국내정치 · 국제관계』. 서울: 진인진,
장은하. 2018. "여성차별철폐협약 CEDAW." 『KWDI Brief』 47.
차유진 · 정지수. 2024. "아프가니스탄 특별 기여자의 한국사회 정착 경험에 관한 연구: 부적응 경험과 경찰의 역할을 중심으로." 『한국행정연구』 33(3): 37-72.
최아영. 2021. "공유된 역사, 엇갈린 국경-타지키스탄과 우즈베키스탄 역사 교과서에 나타난 경계 논쟁." 『숭실사학』 47: 361-383.
피터 애디, 2017. 『모빌리티 이론』, 최일만 옮김. 서울: 앨피.

권영은. 2023. "탈레반 피해 목숨 걸고 탈출했는데... 아프간 난민 170만 명, 파키스탄서 추방 위기." 『한국일보』 (11월 2일) https://www.hankookilbo.com/News/Read/A2023110112010000314 (검색일: 2024. 8. 7).

나타라잔, 스와미나단. 2020. "탈레반과 협상한 아프간 여성." 『BBC 월드 서비스』 (2월 23일)https://www.bbc.com/korean/news-51582504 (검색일: 2024. 8. 7).

류호성. 2021. "탈레반, 첫 기자회견 "이슬람법 안에서 여성 존중"…회의적 반응도." 『KBS』 (8월 18일) https://news.kbs.co.kr/news/pc/view/view.do?ncd=5259028 (검색일: 2024. 8. 7).

왕길환 2021. "한인 2세 헨리 김씨, '캐나다 역사 박물관' 관장에 발탁." 『연합뉴스』 (7월 29일) https://www.yna.co.kr/view/AKR20210728070200371 (검색일: 2024. 8. 7).

윤태희. 2024. "독일서 '아프간 난민' 흉기에 찔린 경찰관 사망." 『Nownews』 (6월 3일) https://nownews.seoul.co.kr/news/newsView.php?id=20240603601011 (검색일: 2024. 10. 16).

정효정. 2015. "한니발·나폴레옹의 업적, 이 남자에 비하면..." 『오마이뉴스』 (4월 25일) https://www.ohmynews.com/NWS_Web/View/at_pg.aspx?CNTN_CD=A0002101367 (검색일: 2024. 8. 7).

정재호. 2017. "토론토서 숨쉬는 이슬람 예술." 『한국일보』 (12월 28일) https://koreatimes.net/ArticleViewer/Article/106853 (검색일: 2024. 8. 7).

최영윤. 2024. "독일 내 난민 수 348만 명으로 역대 최다...우크라 출신 118만." 『KBS』 (9월 20일) https://news.kbs.co.kr/news/pc/view/view.do?ncd=8063324 (검색일: 2024. 10. 16).

한혜란, "포르투갈 무슬림센터서 아프간 난민이 휘두른 흉기에 2명 사망." 『연합뉴스』 (3월 29일) https://www.yna.co.kr/view/AKR20230328173551081 (검색일: 2024. 10. 16).

Ahmad, Farah, Nasih Othman and Wendy Lou. 2020. "Posttraumatic Stress Disorder, Social Support and Coping Among Afghan Refugees in Canada." *Community Mental Health Journal*, 56: 597-605.

Gokani, Ravi, Stephanie Wiebe, Hakmatullah Sherzad and Bree Akesson. 2023. "We're Looking for Support from Allah": A Qualitative Study on the Experiences of Trauma and Religious Coping among Afghan Refugees in Canada Following the August 2021 Withdrawal." *Religions*, 14.

Firuz, Orzuzoda. 2021. "Regulation Gaps of the UNHCR's Mandate Refugees in Tajikistan: International and Domestic Legal Aspects", *InterConf* 66.

Japan International Cooperation Agency. 2023. *Business Incubation Project in the Republic of Tajikistan. Project Completion Report.*

Khakpour, Mahasti, Mustafa Koc, Rachel Engler-Stringer, Marwa Farag, Carol Henry and Hassan Vatanparast. 2023. "Food Security and Socioeconomic Disparities of Afghan Refugees in Transitory Countries and Canada", *Journal of International Migration and Integration* 24: 1891-1915.

Overland, Indra. 2005. "Humanitarian Organizations in Tajikistan and the Coordination of Aid to Displaced Afghans in No Man's Land." *Journal of Refugee Studies* 18(2): 133-150.

Povey, Elaheh Rostami. 2003. "Women in Afghanistan: Passive victims of the borga or active social participants?", *Development in Practice* 13(2/3): 266-277.

Rosi, Angela Li, Marco Formisano and Ljubo Jandrijasevic. 2011. "Lives in limbo: A review of the implementation of UNHCR's urban refugee policy in Tajikistan." *United Nations High Commissioner for Refugees Policy Development And Evaluation Service* 3.

Woods, Karli. 2022. "Public Policy Brief Through the Federal Government: The Social, Civic, and Cultural Integration of Resettled Refugees in Canada and Germany", *Federalism-E*, 23(1).

Usmonzoda, Kh. 2023. "The Afghan Crisis and Treats to Central Asia: A View from Tajikistan", *Global Asia*, 18(4): 38-42.

BBC. 2021. "Afghanistan: What has the conflict cost the US and its allies?" *BBC News* (September 3) https://www.bbc.com/news/world-47391821 (검색일: 2024. 9. 10).

Canadian Council for Refugees. 2024. "Canada betrays refugees-CCR Statement on 2025 Levels Announcement." (October 24) https://ccrweb.ca/en/canada-betrays-refugees-ccr-statement-2025-levels-announcement (검색일: 2025. 9. 10).

CIA World Factbook. 2023. "Real GDP per capita." https://www.cia.gov/the-world-factbook/field/real-gdp-per-capita/country-comparison/ (검색일: 2024. 11. 9).

Dawi, Akmal, "Canada Admits Nearly 40,000 Afghans, Willing to Take More." *VOA* (October 25) https://www.voanews.com/a/canada-admits-nearly-40-000-afghans-willing-to-take-more-/7326177.html (검색일: 2025. 9. 10).

Government of Canada. n. d. "Welcome Afghans."https://www.canada.ca/en/immigration-refugees-citizenship/services/refugees/afghanistan.html (검색일: 2024. 11. 9).

Government of Canada. 2023. "Canada meets commitment to welcome 40,000 vulnerable Afghans." (October 30) https://www.canada.ca/en/immigration-refugees-citizenship/news/2023/10/canada-meets-commitment-to-welcome-40000-vulnerable-afghans.html (검색일: 2024. 11. 9).

International Monetary Fund. 2024. "World Economic Outlook Database." (October)https://www.imf.org/en/Publications/WEO/weo-database/2024/October/weo-report?c=923,&s=NGDPDPC,&sy=2024&ey=2024&ssm=0&scsm=1&scc=0&ssd=1&ssc=0&sic=0&sort=country&ds=.&br=1 (검색일: 2024. 11. 9.).

Norov, Kulobidin. 2025. "Tajikistan Orders Afghan Refugees Out en Masse." *The Diplomat* (July 17) https://thediplomat.com/2025/07/tajikistan-orders-afghan-refugees-out-en-masse/?utm (검색일 2025.

10. 16).
Osman, Laura, 2024. "Canada's reduced refugee targets 'wise' for housing stability: UNHCR." *Global News* (November 5)https://globalnews.ca/news/10852133/canadas-reduced-refugee-targets-wise-housing-stability-unhcr/(검색일: 2024. 11. 9).
Spirit of America. 2021. "Culinary Diplomacy: Supporting Afgan Refugees in Tajikistan." (n. d.) https://spiritofamerica.org/supporting-afghan-refugees-in-tajikistan (검색일: 2024. 9, 10).
UNHCR. 2023. "Global Trends report 2023."https://www.unhcr.org/global-trends-report-2023 (검색일: 2024. 8. 7).
UNHCR. 2025. "Regional Refugee Response Plan for Afghanistan Situation 2024-2025." (June 2) https://reporting.unhcr.org/afghanistan-regional-refugee-response-plan-summary (검색일: 2024. 10. 28.)
U.S. Embassy in Tajikistan. 2021. "U.S. Embassy Partners with Spirit of America to Preserve Afgan Somoniyon School in Dushanbe,." (December 2)https://tj.usembassy.gov/u-s-embassy-partners-with-spirit-of-america-to-preserve-afghan-somoniyon-school-in-dushanbe/ (검색일: 2024. 9. 10).

인터뷰 자료

노지라 인터뷰. 2024. 7. 15. 두산베, 주타지키스탄 아프가니스탄 대사관.
바호도르 인터뷰. 2024. 7. 15. 두산베, 주타지키스탄 아프가니스탄 대사관.
압둘 쿠두스 나히드(Abdul Qodos Nahid) 인터뷰. 2024. 11. 1. 서울, 서울대학교 아시아연구소.
이스맛 조다 팟히진, 다밧 조다 사이드 인터뷰. 2024. 7. 18. 두산베, 내무부 직무실.
이반 달레예프 인터뷰. 2024. 7. 18. 두산베, UNHCR 직무실
난민 지원 활동가 A 인터뷰. 2024. 7. 13-18. 두샨베, 루다키, 바흐다트.
난민 지원 활동가 B 인터뷰. 2024. 7. 12-17. 두샨베, 바흐다트.
난민 지원 활동가 C 인터뷰. 2024. 7. 14, 16. 두샨베, 루다키.
난민 지원 활동가 D 인터뷰. 2024. 07. 13-17. 두샨베, 바흐다트.

난민 지원 활동가 E 인터뷰. 2024. 07. 14. 두샨베.
난민 지원 활동가 F 인터뷰. 2024. 07. 17. 두샨베.
AMN 가족 인터뷰. 2024. 7. 16. 루다키,.
DAN 인터뷰. 2024. 7. 16. 루다키.
DBT 인터뷰. 2024. 7. 16. 바흐다트.
HRD, MSTB, MDH 인터뷰. 2024. 7. 17. 루다키.
JML 인터뷰. 2024. 7. 15. 바흐다트.
MRS 인터뷰. 2024. 7. 15. 바흐다트.
NJBL, JLID 인터뷰. 2024. 7. 13. 바흐다트.
NRY 인터뷰. 2024. 7. 15. 바흐다트.
OSP 인터뷰. 2024. 7. 16. 두샨베.
OSP, HSY, MLRI 인터뷰. 2024. 7. 16. 두샨베.
PRD 인터뷰. 2024. 7. 13. 바흐다트.
SID 인터뷰. 2024. 7. 16. 루다키.
SJ 인터뷰. 2024. 7. 13. 바흐다트.
SN 인터뷰. 2024. 7. 13. 바흐다트.
SS 인터뷰. 2024. 7. 13. 바흐다트.
SKL & JKR 인터뷰. 2024. 7. 16. 바흐다트.
RTP, MDN, BSR 인터뷰. 2024. 7. 18. 두샨베.

• • • •

제10장

한국으로 향한 아프가니스탄 특별기여자의 여정

이수정

I. 머리말

이 글은 한국으로 향한 아프가니스탄 특별기여자의 여정을 살펴본다. 그동안의 연구가 아프가니스탄 특별기여자가 울산에 정착한 이후의 상황이나 사회 정착 과정 관련 문제를 주로 다루었다면(Sheikh, 2021; Nygård, 2022; 이수정, 2022), 이 글은 아프가니스탄 특별기여자가 한국으로 오고, 정착하는 초기 과정 속에서 우리가 생각해 보아야 하는 문제들을 고려해보고자 한다. 이를 위하여 아프가니스탄 난민 수용의 결정에서 울산 지역 초기 정착에 이르는 시기까지를 다루며, 이를 시간의 흐름대로 따라가며 우리가 생각해 봐야 하는 지점들을 고민해보도록 할 것이다. 따라서 본 고의 분석 범위는 2021년 8월 아프가니스탄 사태의 전개로부터 아프가니스탄 특별기여자의 울산·연수구 등 초기 정착 단계까지로 한정한다. 자료는 법무부 등 정부 공식 보도자료와 주요 일간지·시사매체 보도, 그리고 관련 학술 선행연구에 기반하였다.

한국 내 이주 무슬림 연구 방향을 먼저 간략하게 살펴보자면 다음과 같다. 한국 내 이주 무슬림 연구의 방향은 크게 두 방향으로 이야기할 수 있다.

첫 번째는 역사적 연구이고, 두 번째는 현대 사회 연구이다. 학자들에 따라 논의의 차이는 존재하나, 일반적으로 역사적 연구는 이주 무슬림 공동체가 한반도에 유입된 시기, 정착, 동화, 역사적 흔적 추적하기 등을 연구한다. 일반적으로 신라시대 연구-이주 무슬림이 한국으로 유입되었는지 아닌지-부터(임평섭, 2022) 일제 강점기 한국에 거주했던 타타르 무슬림에 대한 연구를 들 수 있다(Yi, 2024; Yi · Yang, 2024). 다만 역사적 연구는 그동안 해당 연구를 진행한 연구자 수가 적었기 때문에 축적된 연구가 다소 부족한 편이다.

두 번째로는 현대 사회에 존재하는 이주 무슬림 관련 다양한 사회상을 연구한다. 주로 이주 무슬림 현황이나, 사회 갈등에 연구가 집중되어 있다. 현황 연구는 다시 사회 계층에 따라 연구 방향성을 분석할 수 있다. 한국 내 이주민에 관한 연구는 노동 이주자(김경학 외, 2017; 이수정, 2018), 결혼 이주자(조희선, 2009), 난민(김나미, 2018; 이규림, 2017; 송영훈, 2019; Otsubo, 2025; 박미향 · 차윤경, 2021), 유학생(박미향 · 차윤경, 2016; 2021; 허민, 허창수, 2017) 등으로 큰 범주가 분할 수 있다. 더하여, 한국 내 이주 무슬림에 대한 연구는 이주민의 정체성에 따라 다소 차이가 있다. 우선, 일반적인 결혼 이주 여성에 대한 연구가 많이 진행된 것과 비교해 보면, 무슬림 결혼 이주자가 타 국적에 비교했을 때 많지 않기 때문에 연구가 많이 진행되지 않았다. 다만, 노동 이주자와 유학생과 관련한 연구는 다소 진행이 되어 있는 편이며, 특히 난민을 다룬 연구는 제주, 대구, 울산 등에서 발생한 이주 무슬림과 한국 사회의 갈등으로 인하여 연구가 진행되어 있는 상황이다.

난민 지위로 한국에 유입된 무슬림 관련 연구는 이주 무슬림을 대상으로 한 연구 중에 가장 활발하게 진행되었다(김나미, 2018; 이규림, 2017; 송영훈, 2019; Otsubo, 2025; Park, 2021). 연구의 가장 큰 주제는 예멘 난민 사건과 아프가니스탄 특별기여자 분석, 두 개로 분류할 수 있다. 예멘 난민 사건의 경우, 주로 언론과 사회의 반응, 수용성을 중심으로 분석되었다. 신예원 외(2019)는 예멘 난민 사건을 보도한 언론의 반응과 보도의 방향성, 사회적 논의를 주로 다루었다. 강진구(2019) 및 서선영(2022)은 정착 과정 자체를 다루면서 제주 예멘 난민이 한국 사회에 정착하게 된 방법과 과정을 중점적으로 다루었다. 레이코 오추보(Reiko Otsubo, 2025)도 역시 예멘 난민의 정착과정을 분석하였다.

아프가니스탄 특별기여자 사례의 경우 역시 특별기여자의 정착과정과 이들을 둘러싸고 발생한 사회의 반응에서 찾아 볼 수 있는 다양한 프레임들을 분석하였다(Sheikh, 2021; Nygård, 2022; 이수정, 2022). 사라 뉘고로드(Sarah Nygård)는 '특별기여자'라는 단어 자체를 소속감 프레임워크를 활용, 영어 뉴스를 연구대상을 삼아 연구하였다(Nygård. 2022). 이렇게 다양한 연구를 바탕으로 좀 더 발전된 논의를 하기 위하여, 본 고는 아프가니스탄 특별기여자가 한국 땅에 당도한 순간부터 초기 사회 적응 과정을 살펴보면서, 대규모 난민 수용 과정에 있어서 우리 사회가 다시 한 번 짚고 넘어가야 하는 부분에 대해서 추가적 논의를 해보고자 하는 것이다.

II. 아프가니스탄 특별기여자의 한국행과 특별한 명칭

2021년 8월, 미국 정부는 아프가니스탄에서 군대를 철수하기로 결정하였다(Dora, 2021). 미군이 철수를 결정하자, 아프가니스탄의 무장세력인 탈레반은 빠르게 영향력을 확대해 나갔다(Carvalho, 2024). 미국은 여러 국가에게 아프가니스탄 난민을 수용할 것을 요청하였고, 한국 역시 그 대상국이었다(Rahman, 2021). 이와 같은 미국의 입장이 전해지자, 한국 사회는 이에 대한 논의를 진행하였다. 물론, 이들을 지칭하는 최초의 단어는 난민이었다. 이에 따라, 한국 사회가 갖는 아프가니스탄 난민에 대한 이미지는 좋지 않았다(홍규빈, 2021). 한국 사회는 정부에 진짜로 아프가니스탄 특별기여자를 미국의 요청에 따라 수용할 것인지를 묻기 시작하였고, 한국 정부의 공식적인 대답은 아니다였다(김경진, 2021).

그러나 사실 한국 정부는 이미 아프가니스탄 난민을 수용하기로 결정한 상태로, 이들을 한국으로 데려오는 작전을 계획하고 있었다. 이 계획인 바로

'미라클 작전(Miracle Operation)'이었다. 한국 정부는 아프가니스탄 현지로 비행기를 보내, 한국 정부를 위해서 근무했거나, 한국과 관련된 업무에 종사했던 아프가니스탄 난민 391명을 한국으로 이송하였다(법무부, 2021a). 이후에 이 인원은 아이들이 새로 태어남에 따라 증가하게 된다. 이들은 기존의 난민이나 이주민과는 다르게 공식적으로 '아프가니스탄 특별기여자'라는 명칭을 부여해 한국 사회에 소개하였다. 특별기여자라는 용어는 한국을 위해 협력했다는 공로를 강조하며 이들에 대한 국민적 호의와 수용을 촉진하는 데 중요한 역할을 하였다.

이들의 한국행과 적응 과정은 2018년 5월 제주 예멘 난민 사건을 참고하여 보면, 매우 다른 모습을 볼 수 있다. 단순히 수치적 비교뿐만 아니라, 같은 난민 신분이지만 이들이 한국 사회에서 그려나간 서사는 굉장히 차이가 있다. 더하여, 다른 시기에 입국한 아프가니스탄 출신 이주민은 물론, 다른 그 어떤 이주 외국인과도 이들의 입국과 정착, 사회적 대우, 인식에는 매우 큰 차이가 있었다. 가장 중요한 점은 이들의 입국, 적응이 국가 주도로 이루어졌다는 것이다.

2021년 당시, 한국에는 '난민'과 관련하여 매우 강렬한 기억이 존재하였다. 그 기억은 2018년, 제주도에는 약 500여명의 예멘 난민이 입도하였고, 이로 인하여 한국 사회에 첨예한 사회 갈등이 발생한 것이었다(신예원 외, 2019; 강진구, 2019; 서선영, 2022). 이로써, 사람들은 난민에게 부정적 인식을 갖게 되었고, 일부는 부정적 인식을 넘어 두려움을 느끼기 시작하였다. 그 어느 때보다도 강렬한 이슬람포비아(Islamophobia)가 사회를 휩쓸었다(박상희, 2019). 당시 국민 청원에는 난민을 다시 내쫓으라고 요구하는 글이 빗발쳤고, 단일 건수로는 가장 많은 동의가 진행되기도 하였다(KBS, 2018). 이처럼 난민이라는 단어가 부정적인 기억으로 남은 한국 사회에 다시 한번 난민이 입국할 상황이 발생한 것이다. 바로 이 부분이 한국 사회가 아프가니스탄 난민을 수용 과정과 관련하여 고민해 보아야 하는 첫 번째 사유의 지점이 된다.

한국은 왜, 부정적 반응이 예상됨에도 불구하고, 아프가니스탄 특별기여자를 수용했을까? 2021년 8월 23일 국회 외교통일위원회 전체 회의에서 정의용 외교부 장관은 "그럴 가능성이 전혀 없다. 주한미군에서도 본국 정부로부터 그런 가능성을 검토하라는 지시를 받은 적 없다고 분명히 발표했다."라며 아프가니스탄 난민 수용 가능성에 선을 그었다. 같은 날 서훈 청와대 국가안보실장도 국회 운영위원회에서 "아프간 난민 수용 문제는 국민의 수용 여부를 고려해 종합적으로 판단해야 하는, 대단히 복잡하고 신중해야 할 문제다."라고 의사를 밝히기도 하였다(나경희, 2021).

하루가 지난 24일 청와대 국민 청원 게시판에는 아프가니스탄 난민 수용 찬성과 반대를 주장하는 글이 동시에 업로드되기도 하였다. 국민 청원 게시판이 당시 여론을 직접적으로 대변할 수는 없지만, 적어도 청원 내에서는 반대의 의견이 찬성 의견을 압도하기도 하였다(최혜승, 2021). 이런 정부의 공식 입장이 변화한 것은 8월 25일이었다. 당시 외교부는 브리핑을 통해 아프가니스탄에서 한국 정부에 협력 활동을 했던 현지인 직원과 가족 380여명을 국내로 이송할 것이라 밝혔다. 이 과정에서 난민을 칭하는 명칭은 특별공로자가 되었고, 26일 법무부 장관 브리핑부터는 특별기여자가 되었다(나경희, 2021). 8월 26일 390명의 아프가니스탄 특별기여자는 미라클 작전을 통해 한국으로 입국하게 되었다. 이후 2021년 9월 6일 최초 명단에 포함되어 있었으나, 인도 출장 중 아프가니스탄으로의 귀환이 어려워져 인도에 남아 있던 1인까지 한국으로 이송되면서 총 391명의 아프가니스탄 특별기여자가 한국에 자리 잡게 되었다(법무부, 2021a).

아프가니스탄 특별기여자들은 탈레반이 아프가니스탄을 재점령하게 될 경우, 미국의 우방국을 도와 일했다는 이유로 부역자로 평가되어 생명의 위협을 느낄 수 있는 사람들이었다고 알려져 있다. 따라서, 이들을 인도주의적 차원에서 한국으로 이송하는데 한국 정부가 나섰다고 평가한다. 물론 오로지 인도주의적 차원에서만 이와 같은 행보가 이뤄졌다고 보긴 어렵다. 특별기여자라는 명칭의 사용 자체가 인도주의적 행보를 상징화하는 것일 수 있지만, 오히려 이 단어의 사용은 다양한 갈등 요소를 만들어 내었다. 난민을 난민으로

부르지 못하고, 오히려 그들이 '특별한 기여'를 했어야만 했던 인물들이라는 틀을 만들어 씌우게 된 것이다. 즉, 평범한 사람들의 특별화, 가시화 작업이 진행된 것이라 할 수 있다. 결과적으로 한국이 아프가니스탄 특별기여자 수용은 무조건적인 인도주의적 접근이 아니라, 당시 미국의 직, 간접적 요청과 압박이 있었고 이를 한국 정부가 수용한 것으로 보아야 한다. 즉, 인도주의라는 단일한 원인이 아니라, 국제 사회의 조류에 따라 일정 부분 아프가니스탄 난민을 수용한 것이라 보아야 한다.

여기서 두 번째 생각의 지점이 발생한다. 그렇다면 한국 사회는 난민을 사회 내부의 갈등 없이 수용하고, 사회 적응에 연착륙 시킬 수 있었는가이다. 이 부분의 해결을 위하여, 한국 정부는 특별기여자라는 단어를 꺼내 들었다. 앞서 언급한 바와 같이 아프가니스탄 난민을 지칭하는 표현은 난민에서 특별 공로자로, 다시 특별기여자로 변화하였다. 이와 같은 호칭의 사용을 일부 외신에서는 이들을 존중하는 표현을 담은 것으로 해석하면서 찬사를 보내기도 하였다(이일, 2021). 그러나 실제로 특별기여자라는 단어는 한국 내에서 난민과 관련한 비판적이고 부정적인 여론을 잠재우기 위한 방편에서 사용되었다고 보아야 할 것이다. 앞서 언급한 바와 같이 한국 내에서 난민의 이미지는 2018년 제주 예멘 난민으로 점철되어 있었다. 특별기여자라는 단어는 결과적으로 한국에 도움을 준 존재라는 이미지가 포함이 된 것이었다(문미리, 2022). 한국에 도움을 주었던 사람들, 그러나 지금은 생명의 위협을 받는 사람들이라는 이미지는 사람들로 하여금 아프가니스탄 특별기여자를 수용하는데 보다 편안한 마음이 들게 했을 것이다. 즉, 한국 정부는 사회가 갈등을 일으키지 않고 아프가니스탄 특별기여자들의 한국행을 동의할 수 있는 최선의 방편을 찾은 것이었다.

III. 아프가니스탄 특별기여자의 초기 적응 프로그램과 의의

2021년 8월 27일, 아프가니스탄 특별기여자와 그 가족들은 진천국가공무원인재개발원으로 입소하였다. 당시 특별기여자들은 공항에서 코로나 PCR 검사를 마치고, 진천으로 함께 이동하여 입국 단계부터 시설 입소까지 정부의 주도와 관리하에서 진행하였다. 코로나 상황으로 인하여 시설 내에서 2주 동안 격리된 생활을 하였던 아프가니스탄 특별기여자들은 9월 10일을 기준으로 하여 시설 내에서 활동하기 시작하였다(법무부, 2021b). 9월 10일에서 22일에는 보육시설, 건강검진, 진료, 상담 등을 진행하였고, 23일부터는 본격적인 사회 통합 프로그램, 사회 적응 교육을 실시하기 시작하였다. 교육 프로그램은 교육부, 문체부, 복지부 등 관련 부처가 협의하여 구성하였다. 당시 다리어를 통역하는 통역사는 총 4명이 고용되었고, 이들은 진천에서 상주하며 통역을 지원하였다. 당시 프로그램을 조기적응프로그램 및 사회통합프로그램 0단계라고 통칭한다. 0단계의 실시 기간 중, 조기적응프로그램은 9월 23일, 사회통합프로그램은 9월 24일부터 10월 11일까지 시행되었다. 한국어 교육 및 사회 적응 교육이 진행되었고, 시각장애, 자폐, 청각장애, 뇌전증 등 장애나 질병을 가지고 있는 아이들의 경우 특수 교육 및 심리 상담을 따로 진행하기도 하였다. 또한 당시 기여자들에게는 하루 세 번 할랄 도시락이 제공되었다.

10월 12일부터 12월 8일까지는 사회통합프로그램 1단계로 구분 된다. 당시 단순히 사회 통합 프로그램만 진행한 것이 아니라 취업 지원을 위한 멘토링도 함께 운영되었다. 2021년 9월 18일, 2021년 9월 25일, 2021년 10월 8일, 3차례에 걸쳐 취업 지원 멘토링이 실시되었다. 이렇게 진천에서 사회 통합 프로그램 1단계를 진행하던 중 아프가니스탄 특별기여자들은 여수로 거주지를 옮기게 된다. 2021년 10월 27일 아프가니스탄 특별기여자들은 진천을 떠나 여수해양경찰교육원으로 향했다(법무부, 2021d). 진천에서도 마찬가지였지만, 여수에서도 지역 주민들은 크게 반대하지 않았다. 오히려 언론에는 이들이 잘 머무르다 가길 바라는 모습을 더 많이 비추어 주기도 하였다.

그렇다면 이 당시에는 왜 반대가 거세지 않았을까? 이 또한 우리가 한 번 짚고 넘어가야 하는 부분이다. 당시 여수와 진천에는 잠시 머물다 간다는, 즉 임시적 거주 부분이 부각되었다. 주민들 역시 '임시'라는 단어의 사용으로 이들에 대한 수용성이 더 높아졌을 것이다. 이는 이후 발생한 울산 지역에서의 갈등과 대조를 이룬다. 여수, 진천과 달리 울산에서 아프가니스탄 특별기여자들은 직업을 얻었으며, 아이들을 학교에 보내는 등 장기 정착의 형태를 띄었다. 임시와 장기 사이, 이 지점에서 아프가니스탄 특별기여자 수용도의 차이가 발생했다고 볼 수 있는 것이다.

여수로 자리를 옮기기 직전인 10월 26일에는 해외 현지의 대한민국 정부나 그 유관기관에서 근무하거나 협력하여 특별한 기여를 한 사람등에게 거주(F-2) 체류 자격을 부여하는 「출입국관리법 시행령」 개정안이 시행되었다(법무부, 2021c). 이미 특별한 공로가 있는 외국인에게는 대한민국 국적, 또는 영주(F-5) 자격을 부여하는 제도가 있었으나, 아프가니스탄 특별기여자는 이에 해당하지 않았다. 따라서 이에 준하는 특별한 기여를 했다고 인정 되는 사람들을 위한 특별법이 제정, 발효 된 것이었다(법무부, 2021c). 이로써 아프가니스탄 특별기여자들은 한국 거주 자격과 5년씩의 거주 기간을 부여 받을 수 있게 되었고, 해당 자격을 취득한 외국인과 그 가족들은 외국인에게 허용된 취업 활동을 할 수 있게 된 것이었다.

여수에 자리 잡은 아프가니스탄 특별기여자 가족들은 10월 9일부터 사회통합프로그램 2단계에 진입하였다. 이때부터는 좀 더 본격적으로 사회통합프로그램을 운영하기 시작하였다. 특히, 법무부 장관 소속으로 지원단을 설치하여 아프가니스탄 특별기여자와 가족에게 한국 사회 이해 교육, 기초 법 질서 교육, 국내 생활 안내 등 사회 적응 지원과 국내 교육기관 진학, 학력 인정, 취업, 의료 등 정착에 필요한 제반적 도움을 주기 시작하였다(법무부, 2021c). 그러나 결과적으로 특별기여자들의 취업 범주는 그들의 원래 직업과 거리가 먼 단순 노동직으로 주로 편성되었고, 이에 따라 공동체 내부에서 불만이 제기되기도 하였다.

정부에서 중계하는 직장을 선택하였고, 직장의 위치에 따라 아프가니스탄 특별기여자들의 다음 정착지가 정해졌다. 당시 가장 마지막까지 직장을 선택하지 못했던 사람들을 전폭적으로 채용한 회사가 울산에 있었고, 이에 따라 울산은 아프가니스탄 특별기여자가 가장 많이 정착한 지역이 되었다. 당시 울산에 정착한 가족은 29가구 였다. 울산 다음으로 많은 가족이 정착한 지역은 인천 연수구였다. 울산과 연수구의 정착 형태에는 차이가 존재한다. 울산의 경우 공동체가 집단적으로 한 지역에 동시에 정착하는 형태가 되었고, 연수구는 개별적으로 직장에 따라 정착하는 형태를 갖게 되었다. 따라서 울산의 경우, 지속적으로 정부와 지자체, 다문화센터 등의 관리를 받을 수 있는 형태를 갖추게 되었지만, 다른 지역의 경우 정부나 지자체의 체계적인 관리가 아니라, 개인의 활동과 역량에 따라 정부의 지원을 받거나 혜택을 누리는 형태가 되었다. 즉, 한국에 동일하게 입국하여 임시 수용 시설에서 거주할 때와 달리, 자유롭게 정착하는 시기가 되어서는 개인에 따라 정부의 개입도나 누리는 혜택에 차이가 존재하기 시작한 것이다.

더하여 울산에 정착한 사람들은 아이들을 학교에 보내는 문제로 인하여 지역사회와 마찰을 경험하기 시작하였다(이수정, 2022). 임시로 거주하였던 진천, 여수와 달리 울산에서의 정착은 영구 정착의 가능성을 내포하면서 이들을 난민으로 보기 시작한 지역 사회와 갈등을 겪게 된 것이다.

아프가니스탄 특별기여자의 정착 활동을 비판할 때, 진천과 여수에서 실제적으로 아프가니스탄 특별기여자를 감금한 것과 다름이 없다는 비판이 진행되곤 한다. 외부 출입을 하지 못하게 한 채, 특정 장소에서 이들을 교육하는 행위 자체가 인권에 위협이 되는 행동으로 보는 경우이다. 또 일각에서는 이들을 이렇게 교육해야만 빠르고 갈등의 소지가 적어지는 정착을 유도할 수 있었다고 평가하기도 한다. 대부분의 일과 대응에는 양날의 검이 있듯이 아프가니스탄 특별기여자의 정착 과정 역시 명과 암이 분명히 존재한다.

IV. 맺음말

결과적으로 아프가니스탄 특별기여자의 한국 정착 과정은 단순한 난민 수용을 넘어선 다층적 함의를 담고 있다. '난민'이라는 표현을 회피하고 '특별기여자'라는 명칭을 전략적으로 사용한 점은, 한국 사회의 뿌리 깊은 난민 기피 정서와 정치적 정당성 확보 전략이 맞물려 나타난 결과였다. 이는 난민 수용의 현실을 외면한 채, 수용 가능성을 높이기 위해 상징 조작과 언어의 선택이 어떻게 활용될 수 있는지를 보여주는 사례이기도 하다.

진천과 여수에서의 수용은 정부 주도의 통제된 환경 안에서 이루어진 '관리된 정착'이었다면, 울산 이후의 정착은 지역 사회와의 실제적인 접점이 생기며 다양한 갈등과 적응 문제가 수면 위로 떠오른 단계라 할 수 있다. 이 과정에서 드러난 직업 선택의 제한, 지역별 지원 격차, 공동체 내부 불만 등은 향후 유사한 상황에서 반복되지 않도록 보완되어야 할 과제다. 특히, 교육, 직업, 주거, 언어 등 다양한 요소가 복합적으로 얽힌 이주민 정착 문제에 대해 정부의 일관된 전략과 지속 가능한 정책적 개입이 요구된다.

결국 이 사례는, 한국 사회가 다문화·다종교 사회로 점차 이행하는 과정에서 겪게 될 필연적 갈등과 학습의 과정임을 시사한다. 한국이 '특별기여자'라는 용어로 표현된 인도주의적 선택을 넘어, 인권과 평등의 가치를 바탕으로 한 실질적 수용 사회로 나아가기 위해서는, 단기적 사회 안정만을 우선시하는 전략에서 벗어나 보다 장기적이고 구조적인 이주민 정착 정책이 마련되어야 할 것이다. 이는 단지 난민을 수용하는 문제를 넘어서, 한국 사회가 스스로를 어떤 공동체로 정의해 나갈 것인지에 대한 물음이기도 하다.

참고문헌

김경학 · 고람 · 랍바니. 2017. "방글라데시 이주노동자의 한국 이주와 영구정착 과정." 『문화역사지리』 29(3): 129-144.

김나미. 2018. "'여성인권'의 이름으로 맺는'위험한 연대': 예멘 난민수용반대 청원과 이슬라모포비아: 예멘 난민수용반대 청원과 이슬라모포비아." 『제3 시대』 134: 2-5.

문미리. 2022. "예멘과 아프가니스탄 난민에 대한 언론보도." 『방송과 커뮤니케이션』 23(4): 5-40.

박미향 · 차윤경. 2016. "한국 무슬림 유학생의 적응유연성 연구." 『다문화교육연구』 9(3): 25-62.

박미향 · 차윤경. 2021. "무슬림여성유학생의 결혼관과 문화정체성 변화에 대한 내러티브 탐구." 『다문화교육연구』 14(3): 19-45.

송영훈. 2019. "제주 예멘 난민신청과 갈등적 난민담론." 『Journal of Education for International Understanding』 14(2): 9-38.

이규림. 2017. "한국 체류 무슬림 난민의 지역별 차이 연구-인천광역시 및 광주광역시를 중심으로." 『아랍과 이슬람 세계』 4: 201-220.

이수정. 2022. "한국 사회의 무슬림 이주 동의와 수용--아프가니스탄 특별기여자 울산 교육현장 정착과정과 갈등." 『디아스포라연구』 16(1): 145-178.

임평섭. 2022. "아랍 · 페르시아와 신라의 교류-무슬림 집단의 신라 내 거주 가능성에 대한 문헌적 검토." 『신라문화』 60: 253-279.

조희선. 2009. "한국 이주 아랍 무슬림의 혼인과 정착, 그리고 문화적응에 관한 연구." 『한국중동학회논총』 30(1): 169-215.

허민 · 허창수. 2017. "인도네시아 무슬림 유학생의 문화충격을 통한 한국의 문화적 특성 이해." 『학습자중심교과교육연구』 17(7):25-48.

김경진. 2021. "외교정책'뇌관'으로 떠오른 아프간 난민…수용할 수 있을까?" 『KBS News』 (8월 4일) https://news.kbs.co.kr/news/pc/view/view.do?ncd=5263362 (검색일: 2025. 11. 20)

나경희. 2021. “한국 땅 밟은 아프간 사람들, 왜 ‘난민’이라 부르지 못할까.” 『시사인』 (9월 6일) https://www.sisain.co.kr/news/articleView.html?idx-no=45450 (검색일: 2025. 11. 20)

법무부. 2021a. “아프가니스탄 특별기여자 1명 인천공항으로 추가입국.” (9월 6일) https://www.moj.go.kr/moj/221/subview.do?enc=Zm5jdDF8QEB-8JTJGYmJzJTJGbW9qJTJGMTgyJTJGNTUxNjc5JTJGYXJ0Y2x-WaWV3LmRvJTNGcGFzc3dvcmQlM0QlMjZyZ3NCZ25kZVN0ci-UzRCUyNmJic0NsU2VxJTNEJTI2cmdzRW5kZGVTdHIlM0QlM-jZpc1ZpZXdNaW5lJTNEZmFsc2UlMjZwYWdlJTNEMSUyN-mJic09wZW5XcmRTZXElM0QlMjZzcmNoQ29sdW1uJTNEc2olM-jZzcmNoV3JkJTNEJUVDJTk1JTg0JUVEJTk0JTg0JUVBJUIwJTgw-JUVCJThCJTg4JUVDJThBJUE0JUVEJTgzJTg0JTI2 (검색일: 2025. 11. 20)

법무부. 2021b. “아프간 특별기여자, 9월 10일 0시 기준 시설 내 활동 개시.” (9월 8일) https://www.moj.go.kr/moj/221/subview.do?enc=Zm5jdDF8QEB-8JTJGYmJzJTJGbW9qJTJGMTgyJTJGNTUxODgzJTJGYXJ0Y2x-WaWV3LmRvJTNGcGFzc3dvcmQlM0QlMjZyZ3NCZ25kZVN0ci-UzRCUyNmJic0NsU2VxJTNEJTI2cmdzRW5kZGVTdHIlM0QlM-jZpc1ZpZXdNaW5lJTNEZmFsc2UlMjZwYWdlJTNEMyUyN-mJic09wZW5XcmRTZXElM0QlMjZzcmNoQ29sdW1uJTNEc2olM-jZzcmNoV3JkJTNEJUVEJThBJUI5JUVCJUIzJTg0JUVBJUI4JUIwJU-VDJTk3JUFDJUVDJTlFJTkwJTI2 (검색일: 2025. 11. 20)

법무부. 2021c. “아프간 특별기여자 지원을 위한 ‘정부합동지원단’ 출범 및 거주(F-2) 체류자격 부여” (10월 20일) https://www.moj.go.kr/moj/221/subview.do?enc=Zm5jdDF8QEB8JTJGYmJzJTJGbW9qJTJGMT-gyJTJGNTUzMDE5JTJGYXJ0Y2xWaWV3LmRvJTNGcGFzc3d-vcmQlM0QlMjZyZ3NCZ25kZVN0ciUzRCUyNmJic0NsU2Vx-JTNEJTI2cmdzRW5kZGVTdHIlM0QlMjZpc1ZpZXdNaW5lJT-NEZmFsc2UlMjZwYWdlJTNEMiUyNmJic09wZW5XcmRTZ-

XElM0QlMjZzcmNoQ29sdW1uJTNEc2olMjZzcmNoV3JkJT-NEJUVEJThBJUI5JUVCJUIzJTg0JUVBJUI4JUIwJUVDJTk3JUFDJU-VDJTlFJTkwJTI2 (검색일: 2025. 11. 20)

법무부. 2021d. "법무부차관, 아프간 특별기여자 시설 이전 상황 및 외국인 보호시설 코로나 방역점검" (10월 28일) https://www.moj.go.kr/moj/221/subview.do?enc=Zm5jdDF8QEB8JTJGYmJzJTJGbW9qJTJG-MTgyJTJGNTUzMTk4JTJGYXJ0Y2xWaWV3LmRvJTNGcGFzc-3dvcmQlM0QlMjZyZ3NCZ25kZVN0ciUzRCUyNmJic0NsU2Vx-JTNEJTI2cmdzRW5kZGVTdHIlM0QlMjZpc1ZpZXdNaW5lJT-NEZmFsc2UlMjZwYWdlJTNEMiUyNmJic09wZW5XcmRTZ-XElM0QlMjZzcmNoQ29sdW1uJTNEc2olMjZzcmNoV3JkJT-NEJUVEJThBJUI5JUVCJUIzJTg0JUVBJUI4JUIwJUVDJTk3JUFDJU-VDJTlFJTkwJTI2 (검색일: 2025. 11. 20)

이일. 2021. "'390명의 특별기여자' 그 기이한 용어의 비밀과 파장." 『오마이뉴스』 (8월 31일) https://www.ohmynews.com/NWS_Web/View/at_pg.aspx-?CNTN_CD=A0002770443 (검색일: 2025. 11. 20)

임주현. 2018. "난민 청원 70만 돌파…정치권 난민법안 들여다보니." 『KBS』 (7월 12일) https://news.kbs.co.kr/news/pc/view/view.do?ncd=4008331 (검색일: 2025. 11. 20)

최혜승. 2021. ""난민 받지 말라" "국경 열어줘야" ... 靑 청원으로 번진 아프간 사태." 『조선일보』 (8월 23일) https://www.chosun.com/national/national_general/2021/08/23/4MRZLDMQEJCXVG3TTXTD4SP5FU/ (검색일: 2025. 11. 20)

홍규빈. 2021. "아프간 난민 수용에 찬성 27% 반대 31%…선별 수용 30%" 『연합뉴스』 (8월 26일), https://www.yna.co.kr/view/AKR20210826167800001 (검색일: 2025. 11. 20)

Carvalho, Cristiane Sâmia. 2024. "Taliban insurgency in Afghanistan: a comparative analysis between 1996 and 2021." *Revista de Gestao e Secretariado*. 15(4): e3662.

Dora, Karakoç Dora. 2021. "The US-led "War on Terror" in Afghanistan: 2001-2021." *MANAS Sosyal Araştırmalar Dergisi*. 10(Özel Sayı): 172-185.

Nygård, Sarah. 2022. "Earning Refuge: A Case Study on the Afghan Special Contributors in the Republic of Korea." (Master dissertation).

Otsubo, Reiko. 2025. "Yemenis in South Korea: Risky Freedom under the Refugee Act and the Employment Permit System. Arabian Humanities." *International Journal of Archaeology and Social Sciences in the Arabian Peninsula*. (20).

Park, Seoyoung. 2021. "Attitudes of South Korean Youth toward Refugees: Conducting a Survey to Seoul National University Students about the Arrival of Yemeni Asylum Seekers at Jeju Island in 2018" (Doctoral dissertation, 서울대학교 대학원).

Sheikh, Farrah, Jin-han Jeong, and Kangsuk Kim. 2022. "From sex offenders to national heroes: comparing Yemeni and Afghan refugees in South Korea." *Social Inclusion*. 10(4): 200-210.

Yi, Soojeong. 2024. "Reinterpretation of Migrant Muslims' History in Korea during the Japanese Colonial Period: Records and Legacies of Turk-Tatar Muslims." *Korea Journal*. 64(4): 161-191.

Yi, Soojeong., & Yang, Junga. 2024. "Historical Flow of Migrant Muslim Communities in Korea: A Perspective on Discontinuity." *International Journal of Korean History*. 29(3): 33-67.

Rahman, Khaleda. 2021. "Which Countries Are Taking in Afghan Refugees and Which Aren't? " *Newsweek* (August 26) https://www.newsweek.com/which-countries-taking-afghan-refugees-which-arent-1623182 (검색일: 2025. 11. 20)

제11장

캐나다의 아프간 무슬림 난민: 수용, 정착, 통합[1]

조규훈

I. 머리말

캐나다는 2025년 현재 약 4,200만 명의 인구가 거주하는 세계에서 두 번째로 큰 면적의 나라이다. 영어와 불어를 공식어로 사용하는 이중언어 국가로서, 프랑스어를 쓰는 퀘벡(Quebec)과 영어를 쓰는 온타리오(Ontario)와 브리티시 컬럼비아(British Columbia), 알버타(Alberta) 등 10개의 주(province)와 3개의 준주(territory)로 구성되어 있다. 석유와 천연가스, 우라늄 등 풍부한 천연자원과 무상의료 시스템, 선진적인 복지제도를 갖추고 있을 뿐만 아니라, 1970년대 초부터 다문화주의를 국가이념으로 채택하여 이주민들에게 가장 포용적인 사회의 하나로 알려져 있다. 이에 난민들 사이에서 캐나다는 흔히 가장 정착하고 싶은 나라로 뽑힌다.

2021년 8월 탈레반의 아프가니스탄 재장악한 이후 캐나다군과 정부는

1 이 글은 2023년 대한민국 교육부와 한국연구재단의 지원을 받아 수행된 연구임 (NRF-2023S1A5A2A03086236).

"Operation AEGIS"이라는 긴급 대피작전을 실시하여 탈레반 아래에서 생명의 위협에 처하거나 탄압을 받을 것으로 보이는 아프간인들을 대거 자국으로 이주시켰다. 그 이후 2024년 말까지 약 3년이 넘는 기간 동안 캐나다 정부가 제공하는 특별 이주 프로그램들을 통해 캐나다군의 협력자나 통역관, 성소수자, 전문직 여성, NGO 활동가 등 아프간 난민 약 55,000명이 캐나다에 도착했다.

아프간 난민들에게 캐나다는 어떤 나라일까? 어떤 정책과 프로그램을 통해서 얼마나 많은 아프간 난민이 캐나다에서 재정착해왔나? 아프간 난민들의 사회적 통합의 관점에서 캐나다는 유럽이나 미국 사회와는 얼마나 다른가? 기독교적 가치와 세계관, 세속화된(secularized) 공공질서 문화에 익숙한 캐나다인들에게 아프간인 무슬림들은 어떻게 비칠까? 21세기 캐나다에서 아프간 난민들은 어떤 장단기적 도전에 처해 있는가? 캐나다의 대표적 브랜드라고 할 수 있는 다문화주의는 아프간 난민에게 어떻게 다가오는가?

이 글에서는 먼저 캐나다의 난민 정책과 제도를 살핀 후, 캐나다로의 아프간 난민의 유입 과정을 정리한다. 그리고 최근 아프간 난민을 위한 캐나다 정부의 이주 정책, 캐나다 사회에서 아프간 난민들의 정착 현황, 그리고 대다수가 무슬림인 아프간 난민과 이주민이 캐나다 사회에 유기적으로 통합되기 위해 해결해야 하는 문제들을 살펴본다.

II. 캐나다의 난민 정책 및 제도

캐나다는 난민 또는 망명신청자(asylum seekers)가 선호하는 영구 정착국으로 알려져 있다. 유엔난민기구(UNHCR)에 따르면, 2024년 캐나다는 미국, 이집트, 그리고 독일 다음으로 세계에서 4번째로 많은 174,000건의 난민신청서를 받아들였다(United Nations High Commissioner for Refugees, 2025: 2). 또한 같은 해 캐나다는 미국 다음으로 세계에서 2번째로 많은 49,300명의 난민들을 재정착시켰는데, 이 가운데 8,900명은 아프가니스탄에서 왔다 (Kaura,

2025; United Nations High Commissioner for Refugees 2025: 54).[2] 캐나다가 난민들에게 대단히 열린 국가로 인식되고 있지만, 이들에게 항상 호의적이었던 것은 아니었다. 장기적인 관점에서 볼 때, 18세기 후반 이후 캐나다는 난민이나 망명지를 찾는 이들에게 일관되게 피난처를 제공하기보다는, 거부와 수용을 오가는 다소 양면적인 경향을 보여왔다(Canadian Council for Refugees, n. d.; Dench, 2000; Government of Canada, 2021).[3]

1980년부터 2017년까지 캐나다는 다양한 국적과 지역, 종족, 종교를 배경으로 하는 1,088,015명의 난민들을 받아들였다(United Nations High Commissioner for Refugees, 2023). 2016년에서 2024년 사이에 캐나다의 영주권자(Permanent Residents)가 되거나 될 것으로 예상되는 이주민들 가운데 "난민과

표 1 캐나다의 이민자와 난민 유입 추이

	2016	2017	2018	2019	2020	2021	2022 예상	2023 예상	2024 예상
경제 이민자	156,028	159,289	186,366	196,658	106,422	비공개	241,850	253,300	267,750
가족 초청 이민자	77,998	82,468	85,170	91,311	49,290	비공개	105,000	109,500	113,000
난민 및 인도주의적 이민자	**62,706 (26.8%)**	**44,752 (18.5%)**	**49,519 (18.2%)**	**53,211 (18.5%)**	**28,894 (18.6%)**	**비공개**	**84,795 (24.4%)**	**84,555 (23.3%)**	**70,250 (18.5%)**
총이민자 (영주권자)	296,732	286,509	321,055	341,180	184,606	비공개	431,645	447,055	451,000

출처: Haren(2022: 6)을 저자가 재구성

2 2024년 미국, 캐나다, 호주, 그리고 독일의 네 나라가 전세계 난민 재정착의 94%를 담당하였다. 미국이 세계에서 가장 많은 105,500명의 난민을 재정착시켰는데, 그중에 17,000명이 아프가니스탄에서 왔다. 캐나다가 세계에서 두 번째로 많은 49,300명의 난민을 재정착시켰는데, 이들은 대부분 에리트리아(15,500명), 아프가니스탄 (8,900명), 시리아 (6,600명), 소말리아 (4,900명)에서 왔다. 다음으로 호주가 17,200명의 난민을 수용했고, 그 중 아프가니스탄에서 6,300명이 왔다. 독일은 5,600명의 난민을 수용했는데, 그 중 1,000명이 아프가니스탄 출신이다(United Nations High Commissioner for Refugees, 2025: 54).

3 캐나다난민협회(Canadian Council for Refugees)는 홈페이지(https://ccrweb.ca/sites/ccrweb.ca/files/static-files/canadarefugeeshistory.htm)에 1869년 이전부터 2009년에 이르는 기간 동안 캐나다가 난민과 이민자를 거부하기도 하고 수용하기도 하면서 난민에 대한 법적·제도적 발전을 이뤄온 간추린 역사를 소개한다.

인도주의적 이민자들(Refugees and Humanitarian Migrants)"의 비율은 20.85%에 달했다(Haren, 2022: 6).[4]

캐나다는 국가적 차원에서 다수의 난민을 받아들이기 위해 노력하는데 그치지 않고, 소수자 및 취약자의 인권과 처지를 주요하게 고려하며, 지방정부 및 민간과 함께 진행하는 방식을 보여왔다. 이민난민위원회(IRB, Immigration and Refugee Board of Canada)는 2022년 여성 난민을 위해 "이민난민위원회(IRB) 의장 지침 4: 이민난민위원회 심사 절차에서 젠더의 고려(Chairperson's Guideline 4: Gender Considerations in Proceedings Before the Immigration and Refugee Board)"[5]를 만들고, 이에 따라 가정폭력, 강제결혼, 명예살인, 또는 여성할례와 같은 문제들을 다루고 있다. 이민난민위원회(IRB)는 LGBTQ+ 또는 LGBTQIA+[6]로 흔히 지칭되는 성소수자를 위한 "지침 9: 성적 지향, 성 정체성 및 표현, 성적 특성이 관련된 IRB 심사 절차(Guideline 9: Proceedings Before the IRB Involving Sexual Orientation, Gender Identity and Expression, and Sex Characteristics)"도 만들어서 동성애를 처벌하는 국가 출신의 난민 및 트랜스젠더나 양성애자 등 성소수자 난민을 보호하는데 적용하고 있다. 그밖에 캐나다의 레인보우난민회(Rainbow Refugees Society)라는 단체가 성소수자 난민(Rainbow Refugees)의 주거, 보건, 성정체성, 취업, 언어교육 등을 지원하는데

4 캐나다가 이주민 통계를 발표하기 시작한 이후 전체 이민자의 약 25%가 난민이었다는 주장도 있다(Canadian Council for Refugees. n. d.).

5 이 지침은 "Guideline 4 – Women Refugee Claimants Fearing Gender-Related Persecution"(1996)를 대체한 것이다.

6 캐나다에는 성소수자의 다양성을 존중해야 한다는 인식이 사회적으로 강력하게 통용되고 있으며, 성소수자를 지칭하는데 LGBTQ+ 또는 LGBTQIA+라는 용어가 널리 쓰이고 있다. LGBTQIA+는 두문자어로서 레즈비언(Lesbian), 게이(Gay), 양성애자(Bisexual), 트랜스젠더(Transgender), 퀴어(Queer) 인터섹스(Intersex), 무성애자(Asexual), 그리고 플러스(+)을 뜻한다. 여기서 플러스(+)는 위 약어에 포함되지 않는 범성애자(Pansexual), 논바이너리(Non-binary), 투스피릿(Two-Spirit), 젠더플루이드(Gender-fluid) 등을 포함한다.

집중하고 있다.[7]

캐나다로의 망명 또는 이주를 위해 제출된 신청서를 받아 심사하고 난민들의 재정착에 관여하는 기관들을 연방정부와 주정부, 그리고 민간의 세 범주로 구분할 수 있다. 연방 차원에서는 이민난민시민권부(IRCC, Immigration, Refugees and Citizenship Canada), 이민난민위원회(IRB), 그리고 국경서비스청(CBSA, Canada Border Services Agency)의 세 기관이 난민을 심사하고 이들의 이주와 정착을 돕는 역할을 한다. 주, 준주, 또는 지방자치 단체들은 연방정부와의 협력하에 캐나다에 도착한 난민들의 주거, 의료, 교육, 복지 등과 관련된 서비스를 제공하고 있다.[8] 캐나다가 한국이나 독일과 영국 등 유럽 국가들과 난민의 수용과 관련되어 다른 점 가운데 하나는 '민간후원(Private Sponsorship)' 제도로, 국가가 아닌 종교단체 또는 신앙에 기반한 집단, 지역단체 등 비정부기관이 자율적으로 국외의 난민을 선택하여 이들의 캐나다로의 이주와 정착을 지원할 수 있다는 것이다.

이민난민시민권부(IRCC)는 영주 이민자를 수용하고, 이들이 시민이 되는 절차를 관리하며, 캐나다의 난민 정책 등 이민자나 난민의 캐나다로의 이주에 대한 총괄적 역할을 한다. 이민난민시민권부(IRCC)는 캐나다에서 재정착하기를 원하는 난민과 망명 신청자들의 신청서를 접수하고 이를 심사하여 결정한다. 이를 위해 이 연방기관은 해외 난민의 수용 규모를 결정하고, 선발의 기준을 제공하고, 이들의 국내에서의 순조로운 재정착을 위한 프로그램을 운영한다. 난민 및 망명 신청자 등 보호가 필요한 이주민들에게 영주권(permanent

---

7 레인보우난민회가 지원하는 사회적 서비스는 다음의 인터넷 사이트에 구체적으로 소개되어 있다. https://rainbowrefugee.ca/time-to-thrive-program/

8 캐나다는 온타리오(Ontario), 퀘벡(Quebec), 브리티시 컬럼비아(British Columbia), 알버타(Alberta), 마니토바(Manitoba), 서스캐처원(Saskatchewan), 뉴브런즈윅(New Brunswick), 노바스코샤(Nova Scotia), 프린스 에드워드 아일랜드(Prince Edward Island), 뉴펀들랜드와 래브라도 (Newfoundland and Labrador) 등 10개의 주와 유콘 (Yukon), 노스웨스트(Northwest), 누나부트(Nunavut) 등 3개의 준주로 이뤄져 있는 연방국가이다.

residence)을 부여하는 행정 절차를 책임진다.

이민난민위원회(IRB)는 캐나다 정부의 이민 및 난민 심사에 책임을 지는 준사법적 독립기관이다. 이 기관의 난민보호부(Refugee Protection Division)는 캐나다법과 국제 난민법에 근거해 난민 신청자의 난민 지위 여부에 대한 판단을 내리고, 난민 보호에 대한 신청을 접수한다. 난민항소부(Refugee Appeal Division)는 난민 불인정 결정이 내려진 후 항소가 접수되면 이에 대한 심리를 담당한다.[9] 그 밖에 이민부(Immigration Division)와 이민항소부(Immigration Appeal Division)는 이민과 관련된 결정 및 항소 절차를 담당한다.

국경서비스청(CBSA)은 난민 신청의 관문 역할을 수행한다. 국경이나 입국하는 과정에서 제출된 난민 신청서를 접수하고, 초기 단계의 심사를 수행하여, 신청자의 난민 자격 적격성 여부를 판단한다. 만약에 불법 입국을 한 것으로 판단되면 국경에서 추방하는 결정을 내리기도 한다.

주, 준주, 또는 지방자치 단체들은 연방정부와 협력하여 난민 지위를 인정받아 캐나다에 도착한 난민들의 재정착을 돕고 생활을 지원하는 일을 주로 담당한다. 난민들의 주거, 의료, 언어교육(LINC, Language Instruction for Newcomers to Canada) 프로그램, 구직, 정신건강, 사회복지 서비스를 제공한다. 이를 통해 난민들이 성공적으로 캐나다 사회에 뿌리를 내리고, 이들이 캐나다 사회에 유기적인 통합을 이룰 수 있도록 지원한다.

캐나다는 1951년 국제연합(UN: United Nations)의 "난민의 지위에 관한 협약"(Convention relating to the Status of Refugees)과 1967년의 "난민의 지위에 관한 의정서"(Protocol relating to the Status of Refugees)에 서명하였다. 이민난민보호법(IRPA: Immigration and Refugee Protection Act, 2001)은 난민 보호를 위한 이러한 국제적 협약을 국내 차원에서 반영한 것으로, 난민에 관한 캐나다의 기본법으로서 지위를 갖는다. 이민난민보호법은 국가적 차원에서 난민을

---

9 이민난민위원회(IRB)의 구조와 역할에 대한 보다 자세한 내용은 다음의 웹사이트를 참조. https://www.irb-cisr.gc.ca/en/board/Pages/index.aspx

정의하고, 난민의 강제송환 금지와 보호를 위한 기준을 제시하고, 캐나다로 오기 위한 난민 신청 및 난민 심사 절차를 명시한다.

유엔난민기구(UNHCR) 또는 다른 추천기관은 정부지원난민후원(GAR, Government-Assisted Refugees) 프로그램을 통해서 난민들이 캐나다에 재정착하도록 추천한다. 이 프로그램은 난민이 스스로 신청할 수 없으며, 유엔난민기구(UNHCR) 등의 기관에 의해 추천을 받은 재정착이 필요한 난민들에게 캐나다 정부가 접근함으로써 이루어진다. 정부지원난민 프로그램을 통해 난민은 캐나다에 도착 후 1년까지 또는 자립할 수 있을 때까지 생계비와 주거비를 지원받게 된다.[10]

민간난민후원(PSR, Privately Sponsorship of Refugees) 프로그램은 종교집단, 지역단체, 시민사회가 자발적으로 난민을 후원하는 제도이다. 이 프로그램은 후원동의보유자(SAH, Sponsorship Agreement Holders), 그룹오브파이브(Group of Five)[11], 그리고 공동체 지원(Community Sponsor)의 세 하위프로그램으로 구성된다. 민간난민후원(PSR) 프로그램을 통해 난민을 후원하는 민간단체는 난민이 캐나다 도착한 후 1년의 기간 동안 또는 난민이 자립할 수 있을 때까지 주거, 재정, 식량, 피복, 그리고 사회적 또는 감정적 지원을 제공한다. 민간난민후원(PSR) 프로그램은 역사적으로 개신교, 가톨릭, 유대교, 이슬람 등 종교공동체가 중심이 되어 발전된 제도로서, 이는 캐나다에서 난민 보호가 국가의 독점적 영역이 아니라 지역공동체의 지원과 사회적 또는 종교적 실천의 영역이라는 인식이 퍼져있음을 알려준다.

마지막으로, 유엔난민기구(UNHCR) 등 지정된 추천기관으로부터 추천받은 난민을 캐나다 정부와 캐나다 시민권자 또는 영주권자 등 민간후원자가 함

---

10 정부지원난민(GAR) 프로그램에 대한 캐나다 정부의 설명은 다음의 웹사이트를 참조. https://www.canada.ca/content/dam/ircc/migration/ircc/english/pdf/pub/gar_en.pdf?

11 그룹오브파이브는 5명 이상의 캐나다 시민 또는 영주권자가 해외에 있는 인증된 난민이 캐나다로 와서 영구적으로 체류할 수 있도록 후원하는 제도이다.

께 지원하는 혼합난민후원(BVOR, Blended Visa Office-Referred) 프로그램이 있다. 이 프로그램을 통해서 정부와 민간후원자는 캐나다에서 난민의 재정착에 드는 비용을 분담하고 난민에 대한 책임을 함께 진다. 이 프로그램은 정부난민후원(GAR) 프로그램과 민간난민후원(PSR) 프로그램에 비하여 규모가 작다(Immigration, Refugees, and Citizenship Canada 2025).

이렇듯 캐나다 사회에 난민을 수용하고 지원하는 기관 및 제도는 비교적 체계적으로 잘 구축되어 있다고 할 수 있다. 그러나 최근 난민 지위의 인정 여부를 판별하는 이민난민위원회(IRB)에 신청자가 폭증하여 심사가 끝나기까지 2~3년 이상의 대기 기간이 소요되고 있으며, 대기 기간 동안 난민 신청자는 불안정 속에서 기다려야 하는 문제가 제기되고 있다(Karas, 2025; Sekhon, 2025).[12] 후원동의보유자(SAH)와 함께 민간난민후원의 다른 두 방식인 그룹오브파이브와 공동체 지원은 2024년 11월 29일 이후 중단된 상태에 있다.

코로나 대유행 기간이었던 2020년대 전반기 동안 캐나다의 부동산 가격 폭등, 이에 따른 집세 인상, 과도한 물가 인상, 이민자 인구의 빠른 증가, 취업 시장에 처음 진출하는 미숙련 청년들의 구직난과 관련된 논쟁들이 동시적으로 나타나면서, 난민에게 호의적인 '캐나다 이미지'를 재검토해야 한다는 여론이 쥐스탱 트뤼도(Justin Trudeau, 2015-2025년 재임) 정부 말기에 크게 확산되었다. 사회경제적 위기감이 확대되고 쥐스탱 트뤼도 총리에 대한 지지율이 급락하자, 정치적 위기에 처한 자유당(Liberal Party of Canada) 정부는 마크 카니(Mark J. Carney, 2025년~ 재임)를 급히 새로운 총리 후보로 옹립하고 미국에서 도널드 트럼프(Donald J. Trump, 2025년~ 재임)가 대통령으로 취임하며 치솟은 캐나다인들의 반미감정에 힘입어 다음 총선에서 정권을 잡으리라 예측되던

12 캐나다의 서스캐처원주의 수도 리자이나(Regina)에 거주하는 필자는 난민 신청서뿐만 아니라 영주권 신청서가 많이 밀려 장기간 캐나다 정부, 즉 이민난민시민권부(IRCC)로부터 연락을 받지 못하고 있다는 소식을 지인들과 텔레비전 뉴스 등을 통해서 지난 수년 동안 반복해서 들었다. 이에 따라 캐나다의 이민 또는 난민 체계의 효율성 내지 느린 속도 등의 문제로 이민난민시민권부(IRCC)를 개혁해야 한다는 주장이 주기적으로 제기되고 있다(Tagoe, 2024).

보수당(Conservative Party of Canada)의 집권을 간신히 막고 자유당 정부를 연장할 수 있었다.

III. 2021년 이후 아프간 난민의 캐나다 유입

2021년 8월에서 2024년 후반 사이 대규모의 아프간 난민들이 캐나다로 들어왔다. 이는 난민에 대한 캐나다 사회의 우호적인 여론과 쥐스탱 트뤼도[13] 정부의 진보적인 정책적 기조 아래서 내려진 결정에 따른 것이었다.[14] 그러나 아프간인의 캐나다 이주는 21세기로 제한되지 않는다. 1978년까지 캐나다에는 아프간계 이주민 약 1,000명이 거주했다고 알려져 있다 (Nader · Rastgar, 2018). 1978년 이후 아프가니스탄이 친소련 세력에 의한 쿠데타와 뒤이은 소련의 침공 등 극도의 정치적 불안정을 겪으면서, 약 6백만 명의 아프간인이 자국을 떠났고, 이들 중 일부가 캐나다로 유입되면서 캐나다에서 아프간 공동체가 본격적으로 성장하기 시작했다. 1990년대 냉전 이후 아프가니스탄에서 탈레반의 등장은 아프간인의 망명과 이주를 촉발했으며, 다시 이들 중 일부가 캐나다로 유입되었다. 2001년 9/11 이후 아프가니스탄에서 탈레반에 대항해 미국과 캐나다를 포함하는 북대서양조약기구(NATO)가 군사작전을 벌이고,

---

13 캐나다의 난민 및 이주민 정책과 이들에 대한 통합 정책은 1970년대 다문화주의의 공식화 이후 이어져 온 일련의 진보적인 이민정책의 흐름 속에서 이해되어져야 할 필요가 있다.

14 아프간 난민들을 수용하기로 한 연방정부의 결정이 내려진 2020년과 달리, 이 글이 작성된 시점인 2025년 주류 사회의 이주민에 대한 시선은 호의적이지 않다고 할 수 있다. 코로나 범유행(2020년 1월-2023년 5월) 이후 캐나다 사회가 토론토나 벤쿠버 등 대도시를 중심으로 주거난과 구직난을 겪으면서 이민자들, 특히 아프간 난민이 포함된 남아시아 계통의 이민자들이 혐오 범죄나 차별을 많이 경험하고 있다. 2023년과 2024년 사이의 1년 동안 남아시아 출신자들에 대한 비방(slur)이 무려 1,000%이상 증가했다는 조사도 있다(Institute for Strategic Dialogue, 2025; Van Dyk, 2025). 필자는 심지어 같은 아시아계 이민자들 사이에도 광범위하게 늘어난 남아시아계 이민자들에 대한 노골적인 불편한 감정의 표출을 최근 2-3년간 직접 경험하고 있다.

캐나다계 비정부단체가 재건 및 인도주의적 활동을 하면서 캐나다 정부와 민간단체를 도왔던 아프간인이 여러 경로를 통해 캐나다로 들어왔다.

2021년 8월 미군과 나토군이 아프가니스탄에서 철수하자 탈레반은 아프가니스탄 이슬람 공화국(Islamic Republic of Afghanistan, 2004-2021년) 정부를 무너뜨리고 20년 만에 아프가니스탄을 재장악했다. 이에 따라 탈레반에 대한 비판적인 무슬림, 캐나다군과 정부, 비정부단체의 활동을 도운 통역사 및 협력자, 교사나 판사, 시민단체 활동가, 여성 리더, 인권운동가, 언론인, 성소수자(LGBTQIA+) 등이 위기에 처하게 되었다(장지향, 2021). 2021년 8월부터 2024년 11월 약 3년 3~4개월의 기간 동안 캐나다 정부는 아프가니스탄에서 캐나다군이나 캐나다계 비정부기구의 활동을 도왔거나 탈레반 정권 아래에서 탄압을 받을 것으로 예상되는 아프간인 55,195명을 자국으로 옮기는 일련의 신속 이주 프로그램들을 수행했다.

2024년 11월 현재 캐나다에 거주하는 아프간계 캐나다인[15]은 약 152,005명이다.[16] 캐나다 통계청에 따르면 아프간계 캐나다인은 2016년 5월 1일에는 83,995명 그리고 2021년 5월 1일에는 96,810명으로 조사되었다. 앞서 밝힌 대로 탈레반이 아프가니스탄을 재점유한 2021년 8월과 2024년 11월 사이에, 아프간특별계획(ASI, Afghan Special Initiative) 아래 여러 프로그램과 경로를 통해서 아프간 난민 55,195명이 캐나다로 들어왔다. 2021년 캐나다 통계청이 발표한 아프간계 캐나다인 통계에 2021년과 2024년 사이에 유입된 아프간 난민의 수를 더하면, 2024년 11월 현재 캐나다에 거주하는 아프간인들은 약 152,005명으로 계산된다(Immigration, Refugees, and Citizenship Canada, 2024d). 즉, 2021년과 2024년 사이 약 3년이 조금 넘는 기간 동안, 2021년 조

---

15 이 글에서 '아프간인' 또는 '아프간계 캐나다인'이란 아프간(Afghan)을 종족(ethnicity)적 배경으로 갖는 캐나다 시민 및 영주권자와 그들의 자녀 등을 뜻한다.

16 캐나다 통계청은 통상 5년 단위로 전국 규모의 인구조사를 한다. 가장 최근의 인구조사 결과가 2021년에 나왔고, 2026년에 새로운 조사 결과가 나오면 아프간계 캐나다인 인구수에 대한 보다 정확한 통계를 얻을 수 있을 것이다.

표 2 2021년–2023년 기간 캐나다로 유입된 아프간 난민 분포

전체	온타리오	알버타	브리티시 컬럼비아	퀘벡	서스캐처원	뉴펀들랜드와 래브라도	매니토바	뉴브런즈윅	노바스코샤	프린스 에드워드 아일랜드	미확인
39,055	20,710	7,430	4,935	1,485	1,265	1,170	795	605	535	55	70
100%	53.03%	19.02%	12.64%	3.80%	3.24%	3.00%	2.04%	1.55%	1.37%	0.14	0.18%

출처: Immigration, Refugees, and Citizenship Canada. 2024d

사된 97,000여 명의 아프간계 캐나다인의 절반이 넘는 약 55,000명의 아프간인이 새롭게 늘어난 것이다. 아래 표는 2021년 8월과 2023년 10월 사이 캐나다에 들어온 39,055명의 아프간 난민을 주별로 분류한 것으로, 이 시기 유입된 아프간 난민의 84.69%가 온타리오, 알버타, 브리티시컬럼비아의 세 주에 거주하는 것으로 나타난다.[17]

2016년 캐나다에 도착한 이주민 가운데 아프간인이 약 2% 정도였는데, 2022년 41%로 늘어났으니, 이러한 아프간 이주민의 증가는 매우 이례적인 것이다(Immigration, Refugees, and Citizenship Canada, 2024d). 2021년 8월 캐나다 정부는 인도주의적 입장에서 특별이민 프로그램을 통해 아프간인 약 20,000명을 캐나다로 재정착시킨다고 발표했는데, 1달 만에 이 숫자는 두 배가 늘어나 향후 2년의 기간 동안 아프간인 약 40,000명을 재정착시키는 것으로 수정되었다. 이러한 대피-재정착 결정은 아프간 난민의 캐나다 사회에서의 재정착을 위한 주거, 직장, 보건, 교육 등과 관련된 도전을 제기했다. 이러한 도전에 맞서 캐나다 정부는 종교단체 등 민간기관과 함께 이지스 작전, 특별이민조치(SIM), 민간후원(PSR), 인도주의 프로그램, 확대가족경로 등 복수의 특별 이주 프로그램을 통해 아프간 난민들을 캐나다로 재정착시켰다(고가영, 2024: 23-26; 정세정, 2019: 88-95).. 2021년 8월에서 2024년 11월 사이에 캐

17 온타리오주는 캐나다의 최대 인구를 보유한 주로서 최대도시인 토론토를 중심으로 주변도시들이 GTA(Greater Toronto Area)로 지칭되는 경제권을 구성하며, 브리티시컬럼비아주의 벤쿠버와 주변도시들이 묶여있는 메트로 벤쿠버(Metro Vancouver)에 중국인과 인도인 등 아시아계 이주민들이 대거 거주하며, 60년대 이후 석유가 생산되면서 캐나다의 신흥 경제엔진으로 떠오른 알버타주에는 에드먼트과 캘거리를 중심으로 이주자들이 몰리고 있다.

그림 1 **2021년 8월 23일 아프간인들이 카불 공항에서 군항기에 탑승하여 캐나다로 떠나기 위해 기다리는 장면 (Government of Canada National Defence, 2023)**

나다에서 아프간인들을 빠르게 증가시킨 특별 이주 프로그램을 살펴보자.

1. 이지스 작전(Operation AEGIS)

아프가니스탄 정부의 붕괴 이후, 많은 아프간인들이 탈레반으로부터 보복당할 위험에 노출되었다. 이지스 작전은 캐나다 정부가 캐나다 시민과 영주권자 및 탈레반 정권 아래서 안전에 심각한 위협을 당할 것으로 예측되는 아프간 난민들을 단기간에 캐나다로 대피시키기 위한 것이었다. 2021년 7월 30일에서 8월 27일 사이 캐나다군은 555명의 군인력을 동원하여 외교부(GAC, Global Affairs Canada)와 이민난민시민권부(IRCC)와 협력하에 이지스 작전이라는 명칭의 민간인 피난 작전을 전개했다. 23일(8월 4일~26일)의 기간 동안 캐나다 군용기 15편과 민간 전세기 2편을 통해 아프가니스탄 카불에서 캐나다에서의 재정착을 허가받은 아프간인들과 그들의 가족 3,700명(여성 1,524명)을 전격적으로 대피시켰다. 이지스 작전에서 캐나다 국방부(CAF, Canadian Armed Forces)는 아프간 협력자가 캐나다군의 활동을 지원했는지를 인증하고, 인증과정을 통과한 아프간인을 이민난민시민권부(IRCC)에 추천하면, 이민난민시민권부(IRCC)가 최종 권한을 갖고 적합성 조사를 한 후 추천받은 아프간인에 대한 캐나다로의 수용 여부를 결정했다(Government of Canada National Defence, 2023; Immigration, Refugees, and Citizenship Canada, 2023).[18]

2. 특별이민조치(SIM, Special Immigration Measures)

2021년 7월 22일 캐나다 정부는 캐나다와 '의미있고 지속적인 관계(Significant/Enduring Relations)'를 가진 아프간인과 그들의 가족을 캐나다로 이주시키는 특별이민조치를 시작했다. 이 이민 프로그램도 탈레반에 의해 박해를 받을 위험이 높은 것으로 판단되는 아프간인 협력자들과 여성 지도자, 언론인, 인권운동가 등 취약층을 보호하기 위한 것이었다. 특별이민조치(SIM)를 통해서 캐나다로 오기 위한 자격 요건으로는 아프가니스탄 국적자여야 하며, 캐나다 정부 또는 캐나다군과 직접 관련되어야 하는데, 주로 통역사, 문화자문관, 현지 직원, 운전기사, 보안요원, 대사관 직원, 캐나다 정부의 프로젝트 수행자, 캐나다 정부와 계약 또는 비공식 협력 관계를 맺고 활동한 사람 등이 이에 포함되었다(Immigration, Refugees, Citizenship Canada, 2022).

많은 아프간 난민이 이 프로그램을 신청하고자 했는데, 이 프로그램의 특징은 아프간인 당사자가 직접 접수하는 신청은 받아들이지 않는 것이었다. 캐나다 외교부(GAC) 또는 국방부(CAF)가 이민난민시민권부(IRCC)에 먼저 특정 아프간인을 추천(referral)하고 이 추천이 승인되면, 이민난민시민권부(IRCC)가 발급한 공식초청서(ITA, Invitation to Apply)를 받은 이후에 아프간인이 정식 이민 신청서를 제출할 수 있었다. 특별이민조치 프로그램에 20,735건의 신청이 접수되었고, 이 가운데 4분의 3이 넘는 15,605개의 신청서가 수락되었고, 최종적으로 15,505명의 아프간 난민이 캐나다에 도착했다. 이 프로그램은 2023년 12월

---

18 캐나다는 2021년 8월 미국이 주도하여 나토(NATO)가 진행한 "얼라이드솔리스 작전(Operation ALLIED SOLACE) 작전을 지원하여, 1,000여명의 아프간 협력자들과 그들의 가족들을 쿠웨이트와 카타르에서 코소보와 폴란드에 있는 임시캠프에 재정착하도록 도왔다. 이 나토 작전에 대한 캐나다의 지원은 2022년 2월 종결되었다.

31일 마감되었다(Immigration, Refugees, and Citizenship Canada, 2024d).

3. 인도주의 프로그램(Humanitarian Program)

이 이주 프로그램은 아프가니스탄에서 탈레반의 재집권에 따라 박해받을 위험이 높은 가장 취약한 상황의 아프간 난민을 위해 만든 인도주의적 재정착 프로그램으로서, 정부지원난민(GAR)과 민간난민후원(PSR)의 두 경로를 결합해서 운영하는 특징을 갖는다. 인도주의 프로그램은 아프가니스탄 밖에 있는 아프간인들 가운데 여성지도자, 인권운동가, 하자라인, 시크교도, 힌두교도 같은 종족적(ethnic) 또는 종교적 소수자[19], 성소수자, 기자, 캐나다인 기자를 도왔던 아프간인 등을 우선적으로 포함했다(Issraelyan 2022: 145). 인도주의 프로그램을 통해서 캐나다로 이주하기 위해서는 이민난민시민권부(IRCC)에 직접 신청서를 제출해서는 안 되며, 유엔난민기구(UNHCR)나 거주국 정부의 이민 담당 기관을 통해서 난민으로서 등록을 먼저 마친 후, 캐나다 정부와 협력 관계에 있는 이 기관들이나 다른 권위가 인정되는 국제기구에 의해 신청서류가 캐나다 정부로 접수되는 과정을 거쳐야 했다(Immigration, Refugees, and Citizenship Canada, 2024b).

정부지원난민(GAR) 프로그램은 추천을 받은 난민들 가운데 이민난민시민권부(IRCC)가 직접 선정하여 캐나다에 재정착시키고 최대 1년 또는 자립할 수 있을 때까지 이들을 도왔다. 민간난민후원(PSR) 프로그램을 신청하려면 후원자가 지원하는 서비스와 비용의 목록을 첨부하여 서명한 동의문서가 반드시 포함되어야 했다. 지역단체, 종교단체, 비영리기관, 5인 이상의 캐나다 시

19 하자라인은 아프가니스탄의 중부지역에 거주하는 주요 소수민족 공동체로, 아프가니스탄 인구의 약 20%를 차지한다. 아프간인이 대부분 수니파 무슬인데 반하여 하자라인은 시아파 무슬림이다. 탈레반은 1990년대 그리고 아프가니스탄에서 다시 권력을 잡은 2021년 이후 하자라인을 탄압해왔다. 이러한 수십 년에 걸친 탄압으로 인해 파키스탄, 이란, 호주, 유럽, 미국, 캐나다 등에 하자라인 디아스포라 공동체가 형성되었다(Kelley, 2025).

민 등이 민간난민후원(PSR) 제도의 참여단체가 될 수 있다.[20] 2021년 이후 인도주의 프로그램을 통해서 아프간 난민 25,000명 이상이 캐나다에 도착했다(Immigration, Refugees, and Citizenship Canada. 2024b).

4. 전 통역사의 확대가족을 위한 경로(Pathway for extended family members of former interpreters)

이 프로그램은 2001년과 2021년 사이 아프가니스탄에서 캐나다군과 정부의 활동을 도왔던 전 통역관들의 직계가족을 넘어 확대가족(extended family members)도 캐나다로 이주할 수 있게 한 특별 이주 프로그램이었다. 전 통역관과 직계가족이 캐나다로 이주한 이후에 그들의 확대가족이 아프가니스탄에 머무는 경우 탈레반의 표적이 될 수 있기에, 캐나다 정부는 전통적인 가족 스폰서를 통한 캐나다로의 이주 방식이 아닌 이러한 특별한 프로그램을 한시적으로 운용했다.

신청자는 아프가니스탄 국적자여야 하며, 2021년 7월 22일 이후 아프가니스탄에 있어야 하며, 이 프로그램을 신청하는 시기에 캐나다에 거주하고 있어서는 안 되었다. 확대가족의 범주에는 전 통역사의 자녀(나이는 상관없음), 손주, 부모, 조부모, 형제자매 등이 포함되었다. 이 난민 프로그램을 통해서 캐나다에 도착하는 순간 영주권(permanent residence)을 취득하게 되고, 캐나다 정부가 영주권자에게 제공하는 의료 및 사회복지 혜택 등의 권리를 누릴 수 있게 되며, 추가적으로 주거, 은행계좌 개설, 학교 등록 등 정착 지원 서비스를 받을 수 있었다. 이 프로그램을 통해서 전 통역사의 가족 4,130명이 캐나다에 도착했다. 2024년 8월 이후 이 프로그램을 통한 난민 신청은 받고 있지 않다(Immigration, Refugees, and Citizenship Canada. 2024c).

---

20 1979년 캐나다는 세계에서 처음으로 난민의 수용을 부분적으로 민간화(privatize)한 국가가 되었다(Issraelyan, 2022: 146).

5. 아프간 난민 정책에 대한 최근의 쟁점들

이민국가인 캐나다에서 이민정책과 관련된 논쟁은 항상 존재해왔다. 아프간 난민의 캐나다로의 수용을 둘러싼 논쟁을 크게 3가지로 구별해 볼 수 있다. 첫째, 현재 아프간 난민을 수용하는 속도가 너무 느리고 관료적이며, 따라서 캐나다가 더욱 인도주의적이고 개방적이어야 한다는 비판이 있다. 캐나다인들은 흔히 적극적인 난민정책을 캐나다의 정체성과 가치를 규정하는 맥락으로 간주하고 자랑스럽게 여기곤 한다. 그러나 아프간 난민에 대한 캐나다의 수용정책, 특히 캐나다가 아프가니스탄에서 미국 및 다른 나토국가들과 함께 벌인 대피 작전은 캐나다 내부에서 비판을 받기도 했다. 캐나다의 유력 정치인들과 공적 인물들, 예컨대 전 외무장관 로이드 액스워디(Lloyd N. Axworthy), 전 상원의원 라트나 오미드발(Ratna Omidvar), 펜 햄프슨(Fen Hampson) 교수, 전 캐나다 유엔대사이자 법무부 및 보건부 장관 앨른 락(Allen Rock), 세계 난민·이주 위원회 (World Refugee and Migration Council)와 주요 인권 단체의 대표들 등은 트뤼도 총리와 이민난민시민권부(IRCC) 장관, 외무부(GAC) 장관에게 2021년 11월 1일 보낸 공개서한에서 캐나다의 난민정책을 비판하고, 이미 확인된 문제를 해결하는 조치를 취할 것을 촉구했다.

공개서한의 서명자들은 캐나다 정부의 아프간 난민 프로그램의 문제점들을 극복하기 위해 4가지 사항을 요구했다. 첫째, 캐나다와 '지속적인 관계'를 가져온 아프간인들을 보호하겠다고 했는데, '캐나다에 대한 지원(assistance to Canada)'과 '인도주의 프로그램'에서의 '수용 대상 범주들(accepted categories)'등 주요 용어를 명확하게 정의할 것, 둘째, 밀려있는 접수된 신청서를 처리하기 위해 추가 인력을 포함한 업무에 필요한 추가 자원을 신속히 투입하고 담당자에게 재량권을 줄 것, 셋째, 유엔난민기구(UNHCR)로부터 난민 인정을 받아야 하는 요건을 없애고, 아프가니스탄 사태를 '일단(prima facie)' 난민 상황으로 인정할 것, 그리고 넷째, 동맹들과 협력하여 탈레반으로부터 안전의 보장을 확인받는 것을 제안하였다. 개별 심사를 통해 난민 지위를 부여하는 방식 대신 '프리마 파시'적 접근을 한다면, 관료적 절차를 우회해 난민 신청서 처리에 소요되는 시간을 단축할 수 있기 때문이다(Axworthy et al. 2021; Issraelyan, 2022: 144-146).

둘째, 난민 전문가나 오피니언 리더, 난민 관련 NGO 등의 '친난민적' 의견과 달리, 캐나다가 '난민 친화국' 이미지를 유지하기 위해 너무 많은 난민과 이민자를 받아들여서 생활 여건이 크게 악화되었다는 인식이 캐나다 사회 저변에서 크게 증가했다.[21] 특히 코로나 시기와 그 이후 주거난, 취업난, 고물가 행진을 겪으며 캐나다 사회가 최근 수년간 너무 많은 이주민을 받아들였다는 난민 및 이주민에 대한 부정적 여론이 강화되었다. 이에 따라 2025년 후반기에 들어 전체 이민자 수용의 규모는 줄었다(Moosafeta, 2025; Singer, 2025). 다른 한 편으로는 많은 아프간 난민이 캐나다로의 이주를 희망하며 제3국에서 대기하고 있다. 그러나 현재 아프간 난민을 위한 캐나다로의 특별 이주 프로그램은 대부분 끝난 상태이다. 따라서 이제 캐나다로 이동하기 위해서는 위해서는 가족초청 프로그램이나 경제이민 등 일반적인 이주의 경로를 통해야 하며, 이는 향후 아프간 난민의 캐나다 입국에도 영향을 미칠 수 밖에 없다.

셋째로, 캐나다와 미국 간에 체결된 안전한 제3국 협정(STCA, Safe Third Country Agreement)과 관련된 논쟁이다. 이 협정은 난민 또는 망명신청자가 최초로 캐나다나 미국 같은 '안전한 국가'에 도착하면, 제3국에 다시 난민을 신청할 수 없도록 막는 것으로, 캐나다와 미국 간에 2002년 서명되고 2004년 발효되었다. 이에 따라 2004년 이후로는 미국에 먼저 도착한 아프간 출신 망명신청자가 미국에서 난민 인정이 거부되어 인접한 캐나다로 경로를 바꿔 난민신청을 다시 시도하면 난민신청이 인정되지 않고 있다. 따라서 '인권국가로서의 캐나다'의 정체성을 유지하려는 시민사회나 여론주도층에서는 안전한 제3국 협정이 캐나다 헌법과 국제 인권 의무를 침해한다는 문제를 제기한다. 이

21 서부캐나다 지역에 거주하는 필자는 첫 번째 비판보다는 두 번째 비판을 훨씬 더 많이 접해왔다. 아쉬운 것은 캐나다 사회에서 아직 충분히 뿌리내리지 못해 물가와 월세 등 주거비의 상승에 민감한 이주민 출신들에게서 이러한 불만을 더 자주 듣는다는 것이다.

와 관련해 캐나다의 난민 제도 및 국경 관리 시스템의 '미국화'가 이뤄지고 있다는 비판도 제기되고 있다(Bowden, 2025).

IV. 지구화된 캐나다의 도전과 다문화주의, 사회통합

2024년 1월 독일 아샤펜부르크(Aschaffenburg)에서 아프간 남성이 흉기를 휘둘러 2명이 사망하고 2명이 중상을 입은 사건, 같은 해 5월 독일 만하임(Mannheim)에서 아프간 이민자가 반이슬람 운동가를 공격하고 경찰관을 살해한 사건, 같은 해 8월 난민에 대한 사회적 여론이 악화되면서 독일 정부가 범죄경력이 있는 아프간인 28명을 아프가니스탄으로 추방한 사건 등은 캐나다에서도 아프간 난민이 이주 후 순조롭게 재정착하여 이 사회의 유기적인 일부가 될 수 있을지 의문을 제기하게 만든다(김계연, 2025; Gattringer, 2024). 아프간인의 캐나다 정착이 미국과 유럽으로 간 아프간인들과 비교하여 어떤 유사점과 차이점을 갖는가? 캐나다 사회로의 통합에 있어서 아프간인들의 정체성은 어떠한 변수로서 역할 하는가? 장기적 관점에서 아프간 난민 및 이주민들과 그들의 2세, 3세 등 후손들은 캐나다 사회의 미래를 책임지는 능동적인 주체로서 역할 해 나아갈 수 있을까?

1. 직면한 도전들: 주거, 고용, 정신건강

아프간인이 '난민'으로서의 지위를 공식적으로 인정받아 캐나다에 도착하게 되면 영주권을 받은 이주민으로서 새로운 사회문화적 환경 속에서 뿌리를 내리고 생활해야 하는 상황에 놓이게 된다.[22] 캐나다에서 이민자로서 순조로운

---

22 아프간인들이 공식적으로 인정받은 난민으로 캐나다에 도착하면 통상 영주권을 받게 된다. 영주권을 받은 시점으로부터 5년 이후, 이 기간에 3년 이상 캐나다에 물리적으로 거주했다면, 시민권을 신청하여 받을 수 있는 자격이 주어진다.

정착을 위해서는, 경제적으로 자립할 수 있는 직업을 구하고, 독자적으로 또는 가족과 함께 기거할 수 있는 안정적인 주거지를 확보해야 하며, 아프가니스탄과는 다른 캐나다의 사회문화적 환경에 적응하고, 그간 경험했던 전쟁과 재난 상황이 남긴 상처를 치유해야 하는 새로운 도전에 직면하게 된다.

이민난민시민권부(IRCC)는 아프간 난민이 캐나다에 도착한 이후 정착 과정에서 겪게 되는 가장 큰 어려움으로 주거, 고용, 정신건강을 뽑았다(Immigration, Refugees, and Citizenship Canada, 2023).[23] 아프간 난민이 캐나다로 대규모로 들어왔던 2021년에서 2024년 동안 캐나다 사회는 부동산 가격과 주거비 상승, 고물가, 고용률의 저하를 겪었다. 캐나다모기지주택공사(Canada Mortgage and Housing Corporation)에 따르면 2021년 이후 캐나다의 임대료는 평균 약 11% 상승했다(Kohzad, 2025). 캐나다에서 임대아파트나 공공주택 계약을 맺기 위해서는 현재 직장이 있음을 증빙하는 문서나 전년도의 소득을 증빙하는 서류를 제출해야 하는 경우가 많은데, 난민들은 소득이나 신용 기록이 없어 마음에 들거나 저렴하거나 또는 장기간 안정적으로 거주하기에 적합해 보이는 주거지를 발견하고도 계약하지 못하고 포기하는 경우가 많다. 게다가 2021년 이후 아프간 난민이 대거 캐나다에 들어온 시기에 캐나다는 심각한 주택 부족에 처했다. 신규 이민자와 유학생이 빠르게 증가하여[24] 주택 수

23 이 세 가지 외에도 영하 30~40도 아래로 내려가는 캐나다의 겨울 날씨, 언어장벽, 인종차별, 자녀교육, 종교나 문화, 성(gender) 관련 인식의 차이 등도 아프간 난민의 정착을 어렵게 하는 도전이라고 할 수 있으며, 이러한 요인들이 아프간 난민의 캐나다 정착에 미치는 영향에 대한 후속 연구가 필요하다.

24 2021년 이후 신규 이민자가 빠르게 증가하여, 2023년에는 캐나다 인구가 4천만 명을 넘었다. 아래는 2015년~2024년 동안 캐나다 인구 및 신규 이민자 통계이다(Wikipedia, 2025).

연도	전체인구	신규 이민자	신규 이민자 비율
2015	35,702,908	271,850	0.76%
2016	36,109,487	296,350	0.82%
2017	36,545,236	286,480	0.78%
2018	37,065,084	321,040	0.87%
2019	37,601,230	341,180	0.91%

요는 높아진 반면에, 구입거나 임차할 수 있는 주택의 숫자가 부족한 상황이었다. 임대료 상승[25]과 주택난으로 인해 주택 임차가 어려워짐에 따라 아프간 난민들이 임시숙소에서 장기간 거주하는 일들이 보고되었다. 이민난민시민권부(IRCC)에 따르면 2023년 1월 29일 기준 아프간 정부지원난민(GAR) 1,936명이 모텔 및 호텔 등 임시숙소에 머무는 것으로 보고되었다. 이에 이민난민시민권부(IRCC)는 토론토, 캘거리, 밴쿠버와 같이 심각한 주택난을 겪고 있는 지역에 거주하는 난민들에게 주거보조금(housing top-up)을 제공했다. 또한 주거와 관련한 압박이 대도시에서 특히 강하기 때문에 아프간 난민들이 토론토, 벤쿠버, 몬트리올 등 대도시를 넘어 더 넓은 범위의 캐나다의 지역사회, 특히 주택 공급이 상대적으로 풍부하고 저렴한 중소도시에 정착하도록 장려했다(Immigration, Refugees, and Citizenship Canada, 2023).

2013년에서 2020년까지 역사상 처음으로 외국인으로서 영국은행 총재를 지낸 마크 카니(Mark Carney)가 2025년 3월 캐나다의 제24대 총리에 취임했다. 카니 총리는 주택 공급 부족의 원인을 신규 이주자의 빠른 증가와 관련된 것으로 보면서, 신규 이민자의 유입을 축소하고 주택 공급은 늘리는 결정을 내렸다. 카니 정부는 주택, 교육, 의료, 교통 등 사회 인프라 전반에 가해지

연도	전체인구	신규 이민자	신규 이민자 비율
2020	38,007,166	184,600	0.49%
2021	38,226,498	406,055	1.06%
2022	38,929,902	437,630	1.12%
2023	40,097,761	471,820	1.18%
2024	41,288,599	483,640	1.17%

25 2025년 캐나다의 임대료 상승률이 전반적으로 하락했다. 그러나 대도시의 임대료는 여전히 최고 수준이다. 밴쿠버는 침실이 2개인 아파트의 임대료가 평균 3,489달러, 침실이 1개인 아파트의 경우 평균 2,515달러로 전국 최고 수준이다. 전국적으로 임대료 상승세가 꺾인 것과 달리, 알버타주 에드먼튼의 임대료는 지난 3년 동안 25% 이상 폭등했다. 서스캐처원주의 새스커툰은 1년 동안 약 7% 상승했으며 리자이나, 매니토바주의 위니펙도 임대료가 상승했다(벤쿠버 중앙일보 기자 2025).

고 있는 압박을 인지하고 이를 완화하기 위해, 코로나 이후 급증했던 영주권자의 수를 전체 인구의 1%로 내린다는 방향을 제시했다 (Moosapeta, 2025). 또한 새 내각은 2025년 9월 Build Canada Homes (BCH)이라는 연방 차원의 주택 공급을 담당하는 기관을 출범했는데, 이 기관은 저소득층 주택과 중산층 주택을 대규모로 건설하는 데 집중하기로 되어있다(Housing, Infrastructure and Communities Canada, 2025).

둘째, 아프간 난민은 고용 장벽을 캐나다 사회에 정착하고 경제적 자립을 하는데 핵심적인 어려움으로 꼽는다. 자아를 펼칠 수 있는 직업의 유무는 심리상태 또는 정체성 형성과도 연결되어 있다. 장기간 무직 상태에 있게 되면, 고립감이나 자존감의 상실, 더 나아가 사회 일반에 대한 증오심을 키워 이른바 '외로운 늑대(lone wolf)'와 같은 극단적 심리적 상태에 빠지기도 하는데, 특히 문화가 다른 나라에 이주한 후 현지 사회 안으로 진입하지 못하고 사회적 주변부에서 장기간 분리될 때 겪게 되는 박탈감은 상당할 수밖에 없다 (Kohzad 2025).

아프간 난민의 캐나다 노동시장으로의 진입을 막는 요건으로는 해외에서의 취득한 자격증이나 학위의 불인정, 언어장벽, 커리어 관련 정보의 부족, 전문 네트워크의 결핍, 그리고 이른바 '캐나다 경험(Canadian experiences)'의 부족[26] 등이 있을 수 있다. 아프간 난민 다수가 교사, 의사, 엔지니어 등 전문가로서의 상당한 경험을 갖고 있음에도, 캐나다 밖에서 획득한 학위와 자격이

26 필자가 캐나다에서 학위를 마치고 직장생활을 위해 개인적인 네트워크를 통해 자문을 구할 때 가장 많이 들었던 조언의 하나가 'Canadian experience'를 쌓으라는 것이었는데, 이에 대한 명확한 정의는 없다. 지난 몇 년 동안의 경험을 통해서 Canadian experience란 캐나다 안에서의 쌓은 실무 경험 그리고 수평적이고 직접적이면서도 ("감정적으로 다소 노골적인 미국문화와 달리") 공손한 전문직 소통 문화 또는 이러한 사실상 캐나다 백인 중산층 주류문화의 내면화를 종합한 것으로 짐작되었다. 때로는 이를 정량적으로 적용할 수도 있다. 예컨대 캐나다 밖에서의 경력을 캐나다 안에서의 경력, 즉 , 즉 Canadian experience의 50%에 해당하는 것으로 하여 첫 번째 호봉이 계산될 수 있다. 어쨌든 캐나다 사회에 만연한 Canadian experience라는 통념은 난민이나 이주자가 이민 초기 직장을 구하는데 상당한 걸림돌로 작동한다.

캐나다 내에서 인정을 받지 못하여 캐나다 도착한 후 전문직에 취업하지 못하고 본국에서 쌓아온 학력과 경력, 직종과는 관련 없는 비숙련(unskilled) 저임금 직종에 장기간 종사하는 사례도 많다.[27] 심지어 캐나다로 이주한 지 비교적 오래되지 않은 이민자들 간에 그러한 비숙련 직장을 두고 서로 치열하게 경쟁하는 상황을 보기도 한다. 캐나다 국제교육국(CBIE, Canadian Bureau for International Education)의 2022년 보고서에 따르면, 숙련된 고급인력(skilled) 이민자들이 캐나다 도착 이후 5년 이내에 자신의 전문 분야에서 취업에 성공하는 비율은 39%에 불과하다(Kohzad, 2025).

캐나다는 영어와 불어를 공용어로 함께 쓰는 이중언어 국가이다. 영어나 불어 가운데 하나의 언어로 제한되기보다는, 두 언어를 다 사용할 수 있는 경우 취업의 기회는 크게 늘어나게 된다. 두 공식 언어 가운데 하나도 제대로 유창하게 사용하지 못하는 경우 전문직 진입은 대단히 어려워질 수 있다. 특정한 기술에 기반한 직장이 아니라, 관리직이나 특히 연방 공무원 되기 위해서는 초등학교부터 두 공식 언어를 계속 학습한 선주민과의 경쟁에서 이민자가 두각을 나타내기는 쉽지 않다. 이에 캐나다의 지방정부들은 이민자 맞춤형 언어능력 향상 프로그램 LINC (Language Instruction for Newcomers to Canada)를 운영하고 있다. 초창기 이민자에게 무료로 제공되는 LINC 프로그램을 통해서 두 공식 언어를 익히고 이 과정에서 만난 유사한 처지의 다른 이주민들과 '이민 동기'로서 유대감을 형성하고 직장 및 생활과 관련된 정보를 공유하여 취업에 성공하거나, 무슬림 이민자의 경우 할랄(Halal) 식료품점의 위치를 파악해 할랄 음식을 요리해 먹었다는 소식을 흔히 듣는다.

셋째, 아프간 난민의 건강 상태는 재정착 이후 이들의 삶의 질과 복지 차원을 넘어, 캐나다 사회의 안전과 장기적으로 사회통합의 문제와 연결되어 있

27 이러한 문제는 난민에게로 제한되지 않는다. 캐나다 노동시장이 필요로 하는 기술직이 아닌 인문사회 계열에서 전문성을 쌓아왔던 이민자들은 이주 후 경력과 무관한 저숙련 직에 종사하는 경우가 허다하다.

다. 아프간 난민들은 전쟁, 강제 이주, 탈레반에 의한 생명의 위협 등의 경험을 거쳐 캐나다에 도착하기 때문에 다른 이주민들보다 우울증, 과도한 불안, 외상후 스트레스장애(PTSD)를 경험할 가능성이 높다. 아프간 난민의 PTSD 유병률은 지난 수십 년간 유럽에서 34~35%(Bronstein et al., 2012), 호주에서 46%(Yaser et al., 2016), 북미에서 50%(Malekzai et al., 1996) 등 전반적으로 높은 것으로 알려져 왔다. 튀르키예에서 이뤄진 조사에서도 아프간 난민들의 우울증(50%)과 불안(41%)의 높은 유병률이 보고되었다(Kurt et al., 2022). 이러한 연구 결과와 일치하게, 캐나다 최대도시인 토론토에 거주하는 아프간 난민 49명(남성 41%, 여성 59%)을 대상으로 한 연구에서는 이들 중 53%가 PTSD 증상을 보였다. 특히 실업 상태, 낮은 사회적 지지, 저조한 신체적 건강 상태를 보고한 난민들에게서 PTSD 증상이 더 높은 것으로 나타났다(Ahmad et al. 2020: 597).

한나 스마티(Hannah Smati)와 그의 동료들의 연구(Smati et al., 2025)는 이러한 경향과는 다른 연구 결과를 보여준다. 이 연구는 2011년과 2020년 사이에 알버타주 캘거리(Calgary)에 정착한 아프간 난민 환자 402명(성인 228명, 아동 174명)[28]의 의료서비스 이용 패턴을 분석한 것으로, 캘거리 근교의 아프간 난민의 정신건강 문제는 상대적으로 덜 심각한 것으로 나타났다. 전문의 진료 중 가장 많은 비중을 차지한 분야는 정신과(35.4%, 115명/325명)였으며, 산부인과(16.9%, 55명/325명)와 내과(10.2%, 33명/325명)가 뒤를 이었다. 정신 및 행동 장애는 성인 환자의 불과 18.9%(43명/228명)에게서 관찰되었으며, 그 가운데 우울증(6.6%, 15명/228명), 불안(4.8%, 11명/228

28 402명의 환자 중 84%가 아프가니스탄(73.6%, 296명)과 파키스탄(10.4%, 42명)에서 직접 입국했다. 환자들의 주 사용 언어는 다리어/페르시아어(54.2%, 218명)와 파슈토어(17.7%, 71명)였다. 환자 64.7%(260명)이 영어를 거의 구사하지 못했고, 24.4%(98명)는 영어를 잘 구사했다. 이들은 총 117개의 가족 단위를 포함했으며, 가족당 인원은 1~9명, 가족 구성원 수는 평균 3.4명이었다. 난민 지위가 확인된 347명 중 163명(47.0%)는 정부지원난민(GAR), 139명(40.1%)은 민간후원난민(PSR), 망명신청자(asylum seekers)는 23명(6.6%) 이었다. 22명(6.3%)은 캐나다 출생자였다 (Smati et al., 2025: 3).

명), PTSD(4.8%, 11명/228명)의 세 가지가 자주 보고되었다. 따라서 재정착 이후 아프간 난민 가운데 34~50% 이상의 PTSD 유병률을 보고했던 다른 연구와 달리, 이 연구에서는 PTSD와 같은 정신질환의 유병률이 다른 질환에 비해 대단히 낮게 관찰되었다.[29] 반면 다른 연구와 일치하게, 성인 아프간 난민의 주요 진단에는 영양 결핍과 위장관 감염이 발견되고, 아동의 경우에는 영양실조, 경증 질환, 장내 기생충과 같은 감염성 질환의 빈도가 높았다.

재정착 이후 아프간 난민의 정신건강과 관련된 스마티와 그의 동료들의 연구가 기존의 아프간 난민의 정신건강과 관련되어 드러내는 차이가 갖는 함의는 무엇인가? 스마티와 그의 동료들의 연구가 이루어진 클리닉은 다른 난민 전문 클리닉들과 달리, 재정착 초기 단계에서 정신건강 문제에 대한 체계적인 선별검사를 시행하지 않고, 먼저 임상의와 환자 간 신뢰 형성을 한 뒤에 조사를 진행했다. 이는 입국 즉시 난민의 정신건강 상태를 조사하는 다른 난민 보건조사 방식과는 차이가 있다.[30] PTSD나 우울증, 불안증상 등은 아프가니스탄에서의 경험뿐만이 아니라, 캐나다로 탈출하는 '전쟁과도 같은' 과정 그리고 이주 후 새로운 사회에서의 정착 및 생활과도 밀접한 관계가 있다. 언어 습득, 가족 재결합, 지역사회 지원과 같은 이주 이후 요인은 PTSD나 불안 증상을 감소시킬 수 있는 반면에, 실업, 차별, 장기화된 재정착 절차, 사회적 고립 등은 정신건강을 악화시킬 가능성이 있다(Katal et al., 2019; Li et al., 2016). 즉, 아프간 난민의 정신건강은 아프가니스탄에서의 경험뿐만 아니라, 각각의 재정

---

29 스마티 외(2025)의 연구는 2011년에서 2020년의 기간에 캐나다로 유입된 아프간 난민을 포함하며, 2021년 이후의 캐나다에 도착한 아프간 난민은 다루지 않는다. 따라서 그들의 연구가 2021년 8월 이지스 작전 이후 캐나다에 도착한 아프간 난민의 건강상태를 직접적으로 대표하기는 힘들다.

30 스마티와 그의 동료들은 초기 진료 시 정신건강 선별검사를 시행하지 않은 점은 확인 편향(ascertainment bias)을 초래하여, 자신들의 연구 대상들에게서 정신질환 진단 빈도가 낮게 관찰된 이유가 되었을 가능성이 있다고 밝힌다. 그러나 필자의 판단으로는 스마티와 그의 동료들이 연구대상과 얼마간 신뢰를 형성한 후 검사를 한 것이 다른 유사 연구들에 비해 더 정확하게 현실을 반영한 것일 수 있다(Smati et al., 2025: 9).

착 국가에서 또는 지역에서 선주민들이 이들을 이해하고, 수용하며, 지원하는 방식과도 연계될 수 있음을 알려준다. 재정적 불안정과 언어장벽, 이주 과정 중 의료 접근의 어려움, 일상적 스트레스 등이 이러한 차이에 중요한 원인일 가능성이 있다. 아프간 난민 성인 가운데 정신 및 행동장애 환자가 비교적 낮은 비율인 18.9%로 보고되었다는 사실은 캘거리 근교의 서부캐나다에서 이들의 이주 초기 정착이 상대적으로 순조롭게 이뤄지고 있음을 반영한다고 할 수 있다.

2. 아프간/무슬림의 사회통합과 캐나다의 다문화주의/상호문화주의

아프간 난민의 정신건강과 사회적 위치를 본국에서의 전쟁과 종교성으로 귀속하는 오리엔탈리즘적(Orientalist) 편견을 넘어, 재정착한 사회와 이주민들 간의 상호작용의 결과로 접근할 필요가 있다. 캐나다에서 아프간인을 포함하는 비유럽, 비기독교, 비백인 이민자의 사회적 위치를 파악하기 위해서는 미국과 유럽과는 다른 캐나다의 다문화주의와 이를 낳은 캐나다의 역사와 2차 세계대전 이후의 정치적 흐름을 이해하는 것이 요청된다. 또한 유럽과 미국의 사례와의 비교의 관점에서 캐나다의 사례에 접근할 때, 캐나다의 난민 및 이주민의 수용과 재정착, 사회적 통합의 특징이 보다 선명하게 나타날 수 있다.

2010년대 유럽의 정치지도자들은 중동과 아프리카 등지에서 끊임없이 유입되는 난민 및 이민자, 이들에 대한 수용 이후 선주민과 이주민 간의 분리, 도시 지역에서의 무슬림 이민자의 게토화에 직면하여 '다문화주의 실패'를 선언했다(권경희, 2012). 프랑스는 라이시테(laïcité), 즉 '세속성 원칙'을 통해 공공의 영역을 종교적 제도나 상징과는 분리된 세속적 공간으로 유지한다. 이에 따라 공적 영역과 일상적 사생활을 구분치 않는 이슬람 신앙을 따르는 무슬림 이주민은 정체성의 위기를 경험하고 있다. 유럽에서 적극적으로 대규모의 난민을 수용했었던 독일은 2010년대 중반 이후 아프간 난민의 범죄 사건이 증가하고 있는 가운데 난민과 이주민에 대한 법적·정책적 불확실성이 증가하고 있다. 무슬림 이주민이 지역사회에 통합되지 못하고 분리된 채로 '영구적 외부자'라는 낙인을 받는 경향마저도 보인다(민지원·조규훈, 2019: 14-37). 영국과 네덜란드는 상대적으로 다문화적 관점에서 포용적인 정책을 시행하고 있으나 극우정당이 성장하고 이슬람포비아도 나타나고 있다. 이러한 문제가 생기는 이유는 근본적으로 근대를 거치며 세속화된 유럽사회가 민족국가 발전의 관점에서 난민 및 이주민에게 접근하고 있기 때문에 이들의 통합에 어려움을 겪고 있는 것으로 보인다.

더치(Dutch), 프랑세(France), 스페니쉬(Spanish), 잉글리쉬(English) 등 특정 민족성 혹은 민족적 상상에 기반한 세속정치공동체에 이주민들을 동화시키려는 경향이 강한 유럽 국가에 비해, 미국은 애초부터 이민 국가로 출발해 인종과 문화의 차이를 넘어 모두를 한데 묶는 '시민종교(civil religion)'[31]를 통해 국가적 유대감의 형성을 도모해왔다. 캐나다와 함께 미국은 대표적인 이민 국가의 하나로서 이른바 '멜팅팟(melting pot)'으로 상징되는 통합의 전통을 만들어왔다. 즉, 이민자의 다양성 혹은 문화적 차이가 미국이라는 거대한 문화적 용광로 속에 녹아 들어감으로써 공동의 정체성을 형성한다는 것이다. 그러나 9/11 테러 이후 이슬람포비아가 심화되고 있고, 도시와 농촌, 북부와 남부 등 지역에 따라 무슬림 이주민에 대한 태도의 차이가 보인다. 유럽과 미국 등 다른 서구 국가들과 비교해 다수가 수니파 무슬림인 아프간인을 캐나다는 어떻게 수용해 왔을까? 사회통합의 관점에서 보았을 때 캐나다에서 이들의 미래는 밝은가?

'시민종교'와 '멜팅팟' 패러다임이 어디에서 왔건 어떤 정체성을 갖고 있건 간에 미국이라는 거대한 하나의 종교문화적 공동체에 녹아들 것을 요청한다면, '문화적 모자이크(cultural mosaic)'로 상징되는 캐나다의 다문화주의

---

31 미국의 사회학자 로버트 벨라(Robert N. Bellah)는 출신, 인종, 종교에 상관없이 미국인들은 일정한 종교적 지향 요소들을 공유한다고 주장한다. 이러한 요소들은 미국 제도의 발전에 결정적 역할을 해왔으며, 이러한 공적 종교 차원은 그가 '미국의 시민종교(civil religion in America)'라고 부르는 공통의 신념, 상징, 그리고 의례를 통해 표현된다(Bellah, 2025: 42).

(multiculturalism) 프레임은 이주자의 다양한 문화적 차이가 인정되고 공존하는 사회를 제시한다. 이는 캐나다라는 이민 사회의 발전 과정이 낳은 자연스런 결과라기보다, 영국계와 프랑스계 간의 갈등이라는 내부의 위기를 관리하기 위한 정치적 발명에 가깝다. 북대서양을 사이로 서유럽의 왼편, 미국의 북쪽 지역에 위치한 현재의 캐나다에는 유럽 이주민들이 도착하기 전까지 수천 년 동안 퍼스트네이션(First Nations), 이누이트(Inuit), 메티스(Métis)[32] 등 선주민들이 거주했다. 16~18세기 프랑스와 영국은 이 지역을 탐험하며 각각의 식민지를 형성하며 경쟁하다 영국이 승리하면서 1763년 프랑스의 북미 영토가 영국에 할양되었다. 18세기 말 세인트로렌스강을 따라 상류에 거주하는 영국계의 어퍼 캐나다(Upper Canada, 현재의 온타리오)와 하류에 거주하던 프랑스계의 로어 캐나다(Lower Canada, 현재의 퀘벡) 체제가 형성되었고, 마침내 1867년에 두 언어와 두 문화유산을 포함하는 캐나다 자치령(Dominion of Canada)으로서 건국한다.

그러나 영국계가 정치경제적으로 지배적 지위를 점하고 프랑스계가 구조적 불평등을 경험하면서 지속적으로 차별의 문제가 제기되었다. 이에 두 언어권 간의 갈등을 해결하기 위해 이중언어·이중문화 왕립위원회(Royal Commission on Bilingualism and Biculturalism, 1963-1969)가 설치되고, 1969년 공식언어법(Official Language Act)을 통해 영어와 프랑스어를 동등한 공식어로 보장하는 이중언어 정책이 도입된다. 이는 새로운 문제를 낳았는데, 영국계도 프랑스계도 아닌 독일계, 유대계, 우크라이나계, 이탈리아계 같은 '제3의 캐나다인들(Third Force Canadians)'이 영국계-프랑스계 외의 소수민족들에 대한 인정(recognition)이 부족함을 강력하게 항의하게 된 것이다. 따라서 이제는 그

---

32 '이누이트'는 흔히 에스키모로 불리는 북극에 가까운 북부 지역에 사는 원주민, '메티스'는 유럽계 (특히 프랑스계) 백인 남성과 원주민 여성의 결합으로 탄생한 혼혈인 원주민을 가리킨다. 캐나다에서 그 외 모든 원주민들은 통상 '퍼스트네이션'으로 지칭되며, 미국과 달리 '인디언'이라는 용어는 쓰지 않는다.

간 캐나다의 두 축이 되어왔던 '이중문화 모델'을 넘어서 '제3의 세력'까지도 인정해야 한다는 결론에 이르게 되었다.

1971년 마침내 피에르 트뤼도(Pierre E. Trudeau) 총리는 '이중언어 프레임 안에서의 다문화주의'를 선언하면서 현재의 '영어와 프랑스어를 공식어로 하는 다문화 캐나다'의 기틀이 마련되었다. 이때부터 캐나다는 유럽으로 제한되었던 이민의 문호를 전세계로 개방하고, 모든 문화적·종족적 배경의 집단들이 인정되는 사회로서 국가정체성을 재정의하게 된다. 이러한 다문화주의로의 전환은 영국계의 지나친 패권을 견제하고, 프랑스계 퀘벡의 분리주의를 약화시키고, 증가하는 비영국·비프랑스계 이민자를 통합하며, 단일민족의 상상보다는 개인주의 국가 모델을 정립하려는 트뤼도로 대표되는 자유주의적인 집권 세력의 결단이었다. 그렇다면 이러한 캐나다의 다문화주의는 장기적으로 아프간 난민과 이주민을 완전히 통합해 낼 수 있을까? 캐나다 사회는 대부분이 무슬림인 아프간인을 국가의 미래를 만들어 나갈 사회적 자원으로 인정하는가 아니면 사실상 또는 암묵적으로 '영원한 이방인'으로 간주하는가?

첫째, 유럽 및 미국과 비교해서 캐나다 사회에서 아프간 무슬림은 비교적 통합이 잘 이뤄지고 있다고 할 수 있다. 기독교가 지배적이었던 캐나다 사회 전체는 점점 더 비종교적인 사회로 변화되고 있다. '잠재적 테러리스트'로 취급받기도 하는 유럽 도심지 슬럼에 거주하는 무슬림 청년들과 비교하여 캐나다의 무슬림 청년은 자신의 미래를 비교적 긍정적으로 상상하고 있다. 18세에서 28세 사이의 93명의 무슬림 2세대에 대한 피터 바이어(Peter Beyer), 루비나 람지(Rubina Ramji) 및 그들의 동료들의 연구(2013)에 따르면 캐나다의 무슬림 2세는 자신들의 미래와 커리어에 대해 긍정적인 태도를 가지고 있으며, 캐나다인으로서 시민성과 히잡이나 다른 종교적 상징을 활용한 정체성 표현과 일상에서의 신앙의 실천이 충돌하기보다는 병립된다고 생각한다. 연구에 참여했던 무슬림 청년 가운데 극단적인 정치적 또는 종교적 운동에 이끌리는 이들은 거의 없었다. 이들 대부분이 평화, 관용, 또는 전통적 가치 내에서 자신의 생활에 맞게 종교적 의미를 조정하거나 재구성하려는 태도를 보였다.

따라서 다분히 기독교적이거나 세속적인 캐나다 사회에서는 무슬림인 아프간 난민과 그 후손을 배제하는 구조적 장벽이 상대적으로 낮으며, 그래서 이들이 극단주의로 나아갈 가능성은 낮은 편이다(Beyer · Ramsey et al., 2013: 74-144, 290-306).

둘째, 퀘벡의 예외성이다. 퀘벡인(Québecois)인들은 다문화주의를 거부하고 있다는 데 주목할 필요가 있다. 18세기 영국계와의 경쟁에서 패배했던 기억[33]을 공유하는 캐나다의 대표적 소수민족인 프랑스계 캐나다인은 프랑스어와 프랑스 문화유산에 기반한 '공통문화'를 강조한다. 다문화주의가 다양한 문화들의 병렬적 공존에 집중한다면, 이들은 문화 간의 상호작용과 통합을 지향하는 상호문화주의(Interculturalism)를 주장한다. 이러한 퀘벡만의 '공통문화'를 유지하려는 노력의 일환으로 2019년 퀘벡주는 세속주의 법으로 불리는 21호 법(Bill 21)를 제정했다. 이 법은 경찰, 판사, 교사 등 공무원들이 공공영역에서 히잡, 터번, 십자가, 키파(kippah) 등 종교적 상징의 착용을 금지한다. 결국 이는 공적 영역에서 이슬람적 정체성의 표현을 제한함에 따라, 퀘벡에서 무슬림의 공립학교 교사 등 공직 진출이 구조적으로 제한되고 있으며, 따라서 아프간 무슬림 난민이 정체성의 위기를 경험할 가능성이 있다. 2025년 현재 캐나다 대법원이 21호 법을 심리 중에 있으며, 특히 이 법이 종교의 자유를 보장하는 캐나다 헌법의 권리자유헌장(Charter of Rights and Freedoms)을 위반했는지 여부에 대한 논쟁이 진행 중이다(민지원 · 조규훈, 2019: 43-57).

셋째, 캐나다의 개인주의적 · 자유주의적 다문화주의의 규범적 편향성 또는 불평등성이 지적된다. 1970년대 피에르 튀르도 총리는 영국계와 프랑스계, 그리고 '제3의 세력'간의 갈등에 직면하여, 개인주의적 자유주의에 입각해 모든 문화가 공존할 수 있는 다문화주의로 캐나다를 이끌었다. 현재 다문화주의 프레임 내에서 소수자들의 인권은 관용 또는 '합리적 수용(Reasonable

---

33 퀘벡주의 주(province) 공식 모토는 "Je me souviens(나는 기억한다)"로, 퀘벡의 자동차 번호판에 이 문구가 들어간다.

Accommodation)'이라는 관점에서 접근되고 있다(민지원·조규훈, 2019: 40-42). 로리 비먼(Lori G. Beaman)은 이 '합리적 수용'의 판단 기준이 '세속적', '백인', '중산층', 그리고 '기독교-자유주의 규범적'이어서, 캐나다의 다문화주의 체계 안에서 이슬람은 정상화되지 못하고 위험이나 갈등, 억압의 원천으로 개념화된다고 비판한다. 따라서 아프간 무슬림 난민은 수용될 수는 있지만 예외화(exceptionlized) 되어 항상 검증과 설명의 대상이 된다. 캐나다의 다문화주의는 문화적 차이를 인정하고 공존을 지향하나, 문화 간에 형성되는 이러한 권력의 비대칭성 또는 불평등의 문제를 제대로 인식하지는 못한다는 약점이 있다는 것이다(Beaman, 2017). 은유적으로 표현하자면, 캐나다의 '문화적 모자이크'는 수평적이기보다는 수직적(hierarchical)이다.

V. 맺음말

캐나다는 이민 국가 또는 모범적인 다문화주의 국가로 알려져 있다. 이에 걸맞게 아프간 난민 위기에 대처하고 이들을 자국으로 수용하고 재정착시키기 위해 적극적으로 인도주의적인 관점에서 노력해왔다. 캐나다의 대외정책에서 아프가니스탄 사태는 2021년 8월 탈레반이 카불에서 권력을 다시 장악한 이후 국가적 우선 과제가 되었다. 아프가니스탄의 상황은 캐나다의 긴급한 대응을 요구했으며, 이에 따라 캐나다 정부는 미국 및 나토의 군사작전 기간에 캐나다군과 캐나다 정부를 지원했던 아프간인들의 대피를 조직하였다. 캐나다 정부는 탈레반 정권에 대한 외교적 승인을 거부하고, 대신 아프간 난민을 자국으로 수용한다는 결정을 내렸다.

아프간 난민이 캐나다에 도착하면 이제, 낯선 삶의 공간에서 이주민으로서 정착하고 장기적으로 캐나다 사회와의 유기적인 통합을 이루기 위해서는 넘어서야 하는 도전들과 맞닥뜨린다. 안정적인 주거지 확보, 구직, 아프가니스탄에서 획득한 자격과 경력에 대한 인정, 언어의 차이에 따른 장벽, 전쟁과 인권침해 경험에 따른 정신건강, 아프가니스탄에서 아직 빠져나오지 못한 가족들과의 재결합 등이 이들이 단기간 내에 캐나다에서 성공적인 정착을 위해 우선적으로 해결해야 하는 문제들로 보인다. 최근 유럽에서는 아프간 난민이 순조롭게 통합되지 못하고 경찰을 살해하는 등 사회 안전에 상당한 위해를 낳고 있음이 보고된 바 있다. 그러나 아직까지 캐나다에서 아프간 난민이나 이주민이 살해하거나 공격하여 상해를 입히는 등 사회적 안전에 심대한 위해가 가했던 사례가 보고된 바는 없다.[34]

장기적으로는 아프간 난민이 캐나다 사회에 유기적으로 통합할 때 비교적 완벽한 정착을 달성했다고 할 수 있을 것이다. 이를 위해서는 캐나다 사회가 이들을 인권이나 관용, 인도주의적 관점에서 수용하고 도움을 제공해야 하는 집단으로 접근하는 것을 넘어, 지구화된 캐나다 사회의 발전에 없어서는 안되는 사회적 자산으로 재설정해야 할 필요가 있다. 장기간 전쟁 또는 분쟁을 경험한 아프간 난민의 PTSD 등 정신건강 문제, 세속적이고 기독교적인 캐나다의 문화적 환경 내에서의 무슬림 문화의 이질성, 캐나다의 노동시장에서 고용의 어려움, 최근 캐나다의 경제적 침체와 이에 따른 이주민에 대한 호의적이지 않은 사회적 분위기 등이 이들의 캐나다 사회로의 통합을 위해 극복해 나가야 할 도전으로서 제기되고 있다. 아프간 난민의 재정착과 사회문화적 통합을 위해서는 21세기의 지구화된 사회 환경 속에서 발견되는 다문화주의의 한계들을 정확하게 인지하고, 이를 극복하기 위한 토론 및 새로운 정책의 개발이 필요하다.

34 전술한 유럽에서의 사례들과 유사한 아프간 난민에 의한 캐나다 선주민 시민에 대한 공격이나 살해를 알리는 소식은 접하기 힘들다. 가장 잘 알려진 아프간 난민과 관련된 폭력 사건의 하나는 2009년 온타리오주에 거주하는 아프간 이주민 샤피아(Shafia) 가족 내부의 살인사건이다.

참고문헌

고가영. 2020. “타지키스탄을 경유하는 아프가니스탄 난민들의 정체성 변화: 젠더 역할과 종교 정체성을 중심으로.”『Homo Migrans』 31: 9-52.

권경희. 2012. “유럽 다문화주의의 위기: 변화과정과 원인.”『유럽연구』 30(2): 83-118.

류이현. 2022. “캐나다 난민정책의 경로의존에 관한 연구: 다문화주의 선언 이후.”『한국이민정책학보』 5(2): 51-70.

민지원 · 조규훈. 2019.『종교적 상징에 관한 국제적 법제 및 사례 연구: 프랑스, 독일, 캐나다를 중심으로』 이민정책연구원 정책보고서 시리즈 No. 2019-06.

장지향. 2021. “탈레반의 아프가니스탄 재장악과 향후 전망.”『아시아브리프』 1(24).

정세정. 2019. “캐나다 난민 지원 정책의 동향과 시사점”『국제사회보장리뷰』 11: 88-89.

김계연. 2025. “독일서 아프간 난민 칼부림에 2명 사망.”『연합뉴스』 (1월 23일) https://www.yna.co.kr/view/AKR20250123004700082 (검색일: 2025. 12. 27).

벤쿠버 중앙일보 기자. 2025. “캐나다, 전국 임대료 11개월째 하락… 밴쿠버는 여전히 높아.”『벤쿠버 중앙일보』 (9월 9일) https://joinsmediacanada.com/bbs/board.php?bo_table=news&wr_id=47298&page=75 (검색일: 2025. 12. 27).

Ahmad, Farah, Nasih Othman, and Wendy Lou. 2020. “Posttraumatic Stress Disorder, Social Support and Coping among Afghan Refugees in Canada.” *Community Mental Health Journal* 56: 597-605.

Bellah, Robert. 2005. “Civil Religion in America.” *Daedalus* 134(4): 40-55.

Beaman, Lori G. 2017. *Deep Equality in an Era of Religious Diversity*. Oxford: Oxford University Press.

Beyer, Peter · Rubina Ramji et al. 2013. *Growing Up Canadian: Muslims, Hindus, Buddhists*. Montreal and Kingston: McGill-Queen's University

Press.

Bronstein, Israel, Paul Montgomery, and Stephanie Dobrowolski. 2012. "PTSD in Asylum-Seeking Male Adolescents from Afghanistan." *Journal of Traumatic Stress* 25: 551-57.

Canada Mortgage and Housing Corporation (CMHC). 2025. "Canada's Housing Supply Shortages: Moving to a New Framework."

Dench, Janet. 2000. *A Hundred Years of Immigration to Canada* 1900-1999: *A Chronology Focusing on Refugees and Discrimination*. Montreal: Canadian Council for Refugees.

Gokanil, Ravi, Stephanie Wiebe, Hakmatullah Sherzad, and Bree Akesson. 2023.""We're Looking for Support from Allah": A Qualitative Study on the Experiences of Trauma and Religious Coping among Afghan Refugees in Canada Following the August 2021 Withdrawal." *Religions* 14(5): 645.

Haren, Ian Van. 2022. Global Literature Synthesis Report: Recent Canadian Research on Migrant Integration Using Administrative Data. Ottawa: University of Ottawa Refugee Hub.

Issraelyan, E. V. 2022. "Afghan Agenda in Current Canadian Politics", *Herald of the Russian Academy of Sciences* 92(2): 142-147.

Kartal, Dzenna, Nathan Alkemade, and Litza Kiropoulos. 2019. "Trauma and Mental Health in Resettled Refugees: Mediating Effect of Host Language Aquisition on Posttraumatic Stress Disorder, Depressive and Anxiety Symptions." *Transcultural Psychiatry* 5: 3-23.

Kurt G, Ventevogel P, Ekhtiari M, et al. 2022. "Estimated prevalence rates and risk factors for common mental health problems among Syrian and Afghan refugees in Türkiye." *BJPsych Open*. 8(5): e167, Sep. doi: 10.1192/bjo.2022.573.

Li, Susan, Belinda J. Liddell, and Angela Nickerson. 2016. "The Relationship between Post-Migration Stress and Psychological Disorders in Refugees and Asylum Seekers." *Current Psychiatry Reports* 18: 82.

Malekzai, A. Samad Bazger, John M. Niazi, Stephen R. Paige, Shelton E. Hendricks, Denis Fitzpatrick, M. Patricia Leuschen, and C. Raymond Millimet. 1996. "Modification of CAPS-1 for Diagnosis of PTSD in Afghan Refugees." *Journal of Traumatic Stress* 9: 891 –98.

Přívara, Andrey, & Přívarová, Magdalna. (2019). "Nexus between climate change, displacement and conflict: Afghanistan case." *Sustainability*, 11(20), 5586. https://doi.org/10.3390/su11205586

Smati et al. 2025. "Health Status and Care Utilization among Afghan Refugees Recently Resettled in Calgary, Canada between 2011-2020." *BMC Health Services Research* 25: 1373: 1-11.

Yaser, Anisa, Shameran Slewa-Younan, Caroline A. Smith, Rebecca E. Olson, Maria Gabriela Uribe Guajardo, and Jonathan Mond. 2016. "Beliefs and knowledge about post-traumatic stress disorder amongst resettled Afghan refugees in Australia." *International Journal of Mental Health Systems* 10: 31.

Axworthy, Lloyd, Fen Osler Hampson, Senator Ratna Omidvar, Allan Rock, World Refugee & Migration Council, et al. 2021. "Urgent Call to Action in Response to the Crisis in Afghanistan." (November 1) https://wrmcouncil.org/news/letter-news/urgent-call-to-action-in-response-to-the-crisis-in-afghanistan/ (검색일: 2025. 12. 27).

Bowden, Olivia. 2025. "Canada bill targeting refugees feared to signal new era of US-style border policy." *The Guardian* (December 23) https://www.theguardian.com/world/2025/dec/23/canada-bill-refugees?utm_source=chatgpt.com (검색일: 2025. 12. 27).

Canadian Council for Refugees. n. d. "Brief History of Canada's Responses to Refugees." https://ccrweb.ca/sites/ccrweb.ca/files/static-files/canadarefugeeshistory.htm (검색일: 2025. 12. 1).

Gattringer, Chris. 2024. "Germany pays cash handouts to deported Afghan criminals." *Brussels Signals* (September 3) https://brusselssignal.

eu/2024/09/germany-pays-cash-handouts-to-deported-afghan-criminals/?utm_source=chatgpt.com (검색일: 2025. 12. 1).

Government of Canada. 2024. "Canada: A History of Refugee." https://www.canada.ca/en/immigration-refugees-citizenship/services/refugees/about-refugee-system/how-system-works/history.html (검색일: 2025. 12. 1).

Government of Canada National Defence. 2023. "Operation AEGIS." (July 26) https://www.canada.ca/en/department-national-defence/corporate/reports-publications/proactive-disclosure/ccim-29-march-2023/operation-aegis.html?utm_source=chatgpt.com (검색일: 2025. 12. 1).

Housing, Infrastructure and Communities Canada. 2025. "Accelerating the supply of affordable housing by investing in Build Canada Homes and the Affordable Housing Fund." (September 19) https://www.canada.ca/en/housing-infrastructure-communities/news/2025/09/accelerating-the-supply-of-affordable-housing-by-investing-in-build-canada-homes-and-the-affordable-housing-fund.html?utm_source=chatgpt.com (검색일: 2025. 12. 1).

Immigration, Refugees, and Citizenship Canada. 2025. "How does the Blended Visa Office-Referred Program work." (December 11) https://ircc.canada.ca/english/helpcentre/answer.asp?qnum=769&top=11 (검색일: 2025. 11. 1).

Immigration, Refugees, and Citizenship Canada. 2024a. "Evaluation of the Refugee Resettlement Program." https://www.canada.ca/content/dam/ircc/documents/pdf/english/corporate/publications-manuals/refugee-resettlement-evaluation-report-en.pdf?utm_source=chatgpt.com (검색일: 2025. 12. 1).

Immigration, Refugees, and Citizenship Canada. 2024b. "Humanitarian program for Afghan nationals in need of resettlement: About the program." (July 19) https://www.canada.ca/en/immigration-refugees-citizenship/services/refugees/afghanistan/special-measures/about-humanitarian-program.html (검색일: 2025. 12. 1).

Immigration, Refugees, and Citizenship Canada. 2024c. "Permanent residence for extended family of former Afghan interpreters: Who can apply." (August 13) https://www.canada.ca/en/immigration-refugees-citizenship/services/refugees/afghanistan/permanent-residence-extended-family/eligibility.html?utm_source=chatgpt.com (검색일: 2025. 12. 1).

Immigration, Refugees, and Citizenship Canada. 2024d. "#WelcomeAfghans: Key Figures." (Decebmer 17) https://www.canada.ca/en/immigration-refugees-citizenship/services/refugees/afghanistan/key-figures.html (검색일: 2025. 12. 1).

Immigration, Refugees, and Citizenship Canada. 2023. "CIMM – Support for Afghans After Arrival in Canada – February 8, 2023." (June 8) https://www.canada.ca/en/immigration-refugees-citizenship/corporate/transparency/committees/cimm-february-8-2023/support.html (검색일: 2025. 12. 1).

Institute for Strategic Dialogue, 2025. "The rise of anti-South Asian hate in Canada", *Digital Dispatchies* (June 26) https://www.isdglobal.org/digital_dispatches/the-rise-of-anti-south-asian-hate-in-canada/ (검색일: 2025. 12. 1).

Immigration, Refugees, and Citizenship Canada. 2022. "AFGH-Special Immigration Measures" (April 25) https://www.canada.ca/en/immigration-refugees-citizenship/corporate/transparency/committees/afgh-apr-25-2022/special-immigration-measures.html?utm_source=chatgpt.com (검색일: 2025. 11. 1).

Karas, Sergio R. 2025. "Immigration program plagued by backlogs and uncertainty." *Law* 360 *Canada*. (September 22) https://www.law360.ca/ca/articles/2390956/immigration-program-plagued-by-backlogs-and-uncertainty?utm_source=chatgpt.com (검색일: 2025. 12.

1).

Kaura, Muskan. 2025. "Canada Refugee Claims Record Broke, Ranks Among Top Global Hosts." *CTC News*. (June 13) https://ctcnews.ca/2025/06/13/canada-refugee-claims-record-broke/?utm_source=chatgpt.com (검색일: 2025. 12. 1).

Kelley, Susanna. 2025. "The Hazaras: An Overlooked Humanitarian Crisis in Afghanistan." *New Line Institute* (July 21) https://newlinesinstitute.org/political-systems/the-hazaras-an-overlooked-humanitarian-crisis-in-afghanistan/?utm_source=chatgpt.com (검색일: 2025. 12. 27).

Kohzad, Siavash. 2025. "From Conflict to Community: Afghan Refugees' Hopes for a Better Future in Canada." (March 3) https://displacedinternational.org/from-conflict-to-community-afghan-refugees-hopes-for-a-better-future-in-canada/?utm_source=chatgpt.com (검색일: 2025. 12. 27).

Moosapeta, Asheesh. 2025. "Carney reinforces immigration priorities in new mandate letter to ministers." *CIC NEWS* (May 23) https://www.cicnews.com/2025/05/carney-reinforces-immigration-priorities-in-new-mandate-letter-to-ministers-0555625.html?utm_source=chatgpt.com (검색일: 2025. 12. 27).

Nader, Zahra, Hamayon Rastgar. 2018. "Afghan Canadians." https://thecanadianencyclopedia.ca/en/article/afghan-canadians?utm_source=chatgpt.com (검색일: 2025. 11. 11).

Sekhon, Gagandeep Kaur. "New Canada Immigration Bill C12 Amendments Proposed by Conservatives." *Immigration News Canada* (November 20) https://immigrationnewscanada.ca/canada-immigration-bill-c12-amendments/?utm_source=chatgpt.com (검색일: 2025. 12. 27).

Singer, Colin. R. "Canada's Population Growth Slows Sharply in 2025 as Immigration Cuts Fuel Labour Force Aging" (September 25) https://

immigration.ca/canadas-population-growth-slows-sharply-in-2025-as-immigration-cuts-fuel-labour-force-aging/ (검색일: 2025. 11. 1).

Tagoe, Yvonne. 2024. "Marc Miller to propose reforms to Canada's Immigration and Asylum System." *Immigration.ca* (November 28) https://immigration.ca/marc-miller-to-propose-reforms-to-canadas-immigration-and-asylum-system/?utm_source=chatgpt.com (검색일: 2025. 12. 27).

United Nations High Commissioner for Refugees. 2025. "Global Trends. Forced Displacement in 2024." https://www.unhcr.org/global-trends-report-2024 (검색일: 2025. 11. 30).

United Nations High Commissioner for Refugees. 2023, "Refugees in Canada." https://www.unhcr.ca/in-canada/refugees-in-canada/ (검색일: 2025. 11. 30).

Van Dyk, Spancer. 2025. "Hate toward South Asians 'skyrocketing' in Canada, report says."*CTV News* (June 26) https://www.ctvnews.ca/canada/article/hate-toward-south-asians-skyrocketing-in-canada-report-says/ (검색일: 2025. 11. 30).

Wikipedia. 2005. "Annual Immigration Statistics of Canada." https://en.wikipedia.org/wiki/Annual_immigration_statistics_of_Canada?utm_source=chatgpt.com (검색일: 12. 10).

• • • •

지은이 소개

신범식 서울대학교 정치외교학부 교수. 서울대학교 아시아연구소 중앙아시아센터장

서울대학교 외교학과를 졸업하고 동 대학원에서 석사학위를, 러시아 국립모스크바국제관계대학교에서 정치학 박사학위를 받았다. 현재 서울대학교 아시아연구소 부소장을 맡고 있다. 주요 논저로, 『메가아시아 연구 입문: 역사, 개념, 방법』, 『국제안보환경의 도전과 한반도』, 『유라시아의 지정학적 중간국 외교』, 『러시아의 사이버안보』, 『북·중·러 접경지대를 둘러싼 소지역주의 전략과 초국경이동』, 『21세기 유라시아 도전과 국제관계』, "The Impact of the Ukraine War on Russian–North Korean Relations", "Russia's Perspectives on International Politics: A Comparison of Liberalist, Realist and Geopolitical Paradigm" 등이 있다.

바딤 슬랩첸코 서울대학교 아시아연구소 중앙아시아센터 선임연구원

2016년 국민대학교에서 러시아학 박사학위를 취득하였다. 주요 연구 분야는 구소련 지역의 강제이주 및 난민 연구, 중앙아시아 국가들의 난민 정책, 1951년 난민협약 비가입국의 난민 비호 거버넌스, 유라시아 지역의 현대 이주 현상(전쟁 유발 이주 포함), 러시아 북극권 원주민의 지속가능한 발전 등이다. 주요 논문으로는 "Факторы привлекательности Армении для российских релокантов."(2024), "러시아연방 북극 원주민의 지속가능한 발전: 추코트카 자치구 중심으로"(2022) 등이 있다.

박지원 한국수출입은행 해외경제연구소 선임연구원

한양대학교 국제학대학원 러시아·유라시아 지역학 박사학위를 받았다. 최근의 주요 논문으로는 "중앙아시아 역내 협력 강화의 경제적 배경과 추진 방향"(2025), "타지키스탄의 아프간 난민: 정책과 환경에 의한 경제적 문제 고찰"(2025), "러시아와 베트남의 협력관계: 상호 전략적 인식과 발전 양상의 분석"(2024), "우크라이나 사태 이후 러시아의 에너지 안보 상황과 중앙아시아의 보완적 요인"(2024) 등이 있다.

구기연 서울대학교 아시아연구소 HK교수

한국외국어대학교 이란어과와 서울대학교 인류학 석사를 거쳐 동대학원에서 이란 청년 세대에 대한 심리인류학 연구로 박사학위를 받았다. 이란의 정동, 청년 세대와 무슬림 여성 문제, 무슬림 이주민과 난민 등에 대해 연구해왔다. 현재 서아시아의 모빌리티 이슈와 시민사회, 한국 서아시아 무슬림 이주와 난민 문제 그리고 이슬람과 관련된 정동에 대한 연구를 수행하고 있다.

주송하 국민대학교 정치외교학과 조교수

미국 프린스턴 대학교에서 정치학 박사 학위를 받았다. 권위주의 정치, 이민 정치, 러시아 유라시아 지역 정치 연구를 하고 있다. 중국 절강대학교 정치학과 백인계획연구원, 미국 스탠포드 대학교 러시아, 동유럽, 유라시아 센터 강사, 방문학자, 서울대학교 국제문제연구소 객원연구원을 역임하였다. 주요 논문으로는 "러시아 난민 정책의 연속성과 변화: 난민 국적별 비교"(2025), "고려인 정책과 정부-시민사회의 상호작용: 안산시 고려인 집거지 사례"(2025) 등이 있다.

황의현 서울대학교 아시아연구소 중앙아시아센터 선임연구원

한국외국어대학교에서 아랍어를 전공했고 동대학교 국제지역대학원에서 중동지역학 석사, 박사 학위를 받았다. 현재 중동의 이주와 정치의 동역학, 정체

성, 역사 문제를 주로 연구하고 있다. 주요 논문으로는 "국가 능력 약화와 이라크 국내피난민 문제의 장기화" (2024)와 "생존을 위한 아사드 정권의 '쓸모 있는 시리아' 전략: 강제 이주, 난민, 인구 구성 변화"(2024)가 있다.

김은영 가톨릭관동대학교 경찰행정학과 부교수

현재 가톨릭관동대학교 경찰행정학과 부교수로 재직하고 있다. 미국 University of Florida at Gainesville, Crime, Law, & Society 학과에서 범죄학 박사를 취득하였다. 국군방첩사령부 전문군무경력관으로 재직하면서 한국군의 "통합정보, AI 기반 전장통합" 업무를 담당하였다. 서울대학교 아시아센터 객원연구원으로 재직하였다. 한국소방기술연구원 비상임이사, 소방청 구조구급분과 위원, 강원경찰청 청문감사위원, 서울 고등법원 양성평등위원 등을 역임하고 있다. 주요 연구업적으로는 탈북자의 PTSD 연구를 포함하여 20개의 SSCI 논문이 있으며, 100편 이상의 KCI 논문들을 출판하였다. 주요 연구 분야는 범죄학, 범죄심리학, 인지전, 이주·난민, 범죄피해자학, 사이버·신기술 등이다.

윤민우 가천대학교 경찰행정학과 교수

현재 가천대학교 경찰행정학과 교수로 재직하고 있다. 또한 서울대학교 아시아센터 객원연구원으로 재직중이다. 미국 Sam Houston State University, College of Criminal Justice에서 범죄학 박사를 취득하였고, 서울대학교 외교학과에서 외교학 박사를 취득하였다. 미국 윌링제수이트 대학교 사회과학 학과에서 조교수로 근무하였고, 한세대학교 경찰행정학과에서 조교수로 근무하였다. 국가안보실 정책자문위원을 역임하였다. 주요 저서로는 『모든전쟁: 인지전, 정보전, 사이버전, 그리고 미래전쟁에 대한 전략이야기』(2023, 공저)와 『국가정보론: 정보활동과 정보시스템』(2023) 등이 있다. 주요 연구 분야는 전쟁, 전략, 인텔리전스, 국제안보, 인지전, 사이버 안보, 테러리즘, 극단주의, 국제조직범죄, 러시아 지역학, 국제 이주·난민 등이다.

최아영 서울대학교 아시아연구소 중앙아시아센터 선임연구원
모스크바국립대학교에서 민족학 박사학위를 받았으며, 러시아를 비롯한 구소련 지역의 유대인·고려인 디아스포라의 이주와 정체성을 연구해왔다. 현재는 유라시아 지역 난민들의 이동성과 난민 아동 교육을 중심으로 연구를 확장하고 있다. 주요 논저로는 "난민의 사회 통합과 난민 아동 교육 - 폴란드 거주 우크라이나 난민 아동의 교육을 중심으로 -"(2024), 사회적 자본으로서의 공적 네트워크: 안산시 고려인 밀집 거주지역 사례 연구"(2024), 『탈냉전시대 아시아의 재구성과 아시아인의 정체성』(2023, 공저) 등이 있다.

고가영 서울대학교 아시아연구소 HK 연구교수
모스크바국립대학교 역사학 박사학위를 취득한 이후, 소련의 민권운동과 고려인 이주사와 문화를 연구하고 있다. 아울러 유대인·크림 타타르인들의 이주사, 러시아·중앙아시아 지역의 박물관을 통한 기억의 문제, 러시아 유대인·중앙아시아 이슬람 주제들을 통해 중앙아시아 지역연구를 심화시키고 있다. 최근에는 중앙아시아에 건립되었던 수용소, 난민 문제 등으로 관심사를 확장하고 있다. 주요 논저로는 "타지키스탄을 경유하는 아프가니스탄 난민들의 정체성 변화: 젠더 역할과 종교정체성을 중심으로"(2024), "1970-1980년대 소련 장애인들의 조직적 권리운동"(2022), "접경지대 우크라이나의 국내·외적인 갈등 상황이 고려인 개인들의 삶에 미친 영향"(2019), 『잡거와 혼종, 유라시아 다중 접경』(2023, 공저), 『고려인 사회의 변화와 한민족』 (2005, 공저) 등이 있다.

이수정 서강대학교 유로메나연구소 학술연구교수
한국외국어대학교에서 이슬람학을 전공하고 중동·아프리카학 박사를 취득하였다. 주요 연구 분야는 한국 사회 및 유럽국가의 이주 무슬림 공동체로, 이주민과 이주민을 수용한 사회의 관계성 및 사회 갈등과 통합이다. 이주 무슬림 연구를 바탕으로 여러 사회에서 발생하는 배제와 갈등, 안보 및 공존 연구에

집중하고 있다.

조규훈 캐나다 리자이나대학교(The University of Regina) 젠더, 종교, 비평학과 겸임교수 겸 정치·국제학과 강사.
캐나다 오타와대학교에서 종교학 박사학위를 받았다. 리자이나대학교 젠더, 종교, 비평학과에서 조교수, 독일 라이프치히대학교 고등인문사회과학연구소(CASHSS)에서 선임연구원, 싱가포르국립대학교 아시아연구소(ARI)에서 박사후연구원을 역임했다. 아시아의 맥락에서 글로컬 종교현상과 초국경적인 종교문화적 상호작용을 연구하고 있다. 이를 통해 지구학과 종교학, 아시아학의 융합을 시도한다. 논문으로는 "지구종교학: 지구적 맥락의 종교연구를 향하여"(2022), "Porous Secularity: Religious Modernity and the Vertical Religious Diversity in Cold War South Korea"(2024), "Muslims in Contemporary South Korea: Islamic Religion and the Cultural Politics of Ethnicity"(2026) 등이 있다.

Crossing Borders: Refugees from Conflicts in Eurasia

Authors: Beom-Shik Shin, Slepchenko Vadim, Jiwon Park, Gi Yeon Koo, Song Ha Joo, Yuihyun Hwang Eunyoung Kim, Minwoo Yun, A-Young Choi, Ka-young Ko, Soojeong Yi, Kyuhoon Cho

〈Table of Contents〉

Crossing Borders: Refugees from Conflicts in Eurasia
Edited by Beom-shik Shin and Yuihyun Hwang

Publisher: ZININZIN Co., Inc., 2025
101-1818, 92 Gwanmun-ro, Gwacheon-si, Gyeonggi-do, 13807, Korea
https://www.zininzin.co.kr
ISBN 978-89-6347-662-9 93300